중국 서남부
자연·문화 유적답사기
中国西南部自然文化遗址考察记

자유여행 길라잡이
여행마인드

차마고도　운남성　사천성　귀주성　명소 100곳 탐사
茶馬古道　云南省　四川省　貴州省

중국 서남부
자연·문화 유적답사기
中国西南部自然文化遗址考察记

지은이 **공학박사 김종원**

자유여행 길라잡이
여행마인드

책머리에

■　　　　　우리 집 거실 벽면에는 커다란 세계 지도가 걸려 있다. 평소에 우리 부부가 동경하고 가보고 싶어 했던 나라에 대해 지도를 보면서 여행계획을 세우고 여행하고 돌아와서는 다녀온 나라와 지역에 스티커를 붙임으로써 발자국을 대신한다. 그러면서 성취감을 맛본다. 그리고 다음 여행지에 대해 계획을 세우고 실행을 위해 새로운 적금을 넣기 시작한다. 이런 일은 우리 부부만의 또 하나의 즐거움이다.

나는 '여행'이란 말만 들어도 가슴이 설렌다. 파란 창공을 날고 있는 비행기를 보면 어느덧 내 자신이 비행기에 몸을 싣고 미지의 세계를 향해 떠나는 착각에 빠지기도 한다. 그리고 배낭을 꾸려서 떠나고 싶어 안달하는 자신을 발견하게 된다.

떠나본 자만이 꿈을 꿀 수 있다고 한다. 꼭 배낭여행이 아니더라도 여행 가방을 꾸려서 떠난다고 하는 것은 잠시 현실에서 벗어나 새로운 세계, 새로운 문화, 새로운 사람들과 만나는 약속이다. 우리 부부는 떠남을 즐긴다. 우리 부부에게 있어서 이 일은 무엇과도 비교할 수 없는 최상의 즐거움이자 행복이다.

여행은 우리 삶에 있어서 꼭 필요한 자양분이며 활력소이기 때문에 사람들은 누구나 여행하고 싶어 한다. 그러나 돈이 있고 시간이 있다고 해서 모두가 여행하는 것은 아니다. 핑계 없는 무덤 없다고 여러 가지 이유로 여행을 못 떠나고 망설이는 사람들이 많다. 완벽한 기회는 오지 않는다. 자신에게 새로운 변화를 주기 위해서는 무엇보다 배낭을 꾸려서 떠나려는 용기와 결단력이 필요하다.

나의 여행에 대한 꿈이 현실에서 본격적으로 시작된 것은 20여 년 전부터이다. 아내가 파킨슨병 진단을 받은 지는 20년이 훨씬 넘었다. 파킨슨병은 아직까지 치료약이 개발되지 않아 현대의학으로는 고칠 수 없는 난치병이지 결코 불치병은 아니다. 파킨슨병은 시간이 지날수록 몸이 굳고, 손발이 떨리고, 허리가 굽어지고, 총총걸음을 걸으며 결국 걷기 힘들게 된다. 이뿐만이 아니다. 말이 어눌해지고, 인지기능이 저하되며, 오랜 약물복용 후유증으로 약 15%정도는 치매까지 찾아든다는 병이다. 참으로 고약한 병이 너무나도 젊은 나이인 40대초에 찾아왔다.

파킨슨병 확증을 받은 후 난 내 사랑하는, 천사 같은 아내를 위해 무엇을 어떻게 해주는 것이 최상인지를 곰곰이 생각했었다. 결론은 조금이라도 잘 걷고 정신이 맑을 때 세계의 여러 나라를 보여줘야겠다고 결심했다. 나의 견해에 아내도 달리하지 않고 무척이나 좋아라 했다. 계획은 했으나 나 역시 현실적인 여러 가지 이유로 인해 즉시 실행에 옮기지를 못하고 있다가 20여 년 전부터 부부가 함께 본격적인 여행을 시작했다.

1996년 12월, 아내와 함께 용기를 내어 배낭을 꾸려서 떠난 첫 여행지는 인도다. 돈이 없었으면 이런 곳에 오지 않았을 텐데 라면서도 돈이 있으면 다시 가고 또 가고 싶은 곳이 인도이다. 이후 큰 아들과 함께 그리고 인도 관광청 초청을 받아 모두 여섯 번을 여행하게 된다. 우리 부부는 계획만 세우고 꿈만 꾼 것이 아니라 과감히 용기를 내어 배낭을 꾸려서 떠난 것이다.

나는 물질문명이 발달한 선진국보다는 우리보다 경제적으로 조금 덜한 나라로 여행하길 좋아한다. 적은 경비로 여행할 수 있을 뿐만 아니라 이들의 정신세계가 우리보다 훨씬 풍요롭고, 우리가 경제 논리로 잃은 많은 것들을 이들이 간직하고 있어 얻는 것이 많기 때문이다.

나는 일단 비행기에 오르면 모든 것을 잊는다. 오로지 여행만을 생각한다. 두고 온 것들이 너무 많으면 마음이 무거워 오랫동안 계획하고 꿈꾸어 왔던 여행을 망칠 수도 있기 때문이다. 나는 여행을 떠나기 전 가급적이면 육체적, 정신적 짐을 가볍게 해서 내 삶을 좀 더 풍요롭게 하고 맑은 영혼을 가지려고 노력한다. 그리고 여행을 위해 얼마나 많은 것을 비우고 떠났으며, 여행을 통해 얼마나 많은 것을 채워 돌아왔는지를 생각한다.

나는 여행하고 돌아와서는 꼭 후회를 한다. 참으로 많은 것을 보고 느끼고 마음에 담아왔으면서도 좀 더 많은 것을 보지도 채우지도 못하고 돌아왔다는 아쉬운 미련을 떨쳐버릴 수 없기 때문이다.

그동안 나는 개인적으로 또는 중국국가여유국 서울지국의 초청을 받아 수십 번 중국의 여러 지역을 여행했었다. 타임머신을 타고 수백 년 아니 수천 년의 세월을 훌쩍 뛰어 넘는 과거시간으로의 여행이었다. 여행 후에는 기록으로 남겼다. 사실 중국은 땅이 매우 넓을 뿐만이 아니라 대다수를 차지하는 한족과 55개 소수민족이 살고 있기 때문에 국경만 없을 뿐 한꺼번에 여러 나라를 여행하는 것과 같은 매력이 있다. 각 소수민족마다 매우 독특한 복식·헤어스타일·식생활·건축양식·전설·토템신앙 등등…. 이들의 삶을 들여다보면 참으로 신기하고 흥미롭고 재미있는 것이 많다.

특히 중국의 오지여행은 여행을 끝내고 돌아와서는 금방 잊어먹는 그런 곳이 아니다. 찾아갈 때는 지루하고 힘들어도 시간이 지나면 지날수록 마음속에 긴 여운이 가시지 않는 그런 곳이라 여겨진다.

『중국역사기행』에서는 중국의 여러 성(省) 중 역사가 가장 깊고 우리와 깊은 관련이 있는 5개성과 내몽골을 엮어 편찬했다. '五千年歷史看河南' 또는 '中華之源·錦秀河南'이라 일컫는 하남성(河南省·허난성), 중화민족발상지 중의 한곳으로 만리장성의 동부기점이며 열하일기의 본향인 하북성(河北省·허베이성), 중국역사의 축소판이자 중국문화의 보고로 '三千年歷史看西安'이라 일컫는 서안(西安·시안), '上有天堂·下有蘇杭'으로 수향과 어미지향의 도시인 강소성(江蘇省·장쑤성), 중국공산당의 탄생지이자 김구선생을 비롯한 독립 운동가들의 혼이 살아 숨 쉬는 절강성(浙江省·저장성) 그리고 내몽골(內蒙古·네이멍구)을 소개했다.

이번 『중국 서남부 자연·문화유적답사기』에서는 마방들의 채취가 남아 있는 무지개 빛깔의 땅 '茶馬古道'와 차마고도의 본향이자 일곱 가지 색깔을 지녀 '七彩云南·旅遊天堂'이라는 운남성(云南省·윈난성)과 하늘아래 모든 풍경이 있다는 곳으로 '三國聖地·天府之國'으로 불리는 사천성(四川省·쓰촨성) 그리고 가는 곳마다 수채화의 향연이 펼쳐져 '奇山秀水·多彩貴州'라 일컫는 귀주성(貴州省·구이저우성)을 소개했다. 필자 부부가 중국을 수십 차례 현지답사하면서 수십 편의 역사와 문화와 자연다큐멘터리를 보면서 심혈을 기울여 사진을 찍고 글을 썼다.

여행에서 돌아와서는 우리 부부의 마음은 기쁨으로 가득 차고 에너지가 용솟음친다. 여행하면서 고지대를 넘나들며 고산적응문제로 인해 육체적, 정신적으로 피곤한 점이 없잖아 있지만 여행에서 돌아오면 오히려 정신이 맑아지고 파릇파릇 생기가 용솟음친다.

성 아우구스티누스는 이렇게 말했다. "세계는 한 권의 책이다. 여행하지 않는 자는 그 책의 단지 한 페이지만을 읽을 뿐이다"라고. 난 여행을 위해 극히 절제된 긴축 생활을 한다. 그리고 이 좁은 땅과 집단에서 정저지와(井底之蛙·우물 안 개구리)의 삶이 되지 않기 위해 부단히 노력한다. 10대 때 학교에서 세계사 시간을 통해 배운 역사적인 장소를, 그 당시에는 내 발로 직접 답사하리라고는 언감생심(焉敢生心) 꿈도 꾸지 못했던 일들을 현실에서 이룬다고 생각해 보라. 이 얼마나 멋지고 가슴이 설레는 일인가.

　내가 여행에서 돌아와 글을 쓴 이유는 남에게 보여주고 자랑하기 위함이 아니다. 단지 우리 부부가 함께 걸어 왔고 간직하고 있는 인생여정의 한 페이지라도 나의 후손들에게 기록으로 남기고자 하는 순수한 마음에서이다. 그래야만 "우리 할아버지·할머니 멋쟁이!"라고 하지 않겠는가. 그런데 우리 부부의 여행담을 혼자서만 간직하지 말고 모두와 공유했으면 좋겠다는 친지들의 권유가 있었다. 그래서 힘겨운 집필 작업을 통해 세상에 내놓게 되었다. 개인적으로는 옥동자가 탄생한 것이다. 우리 부부는 오늘도 또 다른 미지세계로의 여행을 꿈꾼다.

　　　　　　　　　　　　을미년(乙未年) 춘삼월 龍鳳골에서
　　　　　　　　　　　　빛고을 방랑자 工學博士 金 鍾 源

前言

我们家客厅的墙壁上挂着一副巨大的世界地图。平时，我们夫妇就是看着这张地图憧憬着想去的国家，并制定旅行计划。旅行回来后，在地图上贴上贴图，标注去过的国家和地区，代替我们的旅行足迹。这让我们很有成就感。然后再为下一次旅行制定新的计划，并开始积攒费用。这也是我们夫妇的另外一个兴趣所在。

我哪怕只是听到"旅行"这个词，都会觉得很激动。有时看到苍穹中划过的飞机，甚至会产生飞机载着我正飞往未知世界的幻想，于是也意识到了自己想要背起行囊的迫切感。

只有已经起身离开的人才能做梦，压根就没有离开过的人，又能做什么梦呢？所谓的"离开"，是暂时地脱离现实，去履行那些与未知世界、未知文化、未知人们相见的约定。我们夫妇很享受这样的"离开"，对于我们夫妇而言，这是与任何事情都无法比拟的、最大的乐趣和幸福。

旅行对于是我们人生而言是不可或缺的养分，任何人都想去旅行。钱和时间并不是旅行的全部。为出门旅行寻找各种借口，每天只是嘴上说说的人很多。没有什么机会是完美的，为了寻找自身的改变，我们需要的只是背起行囊的勇气和决心。

我把旅行从梦想变为现实始于二十多年前。而妻子被发现患有帕金森病则要更早。目前帕金森病还是现代医学无法医治的疾病之一。患上这种疾病的人身体会日渐僵硬、手脚颤抖、腰身弯曲，最后甚至无法行走。不仅如此，还会胡言乱语、认知功能下降，由于长期服用药物，甚至可能留下痴呆的后遗症。在妻子四十刚过、还很年轻的时候便患上了这种可怕的疾病。

确诊之后,我深深地苦恼了一番,为我深爱着的、那天使一样的妻子自己该做些什么、怎么做。最后决定在妻子还能够行走、意志还算清醒的时候,带她去游历世界各国。妻子也十分赞同并非常喜欢我的决定。计划归计划,由于各种现实的原因,我们的计划并没有立即得到实施。20年前,我们夫妇正式开始了我们的环球之旅。我们鼓起勇气、背起行囊开始了第一次的印度之旅。我们夫妇不再是仅仅做梦,而是勇敢的背起行囊,踏上旅程。

相比那些物质文明比较发达的国家,我更喜欢去经济相对落后的国家。不仅是因为旅行费用低廉,更因为那里人们的精神世界比我们更加丰富。我们由于经济的发展遗失了很多信仰,而他们都还保留着那样的朴实,在他们的身上我们可以得到很多宝贵的东西。只要飞机一来,我就可以将所有的事情抛之脑后,只想着我的旅行。如果牵挂的太多,便无法起程,那些关于旅行的计划和梦想就有可能称为妄想。旅行可以让我暂时抛却那些可及的、肉体的、精神上的负担,我也努力让自己的人生更加丰富、让自己的灵魂更加纯粹。同时也思索着旅行之前的所学和旅行归来后的所得。

但是旅游回来后我总会有一些遗憾。虽然已经看到很多、感受很多,但总是为自己没有经历更多而感到遗憾,总会有一些迷恋是抛之不去的。

这期间,我个人曾应中国国家旅游局首尔分局的邀请,对中国进行了几十次的访问。就像乘坐时光机器一样,我一下子便穿越到数百年、甚至数千年前的中国。旅行回来后,自己一定会留下一些旅行记录。其实,中国不仅仅是国土广阔,同时拥有着占人口多数的汉族和五十五个少数民族,每次旅行就像行走于没有国境的几个国家之间,这也是中国的魅力所在。每个民族都有自己非常独特的服饰、发型、饮食传统、建筑样式、传说、信仰等等。这样的生活本身便有很多神奇和饶有兴趣之处。

旅行中国内地,总是让人难以忘怀。虽然去的时候有些劳累和疲倦,但是回来之后,那些萦绕在心头的美好回忆总是久久不能散去。

《中国历史游记》涵盖了素有"五千年历史看河南"、"中华之源·锦绣河南"美誉的河南省；中华民族的发祥地、万里长城的东部起点《热河日记》的故乡河北省；中国历史的缩小版、中国文化的宝库、"三千年历史看西安"的西安；以"上有天堂，下有苏杭"的水乡和鱼米之乡闻名的江苏省；中国共产党的诞生地，以金九先生为首的独立运动领袖们曾经奋斗过浙江省。这些都是历史最悠久的、和韩国关系最为紧密的五个省份。同时还包括接壤蒙古国的内蒙古。

本书收录的地方包括以奇山秀水闻名于世的多彩贵州、享有"三国圣地·天府之国"美誉的四川、还有以"茶马古道"著称的七彩云南。笔者夫妇为了能够更好的展现这些绝世美景，多次进行实地考察、取景，倾注了很多心血。可以说每本游记都可以看作是一本中国旅游的自然实录。行走于高原地带，总会由于高原反映而带来精神和肉体上的疲倦，但每次旅行归来，我们夫妇都是心中充满喜悦、精力充沛满溢。人也一下子比以前精神了许多。

圣奥古斯丁曾经说过这样的话："世界就是一本书，没有去旅行的人只读取了其中的一页。"为了旅行，我努力地缩紧自己的生活。同时，为了不成为"井底之蛙"，我不断地进行着各种努力。十几岁时，在世界史课上，我曾经学过很多有名的历史性场所。但在当时，我不会想到有一天会在这些地方留下自己的足迹。试想一下，这些做梦都无法想到的事情，如果变成现实会怎样？每当想到这些，我的心情便久久不能平静。

我写这些旅行游记，并不是为了向别人炫耀我曾经去过哪些地方，而仅仅是为了把我们夫妇在剩下的人生旅程中所走过的这些足迹记录下来，给我的子孙后代，哪怕只有一页纸，仅此而已。这样的话，孩子们是不是会说一句："我的爷爷、奶奶真是太了不起了"。身边的亲朋好友也认为如果能把这些旅行轶事和大家共同分享就好了。对于我而言，一本书的出炉，就像一个婴孩的诞生一样宝贵。现在的我们，又梦想着对未知世界的下一次旅行。

乙未年(2015) 阳春三月
工學博士 金钟源(遊人)

추천의 글

安鍾洙/호남대학교
관광경영학부 교수/관광경영학박사

■　　　　중국여행 전문가 김종원金鍾源 박사가 부인과 함께 중국을 수십 차례 직접 여행하고 와서 우리에게 선물로 내놓은 『중국 서남부 자연·문화유적답사기』는 현장감이 생생하다. 그리고 각별한 부부애를 느낄 수 있다. 김 박사가 표 동무라 부르는 부인도 여고에서 오랜 교직생활을 했고 파킨슨병이란 불치병을 앓으면서도 이에 굴하지 않고 남편과 함께 아프리카, 중남미, 지중해, 유럽, 인도를 포함해서 세계 여러 지역을 여행하였다. 김 박사는 여행으로 끝나는 것이 아니라 여행에서 돌아와서는 꼭 여행기를 남겼다. 그 중에서도『중국역사기행』에 이어 이번에 출간한 김 박사의『중국 서남부 자연·문화유적답사기』는 수 십 차례 현지답사와 체험 그리고 문헌조사를 잘 융화시켜 우리에게 내놓은 중국역사문화의 결정판이다. 이번에 출간한『중국 서남부 자연·문화유적답사기』를 읽다보면 아직은 세상에 잘 알려지지 않았던 중국 내의 비경과 역사와 문화와 소수민족들의 삶의 모습이 고스란히 그리고 생생하게 그려지고 있어 이제 갓 버무린 김장배추 맛과 같은 싱싱한 느낌이 든다.
　　중국 서남부지역 중 김 박사가 풀어낸 차마고도·운남성·사천성·귀주성 이야기는 우리에게 중국의 다채롭고 새로운 문화적 이미지를 각인시키기에 충분할 뿐만이 아니라 한 번 책을 펴서 읽기 시작하면 쉽게 접을 수 없을 정도로 다양한 이야기보따리를 풀어내고 있다.

"조물주가 지구별에 그린 신비한 수채화"라고 표현한 귀주성에는 소수민족이 많이 살고 있어 중국 속의 다문화 집단이라 할 수 있어 '다채귀주'라고 한다. 소수민족들의 매우 다양한 문화 그 자체만으로도 여행자의 관심과 호기심을 끌기에 충분하다.

"하늘아래 모든 경치가 펼쳐진다!"고 묘사한 사천성은 이백·두보·백거이 등의 내로라하는 시인들이 많은 시를 읊을 정도로 아름답고 신비로운 산하가 펼쳐진다. 도교의 성지로 유명한 청성산, 이백이 달의 아름다움을 노래한 아미산, 세계최고의 수리시설인 도강언 그리고 천하비경으로 꼽히는 황룡구와 구채구와 모니구는 빼놓을 수 없는 명소로 소개하고 있다.

일곱 가지 색상을 지녔다는 운남성도 아름다운 풍경과 소수민족의 찬란한 문화가 다채롭기는 중국 어느 지역보다 뛰어나다고 저자는 묘사하고 있다. 유채꽃이 화평선을 이루는 나평, 바위·흙·모래가 숲을 이룬다는 삼림三林, 천하제일기협인 호도협, 고대도시의 건축보물인 여강고성, 다랑이논인 원앙제전의 글과 사진은 우리를 전혀 다른 세계로 이끌어 들이는 마력이 있다.

김 박사부부가 차마고도에서 겪은 여행기는 우리가 마치 함께 여행을 하면서 풍경도 보고 문화도 체험하면서 김 박사부부의 부부애를 가까이 지켜보는 것 같은 느낌이다.

『중국 서남부 자연·문화유적답사기』는 참으로 세심하고 감동적인 지혜의 중국 여행서이다. 이 책을 읽고 있으면 마치 내가 중국 현지에 와 있는 듯 실감나고 책을 덮으면 당장 배낭을 꾸려 책속의 비경 속으로 달려가고 싶은 충동을 느낀다.

2015년 3월
安鍾洙

推荐序

安锺洙/湖南大学观光经营学系教授/经营学博士

■　　　　　中国旅行家金锺源博士及其夫人一同去中国旅行了数十次。《中国西南部自然文化遗址考察记》生动地再现了当地的景观,是奉献给广大读者的一份最好的礼物。我们也能够感觉到这对夫妇的用心良苦。金博士和其夫人从事教育多年,很久以前便开始去非洲、中南美、印度等世界各地旅行,写下了很多旅行游记。继《中国历史纪行》之后,此次出版的《中国西南部自然文化遗址考察记》,是金博士通过对当地进行数十次的现场考察,并查阅了很多文献资料而奉献的一部心血之作。此书生动的描绘了那些世上还不被人所知的秘境、历史、文化及少数民族的生活面貌,就像刚刚做好的辣白菜一样新鲜。

金博士在书中介绍了包括茶马古道、云南省、四川省、贵州省在内的中国西南部地区,不仅为我们展现了这些地区多彩的、全新的文化形象,同时还讲述了很多让读者爱不释手的故事。生活着很多少数民族的贵州省,堪称造物主绘制的一副水彩画,有着"多彩贵州"之美誉。仅仅是少数民族的独特文化本身就可以让很多游客接踵而至。

拥有天下美景的四川省,自古以来就是许多文人墨客的最爱,诗人李白、杜甫、白居易等都曾吟诵过那里的山水景观。道教圣地青城山、李白吟诵月亮之美的峨眉山、世界上历史最为悠久的水利工程都江堰,还有景致绝美的黄龙洞、九寨沟、牟尼沟等这些不能错过的美景都散布在四川各处。

  作者笔下描绘的云南,有着各种美丽的风景和灿烂的少数民族文化,因而又被人们称为"七彩云南"。在罗平,油菜花构成了美丽的花平线;石头、泥土、沙子构成了景观独特的石林;天下第一峡"虎跳峡";完整的保存了古代建筑特点的古老都市"丽江古城";以梯田闻名的元阳县,作者关于这些地区的图片和文字,会让读者有一种恍如隔世的感觉。

  在茶马古道部分,金博士带给读者一种身临其境的感觉,同时还能感受到他们夫妇之间的真挚情感。

  《中国西南部自然文化遗址考察记》真的是一本让人感动的、同时又充满智慧的中国旅行游记。打开书卷,您会有如临其境的真实感受;合上书卷,您会有一种马上背起行囊、起身前往书中所提到的那些神秘景致的冲动。

2015年 阳春三月
安锺洙

CONTENTS

004 • 책 머리에
012 • 추천의 글

마방의 흔적 찾아
차마고도茶馬古道를 가다

022 • 꿈이 현실로 다가온 차마고도 여행
029 • 유네스코 세계문화유산에 등재 못한 대리고성(大理古城)
038 • 노아의 방주를 본떠 건축한 대리천주교당(大理天主敎堂)
044 • 사시사철 비취색 하늘인 창산(蒼山) 트래킹
052 • 이해호수 작은 섬 위에 세운 사당 소보타(小普陀)
055 • 마방의 흔적이 가장 잘 남아 있는 사계고진(沙溪古鎭)
062 • 백족의 집성촌 희주(喜州)와 전통 염색마을 주성(周城)
068 • 800여 년 역사 간직한 동양의 베니스 여강고성(麗江古城)
080 • 검은 용의 전설 깃든 흑룡담(黑龍潭)과 나시족의 동파문자(東巴文字)
086 • 전통문화 엿볼 수 있는 사방가(四方街)와 피성대월(披星戴月)
094 • 물길 따라 형성된 속하고진(束河古鎭)
097 • 천연 요새마을 보산석두성(宝山石頭城)
100 • 동파교 발원지인 백수대(白水台)와 백수천(白水泉)
103 • 천하제일기협 호도협(虎跳峽)과 미답봉 옥룡설산(玉龍雪山)
117 • 계절 따라 드넓은 초원과 호수로 변하는 납파해(納帕海)
119 • 꿈의 도시 샹그릴라(香格里拉)
122 • 세계 최대의 마니차가 있는 대불사(大佛寺)
126 • 운남 10대 절경 속하는 금사강제일만(金沙江第一灣)
130 • 차마고도 도로 중 가장 높은 백망설산(白芒雪山)

- 133 • 티베트인들의 신산 중 으뜸 매리설산(梅裏雪山)
- 143 • 가파른 강기슭에 들어선 계단식 소금밭 염정(鹽井)
- 148 • 운남성 최대 티베트 사원 송찬림사(松贊林寺)
- 159 • 운남을 대표하는 보이차(普洱茶)
- 164 • 진정한 샹그릴라는 어디에…

칠채운남·여유천당 七彩云南·旅遊天堂
차마고도 본향, 운남성云南省·윈난성

- 170 • 운남성 개요
- 176 • 소수민족의 다양한 생활상 체험 운남민족촌(云南民族村)
- 180 • 중국 최초 관음사 원통사(圓通寺), 시민 휴식처 취호공원(翠湖公園)
- 190 • 조물주가 대지에 그려낸 무지갯빛 홍토지(紅土地)
- 196 • 돌이 숲을 이룬 석림(石林)
- 210 • 흙이 숲을 이룬 원모토림(元謀土林)
- 214 • 모래가 숲을 이룬 채색사림(彩色沙林)
- 219 • 유채꽃이 화평선(花平線) 이루는 나평(羅平)
- 224 • 남국제일폭포라 회자되는 구룡폭포군(九龍瀑布群)
- 226 • 오색 꽃밥으로 유명한 다의촌 포의족(布依族) 마을
- 230 • 동화 속 마을 보자흑(普者黑) 풍경구
- 233 • 종유식 박물관이라 불리는 구향동굴(九鄕洞窟)
- 238 • 합니족(哈尼族)이 일군 기적의 결정체 원양제전(元陽梯田)
- 246 • 지구의 비밀을 간직한 보석 길 등충(騰沖)
- 250 • 순국열사들의 묘지인 국상묘원(國殤墓園)
- 254 • 첩수하 폭포·태극교, 지구 숨결 만끽 열해온천지대
- 259 • 진귀한 고서들로 가득한 화순(和順) 도서관
- 263 • 비취대장 촌존복(寸尊福)과 마오쩌둥 철학고문이었던 애사기(艾思奇)
- 267 • 태족의 물 뿌리는 축제 발수절(潑水節)

CHAPTER 03

삼국성지 · 천부지국 三國聖地 · 天府之國
천하 모든 풍경 있는 사천성 四川省 · 쓰촨성

- 280 • 사천성 개요
- 285 • 고대 중국 비단거리였던 금리(錦里)
- 290 • 천극지화(川劇之花)인 변검(變臉)
- 293 • 군신을 함께 모신 무후사(武侯祠)
- 298 • 악비 장군이 일필휘지로 쓴 전출사표(前出師表)
- 302 • 유비 휘하에 있던 촉한 문무관의 소상(塑像)
- 306 • 제갈량의 사당인 무후사와 정원당(靜遠堂)
- 314 • 유비의 묘 혜릉(惠陵)
- 320 • 전설의 상서로운 동물 기린(麒麟)과 비휴(貔貅)
- 324 • 두보의 체취 묻어나는 두보초당(杜甫草堂)
- 336 • 청나라 시대 거리 재현해 놓은 관착항자(寬窄巷子)
- 339 • 도교의 비밀 간직한 청성산(靑城山)
- 342 • 촉도(蜀道)와 천혜의 요새인 검문관(劍門關)
- 348 • 산이 하나의 거대한 불상인 낙산대불(樂山大佛)
- 356 • 중국 4대 불교명산이자 보현보살의 도량인 아미산(峨眉山)
- 369 • 아미산 최대의 불교사원인 보국사(報國寺)와 만년사(萬年寺)
- 375 • 중국의 상징이자 자랑인 자이언트 판다(大熊猫)
- 383 • 차마고도 흔적 산재해 있는 상리고진(上里古鎭)
- 386 • 고대 촉국(古蜀國) 미스터리 삼성퇴박물관(三星堆博物館)
- 396 • 세계에서 가장 오래된 수리시설 도강언(都江堰)
- 401 • 사천성 대지진 진앙지 영수진(映秀鎭)
- 406 • 물방아 마을 수마진(水磨鎭)
- 410 • 중국 건축의 살아있는 화석 강족(羌族)마을
- 413 • 강족의 대표적 마을 중 하나인 백석강채(白石羌寨)
- 416 • 지진이 만든 호수 첩계해자(疊溪海子)
- 418 • 차마호시의 교역장소였던 송반(松潘)
- 424 • 천하비경이로구나! 황룡구(黃龍溝) 풍경구
- 433 • 인간선경(人間仙境) 구채구(九寨溝) 풍경구
- 457 • 중국의 으뜸 석회화 폭포인 모니구(牟泥溝) 풍경구

460 • 티베트 불교의 대표적 진언 옴 마니 뺏메 훔
462 • 티베트인의 장례문화 천장(天葬)

기산수수 · 다채귀주 奇山秀水 · 多彩貴州
조물주의 작품 신비한 수채화
귀주성 貴州省 · 구이저우성

470 • 귀주성 개요
473 • 중국 속의 오지 다채귀주(多彩貴州)
475 • 귀양의 상징적 건축물 갑수루(甲秀樓)
478 • 신선이 사는 마을 흥의(興義)
482 • 조물주가 선물한 산수화 만봉림(萬峰林)
489 • 후진타오 주석이 체류한 만봉제일가와 장탁연(長卓宴)
492 • 세계 3대 명주 중 하나인 모태주(茅台酒)
497 • 묘족 최대 집단거주지 서강천호묘채(西江千戶苗寨)
504 • 중국에서 가장 큰 동족마을 삼보동채(三寶侗寨)
508 • 최후의 사수 마을 파사묘채(岜沙苗寨)
513 • 동족의 최대 집단촌 조흥동채(肇興侗寨)
522 • 묘족의 촌락 랑덕상채(郎德上寨)
526 • 600년 역사의 둔전마을 천룡둔보(天龍屯堡)
532 • 지구의 아름다운 상처 마령하(馬靈河) 대협곡
535 • 전통을 지켜가는 포의족 마을
537 • 대지의 어머니라 일컫는 쌍유봉(双乳峰)
538 • 칼슘 제방에 형성된 두파당(陡坡塘) 폭포
540 • 365개 돌다리 수생보(數生步) · 천성동(天星洞) · 은련추담(銀練墜潭) 폭포
545 • 세계 4대 폭포 황과수(黃果樹) 폭포
549 • 서유기의 전설이 깃든 용궁(龍宮)
551 • 귀주 4대 전통마을 중 하나 청암고진(靑岩古鎭)
553 • 안순 유채꽃 축제
555 • 대형민족가무극 다채 귀주풍(多彩貴州風)
558 • 세계 최대 크기 정양 영제교(程陽 永濟橋)
565 • 장족이 일군 피 · 땀의 결정체 평안장족제전(平安壯族梯田)

571 • 여행후기

CHAPTER 01

마방의 흔적 찾아
차마고도를 가다
茶馬古道

꿈이 현실로 다가온
차마고도 여행
梦想成真的茶马古道旅行

가슴앓이를 해왔다. 늘 그 환상적인 장면들이 뇌리에서 떠나지 않았다. 어떤 때는 내 스스로가 마방이 되어 말을 몰고 좁다란 산길과 계곡을 따라 한없이 걷다가 낭떠러지로 떨어져 가까스로 기어오르기도 하고, 외줄 낙삭洛索·뤄쉬·도르래를 끼워 강을 건너는 긴 쇠줄에 매달려 강을 건너다 도중에 멈춰서는 바람에 무서움에 떨다가 겨우 건너는 꿈도 꿨었다. 2007년 KBS에서 방영한 다큐멘터리 '차마고도'를 시청한 후부터다. 꼭 가보고 싶다는 욕망이 내 가슴속에 깊이 각인되었기 때문에 꿈으로까지 나타난 것이다.

胸口灼热,无法抹去脑海中一直幻想着的情景。有时做见我变成马帮的一员,坐在马背上,随着山谷行走在狭窄无限的山路,突然掉进悬崖,又好不容易爬到岸上。或者梦见自己利用一根洛索过河,在中途竟然停了下来。因此被笼罩在恐惧中,好不容易脱险。这些都是在2007年看完韩国KBS播放的纪录片《茶马古道》之后做的梦。必去的欲望深深的刻在了我的心中,因此它就出现在了我的梦境中了。

차마고도는 나의 동경의 대상이었지만 파킨슨병과 20년 넘게 함께하고 있는 표 동무를 데리고 차마고도를 여행한다는 것은 언감생심 꿈도 못 꿀 일이었다. 그렇지만 뜻이 있으면 길이 있다고 하지 않았던가. 정말이지 전혀 예상치 못했던 기회가 찾아왔다. 현실로 다가온 우연한 기회를 환자이기 때문에 갈 수 없다고, 아니 가지 않겠다고 지레 포기하지 않고 오지 중에 오지인 차마고도 배낭여행에 표동무도 흔쾌히 따라나섰다.

茶马古道虽是我憧憬的目的地,但难以想象跟二十多年一直患有帕金森病的表同志同行。可是还有句话说是志同必道合。突然有一天,获得了意想不到的机会。面临这偶然的机会,表同志没有因为病情放弃或者拒绝去往偏僻的茶马古道背包旅行。

표 동무가 현대의학에서 아직까지는 난치병인 파킨슨병을 확증 받은 후 내가 아내를 위해 해줄 수 있는 최상의 일이 무엇인지를 심각하게 생각했다. 그리고 내린 결론은 세계의 여러 나라를 보여주자는 것이었고 실행에 옮겼다. 병마와 힘겨운 싸움을 하면서도 40일간의 중남미 배낭여행(필자는 두 번 여행함), 한 달간의 아프리카 배낭여행 그리고 인도는 여섯 번이나 배낭 하나 덜렁 메고 여행을 하는 등 어디든지 따라나서는 표 동무의 이런 정신력 때문에 병마를 잘 이겨내고 있다.

表同志确诊之后,我能为妻子做的最好的事情是什么,对此我深深地苦恼了一番。最后的决定是带着妻子一起看世界,并开始了行动。一边与病魔做痛苦地斗争,一边进行为期四十多天的中南美背包旅行(笔者去过两次),一个月的非洲背包旅行、六次印度背包旅行。表同志就是因为这种精神力,能够与病魔进行斗争。

2~3년 전부터는 오랜 파킨슨병 후유증으로 치매증상까지 보이고 있어 하루하루 매우 힘들다. 두 번에 거쳐 좌우 뇌심부 자극수술DBS을 받았지만 갈수록 인지기능이 떨어져 혼자서는 아무 것도 하지 못한다. 중심을 잡지 못해 자꾸만 넘어지기 때문에 항상 손을 잡고 함

께 다닌다. 남편을 못 알아볼 때도 있고 가끔은 실례(?)도 한다. 그렇다고 이대로 포기하고 주저앉아 있을 수만은 없는 일이다.

从两三年前开始,妻子因帕金森病后遗症出现痴呆症状,日况愈下。虽然分两次进行了DBS(脑深部电刺激术)手术,但认知能力越来越下降,一个人无法自理、无法维持平衡,因此走路必须扶着。有时还认不出我,甚至有时会失禁。但不能就此放弃。

얼마 전에는 표 동무와 함께 중국 땅에서도 오지에 속하는 귀주성과 광서성을 여행하고 왔다. 필자는 귀주성을 귀주성여유국 초청으로 두 번, 개인적으로 한 번 모두 세 번을 여행한 곳이지만, 자연의 아름다움과 소수민족의 삶에 반해 표 동무가 조금이라도 잘 걸을 수 있을 때 꼭 보여주고 싶은 마음에서 약간의 위험과 무리를 감수하면서까지 실행에 옮긴 여행이었다.

不久前,准备一些尿布等需要品,一起旅行了在中国也算是偏僻地区的贵州和广西。笔者应贵州省旅游局邀请,去过贵州两次,自己又去过一次,总共去过三次。个人觉得值得去的地方很多,饮食又好吃,选择这次旅行,虽然有些冒险和勉强,但是趁着表同志还能走路时候希望让她体验这一切。

가장 최근에는 8박 9일 일정으로 곤명으로 들어가서 홍토지, 토림, 여강, 호도협 트레킹, 사계沙溪·샤시, 대리를 여행하고 돌아왔다. 엄마에게는 너무 무리라며 아들들마저 말린 여행이었다. 그렇지만 표 동무가 원했기 때문에 떠난 여행이었다. 이렇게 의지가 강하기 때문에 필자는 표 동무를 '의지의 한국인'이라 부른다.

最近,又抽出八天九夜,从昆明开始走遍了红土地、土林、丽江、虎跳峡、沙溪、大理等。对此次旅游连儿子都挽留过,怕他妈妈担当不起。但是表同志自己希望完成这次旅程,所以本人叫她"毅力的韩国人"。

필자와 표 동무는 초등학교 동창이다. 1960년대 초등학교^{당시는 '국민학교'라 함} 교과서에는 친구가 아닌 동무라 했었다. 북한에서 말하는 '동무'와는 뜻이 다르다. 이런 연유로 인해 정감어린 표 동무라 부르는 것이니 오해 없기 바란다. 그럼 지금부터 우리 부부가 함께했던 차마고도 여행이야기를 들어보자.

本人和表同志是小学同学。1960年代, 上小学时候互相叫同志。因此我叫她表同志。请大家不要误会。好, 那接下来请听我们夫妇的茶马古道旅行故事。

❖❖❖

상해에서 열차를 타고 2박 3일 만에 곤명에 도착했다. 곤명은 운남성의 성도이고 교통의 중심지이다. 운남성은 역사상 남방실크로드와 차마고도가 있었던 곳으로 유명한 지역이다.

운남성에 오면 '차마고도茶馬古道'란 말을 많이 접하게 된다. 차마고도란 무엇인가? '茶馬古道'를 글자 그대로 풀이하면 '차와 말이 다녔던 옛길'이란 뜻이다. 옛 중국, 즉 당·송시대로부터 한족과 장족藏族·티베트인으로 서장족이라고도 함 사이에 진행된 차와 말의 교환으로 형성된 하나의 중요한 교통도로로서 '마방馬幫'이라 불리는 상인들이 말과 야크를 이용해 중국의 차와 티베트의 말을 서로 사고팔기 위해 지나다녔던 길을 말한다.

차마고도의 길은 크게 여덟 개 노선으로 나뉘는데, 마방들이 주로 이용하던 길은 다음의 두 경로이다. 운남성에서는 서쌍판납西雙版納·시솽반나-보이普洱·푸얼 옛 思茅·쓰마오-대리大理·따리-여강麗江·리장-향격리랍香格里拉·샹그릴라-덕흠德欽·더친-티베트 랍살拉薩·라싸(이하 '라싸'라 칭함)로 이어지는 길이고, 사천성에서는

아안雅安·야안-대도하大渡河·다두허-강정康定·캉딩-덕격德格·
더거-티베트로 이어지는 길이다. 마방들이 더 멀리는 네팔과 인도
그리고 파키스탄까지 갔었다고 한다.

 마방들은 왜 사람과 말과 야크의 목숨을 담보로 하면서까지, 해발
5,000m 이상의 설산과 수천km의 협곡을 이루는 금사강金沙江·진샤
지앙, 난창강瀾滄江·란창지앙, 노강怒江·누지앙을 지나고, 평균 해
발고도 4,000m가 넘는 좁디좁은 험준한 길을 따라 티베트 지역의
말과 운남성 지역의 차와 맞바꾸었을까.

 티베트인들 속담에 "한족은 밥으로 배불리지만 티베트 사람들은
차로 배를 불린다"는 말이 있다. 티베트족이 살고 있는 지역은 춥고
높은 산이 많아 산소가 부족하고 건조해 주로 참파티베트인들의 전통
음식, 야크고기, 양고기 등이 주식이므로 섬유질채소이 절대적으로
부족하다. 그런데 차 잎에는 비타민과 타닌탄닌 등 여러 성분이 함유
되어 있기 때문에 티베트인들의 주식에서 부족한 부분을 보충해 준
다. 티베트인들에게 있어서 차는 마치 햇볕이나 공기와 같아서 생활
하는데 없어서는 안 되는 매우 중요한 식품이다.

 한편, 티베트와 인접해 있는 사천성과 운남성에는 차가 많이 생산
되기 때문에 이 지역의 차와, 티베트 청장고원지대에서 자란 튼튼한
말을 서로 물물교환 형식으로 당나라 때부터 경제교류를 해왔다. 그
렇기 때문에 이를 '차마호시茶馬互市' 또는 '차마무역'이라 불렀으
며, 이에 따라 개통한 상도商道를 '차마고도'라 부른 것이다. 특히
사천성은 차마무역의 주무관청인 차마사茶馬司를 두어 국가가 관리
하기까지 했다. 사천성 송반松潘·쑹판에 가면 차와 말을 사고팔았던
교역장소가 남아있다.

 당시에는 전쟁이 빈발했기 때문에 전쟁에 쓰일 군마가 필요했다.
군마는 티베트 청장고원에서 자란 말을 최고로 쳤다. 마방들은 녹색

마방 조형물

띠처럼 구불구불한 청장고원과 사천성과 운남성 사이에 가로 놓인 험준한 산과 좁고 긴 강을 건너고, 눈 덮인 설산과 한없이 넓고 푸른 초지를 지나야만 했다. 목숨을 담보로 한 교역이었다. 이들은 차와 말에 만 국한하지 않고 상호 지방특산물, 즉 티베트지역의 양털, 동물가죽, 각종 약제 및 광물과, 중국지역의 천·비단·금속·일용잡화 등을 교환했다. 그러니까 차마고도는 실크로드라 일컫는 비단길 사주지로·絲綢之路보다 앞선 세계 역사상 가장 오래된 무역로이다. 당시에는 이 길이 어찌나 좁고 위험하던지 새와 쥐만이 다닐 수 있는 길이라 해 '조로서도鳥路鼠道'라고도 불렸다.

여기에서 한 가지 덧붙이고 싶은 것은, 보이차普洱茶·푸얼차의 주요 생산지는 운남성의 서쌍판납과 사모지역에 있으며 특히 난창강 유역이 그 중심지이다. 이쪽 지역에서 생산되는 보이차가 유명한 이유는, 이 지역의 토질에는 철성분이 많이 함유되어 있기 때문에 담배나 차와 같은 식물이 자라기에 적합하기 때문이다. 그런데 이 지역에서 생산되는 보이차가 유명해지자 중국 정부에서는 2007년 4월 8일 도시이름을 아예 사모思茅·쓰마오에서 보이시普洱市·푸얼시로 바꿔버렸다. 비슷한 이유로 지금의 향격리랍香格里拉·샹그릴라(이하 '샹그릴라' 라 칭함)도 중전中甸·중띠옌에서 개명한 이름이다.

많은 사람들이 차마고도를 여행하기 위해 도착한 곳이 해발고도 1,900m에 자리하고 있는 곤명이다. 그러니까 곤명은 차마고도를 찾는 사람들의 시발점인 셈이다.

간밤에 곤명 역 근처에 있는 게스트 하우스에서 침낭을 덮고 잠자리에 들었으나 창문사이로 들어오는 외풍으로 인해 추워서 자다가 깨기를 반복했다. 다음날 이른 아침, 곤명 역 근처에 있는 시장에서 산양 뼈를 곤 국물로 아침식사를 마친 후 대리로 향했다. 해발 2,000m의 높이에 있는 대리는 운남성에서 가장 오래된 도시로 서쌍판납에서 보이시를 지나 티베트로 이어지는 차마고도의 중요한 교통과 물류의 요지이자 중간 거점이다. 전체의 형태가 조금 구부러져 마치 귀 모양처럼 생겼다고 해서 이해洱海·얼하이라 불리는 거대한 호수도 있다.

승용차를 이용해서 이 지역을 여행하려면 4개의 통행증을 발급받아야 하는 번거로움이 있지만 일행과 함께 대절한 버스를 이용했기 때문에 편히 갈 수 있었다. 전에는 군부에서 통행증을 발급했다고 한다.

차마고도의 환상적인 장면을 머리에 그리며 여행길에 들어섰다. 여행책자나 텔레비전을 통해서 보고 한번 쯤 가보고 싶다고 열망했던 곳을 실제 간다고 생각해 보라. 이 얼마나 멋지고 신나는 일인가? 콧노래가 절로 나왔다. 한참을 달려 이족자치현에 속해 있는 초웅楚雄·츄숑고진이란 곳에서 한식으로 점심을 먹었다. 말이 고진이지 이제 새롭게 건설한지 얼마 되지 않은 상가들이 즐비하다. 초웅도 여느 지역과 마찬가지로 건설 붐을 타고 새로운 건축물을 짓느라고 어수선하다.

유네스코 세계문화유산에 등재 못한
대리고성
大理古城

험준한 산하를 넘고 돌아 대리에 가까워질 무렵 길 양옆에는 대리석이 곳곳에 쌓여있다. 이곳 대리 일대에는 대리석 大理石이 많이 생산되기 때문에 대리석이란 이름이 여기에서 유래되었다고 한다. 고도 대리의 주인은 우리처럼 흰색을 좋아하는 민족인 백족白族·빠이주이다.

대리는 8세기경인 당나라 때는 남조국의 수도였으며, 송나라 때는 대리국이라는 독립된 나라의 수도로 번영을 누렸다. 현재는 백족자

대리고성 야경

오화루

오화루에서 바라본 대리고성 내 풍경

곽말약이 쓴 대리 편액

치현1956.11.22 자치현이 됨으로 오래된 전통가옥과 1382년 명나라 홍무 15년에 처음 축조한 성곽과 성문이 원형 그대로 남아있어 옛 정취를 느끼게 한다.

대리고성따리꾸청에는 웃지 못할 일화가 전해진다. 대리고성을 세계문화유산에 등재하기 위해 실사단에게 잘 보이려고 길바닥에 깔려 있던 돌을 파내서 재정비하고 도로를 포장하는 등 대대적인 보수를 했다고 한다. 그런데 실사단이 다녀간 뒤에 내린 결론은 세계문화유산 등록보류였다. 세계문화유산에 등재하려면 원형 그대로 보존해야 하는데 원형보존을 망각하고 괜히 긁어서 부스럼을 낸, 참으로 어처구니없는 일을 저지른 것이다.

우리나라도 전남 강진에 있는 영랑생가의 돌담 일부를 헐고 사립문을 냈는데, 아무리 고증에 따른 것이라 하지만 두 번이나 복원이란 미명 아래 손을 댄다고 하는 것은 뭔가 잘못된 것 같다는 생각이 든다. 돌담과 돌담벽면을 타고 오르는 담쟁이덩굴은 영랑생가의 모란꽃과 더불어 많은 이의 사랑을 받는 곳인데 말이다.

대리에 도착해서는 곧장 4성급 호텔인 아성화원대반점亞星花園大飯店에 여장부터 풀었다. 대리는 올드 대리와 뉴 대리로 나뉜다.

하관下關·샤꽌이란 이름을 갖고 있는 뉴 대리는 올드 대리에서 약 18km정도 떨어진 곳에 있는 제법 큰 신도시를 말하고, 올드 대리는 대리고성이 있는 곳을 일컫는다. 곤명에서 출발하는 장거리 버스의 경우 '大理'라고 적혀있더라도 종점은 하관이니 참고하기 바란다.

 호텔 내에서 저녁식사를 한 후 걸어서 대리고성으로 갔다. 휘황찬란한 야경이 펼쳐진다. 성문 위 이마에는 대리석에 새긴 '大理' 현판이 멋스런 글씨체를 뽐낸다. 곽말약郭沫若·궈모뤄이 여기까지 와서 글을 남겼다. 그 뒤에는 '오화루五華樓·우화러우'가 있다. 오화루에 오르면 대리고성을 한 눈에 조망할 수 있다. 대리고성 내 길은 사통오달로 대리석의 고장답게 대리석이 깔렸다. 보행 길을 따라 양 옆에 즐비하게 늘어선 가게 앞에서는 호객꾼이 서로 앞다투어 한 명의 손님이라도 먼저 잡으려고 안간힘을 쓰고 있다.

 백족이 운영하는 기념품가게에는 운남성의 대표적 상품인 보이차를 비롯한 각종 차와 대리석으로 만든 제품과 은 세공품 그리고 천

숭성사삼탑과 창산(중국국가여유국 제공)

등 각종 민속제품을 판매한다. 특히 이곳에는 대리산차화大理山茶花·따리샨챠화·아기동백 또는 겨울눈 속에서도 꽃이 핀다해 '설당화'라고도 부르는 꽃와 팥배나무장미과에 속하는 낙엽교목으로 '물앵두나무'라고도 함 꽃이 유명하다.

  대리고성은 그리 크지 않기 때문에 천천히 여유 있게 꽃향기가 가득한 고성 골목 곳곳을 걸어 다니다가 산차화 한잔 마시면 다리의 피로가 확 풀릴 것이다. 고성 내에 발마사지를 잘한다는 곳이 있어 표 동무와 둘이서 마사지를 받고 호텔로 돌아오는데 저 멀리에 대리를 대표하는 건축물인 숭성사삼탑崇聖寺三塔이 아름다운 조명을 받으며 삼형제처럼 우뚝 서있다.

  밤에는 고성에서 느낄 수 있는 고즈넉함은 찾아볼 수가 없다. 가게마다에서 울려 퍼지는 음악은 노래가 아니라 소음이다. 정말이지 정신이 없다. 그윽한 정취를 자아냈던 옛 모습은 사라지고 장사가 판치는 광란의 도시 같다.

1부 – 차마고도 ■ 33

다음날 아침, 길가에서 마탕油條·요우티아오으로 배를 채우고 다시 고성을 찾았다. 마탕에 대해서는 이미 앞에서 간단히 설명했지만, 중국인들이 콩국豆漿·토우지앙과 함께 먹는 일반적인 아침식사로 '油條'(이하 '요우티아오' 라 칭함)라고 한다. 요우티아오는 밀가루 반죽을 발효시켜 길이 15㎝ 정도의 판 모양으로 자른 후 두 개를 꽈서 늘리면서 뜨거운 기름에 튀기면 30㎝정도의 크기로 된다. 이것을 잘라 약간 설탕을 넣은 콩국에 넣어 먹는다.

요우티아오는 약 860여 년 전인 남송 때 생긴 음식이다. 남송의 명장이자 충신인 악비岳飛는 여진족이 세운 금나라에 맞서 싸운 장군으로 당시 남송의 재상이었던 진회秦檜·친휘이의 모함을 받고 임안臨安·린안·지금의 항주에 있는 풍파정風波亭에서 살해되었다. 그의 죄목은 "莫須有막수유", 즉 "아마도 뭔가 있겠지"라는 애매하게 날조된 죄목으로 처형되었다.

금나라와의 평화론을 주장했던 진회는 두 번이나 재상을 지내는 등 19년 동안 조정의 정치를 좌지우지하면서, 적에 대항해 싸우자는 항전파였던 악비장군이 금나라와의 전쟁에서 연일 승전보를 전해오자 시기심이 발동해 반역을 꾀한다며 막수유란 애매한 죄목을 붙여 모함해 살해했다. 이로 인해 진회는 중국 역사에서 대표적인 간신으로 악명을 남기게 된다.

악비장군이 억울하게 죽은 사실을 알게 된 항주杭州·항저우·남송시기 수도 백성들은 비통한 마음을 삭일 수 없었다. 당시 풍파정 옆에서 호떡을 팔던 상인은 밀가루 반죽으로 진회와 그의 아내 왕 씨 모양을 빚어 두개를 비튼 후 기름에 튀겨 진회에 대한 분풀이를 했다. 그리고 진회의 회자를 따서 '진회를 기름에 튀기다.' 라는 뜻인 '유작회油炸檜·요우자쿠이' 라고 불렀다.

처음에 백성들은 진회에 대한 울분을 토하기 위해서 유작회를 사

중국 사람들이
식사용으로 즐겨먹는 빵

돌에 구운 소시지

중국인들의 아침식사인 요우티아오

먹었으나 시간이 지남에 따라 맛있고 값도 싸 많은 지역에서 인기를 끌게 되었다. 밀가루 반죽으로 사람을 빚는데 시간이 많이 걸려 이후에는 점차 길쭉한 모양으로 만들어 기름에 튀겼으며 이름도 유작회에서 '油條', 즉 요우티아오로 바뀌게 되었다. 아침에 부산 초량동에 있는 차이나 거리에 가면 맛볼 수 있다.

고성 가기 전 도로 양옆 길가에서는 이해호수에서 잡은 다양한 종류의 물고기를 판매한다. 남문 입구에는 돌 자체만으로도 한 점의

대리의 명물인 고유선　　　　　풍화설월 의미가 담긴 백족여인 모자

수석인 커다란 돌에 붉은 세로글씨로 '大理十景之 대리십경지 古城漫步 고성만보'라 쓰여 있다. 고성만보란 대리 십경 중 하나인 고성을 수박 겉핥듯이 보지 말고 천천히 걸으며 보라는 뜻이다. 고성 안 가게마다에는 은과 옥과 대리석으로 만든 세공품과 백족이 직접 만든 전통 천감이 넘쳐난다. 구경하면서 운남 18괴 중 하나이자 대리에 사

는 백족의 고유한 음식인 고유선烤乳扇·카오루샨도 맛봤다. 고유선은 굽다는 뜻의 '烤'와 우유 '乳' 그리고 부채 '扇'자가 합쳐진 것으로 '烤乳扇', 즉 '우유로 만든 부채를 구운 음식'이란 뜻이다. 고유선은 따뜻이 데운 우유에 요구르트를 넣은 후 응고된 우유를 펼쳐 만든 치즈로 과자 같기도 하고 튀김 같기도 하며, 부드러운 것과 바삭한 것이 있다. 고유선은 한 번 맛보면 중독되어 자꾸만 먹게 된다는데 대리에서만 맛볼 수 있는 백족의 음식이다.

특히 필자의 시선을 끈 것은 백족여인들이 쓰고 있는 모자이다. 백족여인의 모자에는 풍화설월風花雪月의 의미가 담겨있다고 한다. 풍화설월이란 '바람·꽃·눈·달'을 말하는 것으로 대리 사계절의 뛰어난 풍광을 일컫는 말이다. 모자 가장 위쪽의 흰 부분은 창산 위에 있는 하얀 만년설을, 그 아래 붉게 수놓은 것은 들에 핀 아름다운 여러 가지의 꽃을, 뒤로 길게 늘어뜨린 하얀 실은 하관의 바람을 그리고 모자 아래에 색색의 구슬을 넣은 것은 이해호수에 비치는 달을 의미한단다.

> **TIP**
>
> '미화당'은 찹쌀로 만든 것으로 대리 지역에서 춘절 때 손님을 대접하는 음식이다. 쌀 꽃에 설탕, 호두 등을 넣고 물에 풀어서 먹는데 맛이 달고 담백하다. 모양도 예쁘고 색상이 화사하다.

노아의 방주를 본떠 건축한
대리천주교당
大理天主教堂

대리고성 내에는 성당이 있다. 소수민족인 백족 마을에 성당이라니 의아할 수밖에 없다. '대리천주교당따리티앤주쟈오탕'이라 이름 한 성당은 백족의 전통적 건축양식과 서양식 건축양식이 혼합된 건축물로 매우 아름답고 고풍스런 목조건축물이다. 멀리서 보면 마치 누각 같지만 '노아의 방주'를 본떠 지은 것이라고 한다. 하늘에서 보면 성당 입구가 뱃머리이고 제대가 있는 곳이 선미에 해당한다. 주춧돌 위에 있는 등나무처럼 감싸 도는 대리석은 서양 건축양식이다. 성당입구에는 대리석 판석에 '大理天主教堂'이,

대리천주교회

바로 위에는 대리천주교당의 역사가 새겨있다.

대리천주교당사 서두에는 1927년에 축조했다는 내용을 시작으로 성당건축양식에 대한 설명과 함께 1985년 대리시 인민정부에서 대리시문물중점보호단위, 즉 문화재로 공표했다는 설명이 있다.

성당 입구에는 나무로 만든 문지방과 문설주가 이채롭다. 문설주 양쪽 주련에는 다음과 같은 글귀가 쓰여 있다.

> 遙接伯多祿殿降監無殊 요접백다록전강감무수
> 멀리 성전에 강림하신 베드로伯多祿를 대하니
> 보살피심이 다를 바 없고
>
> 上追撒落滿堂威靈愈赫 상추살락만당위영유혁
> 상제上帝·하느님께서 뒤따라 성전 가득 펼치듯 임하시니
> 위엄스런 신령이 더욱 빛나네.

오른쪽 주련에 있는 글귀 중 '伯多祿백다록'은 예수의 12사도 중 수제자인 '베드로'를 한자로 표기한 것이다. '바위'란 뜻을 내포하고 있는 베드로를 비유적으로 이르는 말이 '반석盤石'이다. 베드로의 원래 이름은 시몬으로 갈릴리에서 어부 요한의 아들로 태어나 동생인 안드레아와 함께 어부 생활을 하던 중 예수의 제자가 되었으며, 예수로부터 하늘나라의 열쇠를 부여받았기 때문에 천주교에서는 베드로를 초대 교황으로 추앙하고 있는 인물이다.

성당 문 중앙에는 둥근 성체를 중심으로 십자가가 조각되어 있다. 십자가 아래에는 '聖三寶座성삼보좌' 편액이 있다. 성삼보좌란 성부와 성자와 성령, 즉 삼위일체인 하느님이 모셔져 있는 성스러운 곳, 즉 성당이란 뜻이다.

대리지역에 천주교가 들어온 시기는 함풍연간咸豊年間·1850~1861

년으로 당시에는 성당만 임시로 있었을 뿐이다. 그러다가 중화민국 18년인 1929년 11월 22일 대리교구가 설립되었고, 로마 교황청에서는 초대 책임자로 프랑스 외방선교사회 소속 Piere Erdozaincy Etchard중국명 葉美章·예메이쟝 주교를 선임했다. 대리성당은 Piere Erdozaincy Etchard 주교의 주관하에 건축했으나 1931년 2년 만에 병사하자, 1935년 젊고 의욕적인 Fr. Giovanni Battista Magenties중국명 徐司慶·시쓰칭 주교가 직무를 이어받아 1947년까지 직책을 수행했다. 1948년~1983년까지는 Bishop Lucien Bernard Lacoste중국명 鄭紹基·쟝샤오지 주교가 직책을 맡았으나 1952년 추방당하기도 했다. 1966년 문화혁명 초기에는 "종교는 인민의 아편"이라는 미명하에 성당을 빼앗기고 천주교 활동도 금지 당했다. 이때 신앙의 뿌리가 깊지 않은 수많은 신자들은 신앙을 포기해야만 했으며 교구는 수렁에 빠졌다. 그러다가 1983년 중국정부가 종교정책을 다시 제정 실시함에 따라 교구가 회복되고 성당도 교회로 반환되었다. 이뿐만이 아니다. 대리시 당위원회에서 일부 훼손된 성당을 보수공사 후 1985년에는 대리시 인민정부에 의해 첫 번째 문화재로 지정까지 했다.

운남지역의 초기 선교 사업은 프랑스·벨기에·스위스의 선교사들이 담당했으며, 1949년 8월 11일에는 프랑스에서 온 신부 Maurice Tornay가 운남과 서장의 국경지대에서 매복공격으로 살해당하는 등 슬픈 역사도 함께 하고 있다. Maurice Tornay 신부는 1992년 3월 11일 교황 요한 바오로 2세에 의해 복자품에 올랐다. 현재는 6명의 신부가 대리교구 내 8만여 명의 신자들을 돌보고 있으며 대리 성당에는 우리나라 베네딕도 수녀회에서 두 명의 수녀가 파견되어 봉사하고 있다.

대리천주교회는 목조건물의 아름다움이 그대로 남아있다. 참으로 화려한 건축물이다. 뾰족한 처마가 눈길을 끈다. 처마 끝에는 용·

▲ 성당입구의 화려한 조각
▼ 성당내부

노아의 방주를 본떠 건축했다는 성당

해태 · 봉황 · 코끼리 · 물고기가 조각되어 있다. 종루 위 꼭대기에는 노란색 십자가가 있고 검은 바탕에 흰 세로글씨로 쓴 '天主堂천주당' 현판이 걸려 있다.

성당을 들어서면 성수대 위 벽면에 붙어 있는 광고문이 재미있다. 중앙에는 연필로 그린 예수인물상이 있고 여백에는 '尋人啓事심인계사'라 쓰여 있는데 사람을 찾는다는 광고내용이다. 번역하면 다음과 같다.

"우리는 갈망하며 찾고 있습니다. 키는 180㎝정도이고 갈색머리에 장발이며, 눈에서는 신비스런 푸른빛을 발산합니다. 그리고 그의 모습은 매우 준엄하고 성스럽습니다. 그분은 죽었다가 부활하셨으며 우리의 모든 죄를 용서해 주시는 분입니다. 우리의 길이요, 진리요, 생명이신 이분을 만나면 우리는 영생할 수 있습니다"라는 내용이다.

성당 내 중앙 통로는 대리석 고장답게 대리석이 깔려있다. 제대祭臺 · 미사를 드리는 제단 뒤에는 예수십자가상 양 옆으로 '天主是愛천주시애' 즉 '천주하느님는 사랑이시다' 라는 글귀가 쓰여 있고 제대 뒤 중앙에는 십자가가 그 위에는 예수상이 모셔져 있다. 그리고 제대 좌측에는 성모 마리아상이, 우측에는 감실龕室 · 제단의 뒤에 성체를 모셔 두는 작은 장이 있다.

이외에 여느 성당에서나 볼 수 있는 고해소와 성가대석이 있고 벽 양측에는 예수의 수난을 묵상하는 십자가의 길인 14처도 있다. 이뿐만이 아니다. 의자 아래에는 요즘 보기 드문 장궤틀이 있다. 장궤틀은 무릎을 꿇고 기도하기 위한 의자로 성당 내에 있는 의자 뒤 아래편에 있다. 무릎을 꿇는다는 것은 스스로를 낮추는 겸손의 표현이자 상대방에게 존경을 드러내는 동작으로 미사 중 무릎을 꿇는 것은 성체성혈聖體聖血 · 예수의 몸과 피에 대한 흠숭을 나타내는 자세이다. 천장에는 수많은 별들이 그려져 있다.

TIP

백족의 대표 음식문회이자 대리의 명물로 꼽히는 삼도차三道茶를 마셔보자. 삼도차는 잔 세 개에 따라 주는데 첫잔은 쓴맛苦茶이어서 초년고생을 의미하고, 두 번째 잔은 단맛甜茶으로 중년의 행복한 삶을 의미하며, 세 번째 잔은 달고 쓴 백가지 맛回味茶이 한데 어우러져 노년의 인생을 의미한다고 한다. 이와 같이 삼도차는 그 맛뿐만이 아니라 인생의 철학을 담고 있어서 대리를 찾는 관광객은 물론 전국적으로 널리 알려져 있다. 삼도차는 식욕을 증진시키는 등 건강에도 좋아 이곳 사람들도 많이 마신다.

사시사철 비취색 하늘인
창산 트래킹
蒼山

　　　　　　　다음날, 숙소에서 나와 아침 햇살을 받으며 걸어서 삼월가三月街·산위에지에를 지나 창산 트레킹에 나섰다. 대리고성 성문 옆에 있는 삼월가는 음력 3월 15일부터 일주일간 삼월절이 열리는 곳이기도 하다. 대리의 가장 큰 축제인 삼월절은 당나라 때인 어느 해 음력 3월 15일, 관음보살이 나타나서 백성들에게 위해를 가하는 마왕을 제압한 것을 기념하기 위해 매년 같은 시기에 향을 피우고 제사를 지내던 것이 이어져 내려왔는데 오늘날에는 봄철에 커다란 재래시장인 '집시集市'로 발전했다.
　서쪽으로 히말라야산맥 마지막 봉우리인 창산은 해발 4,122m로 대리를 얘기할 때 빼놓을 수 없는 산이자 대리석 주산지로 유명하다. 이뿐만이 아니다. "대리에 와서 창산을 오르지 않으면 대리에 가봤다는 말을 할 수 없다"는 말이 있다. 즉 대리에 왔으면 창산을 꼭 올라봐야 한다는 말이다. 창산의 사전적 의미는 '파랗게 보이는 아득히 먼 산'이지만 하늘색이 사시사철 비취색으로 보여서 붙여진 이름이다.
　창산의 아름다움은 구름과 바람과 돌 그리고 물이 서로 어우러지며 나타난다고 한다. 변화무쌍한 창산의 날씨 때문이다. 특히 청명한 날 창산의 구름은 가히 백미라 할 수 있다. 창산에서 볼 수 있는 구름 중 망부운望夫雲·왕푸윈·無渡雲이라고도 함과 옥대운玉帶雲·

위따이원이 유명하다. 무도운無渡雲이라고도 불리는 망부운은 '죽은 남편을 그리워하는 구름' 이란 뜻으로 매년 겨울과 봄에 옥국봉玉局峰·위쥐봉에 나타나는 구름을 말한다. 망부운이 나타날 때 어부들이 이해호수에 나가 배를 띄우면 광풍이 불고 거센 파도가 일어 남편을 잃게 된다는 전설이 있다.

　전설에 의하면, 남조궁南詔宮에 살던 공주가 평민 사냥꾼 혹은 나무꾼과 사랑에 빠져 몰래 궁궐에서 도망쳐 나와 창산에 숨어 살았다고 한다. 그런데 공주가 창산의 추운 겨울을 견디기 힘들어 했다. 사냥꾼은 이해호수 동쪽 나전사羅荃寺에 있는 고승인 나전화상羅荃和尙한테 추위를 이겨내는 칠보가사七寶袈裟가 있다는 말을 듣게 된다. 사냥꾼은 공주를 위해 칠보가사를 훔쳐오기로 마음먹는다.

　어느 날 밤, 스님이 잠든 사이 몰래 들어가 칠보가사를 훔쳐 나오다가 스님이 깨는 바람에 들키고 만다. 스님은 법력으로 사냥꾼을 이해호수에 빠져 돌이 되게 했다. 이를 알지 못한 공주는 밤낮으로 남편을 기다리다가 그만 세상을 뜨고 만다. 공주의 혼이 구름으로 변해 창산을 올라갔다 내려갔다 하는 것이 마치 남편을 찾는 듯하다해 망부운이라 불렸다고 한다. 남편을 그리워한 망부운은 깊은 이해호수에서 돌로 변한 남편을 끄집어내기 위해 겨울이 되면 이해

창산에서 내려다본 대리시가지와 이해호수

양피뗏목

호수를 향해 차가운 바람을 일으킨다고 한다. 이해호수는 대리시의 북서쪽 해발 1,972m의 고원지대에 위치해 있으며 중국의 담수호 중 7번째로 큰 호수이다. 남북 길이 약 42.6km, 동서 길이 약 8km의 폭으로 긴 형태를 하고 있다.

옥대운은 창산을 옥대로 두른 것처럼 보이는 구름을 말한다. "창산이 옥대를 둘렀으니 굶은 개도 쌀밥을 먹을 수 있겠다."라는 말이 있을 정도로 백족은 옥대운을 풍년의 징조로 여긴다. 창산 케이블 카 있는 곳에서 이름도 멋진 칠룡여지七龍女池·치룽뉘츠를 거쳐 감통사 케이블 카 있는 곳까지의 트레킹 코스를 '옥대운 유로玉帶云遊路·위다이원여우루'라 이름 지었다. 참으로 멋진 이름이다. 여기에서 유로遊路·여우루는 등산로를 말한다.

창산은 1253년 몽골군의 쿠빌라이 칸이 이 산을 넘어와 대리국을 정복했다해 더욱 유명해진 산이다. 쿠빌라이 칸은 칭기즈 칸의 손자로 중국 송나라를 멸망시킨 후 원나라를 세우고 초대 황제가 된 인물이다. 창산과 금사강으로 둘러싸인 대리는 천혜의 요새로 당나라 대군도 수차례 정벌하고자 했으나 번번이 실패했다. 그러나 500년 동안 번성했던 대리국은 몽골제국의 쿠빌라이 칸의 말발굽에 굴복을 하고 만다.

쿠빌라이 칸은 대리국을 먼저 정벌한 후 송나라를 측면에서 무너뜨리려 했다. 그러나 대리국을 정벌하려면 금사강의 급물살을 건너야 했다. 유목민인 몽골군이 말을 타고 창산을 넘는 것은 그리 큰 문제가 아니었지만 거센 물살이 흐르는 금사강의 협곡을 건너는 것은 매우 큰 난제였다. 그런데 여강麗江·리장에 살고 있던 납서족納西族·나시족(이하 '나시족'이라 칭함)이 여강에서 진을 치고 있던 몽골군에게 한 가지 묘책을 알려줬다. 묘책은 다름 아닌 양가죽에 공기를 불어넣은 양피벌자羊皮筏子·양피빠즈였다. 여기에서 벌자는 뗏목(이하 '뗏목'이라 칭함)을 말하며, 옛날에는 혼탈渾脫이라 불리기도 했다.

옛날부터 황하유역에서 운송수단으로 사용되어온 양피뗏목은 그 역사가 2,000년이 넘어 '황하문명의 활화석'이라 부른다. 양피는 공기주입이 쉽고 휴대하기 간편할 뿐만이 아니라 일반적으로 양피 14개를 한 묶음으로 하기 때문에 1t의 중량에도 견딜 수 있다. 만드는 방법은 다음과 같다.

양의 가죽을 벗겨서 잘 꿰맨 후 세 다리는 묶고 한 다리 쪽으로 공기를 불어넣으면 부풀어 오른다. 여기에 기름을 바른 후 햇볕에 반달 정도 건조하면 물이 스며들지 않고 물에 뜨는 튜브가 된다. 이렇게 만든 양피에 바람을 넣어 묶은 후 뗏목처럼 만들어 금사강을 건너라는 것이었다. 쿠빌라이 칸은 나시족이 알려준 묘책으로 금사강을 건너 1253년 대리국을 멸망시킨다. 이런 역사적인 구원舊怨으로 인해 지금도 대리의 백족은 나시족과는 절대로 혼인을 하지 않는다고 한다.

오늘날에도 감숙성甘肅省·간쑤성 난주蘭州·난저우 등 황하가 흐르는 지역에를 가면 양피뗏목이 아닌 모터를 단 '양피 배'를 볼 수 있다. 양피뗏목은 한 때 황하에서 유용한 교통수단이었지만 지금의 양피 배는 관광용으로 이용되고 있다.

창산은 국가지질공원으로 입산을 하려면 매표소에서 인적사항을 기록해야 한다. 창산 트레킹 코스는 보통 감통사感通寺·간통쓰에서 옥대운 등산로를 거쳐 중화사中和寺·중훠쓰 쪽으로 내려오거나 또는 그 반대 코스로 돌거나 하는데 모두 다 아래에서 케이블카 또는

▲ 중화사　　　　　　　　　▼ 창산의 가장 높은 봉우리인 마롱봉

말을 타고 산중턱까지 올라갈 수 있다. 감통사는 남조시대의 이름난 사원으로 서기 9세기경에 처음 세워졌다.

필자 부부는 걸어서 중화사까지 올라갔다가 옥대운 등산로 산허리를 감돌아 감통사 쪽으로 내려오기로 했다. 그런데 초입부터 여러 갈래의 길이 나타났다가 합해지는 등산로를 오르다보니 길을 잘못 들어 여기저기를 헤맨 끝에 등산로를 찾을 수 있었다. 어느새 숨이 차오르고 등에 땀이 고인다.

소나무가 우거진 산길을 따라 올랐다. 특이한 형태의 백족 묘지를 지나 오르다 쉬기를 반복했다. 중간에 선두와 후미의 거리차이가 많이 나 선두를 잃어버려 한참을 찾아다녀야 하는 수고도 있었지만 산허리를 돌고 돌아 겨우 중화사에 도착했다.

중화사는 남조시대인 8세기경에 세워진 도교사원이다. 입구에는 배를 문지르면 복이 온다는 배불때기 포대화상이 웃음을 자아내게 하고, 안에는 청나라 강희제가 하사한 '滇雲拱極전운공극' 편액이 걸려 있다. '滇'과 '雲'은 모두 이 운남 지역의 왕조와 지역을 의미

옥대운 등산로에서 표 동무

하고 '拱極'은 '최상의 예로 절을 한다.'는 뜻이다. 그러니까 강희제는 오삼계吳三桂가 주도한 삼번의 난중국 청나라 초기에 만주족에 대항해 일어난 한인들의 반란을 평정하고 청나라의 영토로 편입한 후 이곳 지역민들의 이반된 민심을 추스르고자 최상의 예로 대하며 통치하겠다는 강희제의 의사가 담겨 있는 편액이라는 생각이 든다. 잠시 화장실에 들렀다. 그런데 아무 것도 가려지지 않은 완전 개방형 중국 전통화장실이다.

　중화사에서 대리 시내를 내려다보는 풍광이 백미이다. 산과 들과 하늘과 호수 그리고 옹기종기 마을이 한데 어우러진 멋진 풍광이 펼쳐진다. 힘들게 여기까지 올라온 피로가 확 풀려버린 듯하다. 멀리서 보면 하얗게 눈이 덮여 있는 창산의 가장 높은 봉우리인 마룽봉馬龍峰·마룽펑이 우리를 유혹하지만 중화사부터는 고생 끝, 행복 시작이다. 이제부터는 깔끔하게 정리된 산책로이다. 대리석의 산지답게 트레킹 길에는 대리석이 깔려있고 안전을 고려해 난간까지 만들어 놨다.

　폭포로 올라가는 길가에는 자그마한 식당이 있다. 창산에서 채집한 각종 버섯과 고사리 등으로 나물 반찬을 만들어 한 끼 식사를 할 수 있다. 완전천연무공해 참살이 식단이 차려진다. 빨래 줄에는 돼지고기가 걸려 있다. 돼지를 잡아 껍질과 비계를 떼지 않고 토막 내 소금에 절여 햇볕과 바람에 말리는데 이를 석육腊肉·라러우이라고

백족이 즐겨먹는 말린 돼지고기인 석육(腊肉)

칠룡여지

한다. 석육은 뼈가 없고 단단하다. 이곳에서 칠룡여지로 올라가는 길이 있다.

　칠룡여지는 산 아래 넓은 이해호수를 다스리는 용왕의 일곱 공주가 매년 여름 보름달이 뜨면 이곳에 와서 목욕을 했고 공주들이 용궁으로 돌아간 후 가을이 되면 아름다운 선율이 들렸다는 전설이 있는 곳으로, 폭포수가 떨어져 모두 7군데에 작은 연못을 만들었다. 폭포 있는 곳까지 올라갔다. 갈수기라 물이 많지는 않았지만 등산객들이 쉽게 오르내릴 수 있도록 바위를 반달모양으로 깎아 놓았다.

　계속해서 옥대운 등산로를 걷다보면 창산에서 가장 아름다운 계곡인 청벽계淸碧溪 · 칭비시가 나온다. 청벽계는 세 개의 작은 호수로 연결되어 있는 계곡으로 계곡의 높은 곳에서 떨어지는 비취색의 폭포가 무척이나 아름답다. 땀을 흘린 뒤 깊은 계곡에서 불어오는 찬바람에 폭포수가 바위에 부딪쳐 날리는 물보라를 얼굴에 맞는 상쾌함이란 뭐라 형용할 수 없을 만큼 기분이 좋다. 올라갈 때도 길을 잘못 들어 헤맸는데 내려올 때도 길을 잘못 들어 솔잎이 수북이 쌓인 경사진 길을 미끄럼 타면서 내려오느라고 무척 힘들었다.

이해호수에서 잡은 새우로 전을 만드는 한 노파

이해호수 작은 섬 위에 세운 사당
소보타
小普陀

이해호수 동쪽 내 소보타샤오푸퉈가 바라다 보이는 식당에서 점심을 먹었다. 이해호수에서 잡은 생선과 새우가 주요리이다. 특히 작은 새우는 바삭바삭하고 고소해 맛있다. 호수 주변에서는 주로 호수에서 잡은 여러 종류의 말린 생선과 새우 등을 판매하는데 기름에 튀긴 생선도 많다.

그물질하는 방법도 특이하다. 배는 긴 밧줄을 달고 호수로 나가 그물을 던져 고기를 잡는다. 작업이 끝나면 호숫가에 있는 사람이 밧줄을 감아올린다. 호수를 보호하기 위해 동력을 사용하지 않는 무동력으로 고기를 잡고 있다.

이해호수 동부에 위치한 작은 바위섬일명 '꼬치섬'이라고 불림 위에는 자그마한 건축물이 있다. 수면 위 12m 높이의 석회암 위에 석축을 쌓아 백족의 사당인 소보타를 지었다. 명대에 만들었고 1982년에

이해호수에서 잡은 건어물

작은 바위섬 위의 소보타

백족여인들의 염불

중건한 소보타는 관세음보살이 대리에 둑을 만들 때 수면 위에 진해대인鎭海大印·전하이다인을 떨어뜨렸는데 이것이 작은 섬이 되었다고 전해진다. 이 작은 섬이 풍랑으로부터 어민들을 보호하고 있다는데 하도 작아서 "글쎄, 정말일까?"라는 의문이 남는다. 소보타에 가려면 조각배를 타고 들어가야 한다. 마침 백족 여인들이 나와 소보타가 바라다 보이는 다리 위에서 목탁을 치며 염불하는 모습을 볼 수 있었다.

마방의 흔적이 가장 잘 남아 있는
사계고진
沙溪古鎭

점심식사 후 차를 타고 달려 도착한 곳은 옛 차마고도 마을 중 가장 보존이 잘 되어 있다는 사계고진샤시꾸쩐이다. 사계고진은 옛날 차마고도를 주름잡았던 마방들이 지나다녔던 500여 년 된 옥진교玉津橋·위진차오가 멋진 풍취를 자랑하고, 동네 곳곳에는 옛 차마고도 마을의 풍취가 깊게 스며있는 시골마을이라 타임머신을 타고 몇 백 년 과거로 돌아간 듯한 착각에 빠져드는 곳이다.

그러나 사실 사계고진은 2002년~2012년까지 10년간에 걸쳐 5,000만 위안이 투입된 '사계부흥프로젝트'에 의해 보존된 고진이다. 원래 있었던 벽돌 한 장, 풀 한포기도 함부로 하지 않고 '달라진 것이 없어 보이는 변화'란 최고의 가치를 사계부흥프로젝트의 모토로 해서 진행한 결과물이 현 사계고진의 모습이다.

사계고진에 있는 게스트 하우스에 여장을 푼 후 곧장 고진 탐방에 나섰다. 맨 먼저 찾은 곳은 마을 동쪽 흑혜강黑惠江·헤이후이지앙 위에 놓인 옥진교이다. 표 동무가 자칫 중심을 잡지 못해 넘어질까 봐 손을 꼭 잡고 강둑을 따라 걸었다. 10월의 흑혜강 주변의 풍광은 산들바람에 흩날리는 나뭇잎과 들판에 쏟아지는 따스한 햇살과 한없는 고즈넉함이 한 폭의 수채화다. 이런 느낌을 담으려고 강변에는 많은 학생들이 화판을 펼쳐놓고 옥진교를 배경으로 그림을 그리고 있다.

옥진교

옥진교를 배경으로 그림을 그리는 학생

흙벽돌로 지은 동채문

길이 35m의 옥진교 난간에는 돌사자가 조각되어 있고, 다리 중앙의 돌에는 용을 새겼는데 용머리가 흑혜강의 원천 쪽을 바라보고 있다한다. 또 다리를 받치는 기둥에는 자라머리를 조각했고 하류 쪽 기둥에는 자라의 꼬리를 조각했다. 이뿐만이 아니다. 다리 양쪽 네 귀퉁이에는 흑혜강에서 서식하는 도롱뇽 네 마리가 조각되어 있다. 그런데 네 귀퉁이에 세운 도롱뇽 중 한 개는 흔적도 없이 사라져 버렸다. 사라진 도롱뇽은 누군가가 어떤 미신 때문에 통째로 떼어가지 않았나 하는 생각이 든다. 옥진교는 높은 예술성을 인정받아 사등가의 일경으로 자리매김하고 있다.

돌이 깔린 골목길을 따라 걷다보면 큰 바위에 붉은 글씨로 쓴 "穩定示範區白族特色村寨온정시범구백족특색촌채 沙溪寺登街사계사등가"를 발견하게 된다. 차마고도에서 유일하게 지금까지 남아 내려오는 장터인 사등가寺登街·쓰덩제를 알리는 표지석이다. 각지의 물산이 한 곳에 모여 거래되던 시장통인 사등가는 북으로는 사천성과 티베트로 통하고, 남으로는 중원뿐만이 아니라 동남아 각국으로 이어지는 차마고도의 중요한 교역·교통요충지로서 매일 수많은 마방들이 차와 소금을 싣고 이곳을 오갔다. 당나라 때에 사계 근처에서 염정鹽井이 발견됨에 따라 차마고도에서 유명한 소금의 도시, 즉 염도鹽都가 되기도 했다.

광장 동쪽에는 흙벽돌로 지어 퍽이나 고풍스러운 동채문東寨門·둥자이먼이 있다. 필자가 어렸을 때는 거의가 황토에 짚을 넣고 버무려 직사각형 상자에 넣어 조형 후 말려서 담벼락과 가옥을 지었는데 동채문은 우리네 옛 것을 닮아 감상적이고 낭만적

다리에 조각한 도롱뇽

옛 연극무대인 고희대와 괴성각

인 정취에 빠져들게 한다.

사등가의 중심인 사방가에는 '앞 가게에 뒤뜰', 즉 전점후원前店後院 양식인 가게가 줄지어 있다. 가게 모두 고풍스러워 원형을 보존하려는 모습이 역력하다. 큰 길 위에는 두 그루의 고목이 우뚝 서있고 나뭇잎이 바람에 나부낀다. 홰나무이다. 홰나무는 길상목吉祥木으로 입신양명 선비들의 부적이 된 나무이다.

사방가를 가운데 두고 동쪽에는 삼중첨누각三重檐樓閣인 고희대古戲臺·구후타이가 서쪽에는 일진삼원一進三院식으로 건축한 흥교사興敎寺가 서로 마주보고 있다. 명나라 영락제 13년1415년에 건립한 흥교사는 규모가 작은 절로서 마방들이 차마고도의 먼 길을 떠날 때 이곳에서 무사귀환을 빌었다고 한다. 흥교사 내에 있는 20여 폭의 벽화가 유명하다.

흥교사와 마주보고 있는 고희대는 청나라 때 지은 것으로 전대후각前臺後閣 형식으로 지었으며 무대 뒤쪽이 괴성각魁星閣·퀘싱거과 이어진 독특한 구조다. 괴성각을 괴성루魁星樓·퀘싱러우라고도 하는데, 1878년에 보수를 했으며 1층은 무대, 2층은 누각 그리고 3층이 괴성각이다.

괴성각에는 "학문의 빛(영광)이 두루 비춘다"는 뜻인 "文光普照문광보조" 편액이 걸려있다. 무대는 앞쪽으로 나와 있고 무대 위에 누각식 지붕을 만들고 그 뒤쪽으로 더 높은 3층 누각을 만든 이런 건축

옥수수를 말리는 집

벼를 체로 치고 있는 노인네

양식은 중국 시골에서는 보기 드문 건축물이라고 한다.

필자는 괴성각에 대해 눈여겨봤다. '魁星괴성'이란 중국 신화에서 사람의 녹적祿籍·큰 복과 큰 명성을 누림이나 문장의 흥망성쇠를 주재하는 신神을 일컫는 말로, 옛날에 중국의 여러 지방에서는 자기 고장 학문진흥을 위해 괴성각 또는 괴성루라는 이름의 건물을 짓고 괴성을 모셔왔다고 한다. 참으로 고색창연한 전통적인 건축물이다.

다음날 이른 아침, 요우티아오와 만두로 아침을 때우고 동네를 둘러보았다. 만약에 동네를 둘러보지 않고 떠났다면 코끼리 다리만 만져보는 꼴이 되고 말았을 것이다. 노란 옥수수를 집안 곳곳에 걸어서 말리고 바닥에는 탈곡해서 털어낸 벼가 수북하다. 젊은 아낙네는 연신 탈곡기를 돌리며 벼를 털어낸다. 탈곡기를 보니 옛날 나락벼을 훑어내는 농기구인 홀태가 생각났다. 필자도 홀태로 손바닥이 부풀 정도로 나락을 훑어낸 경험이 있다. 홀태가 무엇인지 요즘 젊은이들은 잘 모를 수도 있겠다는 생각이 든다. 토속주를 만드는 주가도 있다. 집집마다의 담 위와 지붕에는 노란 꽃이 활짝 피었다.

백족의 집성촌 희주와
전통 염색마을 주성
喜州 · 周城

백족의 집성촌인 *희주시저우는 대리고성에서 북쪽으로 약 18km쯤 떨어져 있다. '기쁨을 주는 마을'이란 뜻의 희주는 청나라 때에 관직에서 물러난 관리들이 풍화설월의 고향 대리에 새롭게 세운 마을로 이때 지은 가옥들이 아직까지 남아 있어 수준 높은 건축문화를 보여주고 있다. 당시에는 너른 땅에 수십 칸짜리 저택을 지었으나 1966년부터 1976년까지 10년간의 문화대혁명 때 집주인은 쫓겨나고 저택은 서민들에게 칸칸이 분양되었다고 한다. 그래서 어떤 집은 한 지붕아래 수 십 가구가 비좁은 공간에서 살고 있는 곳도 있다.

희주는 차마고도에서 가장 큰 규모의 마방 근거지 가운데 하나가 있었던 곳이다. 이뿐만이 아니다. 재래시장을 가면 백족들의 일상생활상이 고스란히 담겨있다. 이런 이유로 인해 필자는 희주를 대리보다도 더 대리다운 곳으로 사람 사는 냄새가 가득하고 옛 정취를 느낄 수 있는 마을이라 말하고 싶다.

희주에는 이 지역 최고 부자가문으로 손꼽혔던 엄 씨 집안의 엄가대원嚴家大院 · 옌자따위엔이 있다. 입구에는 '嚴家侯廬엄가후려'라 쓴 편액이 있는데 '후작 侯'에 '오두막집 廬'라, 참으로 겸손한 표현인 것 같다. 엄가대원에서는 백족의 전통 건축양식인 삼방일조벽

희주고진 입구

三房一照壁을 볼 수 있는데, 이것은 'ㄷ'자 형태의 건물 앞에 햇볕을 반사시키기 위해 흰 벽을 세운 형태를 말한다.

다음으로 들린 곳은 희주에서 약 8km쯤 떨어져 있는 주성저우청 마을이다. 이곳에서 점심식사를 했는데 오후 4시가 넘어서다. 주성마을은 백족이 사는 곳으로, 백족 전통 천연염색법으로 만든 천인 '찰염擦染·자란'으로 유명하다. 염색마을 입구의 패방에는 "白族擦染藝術之鄕백족찰염예술지향"이라 쓰여 있다.

2014년 10월, 두 번째 방문했을 때는 온 마을 전체가 골목길까지 대대적인 보수작업을 하느라고 포크레인의 엔진소리와 굴착기의 소음으로 무척이나 시끄럽다. 흙을 실어나르는 트럭에서는 바람까지 불어 먼지가 날려 얼굴을 가리고 다녀야할 정도였다.

주성마을에서 찰염을 만드는 방법은, 먼저 섬세하게 밑그림이 그

엄가대원

희주 입구에 있는 장애인 화가와 화방

려진 파라핀지를 흰 천위에 올리고 밀랍을 칠한다. 그러면 문양이 흰 천위에 흐릿하게 찍혀 나온다. 마을에서 홀치기를 전문으로 하는 여인들이 가져가서 패턴에 따라 바느질을 하고 다시 염색 공방으로 가져온다. 염료가 천에 잘 배게 하기 위해 잘 묶어 맑은 물에 담근다. 그리고는 염료 통에 천을 담근다. 이때 천의 종류에 따라 열을 가하면서 염색을 할 것인지 아니면 저온에서 염색을 할 것인지를 결정한다. 염색이 끝나면 꺼내 맑은 물에 여러 번 세척을 한 후 자연건조를 시킨다. 천이 마르면 꿰맨 부분을 푸는데 바느질 한곳은 염료가 스며들지 않아 모든 모양의 아름다운 문양이 드러난다. 바늘실로 어떻게 꿰매느냐에 따라 문양을 달리한다.

찰염 염색의 원료식물은 백족이 민간요법으로 많이 쓰는 판남근板

蓝根·빨란끈이라고 하는 대청大靑뿌리이다. 대청뿌리는 수 백 년 동안 주성마을 여인들이 옷감을 염색하는데 사용해 왔다. 대청뿌리로 만든 염료를 누가 처음으로 사용했는지는 알려져 있지 않다. 다만, 이 작은 마을에서 염색이 시작된 것은 명나라 말기, 청나라 초기로 추정할 뿐이다.

대청뿌리를 석회가 담긴 염료 통에 넣어두면 푸른색을 띤 침전물이 생기는데 이것이 대청염료이다. 대청뿌리는 약용식물이다. 대청뿌리는 염료가 된 후에도 그 약효는 남아 있어 염색한 옷감은 피부에 좋을 뿐만이 아니라 열을 낮춰주고 염증치료에도 효과가 있다고 한다.

주성마을 여인들은 옷감을 염색하는데 대청뿌리만을 사용해 왔다. 그렇기 때문에 오로지 푸른색뿐이었다. 그런데 십 수 년 전, 주성마을에서 '비행기 풀'이라 불리는 식물을 이용해서 노란색 옷감도 염색할 수 있게 되었다. 비행기 풀은 독성을 지닌 식물로 어디서 왔는

白族擦染藝術之鄕 패방

지 아무도 모르고 마치 비행기가 뿌리는 것처럼 보인다 해서 백족이 붙인 이름이다. 비행기 풀로 염색한 옷은 살균력이 뛰어나다고 한다.

대청뿌리의 푸른색 염료에 비행기 풀의 노란색 염료와 섞어 배색을 하면 초록색이 된다. 이외에도 주황색·황갈색·갈색 천도 만들고 있다. 그렇지만 기본 색상인 푸른색이 가장 잘 팔린다. 백족은 흰색 다음으로 쪽빛을 좋아하기 때문에 쪽빛 바탕에 나비나 꽃문양을 새긴 천이 많다. 요즘에는 흰색 천뿐만이 아니라 비단에도 염색을 한다.

한때는 주성마을의 많은 백족은 찰염 염색한 천을 팔아 생계를 이어갔다. 그러나 작업과정이 힘들고 판로가 줄어 전통을 잇는 집은 몇 집만 겨우 명맥을 유지하고 있을 뿐이었다. 그런데 근자에 와서는 주성마을에서 생산되는 옷감이 이곳 여인들의 꼼꼼함과 근면성뿐만이 아니라 혁신적이고 창조적인 방법, 즉 대청뿌리에서 염료를 얻고 매우 독특한 홀치기 법으로 만든 천이 피부에도 좋고 친환경적 옷감이란 것이 널리 알려지게 되면서 중국은 물론 유럽·미국·일본·동남아 등 여러 나라로 수출되고 있다.

홀치기 바느질을 하는 백족 할머니

홀치기 바느질을 하는 백족 할머니와 표 동무

구입한 천으로 옷을 만들어 입은 표 동무 ▶

그런데 찰염 전통방법이 아닌 좀 더 쉬운 방법으로 천을 생산하고 있다고 한다. 하얀 천에 초파라핀 왁스로 밑그림을 그린 후 원하는 색상으로 염색을 하면 초로 그린 밑그림 부분은 염색이 되지 않고 남아 예쁜 그림의 문양이 되게끔 한다. 이런 천들로 인해 전통방법으로 염색한 천에 나쁜 영향을 미치고 있다. "악화가 양화를 구축한다"는 말이 있다. 시장에서 나쁜 품질의 상품과 좋은 품질의 상품이 동시에 공존할 때 품질이 좋은 상품은 시장에서 사라지고 품질이 낮은 상품만 남게 된다는 경제 원리이다. 주성마을에서도 앞으로 이 경제 원리가 성립되지 않을지 모르겠다는 생각이 든다. 천의 문양이 특이하고 값도 저렴해 중·대 크기의 천을 각각 한 개씩 구입했다.

찰염 염색한 천으로 만든 표 동무 옷

TIP

주성마을뿐 만이 아니라 대리 여느 지역에나 찰염 염색한 천을 판매한다. 이들은 주로 식탁보나 책상보 또는 커튼 등으로 활용하지만 옷을 만들어 입으면 자기만의 독특한 스타일의 멋진 옷이 된다. 큰 무늬보다는 작은 무늬가 새겨진 천을 구입하는 것이 좋다.

800여 년 역사 간직한
동양의 베니스 여강고성
麗江古城

주성마을에서 나와 버스에 올라 여강으로 향했다. 대리에서 여강까지는 약 150km쯤 떨어진 거리로 차로는 4시간 정도 걸린다. 여강으로 향하는 길은 곤명에서 대리까지 오는 길과는 비교할 수 없을 정도로 위험하다. 새로 난 도로라고는 하지만 구불구불한 비포장 길에 차 두 대가 겨우 교행 할 수 있을 정도로 좁고, 차가 다니는 바로 옆은 깎아지른 깊은 낭떠러지 계곡임에도 보호장치 하나 없어 내려다보는 것만으로도 아찔해 스릴을 만끽하며 달렸다. 손에 땀을 쥐게 하는 상황을 넘어 등골이 오싹할 정도로 목숨을 담보로 하는 곡예길이다. 대원들 모두 손잡이를 꽉 쥐고 긴장한 모습이 역력하다.

여강으로 향하는 길에 '전서공로문화주랑예술공정滇西公路文化走廊藝術工程 · 2008년 12월에 세움' 이라 새긴 멋진 조형물 옆 식당에서 점심을 먹었다. 점심을 먹고 한참을 달리니 옥석가공공장과 옥 판매장이 나왔다. '밀지나密支那 · 미지나옥석가공창' 이다. 여기에서 지나支那는 고대 인도인 · 페르시아인 · 희랍인 등이 중국을 부르던 이름으로 밀지나는 '중국에 가까운' 이란 뜻이지만, 벽라설산碧羅雪山 · 비뤄쉐산이 있어 '진달래의 고장' 으로 유명한 전서滇西 · 뎬시에 있다. 전서는 곤명에 있는 전호滇湖 · 티옌후의 서쪽이라는 뜻이다. 정말이지 어마어마하게 큰, 옥석을 가공하고 판매하는 곳이다. 내

전서공로문화주랑예술공정 조형물

생전에 이렇게 큰 단일품목 판매장과 다양한 모양과 색깔의 옥은 처음 보았다. 값이 만만찮아 구경만 하고 나왔다.

저 멀리 만년설을 이고 있는 옥룡설산을 끼고 돌아 여강에 도착했다. 남송南宋 · 1127~1279년 말기부터 형성되기 시작한 여강고성은 이미 800여 년의 역사를 지니고 있는, 해발 2,400m의 고원고도로서 중국인들이 가장 가고 싶어 하는 여행지 중 한곳이다. 이곳에는 나시족이 여강나시족자치현1961. 4. 10 자치현이 됨을 이루며 살고 있다.

여강고성과 옥룡설산

여강을 뜻 그대로 표현하면 '아름다운고운 강'이지만 나시족 말로는 '금사강이 머리를 돌리는 곳'이란 의미라고 한다.

중국의 서남부 옥룡설산 여강평원 중부에 위치해 있는 여강고성은 고원 계절풍 기후로 인해 년 평균기온이 12.6℃로 여름에 덥지 않고 겨울에도 춥지 않다. 여강고성은 대연진大研鎭·따옌쩐·백사촌白沙村·바이사춘·속하고진束河古鎭·수허꾸쩐 등 3개 지역으로 구성되어 있는데, 보통 여강고성 하면 대연진을 말한다. 고성 주변이 마치 벼루의 가장자리 턱처럼 나무로 둘러싸여 있고, 벼루의 물 담는 홈처럼 호수가 있다고 해서 벼루 '硯연'자를 붙여 대연大研·따옌이라 부르기도 했다. '대연大研'에서 '벼루 硯'자를 쓰지 않고 '갈 研'자를 쓴 이유는 발음이 같기 때문이라고 한다.

여강은 명나라 때의 여행가인 서하객徐霞客·쉬샤커이 이 지역을 여행하고 돌아와서, "대연진에는 1,000여 호의 기와집이 고성을 꽉 메우고 있으며, 부족의 수장 목 씨木氏는 왕궁과 같이 크고 화려한 궁궐에서 거처하고 있다"라고 기록했다. 서하객을 여강에 초청한 인물은 당시 이 지역의 토사였던 목증木增·무쩡이다. 목증은 학식이 풍부하고 무략武略이 뛰어났으며 변방지역을 개척한 인물로 나시족들에 있어서 신화 같은 존재이다. 청나라 때 강건성세康乾盛世가 있듯이 목증성세木增盛世라고나 할까? 목증이 통치한 시기가 가장 흥성했다고 한다.

여강고성은 성벽을 쌓지 않은 곳으로도 유명하다. 그 이유는 부족의 수장이 목 씨이기 때문이다. 목 씨의 '나무 木' 자를 성벽으로 둘러싸면 '괴로울 困곤' 자가 되어 어려움에 처해 곤경에 빠질 수도 있다해 성벽을 쌓지 않았다고 전해진다.

목 씨는 명나라 초대 황제인 주원장이 나시족 토사에게 하사한 성씨이다. 토사란 원·명·청 시대에 중국의 중앙정부가 중국 내에 있는 소수민족의 토착 지배자에게 부여하는 관직으로, 거리가 너무 멀거나 오지인 지역을 중앙정부에서 직접통치가 어려울 경우 행하는 중국의 간접통치방식을 말한다.

중국의 역대 왕조는 주변의 여러 나라와 여러 민족 지배자에게 책봉하고 책봉을 받은 자는 조공의 형식으로 군신관계를 맺고 교류를 요구하는 정책을 펼쳤다. 군 지휘관의 칭호를 받은 사람을 '토사土司', 주·현의 지사직을 받은 사람을 '토관土官'이라고 불렀다. 토사와 토관의 토는 '토박이'란 뜻으로 조상대대로 물려받은 영지에서 세습으로 지위를 물려받았다. 임지를 옮겨 다니는 관료는 '류관流官'이라고 한다.

현재 이곳에는 1253년 이후 22대에 거쳐 470년간 여강 일대를 지배했던 나시족 세습족장의 저택인 '목부木府·무푸'가 있다. 여강고성 서남쪽 모퉁이에 자리하고 있는 목부는 북경에 있는 자금성 건축물을 모방해서 지었다. '木府'는 '여강고성 문화의 대관원大觀園·

대수차와 금붕어

따관위엔'이라 불리며, '忠義충의' 석패방은 정밀하고 심오한 공예기술로 인해 '중화의 보배'라 불린다.

여강에서의 첫날은 유화국제주점裕和國際酒店에 여장을 풀었다. 곧장 나와 택시를 타고 여강고성으로 갔다. 북문 옥하玉河·유허 광장에 있는 황토색 벽에는 다양한 모양의 조각이 새겨있고 커다란 물레방아인 대수차大水車·따수이춰가 돌아가고 있다. 입구에 대수차를 세운 이유는 고성 내에서 화재가 발생하는 것을 예방하기 위한 액막이용이라고 한다. 대수차 뒤로는 '世界文化遺産 麗江古城'이라고 쓴 장쩌민 전 주석의 친필 조형물이 보인다.

입구를 지나 고성 안에 들어서면 예쁘게 깎은 판목에 소원을 적어

수로에 비친 리장야경

대수차   수로의 금붕어 떼

걸어둔 '허원풍령許願風鈴·쒸이위엔펑링'이 있다. 주로 동파문자로 적은 글이 많고 일반적으로 두 개가 한 짝을 이룬다. 오른쪽 수로 변에는 층층이 겹쳐진 나시족의 전통 기와집이 고풍스런 자태를 뽐내며 줄지어 있다. 이뿐만이 아니다. 거미줄 같이 연결된 골목과 금붕어 떼가 헤엄치는 수로가 눈앞에 펼쳐진다. 맑은 물에서 평화롭게 유영하는 금붕어 떼를 사랑스런 눈빛과 마음으로 한참동안 지켜본 후에야 발길을 옮길 수 있었다.

길바닥에는 두께가 얇고 넓적한 돌인 박석이 깔렸는데, 수많은 말과 마방들이 오가면서 길이 파이는 것을 방지하기 위해서 깔았다고 한다. 어찌나 많은 사람들이 오갔는지 미끄러울 정도로 반질반질하다. 사통오달 길 골목은 온갖 물건을 파는 가게들로 즐비하다. 이곳 역시 보이차를 비롯한 다양한 종류의 차와 소수민족의 삶과 문화가 깃든 전통 공예품과 천 그리고 눈을 현란하게 하는 카페가 여행객의 눈길을 끈다.

여기에서 나시족의 전통 가옥에 대해 설명하지 않을 수가 없다. 1996년 2월 3일, 여강 지역에 진도 7의 강진이 발생해 사망 293명, 중상 3,700명의 인명피해와 수많은 건물이 붕괴되는 대참사가 발생했다. 이때 신도시는 거의 폐허가 되다시피 했지만 여강고성은 경미한 피해만 입었을 뿐이다.

대지진 두 달 후 UN 관계자들이 찾아와 피해가 적었던 원인을 분석한 결과 가장 큰 이유가 나시족의 전통건축양식기법에 있었다는 것을 알게 되었다고 한다. 즉 기둥과 대들보를 연결할 때 쇠못을 사용하지 않고 사개맞춤기둥머리에 사개를 내어 깍지 끼듯 엇갈리게 한 맞춤으로 결합한 건축기법이 강진의 진동과 충격을 흡수해 견뎌냈기 때문이다. 이후 1997년 12월 4일 유네스코 세계문화유산위원회에서는 여강이 지닌 역사와 문화 그리고 옛 모습 그대로 간직하고 있는

허원풍령

고성의 자연적 유산을 높이 평가해 유네스코 세계문화유산에 등재했다. 결국 대지진으로 인해 여강고성이 세상에 알려지게 된 계기가 된 것이다.

여강고성은 수많은 골목사이로 수로가 많아 '동양의 작은 베니스'로도 불린다. 옥룡설산에서 흘러내리는 물이 동맥이라면 여강고성 내를 흐르는 물은 실핏줄이다. 여강고성 내에는 세 칸짜리 샘인 상천, 중천 그리고 하천이 있다. 이를 삼안정三眼井·싼옌징이라 한다. 이곳에는 '三眼井用水公約삼안정용수공약'이 적혀있다. '三眼'을 불교에서는 육안肉眼, 천안天眼 그리고 혜안慧眼을 일컫지만 나시족은 상천·중천·하천인 이 세 개의 샘을 '三眼'이라 해 '세 개의 눈'에 비유했다. 상천은 먹는 물, 즉 음용수로 사용하고, 중천은 곡식이나 채소를 씻을 때 그리고 하천은 빨래를 하는 빨래터이다.

우리나라에도 규모는 작지만 같은 의미의 샘이 있다. 전남 순천시 조계산 선암사에 있는 칠전선원七殿禪院에 있는 석정石井이다. 산에서 솟아난 차가운 물을 끌어들여 서로 다른 모양의 4개 돌확을 대나무로 연결해 차례로 물이 흘러내리도록 만든 것인데, 상·중·하·

선암사 칠전선원 석정과 대해스님

말탕 등 모두 네 개의 돌확이 있다. 상탕은 부처에게 올리는 물과 녹차를 우려내는 찻물 그리고 제수 물에 사용되고, 중탕은 밥 짓는 물로 쓴다. 삼탕은 몸 씻는 물, 말탕은 허드렛물로 쓰인다.

나시족 노인들은 손자들에게 이르기를, 흐르는 물에 침을 뱉으면 벙어리가 되고, 오줌을 누면 고추(?)가 썩는다고 가르침을 준다. 또한 어린 짐승을 사로잡으면 자신의 자녀에게 병이 생기고, 새끼를 밴 짐승을 해치면 자기 집 어미 소가 새끼를 낳지 못한다는 금기가 전해져 온다. 이뿐만이 아니다. 나시족의 금기사항 중에는 우물물에 여자나 아이들의 기저귀를 빨아서는 안 된다. 용왕신이 노한다고 생각하고 있기 때문이다. 그만큼 물은 생명수이자 나시족의 신화와 밀접한 관계가 있다.

여강에는 2산山 · 1성城 · 1호湖 · 1강江 · 1문화文化 · 1풍정風情의 관광명소가 있다. 여기에서 '2산'은 이름 그대로 1년 내내 눈이 녹지 않는 설산이자 어느 누구에게도 정복된 적이 없는 미답봉산인 '옥룽설산'과 삼강병류의 핵심풍경구로 원시삼림 및 다양한 동식물군락이 존재하며 독특한 단설丹霞·붉은 노을이란 뜻 지형으로 이루어져 있는 '노군산老君山·라오쥔산'을 말하고, '1성'은 송말원초에 건립되어 약 800여 년의 역사를 자랑하며 유네스코 세계문화유산으로 등재된 '여강고성'을 지칭하며, '1호'는 반은 운남성에 그리고 반은 사천성에 속하는 아름다운 대규모 고원담수호로 그 뛰어난 풍광으로 인해 '고원명주高原明珠'라 일컫는 '로고호瀘沽湖·루구후'를, '1강'은 옥룡설산 기슭에서 발원해 경내 651km를 흐르는 강줄기로 주변 경관이 매우 독특한 '금사강'을, '1문화'는 나시족의 '동파문화'를 그리고 '1풍정'은 로고호 호숫가에 살고 있는 마사인摩梭人·모쒀렌의 남불취·여불가男不娶·女不嫁, 즉 남자는 부인을 얻지 않으며, 여자는 시집가지 않는다는 '마사풍정摩梭風情'을 말한다. 다시 말해, 신분과 재력에 구애받지 않고 마음에 드는 남자들과 '주혼走婚·쩌우훈'을 맺는다. 여성들은 13살에 성인식을 치른 후 집안 2층에 있는 화루花楼·화로우라는 독실에서 산다. 남자는 밤에 여성의 집에 가서 사랑을 나눈 후 동트기 전에 돌아와야 한다. 이들은 주혼을 맺었다고 해서 함께 살지는 않는다. 아이가 생기면 엄마 성을 물려주고 양육도 엄마의 몫이다.

낭만이 깃든 여강고성의 야경을 감상하기 위해 수양버들이 하늘거리고 수많은 금붕어 떼가 노니는 수로를 따라 걸었다. 그런데 나의 기대는 어긋나고 말았다. 낮과 밤의 분위기가 달라도 너무 많이 달랐다. 천여 년의 역사를 자랑하는 나시족의 터전으로서, 오랫동안 차마고도의 요충지로 번영을 누렸던 아름다운 도시가 밤에는 광풍이 몰아치고 있다. 홍등 불빛아래에 유흥가로 변한 것이다. 전통문화를 지키며 이웃과 오순도순 행복하게 살았던 나시족의 삶이 자본주의를 앞세운 문명과 돈의 위력에 여지없이 무너진 현장이 되어버렸다.

동파관망대에서 본 여강고성 풍광

　조선족이 체인점으로 운영한다는 사꾸라 카페벚꽃마을에서 비빔밥으로 저녁식사를 했다. 홀에서는 생음악이 흘러나왔는데 스피커 음향이 어찌나 귀를 괴롭히던지 밥숟갈이 입으로 들어가는지 코로 들어가는지 모를 정도로 정신없이 먹고 나왔다. 표 동무와 택시를 타고 숙소 근처에서 내려 발마사지를 받고 숙소로 왔다.
　간밤에 한숨도 못 잤다. 머리가 깨질듯이 아팠기 때문이다. 두통약을 먹었는데도 효과가 없다. 뒤늦게 알고 보니 고산병이었다. 아침식사 후, 배낭을 꾸려 여강고성 내에 있는 신용문객잔新龍門客棧으로 숙소를 옮겼다. 경비를 조금이라도 절약하기 위해 호텔에서 게스트하우스로 옮긴 것이다. 화장실은 겨우 엉덩이만 붙일 정도로 협소하지만 방은 그런대로 쓸 만했다. 밤에는 춥기 때문에 침대 위에 전기장판이 깔렸는데 겨우 어깨부분만 걸칠 정도로 작다. 장판이라기보다는 작은 방석이다.
　신용문객잔에서 조금 위로 올라 좌측으로 접어들면 여강고성과 옥룡설산을 한 눈에 조망할 수 있는 명소가 나온다. 그런데 이곳에는

10mm 어안렌즈로 바라본 여강고성 풍광

'東巴觀望臺동파관망대' 등 상호를 붙인 카페들이 들어서 비싼 커피와 여러 음식을 팔면서 고성을 조망할 수 있는 자리를 대여해 주고 있다. 가장 싼 커피 값이 9,000원 정도이니 중국인들의 상술에 다시 한 번 혀가 내둘러진다.

❶ 중국에서 가을과 겨울철은 양고기를 먹는 최적의 시기이다. 특히 여강의 특색요리인 '흑산양 샤브샤브黑山羊火鍋'는 꼭 맛보기 바란다. 금개金凱광장 부근에 집중되어 있다. 이뿐만이 아니다. 고성에서 머지읺은 곳에는 상산象山시장이 있는데 '매콤갈비 샤브샤브' 가게가 가장 많이 집중된 곳이다.

❷ 여름을 제외한 봄·가을이나 동절기에 운남성을 여행할 때는 침낭을 꼭 챙기기 바란다. 난방을 하지 않기 때문에 춥다. 호텔도 난방을 하지 않는 곳이 많다. 그리고 호텔에는 산소호흡기가 비치되어 있으니 활용하기 바란다. 시중에는 개인 휴대용 산소호흡통을 판매하니 구입해 미리서 고산병에 대비하는 것이 좋다.

검은 용의 전설 깃든 흑룡담과
나시족의 동파문자
黑龍潭·東巴文字

다음날 아침, 흑룡담헤이룽탄으로 갔다. 여강 내 북쪽의 상산象山 밑자락에 자리하고 있는 흑룡담은 검은 용이 내려왔다가 올라갔다는 전설이 있는 연못으로, 연못의 물이 옥과 같이 맑아 '옥천玉泉·위첸'이라고도 불린다. 명나라 때인 경태景泰 5년 1454년에 만든 흑룡담은 명·청대의 고건물군과 당매唐梅와 송백宋柏으로 유명하다.

옥룡설산에서 녹아내린 물이 흑룡담에 모여 연못을 이룬 후 다시 수십 갈래로 갈라져 고성의 마을 곳곳으로 흘러 들어간다. 흑룡담 내에는 버드나무 고목과 누각과 정자가 조화롭게 배치되어 있고, 저 멀리에는 눈 덮인 옥룡설산이 시야에 들어온다.

흑룡담 주변의 나시족 건축물과 경치를 감상하며 거닐다보면 '운남삼강원예술관雲南三江源藝術館'이 나온다. 수정유리부조수공예품水晶琉璃浮彫手工藝品을 전시해 놓은 곳이다. 수정유리부조수공예는 1890년대부터 시작된 것으로, 여러 색채의 유리에 다양한 문양의 그림을 매우 정교한 솜씨로 그리는 독특한 기법인데 수공으로 조각한 색채가 맑고 아름다우며 입체감이 뛰어나다. 그러나 시대가 변함에 따라 이런 독특하고 전통이 깃든 수정유리부조 솜씨도 점점 사라질 위기에 처해 있다고 한다.

운남삼강원예술관에서 나와 조금 더 가면 입구에 '世界記憶遺産 東巴古籍文獻'이라 쓴 '나시동파문화연구소'가 나온다. 동파문화를 연구하고 유물을 전시하는 곳이다. '동파'는 나시족 언어로 현자, 즉 경전을 암송하는 사람이라는 뜻이다. 2,000년이 넘는 역사를 갖고 있는 '동파東巴·똥빠문자'는 중국 운남성의 나시족이 사용하는 고유문자로 현재도 사용되고 있는 유일한 표의상형表意象形문자이다. 한자는 상당히 추상화된 문자인 반면에 동파문자는 문자의 모양이 나타내고자 하는 사물의 원래 모습을 나타내고 있어 그림문자에 가까운 특징을 보여 준다. 즉 동물의 경우 말은 갈기목덜미에 난 긴 털, 돼지는 입, 호랑이는 얼룩무늬를 본떠 형상화했다.

동파문자는 동파교 사제인 제사장만 쓸 수 있었다고 한다. 그러나 오늘날의 제사장은 닥나무 껍질을 이용해서 전통제조방식으로 종이를 만들고 판매하는 공방에 고용되어 관광객에게 동파문자를 써주며 생계를 이어가고 있는 실정이다. 오늘날 나시족 중에서 동파문자를 쓸 수 있는 사람은 겨우 50~60명 정도 밖에 안 된다고 한다.

동파문자가 질긴 생명력을 유지하며 겨우 전해져왔지만 가면 갈수록 배우려는 사람도 없고 가르칠만한 학교도 없기 때문에 점점 소실

흑룡담과 옥룡설산

동파문자(1)

되어가고 있어 안타깝다. 그나마 다행인 것은 여강고성 내 모든 안내판과 상점 간판은 동파문자로 쓰도록 하고 일부 학교를 선정해 동파문자를 학생들에게 가르치도록 하고 있다. 박물관 내의 벽면에는 동파문자들이 새겨져 있고, 한쪽에서는 나시족 전통 재래 종이에 글을 써서 판매하는 곳이 있다.

 어두컴컴한 건물 안으로 들어가 봤다. 건물 안쪽에서는 동파교 사제 복장을 한 제사장이 관광객이 부탁한 동파글씨를 써서 낙관을 찍고 있다. 사제에게 물어봤다. "샹그릴라를 동파문자로 어떻게 쓰느냐?"라고. 그러자 "샹그릴라는 외국말이기 때문에 나시족에게는 그런 말 발음이 없다"고 한다. 그렇지만 샹그릴라를 동파문자로 표현하면 "물이 있어 산과 들이 매우 아름답고 풍요로우며, 병도 전쟁도 욕망도 없는 지상낙원"이라는 답변이다.

 박물관에서 나오는 길이 특이하다. 커다란 입을 벌리고 있는 용 몸속으로 들어가면 끝 부분에 불단이 있는데 이곳이 바로 용의 꼬리 부분이다. 다시 말해 용 입으로 들어가서 용꼬리로 나오게끔 되어있다. 참으로 재미있는 발상이다.

용 몸속에서 나와 조금 걸으니 흑룡담 바닥에서 콸콸 물이 솟고 있다. 옥룡설산의 눈이 녹아 지하수맥을 타고 내려와 치솟고 있는 것이다. 참으로 맑은 물이다. 그런데 물색깔이 전반적으로 검은빛에 가깝다. 그렇잖아도 왜 '흑룡담', 즉 '검은 용이 사는 못'이라 했을까? 라는 의문을 갖고 있었는데, 곰곰이 생각하며 주변 환경을 관찰해본 결과, 검은 용이 내려왔다가 올라갔다는 전설 외에 흑룡담 주변 높은 산들의 그림자가 흑룡담에 내려앉아 어둡게 보이는 것도 한몫했겠다는 생각이 든다. 이런 어쭙잖은 생각을 하며 흑룡담 가장자리를 걷고 있는데, 나무의자에 앉아 석판을 책상삼아 열심히 공부하고 있는 어린이와 손자 옆에서 뜨개질로 신발을 짜고 있는 할머니의 모습이 정겨움으로 다가왔다. 우리에게서는 이미 사라진 모습이다.

여강 동파문화박물관 앞에는 신로도 神路道가 새겨진 길이 있다. 옥룡설산을 배경으로 기다랗게 펼쳐진 길이 14m의 바닥에는 그림이 새겨있다. 길을 경계로 한쪽은 하얀 알에서 나온 선의 세계를, 다른

동파문자(2)

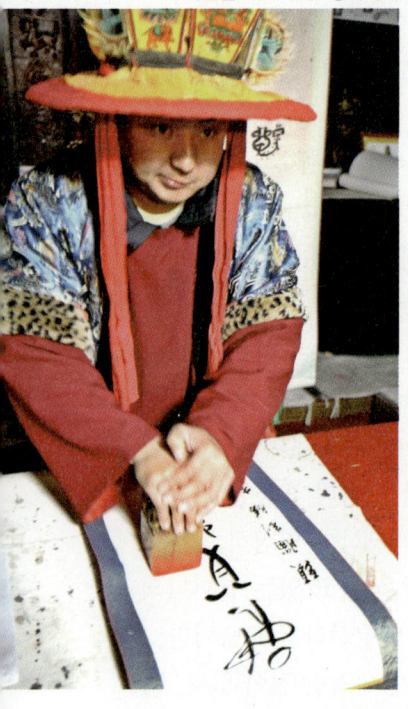
낙관을 찍고 있는 동파사제

쪽은 검은 알에서 나온 악의 세계를 보여주는데 생로병사를 거쳐 하늘로 이어지는 길을 묘사한 그림이라고 한다. 신로도 양쪽에는 사람들이 그림을 보며 걸을 수 있도록 만들어 놨다.

 신로도에서 머지않은 곳에는 멸종된 동물들의 공동묘지가 있다. 우리 인간들에게 무섭고도 슬픈 경고를 하면서도 반성해야 하는 곳이다. 나시족이 이곳에 동물들의 공동묘지를 만든 까닭은 생태와 환경을 보호하기 위해서라고 한다. 자연과 동물을 보호하자는 구호도 좋지만, 인간들의 야욕 때문에 동물들이 자꾸만 멸종되어 가는 안타까운 마음을 담아 방문객들이 이 묘지를 보면서 자연과 인간관계에 대해 깊이 느끼기를 바라는 마음에서 만든 것이다.

 묘지에는 멸종된 수많은 동물들의 묘가 있고 묘 앞에는 나무판에 멸종동물이름, 멸종시기, 멸종원인, 유언 등이 적혀있다. 예를 들면, '코카서스 야생 소'는 1981년 인간에 의해 멸종되었는데 "인간아! 나는 지옥에서 너희들을 기다릴 것이다"라는 유언이 적혀있다. 또 다른 동물로는 '북미여행비둘기'가 있는데 이런 유언이 적혀있다. "너희들의 최후의 만찬을 위해 나는 간다."라고….

 동물묘지 주변에 있는 '멸망의 주걱'이 눈길을 끈다. 점점 작아지는 주걱인데 사람이 자연과 원수가 되면 우리 후손들은 앞으로 무엇을 먹고 어찌되는가를 여실히 보여주는 주걱이다. 끝없이 자연을 파괴 할수록 인류에게 허락된 나무주걱의 크기는 작아진다는 사실이다.

뜨개질하는 할머니와 손자

네 잎 크로버를 들고 있는 표 동무와 일행

몇 군데의 유적지를 둘러보고 나오다가 클로버 있는 곳에서 네 잎 크로버를 찾아 표 동무에게 선물했다. 출구 쪽에 여강동파문화박물관이 있었으나 들어가지 않았다. 다리 있는 곳에서 옥룡설산을 배경으로 기념사진을 찍고 고성으로 돌아왔다. 표 동무와 함께 고성 입구 2층에 있는 마사지 숍에서 발마사지를 받았다. 값이 엄청 저렴할 뿐만이 아니라 마사지도 잘했다.

전통문화 엿볼 수 있는
사방가와 피성대월
四方街·披星戴月

마사지를 받고 나와 고성 내의 여러 풍물을 카메라에 담고 있는데 어디에선가 음악이 흘러나왔다. 카메라를 품에 안고 음악이 들리는 쪽을 향해 달려가 봤더니만 사방가쓰팡지에 광장에 많은 사람들이 운집해 있다. 수십 개의 상점이 집중되어 있는 사방가는 여강고성 중앙에 자리 잡고 있는 396.7m² (120평) 정도의 네모꼴 작은 광장을 말하는데, 예전에는 간가趕街·간지에라고 불렸다. 이는 장날에 물건을 사고팔기 위해 모인다는 의미의 간집趕集·간지

사방가의 인파

나시족 여인 전통의상과 춤

에서 비롯된 말이다. 원래 마방들이 말을 묶어 두었던 사방가는 차마고도를 통해서 여러 종류의 상품이 이곳으로 모여들고 이곳에서 사면팔방으로 팔려나갔다고 해서 사방가라 이름을 고쳐 불렀다.

 쪽빛으로 물들인 모자와 나시족 전통의상을 입은 노인들이 원형으로 대형을 이루고 흥겨운 나시족의 전통 음악에 맞춰 춤을 추고 있다. 빠르지도 않고 매우 느리지도 않은 노인들에게 알맞은 속도의 춤이다. 누구나 쉽게 따라할 수 있는 쉬운 동작의 춤이다. 마치 우리나라 강강술래와 흡사한 춤이다. 할아버지들은 몇 명만 있을 뿐 거의가 할머니들이다. 서로 손에 손을 잡고 원을 그리며 춤을 추다가 마지막에는 여행객들도 따라 함께 춤을 춘다. 여행객과 나시족이 춤을 통해 하나가 된다. 나는 이 할머니들의 해맑은 미소와 아무런 근심걱정 없이 느긋하게 살고 있을 것만 같은 순수한 표정과 마음에서 나를 극진히도 사랑했던 우리 할머니의 모습이 떠올랐다.

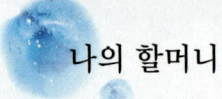

나의 할머니

글/金鍾源

늘,
아름다운 추억만을 심어 주신
나의 할머니
그리운 정으로 내 맘 깊숙이 자리하고 있습니다.

"학교에 다녀왔습니다"라는 인사에
"오냐, 내 새끼 인자오냐?" 하시며
뜨겁게 볼을 비벼 주시고,
뽀뽀하자며 입에 든 눈깔사탕
내 입에 넣어주시던
정이 철철 넘쳐흐르시던
'인정의 할머니'

아플 때
조롱 바가지에 쌀을 담아
우리 손주 안 아프게 해달라고
오만 잡신 이름 들먹이며
머리와 배를 문질러 주시던
'약손의 할머니'

눈에 티가 들었을 때
더러운 눈꼽일랑 아랑곳 하지 않고
혀로 핥아 빼내 주시던
'자애의 할머니'

이른 새벽
우물에서 첫 물 길러
부엌의 조왕신께 바치며
우리 손주 무병장생 기원 또 기원
수백 수천 번 손바닥 비벼대던
'기원의 할머니'

설움 중에서도
배고픈 설움이 가장 크다며
내가 베푼 공덕 우리 손주 받으니
거지에게 싫은 기색 한 번 없이
뜨건 국물에 밥을 말아 먹이시던
'보살의 할머니'

한 여름 밤
모기 불 피워 놓고
할머니 무릎 배게 삼아 평상에 누워
젖찌를 만지작거리며
밤하늘의 수 천 수 만 별들 헤아릴 때
다 헤진 부채로 모기 쫓아 주시며
귀신얘기 들려주시던
'이야기꾼 할머니'

할머니! 나의 할머니!
당신은 우주만큼이나 넓은 마음으로
늘 나에게 헌신적이셨고
아름다운 추억만을 심어주신
나만의 포근한 고향이셨습니다.

▷ 할머니를 그리는 애틋한 마음을 담아 ◁

피성대월

세상만물에는 신이 깃들어 있다고 믿는 나시족은 개구리를 숭상한다. 개구리가 하늘에서 동파교 경전을 가져와 인간에게 전해 줬다고 믿기 때문일 뿐만이 아니라 개구리는 부지런하고 번식력이 강한 동물이라 믿기 때문이다. 인구가 적었던 나시족은 다산의 상징인 개구리 모양으로 옷을 만들어 입었다. 나시족 여인들이 등 뒤에 메고 다니는 장식물이 꼭 개구리처럼 보인다. 머리에 쓰는 모자는 달처럼 둥근 공산당 모자에 색깔은 나시족을 상징하는 블루 컬러이다.

나시족 여인들의 등에는 일곱 개의 동그라미를 수놓은 별을 달고 있다. 이것은 북두칠성을 상징하는 것으로 '피성대월披星戴月·피심따위웨'이라 한다. 피성대월은 약간의 털이 있는 면양피를 반복 다듬질해서 부드럽게 한 후 그 위에 동그랗게 오색문양을 넣어 별을 상징하도록 만든 것으로, 나시족 전설 속의 영웅인 영고英古·잉구가 걸쳤던 적삼을 본 따 별 일곱 개를 걸쳤다는 뜻인 '칠성피견七星披肩·치싱피지앤'을 입는 전통이 생겨났다.

영고와 관련한 전설은 이렇다. 먼 옛날, 못돼먹은 마귀가 가짜로 태양을 여러 개 만들어 온 산하를 불태웠다고 한다. 여강도 불태워졌다. 이때 여강을 마귀의 손에서 구하려던 영고라는 용감한 처녀가 용왕 아들의 도움을 받아 마귀와 싸웠으나 그만 목숨을 잃고 만다. 이를 지켜본 신선이 설룡雪龍·쉐룽을 만들어 가짜 해를 삼켜 없앴다. 그리고 설룡은 마귀를 깔고 앉았는데 이것이 바로 옥룡설산이다.

한편 용왕의 아들은 영고가 죽었다는 것을 알고는 매우 슬퍼한 나머지 영고가 묻힌 곳을 몸으로 감싸 흐르니 그것이 오늘날 여강 곳곳을 흐르는 냇물이 됐다. 영고가 마귀와 싸우다 쓰러진 곳을 사람들은 '영고둔英古鈍·잉구툰'이라 불렀는데 나시족 말로 아름다운 강, 즉 여강으로 지명이 바로 여기서 나왔다. 나시족은 영고가 어깨에 걸쳤던 적삼에 7개의 별을 파 넣었다. 칠성피견은 나시족 여인들이 영고의 업적을 기리는 뜻에서 대대손손 전해 내려오는 복식이다.

피성대월의 사전적 의미는 "달빛을 머리 위에 이고 별빛을 받으면서 밤길을 재촉하다"란 뜻이다. 즉 별을 등에 메고, 달을 머리에 이고 있다는 말은 나시족 여인들의 부지런함을 의미한다. 나시족 풍속은 남자들은 멀리 객지로 나가 힘든 일을 하며 돈을 벌고, 여자들은 가사와 농사 등 집안일을 도맡아서 했다. 새벽부터 밤늦게까지 일하는 나시족 여인들의 근면성을 상징하는 것이 피성대월이다. 물론 옛날에는 그랬었다는 이야기이다. 이제는 시대가 변했기 때문에 집안일은 남자도 거들어야한다.

나시족 여인들의 복식 중 앞에 묶은 매듭모양으로 결혼여부를 알 수 있다. 하얀 띠를 그냥 'X'자로 묶으면 처녀, 한번 꽈서 묶으면 결혼한 여자란 표시이다.

나시족 여인들이 쓰는 모자와 인민모와 관련해서도 사연이 있다. 영고로부터 이어진 나시족의 용맹함은 모택동毛澤東·마오쩌둥(이하 '마오쩌둥'이라 칭함)이 이끄는 홍군중국 인민해방군의 전신 대장정에서도 유감없이 발휘됐다. 장개석蔣介石·장제스(이하 '장제스'라 칭함)이 이끄는 국민당 군에 쫓기던 홍군은 여강 석고진石鼓鎭·쉬꾸쩐에 도착했으나 금사강의 거센 물살에 막혀 노심초사하고 있었다. 그런데 이때 나시족이 마오쩌둥을 도와 홍군이 도강하는데 앞장서서 도왔다. 그 과정에서 수많은 나시족이 희생당했다. 마오쩌둥은 나시족에 대한 고마웠던 마음을 잊지 않고 나시족 여인의 전통 모자를 중국 인민해방군의 모자로 삼았다. 우리가 일반적으로 인민모라고 부르는 바로 그 모자인데 색깔만 다를 뿐 나시족 여인들이 쓰는 모자와 같다.

 사냥복장을 하고 장총을 든 채 말위에 멋지게 앉아있는 나시족 남자들의 용맹스런 모습도 연출된다. 어둠이 깔리기 시작하자 하나 둘씩 홍등에 불이 들어오고 스피커에서 흘러나오는 소음과 함께 광란의 밤이 시작되었다. 늦은 시간, 추워서 침낭을 덮고 잠자리에 들었으나 위층에서 삐걱대고 쿵쿵거리는 소음으로 인해 자다가 깨기를 반복했다. 도대체 새벽까지 잠도 안자고 뭐하는지 모르겠다. 상해에서 곤명까지 2박 3일 오는 동안에도 밤늦게까지 술을 마시고 새벽까지 얘기하며 떠드는 바람에 잠을 못자는 등 악몽에 시달렸는데 이러한 상황이 다시 재현된 것이다. 밤에는 충분히 수면을 취해야만 피로가 풀리고 에너지가 축적되어 다음 날 여행에 무리가 따르지 않은데 고통이 이만저만한 게 아니다. 그렇잖아도 여행출발 전부터 지독한 독감으로 인해 체력이 바닥난 상태에서 잠까지 설치고 고산병으로 고생하다보니 무척 힘들게 다니고 있는데, 상대를 배려하는 마음이 없는, 기본 상식을 초월한 사람들로 인해 더욱 힘들다. 적당히 마시면 될 걸, 술이라면 사족을 못 쓰는 그놈의 술 때문에 여행을 힘들게 한다.

나시족 남자의 용맹스런 모습

물길 따라 형성된
속하고진
束河古鎭

여강고성 내 조명의 화려함과 오가는 사람들의 번잡함 그리고 가게마다에서 흘러나오는 혼란스러운 소음에서 잠시 벗어나고 싶다면 속하고진수허꾸쩐을 추천한다. 속하고진은 나시족 어로 소오紹塢·샤오우라고 하는데 '높은 봉우리 아랫마을'이란 뜻이다. 여기에서 높은 봉우리는 취보산聚宝山·주바오산을 말한다. 해발고도 2,440m에 위치한 속하고진은 여강 시내에서 북서쪽 방향으로 4km쯤 떨어져 있다. 여강고성에 비해 규모는 작지만 아담하고 한적하며 아기자기한 곳이다. "아침 이슬로 먼지티끌를 씻는다"는 뜻이 담긴 '朝露洗塵客棧조로세진객잔'에 여장을 풀었다. 멋진 이름만큼이나 전통이 살아 숨 쉬는 고풍스런 객잔이다.

나시족의 선민들이 여강지역에 처음 뿌리를 내리고 거주한 곳이

이름도 멋진 조로세진객잔에서

속하고진 옛집

백사촌이고 그 다음이 속하고진이다. 속하고진은 물길을 따라 마을이 형성되었고 차마고도의 역참기지로서 객잔이 있었으며 피혁공업이 발달했던 곳이다. 이곳에서 생산된 상품들은 라싸는 물론 멀리 인도 등지로 팔려나갔다고 한다.

속하고진은 옥룡설산에서 흘러내려온 물이 수로를 타고 마을 전체를 통과하는데 물빛이 어찌나 투명하던지 모든 사물을 거울처럼 반사시킨다해 사람들은 '千年淸泉之鄕천년 맑은 샘 마을'이라고도 한다. 여강 전체에서 가장 오래된 건축물로 800여년의 역사를 지닌 대석교大石橋 · 따스차오가 있다. 대석교를 건너 북서쪽 상단에는 속하고진을 휘도는 맑은 물의 수원지인 구정용담九鼎龍潭 · 조딩룽탄이란 연못이 있다. 옥룡설신의 눈이 녹아 지하로 흐르다가 지상으로 솟아나오는 곳이 바로 이곳이다. 마을을 굽이쳐 흐르는 맑은 개울물을 거슬러 올라가면서 1,000년 전통의 가죽공예와 차마고도의 오래된 흔적과 나시족의 꾸밈없는 생활상을 엿보는 것도 좋다.

속하고진을 느긋하게 거닐다보면 이곳에서도 삼안정三眼井을 만나게 된다. 안내판에는 삼안정 아래에 동파문자가 쓰여 있다. 설명문 서두에는 물은 만물에 이로움을 주면서도 다투지 않는다는 뜻인 '水

속하고진 삼안정

청룡교

善利萬物而不爭수선이만물이부쟁'이 쓰여 있고, 제1안第一眼은 식수용, 제2안第二眼은 과일과 채소를 씻는 물 그리고 제3안第三眼은 빨래하는 물이라 설명되어 있다.

 계속 거닐다보면 여강 평원에 있는 돌다리 중 가장 오래되고 가장 크다는 청룡교青龍橋 · 칭룽치아오를 만나게 된다. 400여 년 전, 명나라 만력 연간에 목 씨가 건설했다는 청룡교는 길이 25m, 너비 5m, 높이 4m 크기의 석공교石拱橋 · 스꽁치아오이다. 석공교란 요철凹凸의 화강암으로 끼어 맞춘 돌다리를 말한다. 지진에도 전혀 흔들림이 없었다는 청룡교는 차와 말을 교역하던 수많은 마방들이 오고 갔음을 보여주듯 반질반질하다. 설명문에는 옥룡설산에 사는 신선의 발자국이 남아있다는 '仙人足印선인족인 · 셴런쭈인'이라 해 전설을 얘기하고 있다.

천연 요새마을
보산석두성
宝山石頭城

여강에서 북쪽으로 110㎞쯤 떨어진 옥룡현 보산향 금사강 계곡에는 나시족의 집단거주촌인 보산석두성바오산쉬터우창이 있다. 해발 3,000m가 넘는 산들과 협곡으로 둘러싸인 보산석두성을 가기 위해서는 가드레일이 없는 꾸불꾸불 굽은 산길을 돌고 위험천만한 금사강 대협곡의 낭떠러지 길을 지나야만 갈 수 있다. 이곳 마을에는 나시족 200여 가구가 우뚝 솟은 천연 암석 위에 집을 짓고 살고 있어서 붙여진 이름이다. 보산석두성은 나시족 언어로 라보루판우拉伯魯盤塢·랍백로반오라 하는데 이는 '보산백석마을宝山白石寨'이란 뜻이다.

'석두石頭'가 우리나라와 일본에서는 머리가 몹시 둔하고 어리석은 사람, 즉 돌대가리를 뜻하지만 중국에서는 돌이나 바위를 의미한다. 그러니까 '돌 위에 세운 성벽'이란 뜻이다.

유구한 역사를 간직하고 있는 보산석두성은 13세기 칭기즈 칸의 군

보산석두성 입구(이광석 제공)

사가 여강까지 침입해 오자 나시족 선조들은 일가식솔들의 안전을 위해 잠시 재난을 피할 목적으로 선택한 곳이 보산석두성이였다. 당시에는 몽골군뿐만이 아니라 무기를 지니고 떼를 지어 다니며 살인과 약탈을 일삼는 도둑도 많았었기 때문에 천혜의 요새가 필요했던 것이다.

해발 1,720m에 위치해 있는 보산석두성은 삼면이 모두 절벽이고 한 면의 비탈길이 금사강과 연결되어 있기 때문에 남북 두 곳의 석문을 통해서만 출입이 가능한 "一夫當關萬夫莫開일부당관만부막개", 즉 "한 사람이 관문을 지키면 만 사람이 와도 뚫지 못한다"는, 명실상부한 난공불락의 요새이다. 잠시 머무른 후 떠나려 했던 나시족들은 결국 떠나지 못하고 척박한 환경에 적응하며 대를 이어 터전을 일구며 살아가고 있다.

당시 보산석두성 주변에는 원시삼림이 우거져 있었으며 산맥과 협곡사이에 버섯모양을 이룬 큰 바위가 우뚝 솟아 있었을 뿐 주변에는 아무것도 없었다고 한다. 나시족 선조들은 지세가 험악해 사람 살기에 적합하지 않았지만 온갖 고난을 무릅쓰고, 평탄하지 않는 자연적인 돌은 그대로 기묘하게 이용해서 길을 내고 바위를 쪼아 계단을 만들었으며 돌 하나하나를 이용해 집을 지었다. 그리고 골짜기에는 지형지물을 이용해 단단한 성을 쌓았다.

보산석두성 입구 대리석 판석에는 1993년 11월 16일 운남성중점문물보호단위로 공포되었으며 2006년 5월 25일 전국중점문물보호단위로 공포되었다는 내용이 새겨있다. '宝山石頭城' 표지석을 지나

멀리서 바라본 보산석두성

돌계단을 밟고 안으로 들어서면 매우 좁은 돌길이 나온다. 미로 같은 골목길은 끝없이 이어지고 서로 교행하기가 힘들 정도로 비좁다. 짐 실은 동물이 오면 미리 피해 줘야한다. 이렇게 길이 비좁은 이유는 외적의 침입을 막기 위함이라고 한다.

집안으로 들어가면 바위 원석을 깎아 만든 기둥 · 침대 · 베개 · 탁자 · 의자 · 부엌의 화로와 찬장 · 물독 · 돌확 등 생활용품이 곳곳에 있다. 특히 눈길을 끈 것은 맷돌이다. 맷돌은 바닥이 평평한 두 짝의 둥근 돌 사이에 위짝의 뚫린 구멍에 곡식을 넣고 맷손을 잡고 매를 돌리면서 곡식을 가는 농기구를 말하는데, 아래짝은 집안에 있는 바위를 깎아 만들어 고정된 상태이고 위짝은 별도로 가공해 짝을 맞춰 사용하고 있다. 참으로 기발한 생각이다.

마을에서 걸어서 40분 거리에는 학생수가 80여 명 밖에 되지 않은 석두성 초등학교가 있다. 교훈이 '團結 · 務實 · 向上 · 創新단결 · 무실 · 향상 · 창신'이다. 학생 모두가 한마음 한뜻으로 뭉치고, 참되고 실속 있도록 힘쓰며, 나날이 발전하고, 옛 것을 버리고 새 것을 창조하자는 뜻이다. 교무실에는 '爲人師表위인사표'가 쓰여 있다. 이는 교사들의 마음가짐을 강조하는 말로 도덕과 학식에서 모범이 되고 학생과 학부모는 물론 주민들로부터도 존경받는 교사가 되자는 뜻이다.

보산석두성은 운남에서도 벽지마을로 수 세기 동안 외부와의 접촉이 거의 없었다. 그렇기 때문에 이들의 옛 민가들이 원형 그대로 잘 보존되어 있어 나시족들의 지혜와 생활상을 엿볼 수 있어 조각예술의 천연박물관이라 해도 과언이 아닐 성 싶다.

건너편 산기슭에는 비탈을 깎아서 사다리처럼 층층이 일군 논밭이 있다. 이들의 순수한 땀의 결정체인 농토이자 작품인 다랑논이다. 필자는 '보산석두성제전宝山石頭城梯田'이라고 명명했다. 제전 아래로는 금사강 물줄기가 유유히 흐른다.

동파교 발원지인
백수대와 백수천
白水台 · 白水泉

　　　　　　　　　백수대바이수이타이는 여강에서 북쪽으로 85㎞, 샹그릴라에서 103㎞쯤 떨어진 해발 2,670m에 위치해 있으며, 옥룡설산의 만년설이 녹아 지하로 스며들어 흘러내린 물이 햇빛과 만나 하얀 석회석 침전물을 만들어내면서 형성된 계단식 논 모양의 카르스트 지형이다. 한참을 힘들게 올라야만 만날 수 있는 절경인 백수대는 상형문자인 동파경東巴經을 쓴 곳으로 유명할 뿐만이 아니라 동파교가 창시된 나시족의 성지이기도 하다.

　많은 사람들이 백수대와 백수하白水河 · 바이수이허를 혼동하는 경우가 있다. 백수하는 옥룡설산의 만년설이 녹아내린 물이 옥빛색깔을 띈다해 이름 붙여진 곳으로 백수하는 석회암 지형인 백수대를 본따 계단식 인공폭포를 만들어 놓은 곳으로 야크를 타고 사진을 찍을 수 있는 곳을 말한다. 실제로 보면 자연적으로 형성된 백수대와 인공적으로 만든 백수하를 구별할 수 있다. 아무튼 중국인들은 이런 것까지 모방해서 만들다니 그 발상 자체가 놀랍다. 그나저나 이곳에도 1만 마리 중에 한 마리 꼴로 태어난다는 흰색 야크가 있다. 관광객들은 얼마간의 돈을 지불하고 흰색 야크 등위에 올라 백수하를 거닐고 옥룡설산을 배경으로 기념사진을 남긴다. 흰색 야크에 대해서는 사천성 첩계해자 편에서 자세히 언급했지만 자꾸만 가짜라는 생각이 든다.

　백수대의 생성원인은 사천성에서 설명한 황룡과 같다. 주변에 있

백수대를 모방해서 만든 백수하와 흰색 야크

계단식 논 모양의 카르스트 지형인 백수대(중국국가여유국 제공)

는 나무에서 떨어진 나뭇잎과 나뭇가지들이 물 흐름을 막고 물속에 있는 탄산칼슘이 퇴적되면서 자연적으로 계단을 형성한 것이다. 하늘과 구름까지 모두 담고 있는 환상적인 백수대는 지금도 조금씩 커지고 있다.

　백수대의 맑은 물은 흐르고 흘러 여강고성을 적신다. 나시족 전설에 의하면 먼 옛날, 나시족의 수호신은 양을 치며 유목하던 나시족에게 다랑이 논을 만들어 농사를 지으라는 뜻으로 층층이 물결모양의 옥색 백수대를 만들었다고 한다. 처음으로 나시족 선조가 이곳으로 이주해 왔을 때에는 밭을 만들 줄 몰랐다. 그런데 산비탈에 백수대를 모방해서 논밭을 만들었다. 나시족이 지금 사용하고 있는 계단식 논은 백수대를 보고 만든 것이라고 한다.

동파교의 제1대 교주는 하늘을 담은 백수대의 아름다운 풍경에 반했고, 제2대 교주는 이곳 동굴에서 수행했다고 한다. 옥룡설산의 가장 높은 봉우리에서 가장 낮은 인간의 땅까지 흐르는 물길이 백수대이다. 매년 음력 2월 8일이 되면 현지의 나시족들은 모두 백수대에 모여 노래를 부르고 춤을 추며 산신제를 지낸다.

백수천바이수이췐은 백수대의 원천으로 직경 3m의 샘물이다. 아무리 추워도 얼지 않고 극심한 가뭄에도 결코 물이 마르지 않는다. 마실수록 젊어진다는 샘물이다. 너무 많이 마시면 더욱 더 젊어져서 아기가 된다는 샘물이다.

하얀 알에서 나온 나시족의 조상 숭인리은崇仁利恩·총런리언이 등장하는 이야기가 바로 나시족의 창세신화인 '숭반도崇盤圖·총판투'인데 여기에는 이런 이야기가 있다.

"원래 인간과 자연은 한 형제였다네. 하지만 인간은 자연을 침범했고 둘은 전쟁을 치렀다네. 서로가 서로를 불신했고 서로가 서로를 미워했다네. 서로가 서로를 해치고 서로가 서로를 파괴했다네. 아아, 세상은 암흑천지가 되었네."

그러니까 인간이 산을 깎고 나무를 베고 동물을 해침으로써 형제의 정을 끊은 것은 인간이 먼저였다. 자연이 말했다고 한다. "사람아! 사람아! 어찌해 우리와 원수지게 하는가?"라고.

이곳에서 만난 나시족 노인은 샹그릴라에 대해 다음과 같이 정의한다.

"인간과 자연이 서로 싸우기 전 서로 사랑하는 형제였을 때의 모습이 아닐까요? 여기 이 백수천의 맑은 물처럼 순수하고 평화롭게 흐르는 것, 물처럼 자연과 조화를 이루며 살아가는 곳이 바로 샹그릴라라는 생각입니다."

천하제일기협 호도협과
미답봉 옥룡설산
虎跳峽 · 玉龍雪山

아침 일찍 서둘러 여강고성을 출발했다. 장강제일만長江第一灣을 경유해 천하제일협으로 칭송받는 '호도협후타오샤'을 트레킹하기 위해서다. 내려다보면 등골이 오싹한 낭떠러지 길을 달리고 또 달렸다. 중간에서 점심을 먹고 한참을 달린 후 시골장이 있어 잠시 쉬었다. 시골 장터에는 바나나 · 사과 · 귤 · 배 · 땅콩 등 여러 종류의 과일과 영지버섯을 비롯한 여러 약초 그리고 말린 산채나물 등이 있다. 심지어 산양과 야크 뿔도 있다. 상점 뒤에는 이곳 주변에서 주워 다 놓은 돌이 쌓여 있는데 수석으로서의 값어치는 별로 없어 보였다. 수정원석이라 해 흥정에 흥정을 거듭한 끝에 20위안을 주고 샀는데, 집에 와서 자세히 살펴보니 가짜였다. 아무리 가짜라지만 모스경도 7인 수정을 내 눈을 속일정도로 만들었다고 하는 것은 참으로 대단한 솜씨다.

손에 땀을 쥐게 하는 곡예운전 끝에 호도협에 도착했다. 협곡의 총 길이가 17㎞에 달하는 호도협은 '호랑이가 건너뛴 협곡' 이란 뜻으로 중국에서 가장 깊은 협곡 중의 하나이다. 또한 호도협은 해발 5,396m의 합파설산哈巴雪山 · 하바쉐산과 해발 5,596m의 옥룡설산위룽쉐산 사이에 있는 대협곡으로 장강의 상류인 금사강의 침식작용에 의해 생성되었다. 해발 표고 차는 미국의 콜로라도 대협곡보다도 큰 3,900m로 세계최고이다. 가장 좁은 폭은 30m로 강의 중심에는 13m

호도협 대협곡 전경

호랑이 조형물과 호도석

호도석

높이의 큰 바위가 한 개 놓여 있는데, 포수에게 쫓기던 호랑이가 이 바위를 딛고 건너뛰었다는 전설이 있는 호도석虎跳石 · 후타오쓰이다.

　호도협수도虎跳峽隧道 · 호도협 터널를 끝으로 더 이상 버스는 나가지를 못한다. 겨우 소형차만 다닐 수 있는 협소한 도로이다. 터널 위에는 '虎□峽□道'란 안내글씨가 있지만 중간 글자가 깨지고 떨어져 나갔다. 하지만 '虎跳峽隧道'가 확실해 보였다. 중국에서는 터널을 '隧道수도'라고 하기 때문이다. '중도객잔中途客棧 · Half way guest house'을 운영하는 풍덕방馮德芳·펑더팡 씨가 지프승용차를 가지고 마중을 나왔다. 일행들은 트레킹을 하고 표 동무와 나는 지프승용차로 이동했다. 표 동무 건강상태를 생각해서 무리하면 안 되겠기에 트레킹을 하고 싶은 마음 굴뚝같았으나 참았다.

해발 2,345m에 있는 중도객잔은 차마고도 대협곡 중간에 위치해 있기 때문에 올라가는 길은 비포장인 구불구불 S자 도로로 움푹 패고 크고 작은 돌이 많아 무척이나 위험하다. 드디어 객잔에 안착했다. 집 앞은 옥룡설산의 뒤가 보이고, 집 뒤에는 합파설산이 받쳐주고 있어 아늑한 느낌을 준다. 합파설산은 나시족어로 '금꽃金花'이란 뜻이다.

2014년 10월, 5년 만에 다시 찾은 중도객잔을 오르는 길은 시멘트 포장이 되어 있어 쉽게 올라갈 수 있었다. 운전수가 길을 잘못 찾아 내가 안내하며 올라갔다.

중도객잔에 도착하니 풍 씨가 전동대패를 이용해 의자용 나무를 만들고 있다. 한족인 풍 씨는 이곳에서 나고 자란 같은 한족인 아내와 결혼해 2녀 1남을 두고 있다. 5년 전에 밥해줬던 큰딸 풍장배馮將培·펑지앙페이(26세), 작은딸 풍장정馮將婷·펑지앙팅(24세)은 학교

중도객잔 오르는 길

중도객잔

를 졸업하고 아버지를 도와주고 있다. 막내인 아들 풍장휘馮將輝(19세)는 곤명에서 대학에 다니고 있다한다. 아버지인 풍덕방 씨는 참으로 인상이 좋고 영어에 능통하며, 두 딸은 항상 웃는 얼굴로 착하고, 상냥하고, 예쁘게 자랐다. 풍 씨 부인을 처음 봤는데 예쁜 얼굴이다. 아버지와 둘째딸은 옛 친구를 다시 만났다며 직접 수확한 사과·돌배·선인장 열매 등 과일을 연신 가져다준다.

  중도객잔이 있는 이곳 집터에서 풍 씨 가족은 7대에 거쳐 200여년을 살고 있다고 한다. 중도객잔의 자랑이자 가장 유명한 곳은 '天下第一厠천하제일측', 즉 세계제일의 화장실이다. 옥룡설산 고봉준령의 아름다운 풍광을 감상하며 일(?)을 볼 수 있기 때문이다. 일을 보면서 구름이 눈앞에 펼쳐지는 장관이란 보지 않고는 믿기지 않은 풍광이다. 참으로 명불허전이로고.

  식당 안에는 우리나라 관광객이 다녀간 흔적을 볼 수 있다. 나무

풍덕방 씨와 두 딸

중도객잔 주인장 풍덕방 씨

화장실에서 바라본 옥룡설산 고봉준령

벽과 창문은 물론 어느 곳 하나 낙서가 없는 곳이 없다. 벽과 창문도 모자라 걸린 커다란 천에도 빽빽하게 흔적을 남겼다. 대부분 우리나라 여행객이 남긴 흔적들이다. 뭐한다고 그렇게도 자기 이름 석 자를 남기고 싶어 하는지 알다가도 모를 일이다.
　이런 오지 중의 오지에도 30여 가구가 살고 있는데, 세계 각국에서 트레킹을 하기 위해 이곳을 찾는 방문객들로 인해 생활이 많이 윤택해졌다고 한다. 집집마다 지프승용차가 한 두 대씩은 있다. 지금은 동절기로 비수기라 그렇지 성수기에는 미리서 방을 예약해야만 이 동네에서 머물 수 있을 정도이다. 근자에 와서는 한국인 관광객이 부쩍 늘었다고 하는데, KBS에서 방영했던 차마고도 효과가 이곳까지 전달되어 부를 안겨주고 있다는 생각이 든다. 이번에는 2층에 방을 잡았다. 2층은 삐걱거리고 쿵쿵거리는 소음이 덜하겠다는 생각에서이다.
　혼자서 카메라를 메고 동네를 한 바퀴 둘러보았다. 경사가 가팔라 비탈길을 오르는데 무릎이 아프고 지대가 높아 숨이 헉헉거린다. 집집마다 밀려드는 관광객들로 인해 방을 새로 드리느라 증축하는 장면이 여러 곳에서 목격된다. 통풍이 잘되게 지은 2층 창고에는 노랗게 익은 옥수수가 가득 널려있고 훈제한 야크고기와 돼지고기는 철사 줄에 걸려 말려지고 있다. 향기롭지 않은 냄새가 나는 우리에는 돼지들이 꿀꿀대고 마당에는 어미닭이 병아리들과 함께 모이를 찾아 헤맨다. 마침 말을 이용해 건축자재를 나르는 장면이 있어 카메라에

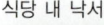
식당 내 낙서

중도객잔 윗마을에 사는 아낙네들

담았다. 사진만 봤을 때는 마방이 말 등에 차를 싣고 차마고도를 가는 장면 같다. 이 동네 아낙네들은 앵글을 들이대면 고개를 돌려버리고 심지어 도망가는 사람도 있다.

어디에선가 노랫소리가 들렸다. 카메라를 품에 안고 노랫소리가 나는 곳을 향해 뛰었다. 20여 명의 아낙네들이 고된 밭일을 마치고 돌아오면서 부르는 노래였다. 피곤한 기색 하나 없이 모두들 밝고 웃음을 띤 얼굴들이다. 숨을 헐떡이며 동영상을 촬영하자 손을 흔들어 대며 더 큰 소리로 노래를 부른다. 일부 여인들은 카메라 앞까지 다가와서 포즈까지 취해준다. 카메라 앵글 앞에서 고개를 돌려버리는 여느 아낙네들과는 다른 여인들이다.

표 동무 혼자 옥상 위에 남겨두고 왔기 때문에 걱정스러워 발걸음을 재촉해 중도객잔으로 돌아왔다. 머리가 하얀 외국 남성이 표 동무를 부축해 주고 있었다. 내가 보이지 않자 혼자서 층계를 내려오다가 하마터면 넘어질 뻔 했다는 것이다. 고맙다는 인사를 전한 후 어느 나라에서 왔냐고 물으니 독일에서 부부가 어머니를 모시고 왔다고 한다. 표 동무에게 내가 분명히 말하길, 내가 올 때까지 꼼짝

중도객잔에서 옥룡설산을 배경으로

말고 이 자리에 앉아있으라고 했는데 내가 보이지 않으니 뭔가 불안했던 모양이다. 아무튼 표 동무는 내가 잠시라도 딴눈을 팔면 엉뚱한 일을 저지르기 때문에 항상 신경을 곤두세우고 있어야 한다.

일행들이 힘겨운 트레킹을 마치고 한 명 두 명 마을 어귀로 들어서는 모습이 보인다. 곧장 내려가 객잔 식당 옥상으로 올라가 도착한 순서대로 옥룡설산을 배경으로 사진을 찍어줬다. 저녁에는 회식자리가 마련되었다. 내가 염소나 닭을 잡아 회식자리를 마련하려고 했으나 이미 집행부에서 돼지 주물럭과 술과 음료수가 준비돼있어 다음 기회에 한 턱 내기로 했다.

등산객 또는 여행자들에게 널리 알려진 '옥룡설산'은 어떤 산인가? '동양의 알프스'로 불리는 옥룡설산은 해발 5,596m로 여강에서 서북부 쪽으로 20㎞쯤 떨어진 곳에 있는, 일 년 내내 눈이 녹지 않는 만년설산이다. 옥룡설산은 히말라야산맥 남쪽 줄기로 아시아 판과 인도양 판이 접하고 있어 현재도 지각운동을 계속하고 있기 때문에 매년 조금씩 높아지고 있다한다. 옥룡이란 이름도 이 산맥의 13개 봉우리에 쌓인 은빛 눈이 마치 한 마리의 용이 누워 있는 것처럼 보인다 해서 붙여진 이름이다.

나시족에게는 옥룡설산과 합파설산에 관련해서 다음과 같은 전설이 전해져 온다.

옥룡玉龍과 합파哈巴는 쌍둥이 형제였다고 한다. 하루는 북쪽에 살고 있는 흉악한 마왕이 금이 흐르는 금사강을 차지하려고 물의 유입을 막아버렸다. 두 형제는 힘을 합쳐 마왕과 싸웠다. 그러나 역부족이었던 형제 중 합파는 힘이 다해 마왕에게 목이 잘려 죽고 말았다. 그러나 옥룡에게는 13개의 보검이 있었다. 보검을 갖고 2박 3일 동안 싸워 마왕을 물리쳤다. 그러나 옥룡은 마왕이 언제 다시 금사강을 차지하려고 올지 몰라 이에 대비해 13개의 보검을 가지고 밤낮으로 지켰다. 그 후 합파의 잘린 머리는 합파설산이 되었고, 옥룡의 13보검은 옥룡설산의 13봉우리가 되었다. 마왕과 싸울 때 흘린 땀은 설산 동쪽 기슭에 있는 흑수하黑水河·헤이수이허와 백수하白水河·바이수이허가 되었다는 전설이다.

사실 옥룡설산은 지층이 석회암과 현무암으로 이뤄진 지질구조이다. 설산의 만년설이 녹은 맑은 물이 석회암지대를 흐를 때는 물빛이 흰색백수하을 띠고, 현무암지대를 흐를 때는 물빛이 검은색흑수하을 띤다. 현무암은 구멍이 빠금빠금 뚫려 일명 '곰보돌'이라고도 한다.

나시족은 옥룡설산을 신성시하며 자신들의 보호신인 '삼타三朶·싼둬'를 옥룡설산의 화신으로 섬긴다. 이들은 매년 음력 2월 8일 옥

만년설을 이고 있는 옥룡설산

룡설산 밑자락에 있는 북악묘北岳廟에 모여 삼타신이 행복과 평안을 가져다주기를 기원하는 축제를 연다. '옥룡설산의 화신 삼타'에 대해서는 세계최대 중문사전인 백도百度·바이두 백과사전에 나온다. 삼타는 하얀 옷에 하얀 갑옷과 하얀 투구를 쓰고 하얀 창을 들고 하얀 말을 타는, 전쟁과 농사의 신을 말한다고 설명되어 있다.

옥룡설산은 나시족의 성산으로 등정을 할 수 없을 뿐만이 아니라 깎아지른 고봉이 석회암으로 잘게 부스러지기 때문에 미끄러워 주봉인 선자두扇子陡·산쯔더우는 인간에게 쉽게 정복을 허락하지 않아 아직 미답봉으로 남아 있다. 그렇지만 1987년 5월 8일 미국탐험대에 의해서 단 한번 등정이 이루어졌다는 설도 있다. 만약 이들이 등정에 성공했다면 나시족 몰래 불법으로 이루어진 등정이었지 않나싶다. 나시족이 알았더라면 분명 반발이 심해 등정을 할 수 없었을 테니까 말이다.

객잔 주인인 풍 씨 딸들이 장작불로 밥을 짓고 서종규 대장과 김효경 대원이 고추장과 갖은 양념을 넣어 돼지 주물럭을 만들었다. 내가 준비해간 참기름과 고춧가루도 한몫했다. 나는 한 달 이상 장기간 배낭여행할 때는 기본적으로 된장·고추장·참기름·고춧가루·마늘가루·말린 누룽지 그리고 소형 전기쿠커를 가지고 다닌다. 나머지는 현지조달이다. 물론 현지 음식에 적응하면서 다니지만 그래도 가끔은 우리 음식을 먹어야만 힘이 솟고 경비절약도 되기 때문이다. 상추·배추·마늘·마늘 종(쫑)·오이 등 야채와 대원들이 가져온 배추김치와 백주까지 곁들인 성대한 식사였다. 마침 이곳에 온 네덜란드 젊은 여행객도 합세했다. 네덜란드 젊은이와는 자연스레 2002년 월드컵과 관련해 우리나라가 4강에 든 일과 히딩크 감독의 얘기가 나왔다. 축구 얘기가 나오자 흥에 겨워 열변을 토하는 대원도 있다.

대원들 모두 빙 둘러 앉거나 서서 자기가 조금이라도 아는 노래

장작불로 밥 짓기

는 목청껏 불렀다. 중간에 가사를 잊는 경우가 있었지만 그건 문제가 되지 않았다. 난 뒤늦게 합석해서 '칠갑산'·'뜨거운 안녕'·'동행' 그리고 'yesterday'를 불렀다. 애주가들이 많아 백주白알 5병 외에 맥주를 30병이나 더 마셨다. 방값보다 술값이 더 많이 나왔다고 한다.

잠자러 들어오면서 고개를 드니 머리 위에서 둥근달이 환하게 웃고 있다. 그렇지만 내게는 별로 달갑잖은 달이다. 나는 별을 더 좋아하기 때문이다. 달이 없었더라면 수많은 별과 은하수와 별똥별流星을 볼 수 있는 환상적인 장면이 연출되었을 텐데 많이 아쉬웠다.

다음 날, 아침식사를 끝내기가 바쁘게 객잔을 나섰다. 호도협을 트레킹 후 옛 중전中甸·중띠엔이라 불렸던 '샹그릴라'로 가기 위해서이다. 대원들은 다시 호도협 트레킹에 나섰지만 표 동무와 나는 지프승용차를 타고 내려갔다. 그런데 석류정 선교사가 나에게 살며시 쪽지를 한 장 전했다. 펴보니 40,000루피짜리 영수증이다. 지난해 석 선교사가 티베트 임시정부가 있고 달라이라마가 계신 곳인 인도의 다람살라를 여행하면서, 어린이들이 책상과 의자도 없이 맨 바닥에 앉아 매우 열악한 환경 속에서 공부하고 있다는 얘기를 전해 듣고 내가 조금이라도 도움을 주고 싶은 마음에서 100만원을 기부했는데 영수증 번호 2866을 받아 나에게 전해준 것이다. 인도에서 4만 루피면 작은 돈이 아니다. 그리고 정치적 의미가 담긴 것이 아니라

표 동무 가마타고 호도협 구경

순수한 인간애에서 기부한 것임을 밝혀둔다.

2014년 10월, 5년 만에 다시 찾은 호도협을 그냥 지나칠 수가 없었다. 전에는 건너뛰었지만 이번에는 가마꾼들이 있어 표 동무를 가마에 태워 호도석이 있는 곳까지 갔다. 가마꾼이 없었더라면 이번에도 건너뛰었을 텐데 참으로 다행이다. 가마꾼들이 내려갈 때는 쉬지 않고 쉽게 내려갔지만 올라올 때는 어찌나 힘든지 세 번을 쉬고 올라왔다. 가마꾼 덕에 참으로 웅장한 장관을 표 동무에게 보여줄 수 있어 천만다행이라는 생각이 들었다.

TIP

옥룡설산이 마주보이는 중턱 3,100m의 고원인 붉은색의 노천광장에서 펼쳐지는 초대형 뮤지컬 '인상여강印象麗江'을 추천한다. 장예모張藝謀 · 장이머우 감독의 연출로 모두 전문배우가 아닌 평범한 소수민족인 백족 · 장족 · 나시족의 농민들 500여명이 실제 옥룡설산이라는 어머니 품안에서 펼쳐지는 공연은 참으로 장관이다. 중화세계와 티베트 세계인 차마고도를 오갔던 마방들의 삶을 재현한 공연이다.

계절 따라 드넓은 초원과
호수로 변하는 납파해
納帕海

　　　　　　　호도협 터널에서 내려 대원들을 기다렸다가 함께 버스에 올랐다. 버스는 샹그릴라를 향해 계속 달렸다. 갈수록 고도가 높아지기 때문에 주변의 눈 덮인 고산들이 눈높이로 가까이 다가선 느낌이다. 우측 저 멀리에 옥룡설산이 보이고 황토 빛 다랑논 사이에 고즈넉하게 정겨움으로 다가오는 촌락이 있어 잠시 내렸다. 베토벤의 '전원 교향곡'이 울려 퍼질 것만 같은 목가적 풍경이다.

　다시 버스에 올라 한참을 달리자 야크 떼가 마른 풀을 뜯고 있는 농장이 보이고, 전에 이 지역이 티베트인의 장족마을이었음을 입증하는 구조물인 집과 탑이 보인다. 마을 앞 너른 공터에는 덕장도 있다. 덕장 위에서는 수확이 끝난 '칭커대'를 말리고 있다. 장족의 중요한 곡식인 칭커청보리는 3천m 고산지대에서도 생명력을 이어가는 보리과 곡물로서 아침, 점심, 저녁에 매일 먹는 주식이다. 장족은 결혼할 때 신부가 칭커 씨앗을 가져오는데 이 칭커를 키우고 수확해 주식으로 먹고 술을 빚는다. 강렬한 향과 독한 맛이 일품인 이

옥룡설산과 전원마을

납파해의 겨울

납파해에서 풀을 뜯고 있는 야크

술을 '칭커주'라 한다.
 덕장 건너편에는 너른 초원과 호수가 보인다. 겨울에는 드넓은 초원이었다가 우기인 여름이 되면 호수로 변하는, 고원계절성 호수인 '납파해纳파하이'이다. 한때 차마고도를 오가던 사람마방과 말과 야크들에게는 더 할 나위 없는 요람이었던 납파해는 '하늘 위의 고원'이란 뜻으로 천상고원天上高原이라 일컫는다. '삼림 옆의 호수'란 뜻도 갖고 있는 납파해는 티베트어로는 납파착納帕錯·나파추어이라 부르며 삼면이 산으로 둘러싸여 있고, 해발 3,266m에 자리하고 있다. 매년 5월 새싹이 나올 무렵에는 녹색의 초원에서 야크떼와 양떼와 소떼가 풀을 뜯으며 노니는 모습을 볼 수 있어 한없이 평화롭고 고즈넉한 분위기가 연출된다. 6월에는 망망 초원에 오색찬란한 들꽃들이 서로 경쟁이라도 하듯 피어오른다. 10월 가을바람이 불기 시작하면 검은 목 두루미, 인도기러기, 시베리아 흰 두루미 등 각종 새들이 이곳으로 날아들어 겨울을 난다고 한다.
 風吹草低見牛羊聲풍취초저견우양리/바람 불어 풀들이 고개 숙일 제 저 멀리 소떼, 양떼, 야크떼가 보이네.

꿈의 도시라 부르는
샹그릴라
香格里拉

사방을 둘러봐도 큰 수목 하나 없이 거대한 산뿐인 땅, 가도 가도 끝없는 낭떠러지 산길이지만 광활한 대자연의 풍광을 감상하며 4시간 만에 꿈의 도시라 부르는 샹그릴라에 도착했다. 4성급 호텔인 'Yunnam Aviation Dioing Guanguang Hotel'에 여장을 풀었다. 말이 4성급 호텔이지 지은 지가 얼마 되지 않았는지 페인트 냄새가 진동하고 엘리베이터 안도 엉망이고 물도 잘 나오지 않는다. 성수기 때는 1박에 1,200위안이지만 지금은 동절기로 비수기라 250위안에 흥정했다.

샹그릴라는 영국의 제임스 힐튼이 1933년에 쓴 『잃어버린 지평선 Lost Horizon』이란 작품에 나오는 가공의 장소이다. 샹그릴라는 티베트어로 '마음속의 해와 달'이란 뜻으로 지상에 존재하는 평화롭고

샹그릴라 시가지 모습

암봉밀

영원한 행복을 누릴 수 있는 유토피아로 묘사되어 있다. 이젠 샹그릴라는 지상의 어딘가에 존재하는 천국을 가리키는 보통명사가 되었다. 중국정부에서는 1997년 중국 적경迪慶·디칭 티베트자치주가 샹그릴라라고 주장했으며, 2001년에는 중전中甸·중띠엔 시의 명칭을 샹그릴라로 정식 개명했다.

 호텔에서 나와 곧장 걸어서 샹그릴라 고성으로 갔다. 샹그릴라는 인구 15만 명의 작은 도시이기 때문에 걸어서 다니기에 충분하다. 성곽이 없는 샹그릴라 고성은 규모면에서 대리나 여강보다 작고 비슷기라 그런지 여행객들이 없어 조용하고 을씨년스럽기까지 하다. 아니 썰렁하다고 해야 맞을 것 같다. 표 동무와 둘이서 느릿느릿한 발걸음으로 한가한 골목길 가게들을 기웃거리다가 고산병에 대비해 산소통을 구입했다. 돌이 깔린 골목은 빙판길이 있어 미끄러져 넘어지지 않도록 조심하며 걸었다. 특히 이곳은 해발고도가 3,200m에 달하기 때문에 천천히 걸어야 한다. 조금만 빨리 걸어도 숨이 차고 자칫 고산병 증세가 나타날 수도 있기 때문이다.

 골목을 중심으로 늘어선 고풍스런 분위기의 오래된 기와집들은 상점으로 탈바꿈해 각종 관광 상품들이 진열되어 있다. 상점에는 티베트족 남성들이 전통적으로 차고 다니던 칼과, 야크 뿔로 만든 빗 등 각종 장식품과 야크 털로 만든 모자와 장갑 그리고 은 세공품이 진열되어 있다. 특히 진귀한 약재로 쓰이는 야봉밀野蜂蜜이라고도 하는 암봉밀岩蜂蜜도 보인다. 암봉밀은 벌들이 깊은 산속 바위틈에 벌집을 지은 후 꿀을 박아두고 갑자가 죽는다던지 또는 어떤 이유로 벌집을 떠나버려 오랜 세월 꿀의 수분이 증발해 굳어서 돌처럼 생긴 꿀이다. 씹히는 맛이 냉장고에서 막 꺼내먹는, 찰기를 뺀 엿 맛이다. 표 동무는 수공예품인 은 귀걸이를 몇 점 구입했다.

　가게에서 나오다가 젊은 스님 두 분과 마주쳤다. 화재로 인해 사원이 불타버렸는데, 사원의 재건을 위해 이렇게 나섰다면서 도움을 요청했다. 내가 어디 종교가 다르다는 이유로 그냥 모른 척하고 지나칠 사람인가. 약간의 금액을 기부했다.

　양지에 앉아 뜨개질하는 여인들의 모습도 정겹다. 그런데 상점 간판을 유심히 살펴보니 한문으로 쓴 상호 위나 옆에 티베트 문자가 함께 쓰여 있다. 이곳이 티베트 땅이기 때문에 중국어와 티베트어를 함께 쓰고 있는 것이다. 한글 말살정책을 썼던 일본과는 많이 비교되는 부분이다. 고성 광장 중앙에는 티베트인들의 전통 탑인 하얀 스투파가 있고 주변은 관광 상품을 파는 상점뿐 만이 아니라 카페, 식당 그리고 고택민박집도 많이 있다.

사원의 재건을 위해 나선 라마승

세계 최대의 마니차가 있는
대불사
大佛寺

고성 뒤쪽 산등성마루에 황금빛 라마교사원이 보인다. '대불사다이푸쓰'다. 한번 올라가보기로 했다. 광장이 있는 사원입구에는 '차마고도 중진茶馬古道 重鎭'이라 새겨진 대리석 표지석이 있다. '차마고도 요충지'였다는 뜻이다. 바로 옆에는 샘이 있다. 사원에 오르려면 샘 옆을 지나서 50여 계단을 올라야 한다. 오르는 계단이 결코 만만치 않다. 숨이 차고 무릎이 아파 오르다 쉬기를 반복했다. 아직도 고도적응이 힘겹다. 멀리서도 가장 먼저 눈에 띄었던 마니차經筒·불교에서 경전을 넣어두는 통으로 경통이라고도 함는 어마어마하게 크고 호화찬란하다. 이렇게 큰 마니차는 처음 본다. 마침 햇볕에 반사되어 더욱 황금빛으로 빛난다. 대원들 몇 명이 마니차를 돌려보지만 쉽게 돌아가지 않는다. 마니차에 가까이 다가가 유심히 살펴보니 맨 위에는 부처상이 있고 그 아래에 비천상飛天像, 안나푸르나 영봉, 티베트어로 새긴 불경, 여러 소수민족들 그리고 맨 아래에는 마니

대형 마니차

대불사 전경

차를 돌릴 수 있도록 원형 철제가 있다.

마니차의 섬세한 부조는 금으로 도금한 것 같다. 여기에서 금으로 도금했다고 확신할 수 없는 이유는, 불상에 다시 금칠을 하는 개금改金도 값비싼 금분으로 하지 않고 구리와 아연의 합금으로 금빛을 띠어 금의 모조품이나 금박 대용품으로 많이 이용되는 톰백tombac을 사용하기 때문이다. 이런 사실은 필자가 전남 장흥 보림사에 있는 국보 제117호인 철조비로자나불좌상을 분석한 결과 금이 아닌 톰백임을 밝혀낸 연구결과이다.

사원 안으로 들어갔다. 라마승 한분이 앉아 있다. 사진을 찍어도 되느냐고 물으니 안 된다고 한다. 그래서 기부함에 10위안을 넣은 후 다시 물으니 묵인해 준다. 나중에는 자기도 찍어달라고 해 찍어줬는

대불사 불상과 스님

데 주소까지 써주면서 사진을 보내달라고 한다. 화려한 천이 드리워진 중앙에는 금빛 불상이 모셔져 있고 불상 아래에는 어느 고승의 영정과 함께 크고 작은 촛대와 성수대가 놓여있다. 조화도 아름답다.

　대불사가 있는 구산龜山·구이샨에서는 샹그릴라 시가지가 한눈에 조망된다. 구 가옥은 널판으로 지붕을 인 모습이 우리나라 강원도 산간지방에서 볼 수 있는 너와지붕과 흡사해 정겨움으로 다가온다.

간밤에 한숨도 못 잤다. 속이 매스껍고 머리가 깨질듯이 아프고 숨이 막혔기 때문이다. 표 동무는 아무렇지도 않게 고산적응을 잘하는데 난 이상하리만큼 힘들다. 독감으로 인해 체력이 바닥난 상태에서 여행을 떠나왔기 때문이라는 생각이 든다. 중남미를 40일간 여행할 때는 해발 4~5,000m에서도 끄떡없었는데 말이다. 아무튼 누가 이곳을 '꿈의 도시' 또는 '진정한 샹그릴라'라고 했는지 모르겠지만 내겐 아니었다. 아침식사를 마친 후 호텔에서 산소통을 2개 샀다. 오늘아침 기온이 영하 13도까지 뚝 떨어졌다고 하는데 체감온도는 이에 훨씬 미치지 못했다.

2014년 1월 11일 토요일 새벽, 샹그릴라 독극종獨克宗·두커쫑 고성지역에서 대형 화재가 발생해 1,300년 된 티베트족 마을이 잿더미가 됐다는 뉴스가 있었다. 독극종은 티베트어로 '달의 마을'이란 뜻으로, 당나라 때부터 조성된 아주 오래된 촌락이자 차마고도의 주요 경유지로도 유명한 곳이다. 고성 내에는 1,084채의 가옥이 있는데 이중 242채가 불탔으며 티베트 문화유적지들도 많은 피해를 입었다는데 참으로 안타까운 일이다.

여강과 샹그릴라 지역은 해발 2,400m이상의 고산지대로 두통·구토·호흡곤란·설사 등 고산병이 나타날 수 있다. 뛰거나 급하게 걷지 말고 물을 많이 마시며 천천히 여유롭게 돌아다니기 바란다. 고혈압과 심장질환이 있는 사람은 특히 유의해야 한다. 화장실에서 큰 것(?)을 보면서 힘을 너무 많이 주다가 변을 당하는 경우도 있다. 미지근한 물에 가볍게 샤워하고 음주는 삼가 하는 것이 좋다.

운남 10대 절경 속하는
금사강제일만
金沙江第一灣

또다시 임대한 버스를 타고 옛 차마고도의 흔적을 찾아 떠났다. 현지 가이드는 영어에 능통한 티베트족 처녀인 소피아가 탑승했다. 내가 평소에 지식인층에 속하는 티베트인을 만나면 꼭 물어보고 싶었던 것부터 먼저 물어보았다. "소피아는 티베트인으로서 티베트가 중국으로부터 독립되기를 바라느냐?"라는 질문에 답은 간단명료했다. "아니요"였다. 더 이상은 정치적으로 민감한 문제이기 때문에 거론하지 않겠다. 다만, 우리에게도 일제식민지시절 독립운동을 하는 애국자가 있었던 반면 친일파도 있었으니까 말이다.

가이드의 설명에 의하면, 겨울철 차마고도 여행은 대부분 샹그릴라에서 그친다고 한다. 우리 일행처럼 백망설산을 넘어 매리설산까지 가는 여행자는 없으며 근자에 와서는 우리가 처음이라고 한다. 겨울에 눈이 오면 빙판길이 되어 위험할 뿐만이 아니

협곡 속에 자리 한 분자란

◀ 장족 현지인

라 산사태가 자주 발생해 교통이 두절되면 며칠씩이나 발이 묶이기 때문에 가려는 운전사가 없다고 한다. 무식하면 용감하다고 했던가. 우리가 그랬다. 곤명에서 임대해 타고 온 버스운전사도 우리가 납득할 수 없는 핑계를 대며 가지 못하겠다고 해 우여곡절 끝에 돈을 더 주고 다른 버스를 임대했다.

샹그릴라를 벗어나 북쪽으로 한참을 달렸다. 고지대에 수천 길 낭떠러지와 구간마다 빙판길임에도 가드레일이 하나도 없다. 곡예운전의 연속이다. 전망이 좋은 곳에서 잠시 내렸다. 저 멀리에는 한 뼘의 땅이라도 개간한 계단식 밭과 몇 채의 가옥 그리고 비탈길을 가로지른 길고 가느다란 옛 차마고도가 보인다.

다시 버스에 올라 철새 도래지인 납파해를 다시 지나 한참을 달린 후 해발 1,800m의 협곡 속에 자리 한 작은 마을인 '분자란奔子欄·뻔즈란'에서 점심식사를 했다. 이번에 함께한 대원 중 가장 연세가 많으신 송창근 회장님이 제공한 식사이다. 송창근 회장님은 필자가 함께 가자고 꼬드겨 모시고 갔으며, '백두산과 남녘들꽃'·'가사문화권 송창근사진첩' 등 다수의 작품집을 낸 저명한 사진작가이다.

티베트 말로 '금색모래마당'이란 뜻인 분자란은 해발고도 1,800m

금사강제일만

로, 운남에서 티베트로 이동하는 중간지점에 위치해 있다. 비옥한 토양이 강변에 자리 잡고 있어 물자가 풍부할 뿐만이 아니라 기후가 온화해 옛날 백망설산을 넘나들며 차마고도를 다니는 마방들이 쉬어 가던 곳이다.

  이곳 분자란의 특산품은 찰떡의 종류인 찰합楷盒·짠허과 수공예품인 목완木碗·무완이 유명하다. 특히 나무사발인 목완은 "세상에서 가장 아름다운 금사발은 분자란의 나무로 만든 사발"이라고 할 정도로 유명하다. 식사 후에는 시장을 기웃거리며 라마승들이 식사하는 모습과 익살스런 표정의 라마승 그리고 우리나라 유명한 어느 소설가를 닮은 현지인 등 여러 풍물을 카메라에 담았다. 귀국 후 소설가 분께 사진과 함께 메일을 보냈는데 "아니, 내 동생이 아직 담배를 못 끊었군요"라며 답신을 보내왔다. 이외수 선생께서 위암으로 투병중이라는데 하루빨리 건강이 회복되어 우리 곁으로 돌아오시길 진심으로 빈다. 이곳의 화장실문화는 아직도 옛 모습 그대로이다.

다시 출발했다. 30여분을 달리자 물굽이인 '금사강제일만진샤장띠이완'이 나온다. 총 길이가 2,308m인 금사강은 분자란에서 서쪽으로 10㎞쯤 떨어져 있다. 우측에는 너른 공터가 있다. 콘크리트 바닥을 만들고 난간 대를 설치 중이다. 전망대가 있는 휴게소를 짓고 입장료를 받을 모양이다. 다음에 다시 와서 금사강제일만의 장관을 보려면 돈을 내야할 것 같다. 난간에서 저 아래를 내려다보니 고깔모양의 산을 청록색의 금사강 물줄기가 휘감아 돈다. 물줄기는 대지에 신선한 피를 보충해주는 혈맥 같다.

산 아래에는 사천성을 오가는 도로도 보인다. 도로는 마치 허리띠를 두른 듯하다. 풍광이 참으로 장엄한 대자연의 걸작이다. 이곳이 바로 운남성을 소개할 때 관광사진에 꼭 나오는 그 유명한 장소로 운남 10대 절경 중 한 곳이다. 달을 닮았다 해서 '월량만月亮灣·웨이룽완'이라고도 부른다. 금사강이란 이름도 이 강의 상류에서 사금沙金 또는 砂金·물가나 물 밑의 모래 또는 자갈 속에 섞인 금이 많이 나왔기 때문에 붙여진 이름으로 실제 강가 주변에 살던 주민들이 모래에서 사금을 채취했다고 한다.

TIP

금사강제일만을 보려면 오전 중에 가는 것이 좋다. 오전 중에 찍은 사진이 가장 잘 나온다. 오후에는 주변의 산 그림자가 고깔모양의 산을 부분적으로 덮기 때문에 경치도 그렇고 사진도 별로이다.

차마고도 도로 중 가장 높은
백망설산
白茫雪山

금사강제일만의 장엄한 풍광을 가슴에 가득 안고 버스에 올랐다. 달리는 버스 안에서 창밖을 보니 장족이 사는 민가 집 꼭대기에 낫과 창이 꽂혀있다. 궁금해서 소피아에게 물어봤다. 한 개가 있는 집은 일반 평민의 집이고, 두 개는 3~4대가 함께 사는 집이며, 세 개는 아들이나 딸 중에 스님을 배출한 집안이라는 설명이다. 장족은 불교를 많이 믿기 때문에 스님을 배출한 가문을 존경한다고 한다. 또한 샹그릴라는 티베트말로 '마음속의 해와 달' 즉 '티베트인들의 마음속에 해와 달이 깃들어 있다.' 라는 말도 들려준다.

일반적으로 겨울철에는 백망설산바이망쉐샨 고개를 넘어 매리설산까지 가는 여행은 하지 않는다. 대부분 겨울철 운남성 차마고도 여행은 샹그릴라에서 그친다. 겨울에 눈이 한 번 오면 교통이 두절되어 10여일 이상을 묶이게 될 뿐만이 아니라 도로가 빙판길로 변해 미끄럽고 위험하기 때문이다. 그렇지만 매리설산을 지나 라싸로 가려면 해발고도 4,292m인 백망설산 고개를 넘어야 한다. 이 고개는 차마고도 도로 중 가장 높은 곳이기도 하다.

백망설산에는 중국국가1급 중점동물인 금사후金絲猴·진쓰허우·금색 털 원숭이가 서식하고 있다. 해발 3,000m 이상인 고산과 침엽수림대에 사는 금사후는 서유기에 나오는 손오공의 모델로 잘 알려진 원숭이다. 원래 이름이 '운남검은황금원숭이'이지만 이곳에서는

'검은들창코원숭이'라 부른다. 침엽수의 새싹이나 송라 그리고 죽순을 좋아하는 검은들창코원숭이는 무리지어 생활하기를 좋아하고 수시로 옮겨가며 생활하는 습성이 있다. 현재 백망설산에는 2,500여 마리만이 살고 있다고 한다. 또한 백망설산은 중국에서 가장 아름다운 고산진달래꽃 숲으로도 유명하다.

어느 덧 백망설산 고갯마루에 다다랐다. 주봉의 높이가 5,430m인

검은들창코원숭이 새끼

검은들창코원숭이

백망설산은 지역에 따라 달리 부르는데, 중국인들은 백마설산白馬雪山, 티베트인들은 백망설산이라고 한다. '雲南白馬雪山國家級自然保護區'라 쓰인 입석에서 기념사진을 남기고 하얀 눈 위를 걸었다. 발이 쑥쑥 빠지고 4,000m가 넘는 고산에서 부는 바람이라 무척 차갑다. 눈밭에서 나와 타르쵸가 나부끼는 곳으로 갔다. 사천성 편에서 설명한바 있지만, '타르쵸風念經ㆍ풍념경'는 장족 신앙의 상징으로 불경을 적은 오색 깃발의 천이다. 우주의 다섯 가지 원소를 뜻하는 오색 중 파란색은 물, 녹색은 나무, 붉은색은 불, 흰색은 구름, 노란색은 땅을 상징하는데, 장족은 바람에 타르쵸가 나부낄 때마다 불경을 읽는 것과 같으며 불경이 사바세계로 퍼져간다고 여긴다.

해발 4,292m 구계와 타르쵸

　자갈을 시멘트에 뭉쳐 쌓은 구계區界 위에는 '海拔 4292米'란 글씨가 돌에 새겨져 있다. 여기가 해발 4,292m라는 이정표이다. 줄에 연결된 타르쵸가 바람에 사정없이 나부낀다. 부처님의 불심이 바람을 타고 속세 저 멀리로 퍼져나가는 것 같다.
　백망설산 고갯마루에서 내려와 평균 해발고도 3,400m인 덕흠德欽·더친을 지나 '비래사飛來寺·뻬이라이쓰'가 있는 마을에 도착했다. 매리설산이 정면으로 바라보이는 명주주점明珠酒店에 여장을 풀었다.

백망설산

티베트인들의 신산 중 으뜸
매리설산
梅裏雪山

창문을 여니 순백의 매리설산메이리쉐샨이 한눈에 조망된다. 매리설산은 행정구역상으로는 운남성 덕흠 현에 위치해 있지만 중국과 티베트의 경계에 있는 산이다. 티베트 불교의 8대 성산 중 하나인 매리설산은 해발 6,000m이상 된 봉우리가 13개가 있어 현지인들은 '태자13봉太子十三峰 · 타이쓰쉬센펑' 이라 부른다. 주봉인 '잡와격박卡瓦格博 · 카와거보' (이하 '카와거보' 라 칭함)은 해발 6,740m의 만년설산으로 '설산의 신' 이라 불리며 운남 제1고봉이다. 주봉 아래로는 2㎞에 이르는 빙하가 대협곡을 이룬다. 아직까지는 일반 여행자들이 이곳을 많이 찾지 않고 있지만, 티베트인들에게 있어서는 아주 특별한 산이다. 기도하면 들어주는 신성한 산이면서, 반드시 이곳 매리설산을 참배해야만 좋은 곳으로 갈수 있다는 믿음 때문에 매년 많은 사람들이 참여해 기원제를 올린다.

TIP

매리설산의 주봉인, 해발 6,740m의 '카와거보펑卡瓦格博峰' 에 대해 명칭을 달리하는 오류가 많은데, 주봉 이름 자체만을 말할 때는 '카와거보', 봉우리까지 말할 때는 '카와거보봉' 이라고 해야 한다.

매리설산을 배경으로 표 동무

저녁식사 후, 둥근 달빛에 비친 매리설산의 환상적인 장면을 감상하기 위해 옥상으로 올라갔다. 대원들은 이미 옥상에 올라와 카메라의 셔터를 눌러대며 감탄사의 연발이다. 하얀 눈이 달빛에 반사되어 은빛으로 빛난다. 왜 '매화 梅' 자를 썼을까 매우 궁금했는데 이제야 이해가 간다. 둥근 달빛에 반사된 설산이 온통 매화꽃밭이다. 매화꽃이 만발한 매화꽃동산 같다. 송 회장님도 나와 같은 느낌을 받았다고 한다. 늦은 시간 잠자리에 들었으나 춥고 고산병 증세가 나타나 쉽게 잠들지 못했다. 산소통을 곁에 두고 수시로 산소를 들이마셨지만 두통은 가시지 않는다.

다음 날, 아침 일찍 일어났다. 매리설산의 일출장면을 카메라에 담기 위해서다. 여명이 밝아오고 있지만 둥근 달이 매리설산의 아름다움에 취해서인지 떠나지 않고 산 위에 머물러있다. 동이 트기 시작하자 만발했던 백설의 매화꽃이 황금빛으로 물들기 시작한다. 뾰쪽뾰쪽한 봉우리들은 더욱 환상적으로 빛난다. 참으로 장관이다. 매리

매리설산 전경(중국국가여유국 제공)

매리설산의 아름다움에 취해있는 둥근달

설산이 자신의 모습을 완전히 드러낼 때가 거의 없다고 하는데 행운 중에 행운이다. 지금까지 어려운 난관을 극복하고 여기까지 찾아온 우리에게 매리설산의 신령님이 주신 선물이지 않나 싶다. 대자연의 축복을 한 몸에 받고 있는 느낌이다. 둥근달이 아직도 떠나가기가 아쉬웠던지 저만치 물러나 매리설산을 내려다보고 있다.

아침식사는 쌀죽으로 간단히 먹고 매리설산 기슭에 자리한 조그만 마을인 '명영촌明永村·밍용춘'으로 갔다. 해발 2,325m로 그리 높지 않은 곳에 위치한 명영촌은 비래사에서 버스로 1시간 남짓한 거리에 있다. 그렇기 때문에 옛날 마방들은 눈이 많이 내리면 이곳에서 한 달 두 달 쉬었다가 날씨가 좋아지면 다시 길을 떠났다고 한다.

가는 길의 경사진 밭에는 머루나무가 많이 보인다. 이 지역의 특성

산골동네 마부청년들

사원 주변의 타르쵸   입석의 동전과 타르쵸

상 머루나무가 잘 자라고 맛이 좋아 머루와인으로 유명하다고 한다. 나중에 내가 맛본 바로는 와인이 아니라 머루주스였다. 우리가 일반 상식으로, 모든 식물은 기름진 땅에서만 잘 자라는 것으로 알지만 그렇지가 않다. 포도나무나 머루나무의 경우 비옥한 땅보다는 이곳과 같이 돌이 많은 척박한 땅에서 더욱 잘 자라고 탐스런 열매를 맺는다.

해발 2,040m에 있는 매표소에서 티켓을 구입했다. 입장티켓은 중국우정명신편 中國郵政明信片에서 발매한 80위안짜리 우편엽서이다. 숙소에 여장을 푼 후 곧장 매리실산 트레킹에 나섰다. 나와 표 동무, 송 회장님, 석류정, 김효경 대원은 마부가 딸린 말을 타고 올라가고 다른 대원들은 등산으로 다져진 무쇠다리라 직접 걸어서 해발 3,150m지점에 있는 전망대까지 올랐다. 좁고 경사가 심해 위험천만한 산길을 말을 타고 어떻게 갈수 있을까 싶었는데, 네발달린 동물

티베트인들이 즐겨 마시는 수유차

이라 그런지 생각보다 안전하고 편했다. 아주 위험한 길에서는 잠시 내려 걸은 후 다시 말 등에 올랐다. 송 회장님은 말이 낭떠러지 쪽으로 가다가 발을 헛디뎌 하마터면 떨어질 뻔 했다고 한다. 천만다행이다. 말에서 떨어졌다 하면 영락없는 황천길이다.

말의 종착지는 해발 2,910m에 있는 '태자묘太子廟·따이찌미야오' 까지이다. 마을입구에 들어서자 넓고 긴 돌을 쌓아 제단을 만든 '돌오보우리나라 서낭당과 같은 것으로 쌓아놓은 돌 위에 천이 나부끼는 것' 가 있고 그 위에서 타르쵸가 바람에 나부낀다. 조금 더 위로 올라가자 몇 채의 가옥이 옹기종기 모여 있다. 사원은 마을 맨 위에 고즈넉하게 자리하고 있다. 사원을 한 바퀴 둘러보았다. 주변은 온통 불경이 새겨진 오색 타르쵸가 나부낀다. 소형 마니차를 돌리며 사원을 열심히 도는 아낙네도 보인다. 사원 뒤편에는 양각으로 불경을 새긴 입석바위가 있는데 바위 위에는 염주와 천이 휘감겨져 있고 동전들이 붙여져 있다. 바닥에는 바위에서 떨어진 동전도 보인다. 사원 안으로 들어갔다. 라마승 주지와 동자승이 한명 있다. 사원 안은 어두컴컴하고 검소하면서도 간소한 불당 내 모습이다. 불당 내 모습을 카메라에 담으려니까 동자승이 와서 말린다. 그러나 이미 두 컷을 촬영한 후였다.

걸어서 올라오는 대원들이 한두 명씩 도착했다. 아침에 각 조별로 나눠 준비해온 뜨거운 물에 라면과 누룽지를 넣어 점심식사를 했다. 식사 후에는 커피도 마시고 티베트인들이 즐겨 마시는 수유차도 맛보았다.

식사 후 해발 3,150m에 위치한 전망대를 향해 출발했다. 우리가 갈수 있는 곳은 여기까지이다. 경사가 심한 낭떠러지 길이지만 철제 난간에 나무계단으로 만들어져 있어 등산 전문가가 아니더라도 가벼운 복장과 신발로도 쉽게 오를 수 있다. 계속해서 타르쵸가 나부낀다. 왼쪽 산중턱에는 옥색의 빙하가 보인다. 명영빙하明永氷河·밍용삥허이다. 빙하의 총길이가 4㎞에 달하는 명영빙하는 현재 지구 북반구에서 해발이 가장 낮은 빙하이자 가장 낮은 위도에 위치한 빙하 중 하나에 속한다고 한다. 매리설산에는 4개의 큰 빙하가 있는데 크레바스도 있는 명영빙하가 가장 웅장하고 기이하다.

숨을 고르며 계속 오르다보면 우리나라 지도를 그려낸 빙하도 보인다. 가끔은 굉음과 함께 빙하가 녹아떨어지는 장면도 목격된다. 녹은 빙하가 시간차를 두고 계속해서 떨어진다. 머지않아 매리설산의 빙하장관도 볼 수 없겠다는 생각이 든다. 대원들 모두 대자연의 장관에 감탄사의 연발이다. 일부 대원들은 전망대 바닥에 그대로 드러누워 파란 창공을 바라보며 황홀경에 빠져보기도 한다. 매리설산이 완전히 보일 때가 거의 없다고 하는데 우리에게는 내내 모든 모습을 다 내보여준다. 참으로 행운이다.

매리설산을 오르기 위해서는 3개의 코스마을이 있는데, 이중 가장

타르쵸가 나부끼는 매리설산

아름다운 등산코스가 바로 명영촌이란다. 매리설산의 등산적기는 4~5월로 이때는 산골짜기에 150여종의 꽃들이 만개해 장관을 이루는데 특히 진달래꽃이 많다. 매리설산을 걸어서 한 바퀴 도는 데는 5일 정도 걸리며, 믿음이 깊은 사람은 3보 1배를 하며 돌지만 믿음이 보통인 사람은 그냥 산책하는 기분으로 돈다고 한다.

잠시 매리설산 등반에 얽힌 얘기를 하고 넘어가기로 하자. 매리설산의 주봉인 해발 6,740m의 카와거보봉은 티베트인들에게 있어서 8대 신산 중 으뜸인 산으로 티베트인들의 영혼이 깃든 산이다. 지난 수세기 동안 이 산을 정복하기 위해 수차례 시도했지만 아직까지 단 한 명도 정상을 밟지 못한 경외의 신산이다.

그런데 1991년 1월 3일, 신산을 짓밟지 말라는 티베트인들의 간곡한 애원과 경고와 성토에도 불구하고 중·일 연합등반대 17명이 매리설산의 주봉인 카와거보봉을 정복하기 위해 출정했다. 이에 격분한 이곳 촌장을 비롯한 많은 티베트인들이 모여 전통악기를 앞세워 기원제를 지내며 신산의 능력을 보여 주어서 이들의 등정을 말려 달라고 기원했다고 한다.

티베트인들의 간곡한 만류를 무시하고 올랐다가 산신령의 노여움을 샀던지 결국 전원 사망하는 불상사가 발생했다. 이 사고를 두고 '세계 제2대 산악등반 조난사'라 부른다. 당시의 등반 실패를 놓고 '신비적 원인으로 등반 실패'라 운운하지만, 필자의 생각에는 티베트인들의 정신적·신앙적 보루인 매리설산을 정복해 버림으로써 티베트인들의 독립의지를 꺾어버리고 티베트인들의 정신세계를 말살해 버리려는 중국정부의 숨은 공작과 일본인들의 교만이 부른 참사라는 생각이 들었다. 다시 말해 '문화적 충돌'이란 얘기이다.

전문 등산인 이라면 해발 6,740m정도는 쉽게 오를 수 있는 산이라고 한다. 그런데 전문 등반대가 정상을 200~300m 남겨놓고 기상악

빙하가 그려낸 우리나라 지도

처녀마부 부녀

열심히 불경을 읽는 척하는 젊은 라마승

화로 올라가지도 내려오지도 못한 상황에서 길까지 잃었다가 밤 10시 10분경 겨우 제3캠프로 내려오지만, 1월 3일부터 폭설이 내려 텐트를 덮쳤다고 한다. 이후 당시 가지고 있던 무전기가 17대가 있었으나 모두 통신이 두절되고, 엎친 데 덮친 격으로 산 아래에서 눈사태가 발생해 지금까지 있었던 길이 없어져 버려 구조작업도 할 수 없었는데 이런 일은 처음이라고 한다.

기어이 정복해서 티베트인의 기氣 · 독립의지를 꺾어놓고야 말겠다는 일념에서였을까. 1996년 11월 다시 중 · 일 연합등반대를 꾸려 재도전했으나 결국 실패하고 만다. 그나마 다행인 것은 이후 중국 정부에서 등산 허가를 내주지 않는다고 한다. 역광에 비친 매리설산을 바라보고 있노라면 언제 그런 불상사가 있었느냐 싶을 정도로 한없이 평온하고 고요하고 아름답다.

그동안 속세에서 찌든 내 영혼이 잠시나마 순수하고 맑은 마음으로 갈아입은 듯하다. 매리설산의 위용 앞에 참으로 초라하고 보잘것 없는 자신을 느끼면서도 한없는 자유로움을 동시에 느꼈던 시간들을 뒤로하고 발길을 돌렸다. 오를 때는 긴장한 탓으로 몰랐는데 내려올 때는 말 등에 올라 산천경개를 주유 하듯 느긋한 마음으로 보니 무성한 원시림이 숲을 이뤄 장관을 연출한다. 특히 아름드리 소나무가 많다.

무사히 태자묘에 도착했다. 젊은 라마승이 사진을 찍고 있는 나를 보더니만 라마교 경전을 더욱 소리 높여 읽는다. 영혼이 순수한 땅에서 욕심 없이 사는 맑은 눈빛을 가진 처녀마부도 아버지와 함께 미소 지어 보인다. 매리설산에서 내려와 한 말 당 120위안을 마부들에게 줬다. 앞으로 계속해서 외부인들이 몰려올 텐데 이들의 순박한 마음과 풍속과 아름다운 자연이 오염되지 않기를 바라면서 숙소로 돌아왔다.

가파른 강기슭에 들어선
계단식 소금밭 염정
鹽井

다음 날, 명영촌을 출발했다. 샹그릴라로 되돌아가기 위해서이다. 그런데 한참을 달리던 버스가 갑자기 섰다. 그것도 위험하기 짝이 없는 경사진 도로에서이다. 엔진에 문제가 생긴 것이다. 몇 번이나 가다가서기를 반복한다. 가까이에는 옛 차마고도와 마을이 보이고 그 뒤쪽에는 만년설을 이고 있는 매리설산이 위용을 뽐내고 있는 등 주변의 아름다운 풍광으로 인해 전혀 지루하지가 않았다. 오히려 버스의 잦은 고장으로 인해 서장족 처녀가 야크 떼를 몰고 가는 장면과 서장족 여인을 촬영할 수 있어 좋았다. 서장족 여인사진은 귀국 후 광주주재 중국 총영사관에서 주최한 중국사진전에서 입상을 했다.

야크 떼를 몰고 가는 장면을 찍기 위해 앞서가는 야크 떼를 따라잡으려다가 숨이 막히고 심장이 터져 죽는 줄 알았다. 정말이지 하마터면 고인이 될 뻔했다. 고도가 높기 때문에 달

서장족 여인

야크 떼를 몰고 가는 티베트족 처녀

리면 안 되는데 진귀한 사진을 찍어야 한다는 일념 때문에 순간 망각한 것이다. 지금 생각해도 아찔한 순간으로 기억된다.

버스는 험한 산을 오르내리며 계속 달렸다. 도저히 졸래야 졸수가 없는 상황이다. 대자연의 아름다움을 만끽하는 일은 둘째로 치고 손에 땀을 쥐게 하는 위험천만한 곡예운전길이다. 삼거리에서 잠시 내렸다. 매리설산과 명영빙천은 직진, 티베트와 염정은 우측으로 가라는 이정표가 있다. 갈림길 한쪽에는 명영빙천을 소개하는 글과 이 지역의 약도가 석판에 새겨있다.

해발 4,250m에 위치한 염정옌징은 이곳 삼거리에서 85km의 거리에 있으며, 내륙에서 소금 만드는 밭이 있는 곳으로 유명한 작은 시골마을이다. 차마고도의 요충지이자 소금생산 계곡인 염정은 사전적 의미로는 '염분이 들어 있는 우물'이지만 티베트어로 '차카룽'이라 하고, 차카룽은 캄Kham 언어로 '소금마을'이란 뜻이다.

캄은 티베트와 중국 사이에 자리 잡고 있던 부족국가의 연합체로 전체 티베트의 3분지1에 달하는 방대한 면적을 지배하고 있었다. 그러니까 캄이란 지역이 1950년대 이전에는 티베트 동부에 실제 존재했던 왕국이다. 1950년 3월 중국 인민해방군이 티베트의 캄 지역에 진입했고, 국제사회의 눈길이 '6·25한국전쟁'에 쏠리면서 미국 정부조차도 중국의 티베트 침공을 감지하지 못했다. 이런 틈을 노려 10월에 들어서는 라싸를 비롯한 티베트 전역을 점령해 버린다. 이후 중국 당국은 캄을 티베트 문화권으로부터 분리시키기 위해 캄 지역 대부분을 지금의 티베트 자치구를 비롯해 사천성·운남성·청해성·감숙성 등 여러 성으로 분할 흡수시켜 버림으로써 캄은 공중분해 되어 버렸다.

1950년 캄이 중국에 병합되자 이당理塘·리탕의 사업가 '곰포 타시 안드룩창Gompo Tashi Andrugtsang'은 부족들을 모아 무장투쟁을 이끄는데 이때 캄 출신 차마고도 마방들이 중국에 대해 게릴라전을 벌이는 등 큰 역할을 했다고 한다. 결국 1959년 3월 말, 달라이라마 14세는 인도로 망명해 다람살라에 망명정부를 수립한다. 이당은 해발 4,014m에 위치해 있어 세계에서 가장 높은 마을로 불리며, 티베트어로 '평평한 초원'이란 뜻이라고 한다.

염정 소금밭의 역사는 얼마나 되었으며 어떻게 바다가 아닌 내륙 깊숙한 곳에서 소금이 만들어지는 걸까. 1,000년 전에 캄 왕국의 전설적인 영웅 게사르 왕이 염정의 소금을 차지하기 위해 나시족과 소금 전쟁을 했다는 기록으로 비추어 볼 때 1,000년 이상 된 것으로 추측된다. 또한 이 지역이 먼 옛날에는 바다였는데 지각변동으로 인해 융기되면서 함께 솟아올라 바닷물

이정표

난창강 협곡에 있는 염정　　　　　　　　　　　　　　　소금우물터

이 증발하고 지하에 소금암염 · 巖鹽이 형성되었는데 이곳으로 지하수가 흐르면서 우물을 파면 염도가 높은 물이 나오는 것으로 추정된다.

염정에는 소금우물에 대한 전설이 있다. 신산인 매리설산의 딸 따메웅이 라싸로 가던 길에 잠시 염정에 머물렀다고 한다. 그런데 염정 사람들이 질병으로 고통 받고, 힘들게 일하는 것을 보고 불쌍히 여겨 수탉과 암탉 한 쌍을 주었다. 그러던 어느 날, 폭우로 인해 난창강 강물이 불어나자 강가 높은 곳 자다촌 쪽에 있던 수탉은 이리저리 옮겨 다니며 발자국을 남겼다. 이때 남긴 발자국이 소금우물이 되었다는 것이다. 그래서 자다촌 여기저기에는 수십 개의 소금우물이 있다. 반면에 낮은 곳에 둥지를 튼 암탉은 알을 보호해야 했었기 때문에 움직일 수가 없었으므로 소금우물이 몇 개 되지 않는다.

난창강 협곡의 깎아지른 절벽에 수천여개의 나무기둥을 세우고 그 위에 나무를 가로와 세로로 놓고 흙을 깔아 공중에 떠있는 다랑이 소금밭을 만들었다. 염정의 소금은 햇볕과 바람 그리고 여인들의 땀으로 만들어진다. 소금밭을 보고 있노라면 염정 여인들의 강인한 생존의지를 느끼게 한다.

자다촌의 소금은 붉은 소금으로 유명하다. 이들은 붉은 소금이 질

소금우물터 내부

병을 막고 번식을 촉진시킨다고 믿고 있다. 그래서인지는 몰라도 매일 아침 젖을 짤 때 야크와 양 그리고 염소에게 붉은 소금을 먹인다. 1년 중 소금이 생산되지 않는 때는 7월로 접어드는 우기일 때이다. 이때는 난창강의 강물이 우물로 범람하기 때문이다. 우기가 지나고 강물의 수위가 줄어드는 10월이 되면 염정 여인네들의 손길이 바빠진다. 망가진 우물과 소금밭을 손질하고 다시 소금을 만들어야하기 때문이다. 하 염정과 상 염정에서는 하얀 소금이 생산된다.

　한때 염정의 소금을 구하기 위해 수많은 마방들이 1년 내내 염정을 찾았으며, 염정의 남자들은 부족한 곡식을 얻기 위해 염정의 소금을 싣고 떠났다. 염정의 소금은 차마고도의 마지막 교역품이었다는 생각이 든다.

　운남성과 티베트자치구에서는 염정 소금밭을 문화인류학적 가치를 고려해서 보호하려고 하지만 아직 결정된바 없다고 한다. 염정 사람들이 계속해서 소금밭을 일구며 살아갈 수 있을 것인지 아니면 개발이라는 미명하에 염정의 소금밭은 난창강의 물속으로 사라져 버릴지는 알 수가 없지만 후대까지 계속해서 염정의 소금밭이 살아남았으면 하는 바람이다.

운남성 최대 티베트 사원
송찬림사
松贊林寺

매리설산의 연봉을 조망하며 한참을 달린 후 꽤 나 큰 마을에서 내려 점심을 먹었다. 식당 한쪽에는 커다란 제설차가 놓여있고 산 중턱에는 조장 터가 있다. 식후에는 시장을 돌아다니며 시장풍경을 카메라에 담았다. 대추, 건포도, 건살구, 수박씨앗, 해바라기씨앗 그리고 이 지역에서 난 각종 버섯류와 비계가 두꺼운 돼지고기와 햇볕에 말리고 있는 소시지도 카메라에 담았다. 돈내기 카드놀이와 장기를 두는 사람들도 있다. 이번 차마고도를 여행하면서 가장 맛있게 가장 많이 먹은 과일은 작은 귤일명 금귤이다. 내가 지금까지 먹었던 귤보다 이번에 먹은 귤의 양이 더 많은 것 같다. 어

가장 많이 맛있게 먹은 금귤

대형 마니차와 대불사 야경(출처: 위키피디아)

찌나 맛있었던지 지금 생각해도 군침이 돈다.
 다시 한 번 더 금사강제일만에서 내렸다. 햇볕의 위치가 바뀌었기 때문에 금사강과 고깔모양의 산이 그림자에 가려 아름다움이 덜했다. 짙은 어둠이 내려서야 샹그릴라에 도착했다. 대불사 아래 고성 내에 있는 '산교시원회소橄嬌詩院會所'에 여장을 풀었다. 2층집 고풍스런 건물인데 응접실에는 온통 시와 유명 배우사진과 문인들의 초상화로 도배되어 있다. 이 집 주인인 '전용田勇 · 티엔용' 씨가 시인 겸 작가라고 한다.
 200mm망원렌즈를 가지고 2층 베란다로 가서 대불사 야경을 촬영했다. 대형 마니차는 다른 건물에 가려 보이지 않는다. 1층 방에 들었는데, 산교橄嬌 · 나뭇개비를 엮어 만든 아름다운 집이란 뜻란 이름에 걸맞게 위층에서 밤늦게까지 삐걱거리는 소리 때문에 잠을 설쳤다.

송찬림사 전경

  아침 일찍 일어났다. 일부 대원들이 석카설산石卡雪山 · 쓰카쉐산을 오르는데 전송하기 위해서이다. 케이블카를 타고 석카설산에 오르면 옥룡설산 · 합파설산 · 매리설산 · 백망설산 등 운남성에서 가장 높은 6대 명산을 모두 조망할 수 있다. 그러나 나는 입장료가 270위안케이블카 포함으로 매우 비쌀 뿐만 아니라 조망할 수 있는 산과 산의 거리가 멀어 기대이하일 것 같아 동참하지 않았다.
  남은 대원들과 함께 라면과 누룽지를 끓여 아침식사를 했다. 일부 대원들은 석카설산으로 간 대원들이 돌아올 때까지 자유 시간을 갖자고 했으나 내가 강력히 주장해 '송찬림사쑹찬린쓰'를 가기로 했다. 샹그릴라 시내에서 5㎞ 밖에 떨어져 있지 않을 뿐만이 아니라 힘들게 이 먼 곳까지 와서 송찬림사를 가보지 않으면 많이 후회할 것 같아서였다. 결론부터 얘기하면 모두들 내말듣기를 잘했다고 했다.
 버스를 타고 매표소 입구까지 갔다. 입장료는 30위안이다. 매표소에서 사원까지는 사원에서 운영하는 셔틀버스를 타고가야 하지만 지금은 운전사가 없으니 우리가 타고 온 차로 가라고 한다. 이 사원의 본래 이름은 티베트어로 '간덴 쑨첼링 곰파'였으나 지금은 중국식으로 쑹찬린쓰라 부르는데 일명 '귀화사歸化寺'라고도 한다.
 송찬림사는 1679년 제5대 달라이라마에 의해 건립되었으나 문화대혁명을 거치면서 훼손된 것을 재건해 지금의 모습으로 재탄생되었다. 300여년의 역사를 지닌 운남성 최대의 티베트 사원인 송찬림사는 라싸에 있는 포탈라 궁의 구조를 모방해서 지었기 때문에 '작은 포탈라 궁'으로도 불린다. 마을 어귀에 들어서면 고샅이 나온다. 사원을 들어서는 초입부터 소수민족인 서장족 여인들의 복장이 신비롭다. 사원에 이르려면 상당히 가파른 계단을 올라야하는데 오르기가 쉽지 않다. 무척 힘들다. 이것도 하나의 수행의 단계를 의미한다고 한다.
 사원에 들어가기 위해서는 몇 가지 지켜야 할 사항이 있다. 사원에 들어 갈 때는 먼저 모자를 벗고, 문지방을 넘을 때는 오른발이 먼저 들어가며, 사원에 들어가면 시계방향으로 돌면서 구경을 하고, 경통을 돌릴 때도 오른손을 사용해서 시계방향으로 돌려야 하고, 마지막으로 나올 때는 왼발이 먼저 문지방을 넘어야 한다는 주의사항이다.
 숨을 몰아쉬며 사원 입구에 다다르자 황토로 쌓아올린 높은 흙담이 운치를 더해준다. 햇볕에 반사된 황금빛 지붕이 파란 하늘과 어우러져 아름다움의 극치를 이룬다. 사원 안마당에는 느릿느릿 발걸음을 옮기고 있는 라마승도 눈에 띈다. 촬영에도 잘 응해준다. 젊은 라마승들의 표정이 참으로 평화롭고 안온하다. 무색무취한 모습이다.

검은 천이 둘러쳐진 1층부터 사원의 이곳저곳을 둘러보았다. 대웅전에 검을 들고 있는 불상과 가슴을 들어내 보이는 대형벽화가 퍽이나 이채롭다. 발길을 옮기다보니 사원 부엌이다. 어두컴컴해서 그런지 음산하기까지 하다. 선반에 올려 진 주방기구들은 연기에 그을려서인지 아니면 손때가 묻어서인지 새까맣다. 활활 타오르는 장작불 위에 놓인 새까만 주전자에서는 물이 펄펄 끓고 있다. 한 모금 마셔 봤는데 찻물이다. 사실 티베트의 차 문화는 우리나라와 마찬가지로 사찰을 중심으로 발달했다. 나무 계단을 통해 사원 위로 올라갔다. 사원 위에는 또 다른 작은 사원이 있고 많은 경통이 있다. 경통을 돌리며 사원을 한 바퀴 돌았다. 경통 안에는 경전이 들어있고 경통을 돌리는 것은 곧 불심을 나타내는 것인데, 경통을 한번 돌리면 자기의 죄가 소멸된다고 한다.

경통을 돌리며 한 바퀴 돌고 원위치로 되돌아오자 어린 동자승이 반긴다. 나이를 물어보니 7살이란다. 이 코 흘리게 동자승은 필시 아무 것도 모르고 부모의 손에 이끌려 왔을 것이다. 사원 중앙에는 커다란 북이 대들보 중앙에 매달려 있다. 이 북은 300년 전에 만든 것으로 북 줄에 지폐를 끼워 넣고 북 아래에 앉아 있으면 라마승이 북을 쳐준다. 사람들이 이 북 아래에 앉아 라마승이 치는 북소리를 들으면서 소원을 빌면 자기의 소원이 북소리에 묻혀 하늘로 올라가 언젠가는 소원이 이루어진다고 믿는단다. 북을 치고 나온 라마승한테 경통이 몇 개인지를 물으니 120개라고 한다. 현재 이곳 송찬림사에는 600여명의 라마승이 수행 중이라는데 눈에 띄는 라마승은 별로 없다.

마지막으로 라마승들이 거처하는 방을 기웃거린 후 밖으로 나왔다. 좀 더 느긋하게 둘러보려고 했으나 빨리 나오라는 일행들의 성화 때문이다. 햇살이 무척 따갑다. 몇 마리의 까마귀가 토담에 앉아

300년 된 북

라마 동자승

라마승

티베트족 어린이들

캭캭거린다. 이 까마귀 떼는 건너편 산에 있는 조장 터에서 시체를 뜯어 먹고 막 날아온 것들이라고 한다. 듣고 보니, 캭캭거리는 소리가 마치 시체를 뜯어 먹고 트림하는 소리 같다. 저 멀리에는 몇 마리의 독수리가 저공비행을 하고 있다. 계단을 내려가니 마을 어린이들이 티베트족 전통의상을 입고 강아지를 안은 채 서로 자기사진을 찍으라고 한다. 물론 공짜는 아니다. 버스에 올라 석카설산 쪽으로 가서 석카설산을 오른 대원들과 합류해 불국정토佛國淨土의 땅 샹그릴라를 떠났다.

　중국인이 생각하는 '이상향理想鄕', 즉 '心中的日月마음속의 해와 달'은 어디에 있는 것일까. 실제로 존재하는 걸까. 운남성을 가면 샹그릴라가 몇 군데나 있다. 자기들이 사는 곳이 곧 샹그릴라라고 주장한다. 필자가 운남성의 여러 곳을 여행하면서 그들이 샹그릴라라고 주장하는 곳의 공통점을 발견할 수가 있었다. 척박한 환경 속에

대리고성

둥근 호박모양의 보이차

서도 자연을 훼손하지 않고 아름다움 그대로를 간직하고 있고, 느긋하고 따뜻한 마음과 웃음뿐만이 아니라 늙은 부모와 함께 삼대, 사대가 오순도순 사는 그런 곳이었다. 이런 곳이 바로 '세외도원世外桃源'이요, 이상향이라는 생각이 든다.

샹그릴라를 떠나면서 뒤에 오는 여행객들에게 한마디 해주고 싶은 말이 있다. 텔레비전에서 방영한 내용이나 사진 등 책자를 통해 환상에 젖어서 차마고도 여행을 꿈꾸는 사람들이여! 환상을 좇아 차마고도를 찾지 말기 바란다. 어디에를 가도 환상속의 그런 곳은 찾지 못할 것이다. 아직 여행자들의 발길이 닿지 않은 곳이면 몰라도 많은 사람들이 찾는 샹그릴라는 이미 상업화된 지 오래 되었다. 자기의 취향과 체력에 맞춰 자동차를 타고 다니던지 아니면 걸어 다니면서 주변 소수민족의 삶과 문화 그리고 자연풍광을 찾아 차마고도를 여행하기 바란다.

여강을 경유해 밤 9:20분경 대리에 도착했다. 샹그릴라에서 대리까지 10시간이 걸렸지만 전혀 피곤하지도 지루하지도 않았다. 이젠 완전히 고도적응이 되었을 뿐만이 아니라 손에 땀을 쥐게 하는 스릴 넘치는 낭떠러지길 곡예운전도 긴장은커녕 즐길 줄 아는 마음의 여유가 생겼기 때문이다.

게스트 하우스에 여장을 푼 후 곧바로 대리고성 내에 있는 벚꽃마을로 갔다. 내가 우리 대원들을 위해 한턱냈다. 나는 여러 명이 함께하는 배낭여행의 경우 팀워크를 위해 내가 꼭 한턱을 내는 버릇이 있다. 인도 타르사막을 갈 때는 내가 염소 한 마리를 잡는다.

양념한 쇠고기 · 돼지고기와 우리 입에 딱 맞는 된장찌개와 김치찌개 그리고 풍성한 야채가 걸게 한상 차려졌다. 오랜만에 맛보는 한식이다. 모두들 입으로 들어가는지 코로 들어가는지 모를 정도로 손이 바삐 움직인다. 대원들 모두 참으로 맛있게 잘 먹었다고 한다. 음식 값이 580위안 나왔지만 500위안만 받았다. 사실 500위안이면 큰 돈이지만, 대원 모두 맛있게 먹어주니 이 또한 기쁘지 아니한가. 한턱을 내더라도 적시적소에서 누구나 맛있게 먹을 수 있는 음식을 내야한다는 것이 나의 지론이다. 돈을 아끼려고 적시적소가 아닌 곳에서 대강 사는 것은 안 사는 것만 못하기 때문이다. 식사 후에는 밤길이라 손을 놓치면 큰일 나기 때문에 표 동무 손을 꽉 잡고 대리고성

연탄수레

내의 야경을 구경하며 돌아다녔다.

  다음 날 아침, 일반 중국인들이 아침식사로 많이 먹는 요우티아오와 콩국으로 식사를 했다. 표 동무가 가장 먹어보고 싶어 한 요우티아오와 콩국이다. 다른 대원들은 물만두를 먹었다. 식후 일부 대원들은 자전거를 빌려 타고 대리고성주변을 돌고 나는 표 동무가 자전거를 못 타기 때문에 대리석이 깔린 고성 안을 걸으며 여러 풍물을 카메라에 담기로 했다. 창산에는 많은 눈이 내리고 있다. 가게마다 보이차가 가득하고 옛 동전모양으로 만든 돈차도 보인다. 전통의상을 입고 천을 짜는 백족 여인, 채소를 광주리에 담아 어깨에 메고 가는 여인 그리고 백족 아기엄마 등등 여러 이색적인 장면을 찍었다. 비교적 이른 아침인데도 손수레에 새까만 연탄을 가득 싣고 타이어를 잘라 만든 끈을 목에 매달고 힘겹게 끄는 연탄배달 아저씨의 모습이 매우 인상적이다.

  11:10분 각기 흩어졌던 대원들을 만나 곤명으로 가기 위해 대리를 출발했다. 대리에 살고 있는 광철 군과는 아쉬운 이별을 고했다. 부모가 돈을 벌기 위해 몇 년째 한국에 나가 있기 때문에 어머니가 해준 밥을 오랫동안 못 먹어봤다는 청년, 버스에서 노래를 부를 때에는 어머니 생각에 울먹이느라고 끝까지 부르지 못했던 순수한 청년, 참으로 성실하고 믿음이 가는 청년이다. 된장국을 끓여 먹으면서 어머니 맛을 느껴보라며 가져간 된장과 고추장을 선물로 줬다.

  저 멀리 창산에는 하늘이 어두울 정도로 눈이 펑펑 내리고 있다. 지금처럼 저렇게 많은 눈이 내렸더라면 트레킹을 하지 못했을 텐데 여행 내내 눈이 내리지 않아 운이 따라준 차마고도 여행이었다는 생각이 든다.

운남을 대표하는
보이차
普洱茶

곤명시내로 들어오는데 극심한 교통체증으로 인해 많은 시간을 허비했다. 운남민족다도관雲南民族茶道館으로 갔다. 이곳은 오랜 역사와 전통이 있는 고도차엽古道茶葉을 판매하는 매장이다. 1층에는 여러 종류의 다기와 오래된 보이차가 진열되어 있고, 벽에는 운남성에서 가장 오래된, 차나무의 시조로 알려진 수령 2,700년 된 차나무와 운남성 6대 차산茶山에 있는 여섯 종류의 고차수古茶樹·가장 오래된 차나무가 사진으로 걸려있다. 시음장이 있는 2층으로 갔다. 가장 먼저 눈에 띠는 것은 '어화석魚化石'과 '백팔전다만리향百八滇茶萬里香' 표구이다. 백팔전다만리향은 '茶' 자 한 자만을 가지

'茶' 자를 108개 글씨체로 쓴 백팔전다만리향 표구

고 글씨체를 달리해 108개를 쓴 붓글씨이다. 대나무 표구라 좀 어설프게 보였지만 참으로 고풍스럽고 대단한 필체라는 느낌을 받았다.

시음장에서는, "보이차를 많이 마시는 민족은 암에 걸리지 않는다"는 설명과 함께 보이차·오룡차烏龍茶·우롱차·여지홍차荔枝紅茶·리즈홍차의 맛을 음미하며 비교해보았다. 차에 대한 식견이 별로인 나로서는 맛에 따른 구분이 어려웠다. 차에 대해 일가견이 있는 김용재 대원의 설명에 의하면, 한국차는 덖고, 일본차는 찌며, 중국차는 발효시킨다고 한다. 그렇기 때문에 한국차와 일본차는 2년을 넘기면 안 되지만 중국 보이차는 오래될수록 좋고 비싸다. 오룡차의 경우 까마귀 '烏오'자인데 새 '鳥조'자로 잘못알고 있는 사람들이 있다고 한다. 이 가게에서만 16년을 보관한 보이차도 보여줬다.

운남 차의 역사는 기원전 600~771년인 상주商周시대로 거슬러 올라간다. 상주시대 때 복인僕人이라 불렸던 소수민족인 와족佤族이 운남차를 공물로 바쳤다고 전해온다. 복인은 와족의 선조로 운남성 난창강과 누강 유역에 거주했던 고대 소수민족을 말한다. 와족은 약 3,000년 전부터 차의 효능을 알고 마셔왔다고 한다. 와족에게 있어서 차나무는 아주 특별해서 차나무가 곧 영혼이고 조상으로 여기는

본 매장에서 가장 오래된 보이차

차에 대한 설명을 듣고 있는 대원들

것은 물론 차를 마시면 영혼을 정화해서 정신을 깨어있게 할 수 있다고 믿는다.

중국 최초로 차나무 재배가 시작된 곳은 사천성에 있는 몽정산蒙頂山·멍딩산에서이다. 이곳에는 오리진吳理眞이란 이름의 농부가 처음으로 7그루의 차나무를 심었던 곳으로 오리진은 나중에 출가해서 보혜선사普慧禪師라 불렸던 인물이다. 지금도 이곳에는 '황제에게 받친 차의 정원'이라 하여 황차원皇茶園이 있는데 예로부터 황실에 공차로 바쳐졌다해 붙여진 이름이다. 오리진이 심었다는 7그루의 차나무는 아직까지도 현존하고 있는데 사실일까라는 의구심이 든다.

운남성을 대표하는 운남 특유의 명차가 보이차이다. 보이차는 운남의 여러 지방에서 생산된 차를 보이普洱·푸얼 현 차 시장에서 모아 출하기 때문에 붙여진 이름이다. 보이현의 원래 이름은 사모思茅市·쓰마오 시였다. 그러나 사모 시가 보이차로 유명해지자 2007년 4월 8일 중국 정부는 중뎬을 샹그릴라로 개명한 것처럼 도시 명을 아예 사모 시에서 푸얼 시로 바꿔버렸다.

운남 지역에서 자생하는 잎이 큰 대엽종 찻잎을 청명한 날 채취해서 햇볕에 말린 후(이를 쇄청晒靑·싸이칭 건조라고 함) 자연 상태로 오랜 세월에 걸쳐 발효시킨 차를 '생차生茶'라 하고, 고온다습한 환경에서 인공적으로 빠르게 발효시켜 만든 차를 '숙차熟茶'라 한다. 쉽게 말하면, 발효시키지 않은 찻잎으로 만든 차가 생차이고 이미 발효된 찻잎으로 만든 차가 숙차다. 생차는 오래 될수록 맛이 좋고 값이 비쌀 뿐만이 아니라 그 효능도 뛰어나다고 한다. 숙차는 비교적 단시일 내에 만들어낼 수 있는 장점이 있으며 지속적으로 자연 발효과정이 진행되므로 묵을수록 좋다. 시중에서 유통되는 대부분의 보이차는 숙차이다. 숙차는 후 발효가 되기까지 일반적으로 3~5년의 시간이 걸리며, 생차는 적어도 5~8년의 시간이 필요하다.

일반적으로 생차는 녹차류에 속하고 숙차는 흑차류에 속한다. 녹차는 그 성질이 차갑고 홍차는 뜨거운 차로 알려져 있다. 생차가 녹차류에 속하지만 오랜 시간에 거쳐 발효가 되면 차갑지도 뜨겁지도 않은 아주 이상적인 보이차가 된다.

과거 차마고도는 너무나 먼 험준한 길이었고 물건을 수송하는데도 많은 시간이 걸렸다. 그렇기 때문에 차를 운반하고 저장하는데 편리하게 하기 위해 찻잎을 단단하게 압축해서 팔았다. 시간이 지남에 따라 사각의 벽돌모양, 둥근 호박모양, 둥글납작한 빈대떡모양 그리고 동전모양 등 다양한 모양으로 압축했다.

시중에서 판매되는 많은 보이차에는 '칠자병차七子餠茶 · 치찌빙차'라 새겨져 있다. 여기서 '칠자'란 일곱 개의 병차를 한 묶음으로 포장했다는 뜻이고, '병차'는 차의 모양을 말하는 것으로 녹차나 흑차를 증압蒸壓 · 쩌누르기 해서 둥근 떡 모양으로 만들어 굳힌 차란 뜻이다.

보이차는 그 제조과정도 중요하지만 이에 못지않게 보관도 중요하다. 보이차를 보관하는 데는 세 가지 금기사항인, 이른바 삼금三禁이 있다. 삼금은 냄새 · 습기 · 햇빛을 말하는 것으로 이 세 가지를 조심해야 한다. 보이차는 대나무 잎으로 포장해서 태양이 들지 않는 서늘하고 통풍이 잘 되는 곳에 보관해야한다. 대나무 잎은 습기가 스며드는 것을 막아주는 성질이 있어 곰팡이가 생기지 않게 할뿐만이 아니라 통풍성도 뛰어나다. 그렇지만 긴 시간동안 차를 운반하고 보관하는 데는 대나무 잎 포장만으로는 부족하다. 이런 단점을 보완하기 위해 금사강 골짜기에서 자라는 닥나무껍질 등의 섬유를 원료로 해서 만든 종이, 즉 한지를 사용해 병차 한 개씩을 싼 후 일곱 개를 한 묶음으로 해서 대나무 잎으로 포장한 것이 칠자병차이다.

우리의 한지韓紙도 마찬가지지만 전통방법에 의해 만들어진 한지는 희고, 부드럽고, 질기고, 쉽게 변질되지 않을 뿐만이 아니라 신축

보이차 매장과 한지에 싼 칠자병차

성이 있고 통기성과 방부성도 갖추고 있어 포장지로는 더할 나위 없이 좋다. 한지는 105년 중국 후한後漢 중기의 환관 채륜蔡倫이 종이 제작기술을 더욱 발전시켜 황제에게 바쳤다는 기록이 있으며, 한나라 때 발명한 종이라 해 '한지漢紙'라고 한다.

특히 보이차는 냄새를 빨아들이는 성질이 크기 때문에 냄새가 나는 곳에 두면 안 된다. 냉장고 보관은 절대로 금물이다. 보이차에서 곰팡이 냄새가 나는 것은 양질의 보이차가 아니다. 좋은 보이차는 달고 순수하며 짙은맛이 나야하며 목으로 넘길 때 순하고 부드러워야 한다.

보이차는 맛이 잘 우러나지 않기 때문에 100℃ 정도의 뜨거운 물을 사용해야 한다. 보이차는 차 주전자에 넣어 끓여서 마실 수도 있고 우려낸 찻물을 냉장고에 넣었다가 차갑게 마실 수도 있다. 그렇지만 따뜻하게 마시는 것이 몸에는 더 좋다고 한다.

첫 탕은 마시지 않고 차를 한 번 씻은 후 찻잔을 덥힌다. 차를 씻는 이유는 제조 또는 발효과정에서 먼지 등 이물질이 들어갔을 수 있기 때문이다. 두 번째 탕과 세 번째 탕은 혼합해서 마실 수 있는데 이는 차의 농도가 너무 높아지는 것을 방지하기 위해서이다. 재탕은 연속해서 9~10회까지 색상이 없을 때까지 우려내 마실 수 있다. 가능하다면 수돗물보다는 광천수나 샘물 등 정수된 물을 사용하는 것이 좋다.

진정한 샹그릴라는 어디에…

다음 날, 귀국에 앞서 다른 대원들은 곤명시내를 관광하고 나와 표 동무 그리고 석류정, 김효경 대원은 승용차를 대절해 운남성의 대표적 관광 명소 중 한곳인 석림과 구향동굴을 다녀왔다. 자연과 신이 빚어낸 이 거대하고 아름다운 풍광인 석림과 구향동굴에 관해서는 운남성 편 '운남의 3대 숲'에서 설명했다.

영원한 행복을 누릴 수 있는 이상향을 꿈꿔보지 않는 사람은 없을 것이다. 히말라야산맥 어딘가에 있다는 '유토피아', 하느님이 다스리는 은총과 축복의 나라인 '천국'과 불교에서 말하는 '극락세계' 그리고 동양인들이 지상의 어딘가에 존재하는 것으로 믿고 있는 '무릉도원武陵桃源'·'불국정토佛國淨土'·'피안세계彼岸世界'는 과연 존재하는 것일까.

필자가 그동안 20년 넘게 세계의 많은 곳을 다녀봤지만 현실속의 이상향인 샹그릴라는 없다는 생각이다. 티베트인들이 샹그릴라는 '마음속의 해와 달'이라 표현했듯이 우리들 마음속에서 이상과 행복을 추구해야하지 않을까 싶다.

나는 개인적으로 내 마음속에 현존하는 샹그릴라는 내 집이라고 생각한다. 말썽 한번 일으키지 않고 착한 심성으로 밝고 건강하게 자라준 두 아들이 있어 든든하다. 물론 딸이 없어 매우 아쉽지만 말이다. 믿음직스럽고 든든한 큰 아들은 결혼해서 예쁜 손자(건형)를 안겨줘 웃음꽃을 피게 하고, 이해심이 많고 배려심이 깊은 작은 아들은 성품이 좋아 딸 노릇을 대신하고 있다. 이쁜만이 아니다. 23등이라는 비교적 우수한 성적으로 사법시험에 합격해 제 앞길을 성실히 헤쳐 나가고 있다. 이글을 쓰고 있는 동안 '서울고등법원 재판연구원'에 합격했다는 소식을 전해왔다.

어렸을 때의 얘기지만, "아빠·엄마의 아들로 태어나서 행복하며, 천국이 어디냐고 물으면 바로 우리 집이라 말하고 싶다"는 나의 두 아들과, 지금까지 불평 한마디 없이 화 한 번 내지 않고 나를 존중해 주며 항상 천사 같은 마음과 밝은 미소로 집안을 이끌어 가는 우리 집안의 보배이자 나의 사랑하는 안해 '집안의 태양' 이라는 뜻 표 동무가 있는 곳이 나의 보금자리이다. 아내를 간병하느라고 얼마나 힘드냐고 주변에서는 말하지만 난 전혀 힘들다고 생각해 본 적이 없다. 병의 진행과정에서 나타난 증상임을 이해하지 못했을 때는 이것도 못하냐면서 짜증도 내고 화도 내고 했지만 요즘은 아니다.

내 자신 스스로가 이상하다 싶어 병원을 찾아 검사를 받은 결과 간병인에게 찾아온 우울증이라는 진단을 받고 지금은 약을 먹으면서 표 동무를 돌보고 있다. 요즘은 표 동무가 힘들게 하는 모든 점을 스펀지처럼 받아들이며 결혼식 때 했던 혼인서약을 지키려고 노력하고 있다. 아내가 병들었을 때 돌보는 것은 남편의 당연한 도리가 아니겠는가. 그리고 조금만 더 인지기능이 좋아지면 배낭을 꾸려 계속 여행을 떠나려고 계획하고 있다. 여행을 하면 확실히 좋아 보인다.

이렇게 내가 가고 싶은 곳이 있으면 표 동무와 함께 언제든지 배낭을 꾸려서 떠날 수 있고 돌아와서는 사랑하는 아내를 돌보며 재충전할 수 있는 '나의 집'이 바로 샹그릴라가 아닐까 생각한다. "一切唯心造일체유심조"라, "모든 것은 마음먹기에 달렸다"고 하지 않던가.

CHAPTER 02

칠채운남七彩云南 · 여유천당旅遊天堂

차마고도 본향, 운남성 云南省 /윈난성

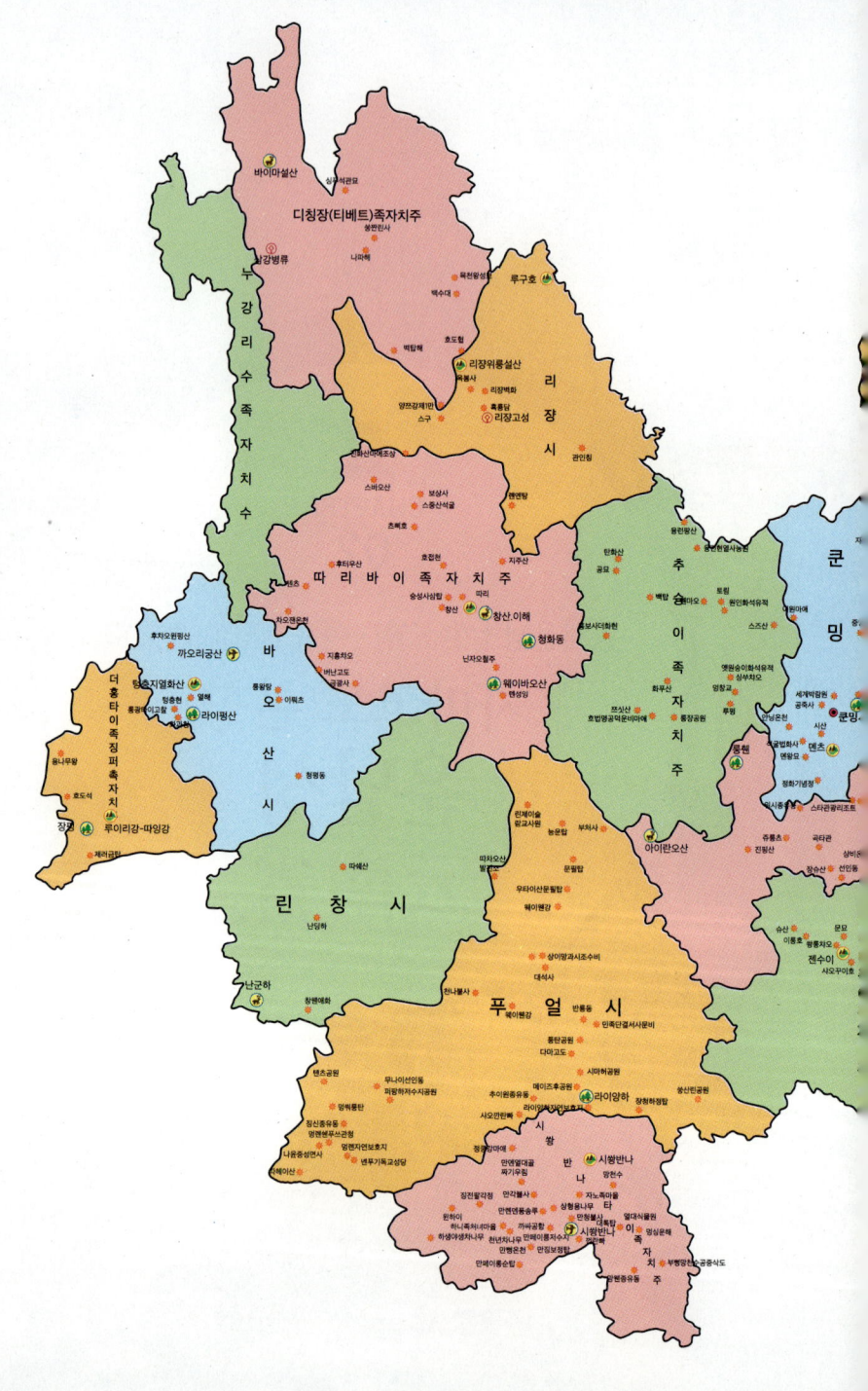

윈난성 관광안내도

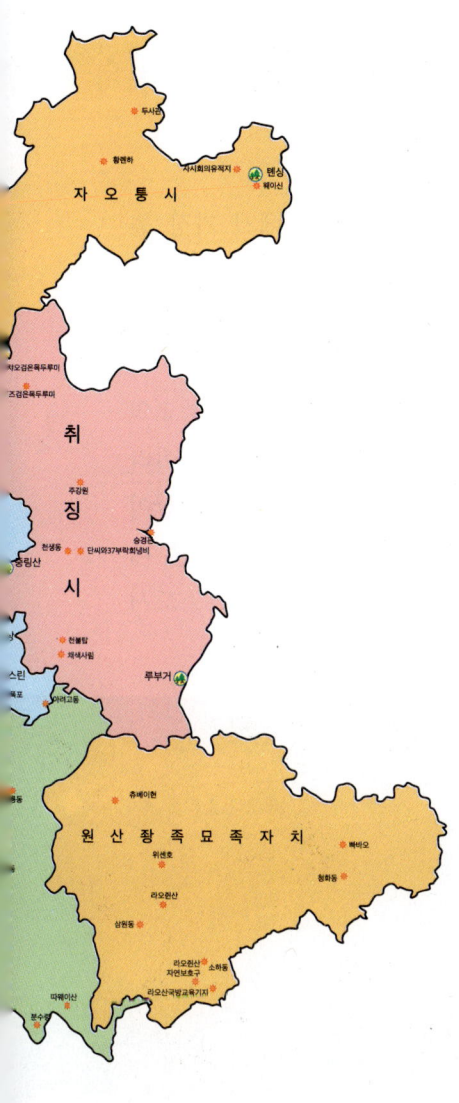

중국 지도에서의 윈난성 위치

범 례

- 성급 행정중심
- 세계유산
- 유엔 '인간과 생물권' 자연보호구
- 국가 중요 풍경명승구
- 국가급 자연보호구
- 국가삼림공원
- 관광지

운남성 개요

애초의 계획은 상해로 가서 지구상에서 가장 높은 철길인 청장칭창·靑臧 열차를 타고 티베트의 수도 라싸로 들어간 후 불교, 힌두교, 자이나교, 시크교 등 많은 종교인들의 성산인 카일라스 산과 네팔의 안나푸르나를 트레킹 하기 위해 집을 나섰다. 카일라스 산은 신들이 거주하는 성스런 산일 뿐 만이 아니라 불교의 우주관에서 우주의 중심에 있다는 산으로 수미산須彌山·쉬미산이라고도 불리며, 고대 인도의 우주관에서는 세계의 중심에 있다는 산이다. 그런데 상해에서부터 일이 꼬이기 시작했다. 티베트에서 온 배낭여행자들로부터 들은 정보에 의하면, 티베트 지역의 어느 소도시

황포강에서 바라본 외탄 야경풍광

▶ 높이 468m의 동방명주
(중국국가여유국 제공)

에서 티베트 독립을 외치는 소요사태가 발생해 외국인은 라싸지역 외에는 여행할 수 없다고 한다. 또 다른 여행자들한테서도 같은 내용을 들을 수 있었다. 하는 수 없이 애초에 계획했던 여행지를 다른 곳으로 바꿔야만 하는 상황에 직면했다. 차선책으로 차마고도茶馬古道·차마구다오를 선택했다. 준비가 전혀 되지 않은 상태에서 모든 위험을 감수하고 감행하기로 한 것이다. 인생을 살다보면 가끔은 이렇게 본인의 뜻과는 전혀 다른 일이 기다리고 있지 않은가. 이렇게 해서 전혀 예상치 않았던 차마고도로 여행길을 떠났다. 차마고도 이야기는 이미 앞에서 들려줬고, 그동안 개인적으로 또는 중국국가여유국 서울지국의 초청을 받아 수차례 운남성, 귀주성, 사천성을 여행했었다. 이중에서도 운남성을 여행하면서 보고, 듣고, 느끼고, 터득했던 이야기의 보따리를 풀어놓고자 한다.

　2박 3일 동안 상해에 머물면서 아침식사는 0.8위안하는 요우티아오와 콩국으로 간단히 때웠다. 요우티아오油條는 차마고도 편에서 설명했지만 밀가루 반죽을 발효시켜 길이 30㎝ 정도의 길쭉한 모양으로 만들어 기름에 튀긴 푸석푸석한 음식이다. 중국인들이 아침식사로 콩국과 함께 즐겨먹는다. 콩국에 설탕을 넣어 함께 먹는 요우티아오는 담백하며 맛있을 뿐만이 아니라 값도 싸기 때문에 필자부부는 중국여행 때마다 즐겨 먹는 아침식사이다. 식사 후에는 상해의 주요 관광 포인트가 산재해 있는 외탄外灘·와이탄의 여러 명소를 둘러보며 소일했다. 밤에는 황포강黃浦江·황푸강에서 뱃놀이하며 환상적인 외탄의 야경을 바라보았다.

운남성의 성도인 곤명昆明·쿤밍으로 가는 열차를 타기 위해 상해남역으로 갔다. 곤명 가는 열차가 이곳에서 출발하기 때문이다. 곤명 가는 야간침대열차에 몸을 실었다. 상해남역에서 곤명까지의 요금은 6인실 침대칸이 536위안10여만 원으로 2박 3일 동안을 타고 가야한다. 열차 내에서 이틀 밤을 지새워야 하는 기나긴 여정이다. 일행들이 머리맡에서 술잔을 기우리며 밤샘 얘기하는 바람에 자다가 깨기를 반복하는 등 악몽의 밤이었다. 꼬박 42시간을 협소한 열차 안에서 보낸 후 오전 10시경 곤명 역에 도착했다.

중국에서 4번째로 큰 성이자 우리나라 남한면적의 4배에 달하는 거대한 땅인 운남성의 운남云南·윈난은 운령云岭·윈링의 남쪽이라는 의미로 현재 운남성 대리大理·따리에 있는 설방산雪邦山·쉬에빵산에서 기인했다는 설과, 기원전 122년, 오늘날 중국인들이 '한漢'이라는 나라에 자부심을 갖게 한 인물이자 위대한 황제로 추앙받고 있는 한무제漢武帝 유철劉徹이 채색구름이 남쪽에서 피어오른 꿈을 꿨는데 그래서 이곳을 운남이라 이름 지었다는 설이 있다.

지리적으로는 중화인민공화국의 가장 아래 서남부 지역에 위치해 있으며, 남쪽으로는 베트남, 라오스 국경과 접해 있고 남부에서 서부에 걸쳐 미얀마버마와 접경을 이룬다. 북서부는 티베트 자치구, 북부는 사천성, 북동부는 귀주성, 동부는 광서장족자치구와 접해있다.

지질학적으로 운남성은 지금으로부터 약 3억 년 전에는 바다였으나 융기작용에 의해 육지가 형성되었다. 그렇기 때문에 물고기화석

곤명 시가지 풍광

이 많이 나온다. 기후는 내륙성 기후로 우기와 건기로 나뉘며 지역에 따라 열대, 아열대, 온대, 아한대 등 다양한 기후대를 보인다. 이러한 기후분포 때문에 우거진 삼림과 동식물이 많다.

운남성의 주도인 곤명은 여름과 겨울의 기온차가 심하지 않아 1년 내내 봄날처럼 온화한 기후로 인해 '춘성春城', 즉 '봄의 도시'란 별칭과 함께 꽃을 볼 수 있어 '꽃의 도시'로도 불린다. 그러나 겨울에 운남성으로 여행을 할 때에는, 대부분의 건물이 난방을 하지 않기 때문에 약간 두꺼운 옷과 방한침낭을 지참하면 좋다.

운남성 여유국에서 발간한 자료에 의하면, 중국에 있는 55개의 소수민족 중 25개 민족이 이곳 운남성에 살고 있기 때문에 운남성을 민족전시장이라 일컫는다. 소수민족 총인구 수 1,355만 명 중 총인구 대비 34%에 달하는 숫자이다. 이중 100만 명이 넘는 소수민족은 이족彝族·리족·423만여 명·백족白族 바이족·160만여 명·합니족哈尼族 하니족·126만여 명·태족傣族 따이족·106만여 명·장족壯

운남성 요리(1)

族·장족·104만여 명이며, 수족水族·수이족·만족滿族·만주족·독룡족独龍族·두룽족은 만 명이하의 소수민족이다.

비교적 인구수가 많은 민족들은 한곳에 집성촌을 이루며 살고 있다. 그 대표적인 곳이 여강에는 납서족納西族·나시족이, 서쌍판납西雙版納·시솽반나에는 태족傣族·다이족이, 대리에는 백족이 그리고 샹그릴라에는 장족이 각각 특색 있는 자치주 또는 자치현을 형성하며 살고 있다.

여기에서 소수민족이란, 자기들만의 언어와 문자와 종교와 풍속 등 고유생활방식을 유지하면서 자기 민족만의 역사를 이어오고 있는 민족을 말한다. 그런데 여느 소수민족 여성들의 복장을 보면 각 민족마다 복장의 형태가 다르고 화려하다는 것을 느낄 수 있다. 특히 여성들의 옷이 화려한데 그 이유는, 남성들이 전장에 나가 많이 죽었기 때문에 자기 민족의 역사와 개인사를 남기기 위해 한 올 한 올 수繡놓은 것이라고 한다. 그러니까 그들의 애환이 깃든 한 폭의 그림인 셈이다. 조선족朝鮮族·차오시엔족은 눈을 크게 뜨고 찾아봐도 찾을 수가 없다. 다만 한국인 관광객들이 많이 오기 때문에 이들을 상대로 하는 조선족 가이드와 상인만 극소수 있을 뿐이다.

곤명은 본래 태족의 영토였으나 몽골이 세운 원나라의 지배를 받은 이후 중국의 영토가 되었다. 역사적으로 유명한 인물로는 명나라 성조成祖 때 환관으로 대함대를 이끌고 동서·서남아시아에 원정해 국위를 떨치고 통상무역에 공헌한 회족回族·후이족인 정화鄭和·정허가 지금의 진녕晋寧·진닝인 곤양昆陽·쿤양 출신이고, 중국의 유명한 작곡가이자 근대 인민음악가라 일컫는 섭이聶耳·녜얼가 옥계 玉溪·위시 출신이다.

　국경선의 길이가 무려 4,060km에 달하는 운남성은 총 면적 38만 k㎡, 평균 해발고도 2,500~3,000m로 지형이 특이하고 기후도 다양해 중국의 남방과 북방의 각종 기후를 대부분 포함하고 있다.

　운남성은 유구한 역사와 소수민족의 다채로운 풍습과 민족문화 그리고 수려한 자연풍경이 산재해 있어 중국에서 관광자원이 가장 많은 성으로도 유명하다. 이뿐만이 아니다. 신비로운 운남 땅 북쪽에는 거대하고 웅장한 서산西山·시산·해발 2,350m과 빙하가, 남쪽에는 드넓은 열대 우림과 진귀한 동식물이 있으며, 서쪽에는 아시아 3대 하류인 금사강과 노강 그리고 난창강이 해발 3,000여 m의 협곡을 경유하며 흐르고, 해발 6,000여 m 이상의 빙하기의 절벽과 중국 지진발생 중심 지역이자 세계에서 기후변화가 가장 많은 지역인 '삼강병류三江并流·산장빙류' 가 그리고 동쪽에는 카르스트지형이 장관을 이룬다. 운남성 중심에는 수많은 고원과 호수 그리고 사시사철이 봄날 같은 축복의 땅 곤명이 자리하고 있다.

우리가 어느 지역을 여행하고자할 때는 가이드의 설명에만 의존할 것이 아니라 내가 먼저 그 지역의 역사적·지리적·문화적 특성 등을 이해하고 가면 여행의 즐거움이 배가된다. 특히 배낭여행자의 경우는 더욱 그러하다.

소수민족의 다양한 생활상 체험
운남민족촌
云南民族村

　　곤명 역에서 내려 머지않은 곳에 숙소를 정했다. 잠깐 눈이라도 붙여야겠다는 생각에서이다. 2박 3일 동안 열차 안에서 샤워는 고사하고 세면조차 변변하게 못했기 때문에 숙소를 조금 좋은 곳으로 잡아 샤워라도 했어야 했는데 잘못알고 으슥하고 형편없는 시설에 들었다. 우리나라 여인숙만도 못한 숙소이다.

　숙소에서 잠시 눈을 붙인 후 배낭을 맡긴 후 로컬버스를 타고 '운남민족촌윈난민쭈춘'으로 갔다. 곤명시 남쪽 교외에서 8km쯤 떨어진 전지滇池 · 뎬츠 변에 자리한 대형 민속촌인 운남민족촌은 우리나라 용인민속촌과 비슷하지만, 중국의 56개 민족 중 25개 소수민족이 운남성에 살고 있어 이들 25개 소수민족의 다양한 생활상, 즉 25개 소수민족들의 전통가옥과 전통의상 그리고 전통음악과 전통춤이 재현되어 있기 때문에 '중국 소수민족문화의 창구'라 불리는 곳이다.

　입구에는 65세 이상인 노인과 키가 1.2m 이하인 어린이는 입장료를 받지 않는다는 안내판이 있고, 전통의상을 예쁘게 차려입은 각 소수민족 아가씨들이 반긴다. 이곳에서는 4인이 함께 탈 수 있는 페달자전거를 빌려 민속촌 구석구석을 둘러볼 수 있다.

　1992년 2월 18일 준공한 운남민족촌에는 운남성 곳곳에 있는 주요한 명승고적이 모형으로 만들어져 있으며, 1:1의 크기로 운남 25개 소수민족가옥이 있다. 당시에는 태족 · 백족 · 이족 · 납서족 · 기락족

운남민족촌 내의 소수민족 가옥과 전통의상을 입은 처녀

基諾族 · 찌뉘족 · 납고족拉枯族 · 라쿠족 · 포랑족布朗族 · 뿌랑족 · 와족 佤族 등 8개 소수민족마을이 건설되었지만, 2007년 10월 1일까지 25개 소수민족마을이 모두 완공되었다.

각 민족마을마다에는 민족상품을 파는 가게들이 즐비하고, 각 소수민족의 명절 특히 백족이 관음觀音의 공적을 기념하기 위한 축제인 삼월가三月街 · 싼위에제 · 음력 3월 15일~20일까지 민족제와 태족의 물 뿌리기 축제인 발수절潑水節 · 포수이지에 · 매년 4월 12일~14일까지과 이족의 햇불축제인 화파절火把節 · 훠바지에 · 음력 6월 24일 그리고 나시족이 옥룡설산의 주신인 삼타三朶 · 싼뚜오를 기리는 축제인 삼타절三朶節 · 싼뚜오지에 · 음력 2월 초파일~2월 29일까지 등은 독특한 특색을 지닌 행사로 성대히 열린다.

앞에서 말한 곤명의 '전지'는 중국의 6대 담수호 중 하나로 아직도 곤명을 대표하는 단어가 '전澱'이다. 전지에 담긴 전설은 이렇다.

아주 오래전에 곤명일대는 호수가 없었고 시냇물도 없는 척박한 토지였다. 모든 토지는 하늘만 바라보고 있었지만 이곳에는 비 한

방울 내리지 않았고 논밭과 들은 말라 균열이 생겼다. 그러던 어느 날, 한 용감한 사냥꾼이 곤명의 수원을 찾기 위해 신혼인 새색시와 이별을 고하고 몇 년 동안을 걸어서 겨우 동해에 도착했다. 그는 해면에서 매 한마리가 빨간 작은 물고기를 낚아채는 것을 보고 활로 쏘아 물고기를 구해줬다. 이 빨간 작은 물고기는 바로 동해 용왕의 작은 공주였는데 사냥꾼은 알아채지 못했다.

공주는 사냥꾼을 데리고 용궁으로 갔다. 용왕은 젊은 사냥꾼이 늠름하고 선량한 사람이라는 것을 알고 공주를 사냥꾼에게 시집보내려고 했다. 그러나 젊은 사냥꾼은 이미 결혼해서 고향에는 색시가 있다며 한사코 거절했다. 그러자 화가 난 용왕은 젊은 사냥꾼을 작은 황룡으로 변하게 해버렸다. 작은 황룡으로 변해버린 사냥꾼은 아내와 고향을 잊지 못하고 도망칠 궁리만 했다. 그러던 어느 날, 용왕의

길쌈하는 독룡족獨龍族·두룽족 처녀

운남민족촌 내의 주가루(술집)

감시가 허술한 틈을 타 동해의 물을 흠뻑 들이 마신 후 곤명으로 달아났다. 하지만 아내는 남편을 그리워하다가 이미 죽어 '잠자는 미인산寢美人'으로 변해 있었고, 작은 황룡은 비통을 이기지 못하고 배 속의 물을 전부 토해낸 후 산에 부딪쳐 죽었다. 그가 토해낸 동해의 물은 전지가 되었다. 이후 전지물의 덕분으로 곤명이 풍요롭고 깨끗하게 되었다고 한다.

> **TIP**
>
> 소수민족 마을을 방문하면 그들이 손수 만든 천을 구입해서 옷을 만들어 입어보자. 아주 독특하고 예쁜 옷이 될 것이다. 소수민족 처녀들은 어렸을 때부터 수를 놓기 때문에 매우 섬세하고 예쁜 문양의 수를 놓는다. 혹시 소수민족 처녀가 만든 옷을 사고 싶을 때는 헌 옷을 구입해야 한다. 자기가 만든 새 옷은 시집갈 때 가져가야하기 때문에 팔지 않는다고 한다.

중국 최초 관음사 원통사,
시민 휴식처 취호공원
圓通寺 · 翠湖公園

택시를 타고 곤명시내에서 가장 크고 오래된 불교사찰인 원통사위엔통쓰로 갔다. 원통사는 사람들로 북적이고 자동차들의 경적소리가 요란한 대로변에 위치해 있다. 우리나라의 사찰은 깊은 산속 정적이 깃들고 공기가 맑은 곳에 자리하지만 중국내의 사찰 대부분은 시내에 있다. 곤명 오화구 원통가昆明五華區圓通街에 있는 원통사는 남조南詔 · 649~902 시기에 건축되었으며, 중국불교 13종 중 가장 대표적인 종파의 하나인 천태종이자 중국 최초로 관세음보살을 모시는 관음사이다. 여기에서 남조란, 중국 당나라 때 현재의 운남 지방에 있던 티베트와 미얀마버마 계통의 민족이 세운 왕국을 말하며 도읍은 대리였다.

금빛 용 문양 편액에는 관세음보살을 모시고 선종의 절임을 알 수 있는 '圓通禪寺원통선사' 글씨가 새겨있는데 "삼보제자三寶弟子인 세 명의 허許 씨가 경헌敬獻했다"고 적혀있다. 경헌은 '삼가 바치다.' 라는 뜻이다. 여기에서 관세음보살에 관련한 이야기를 하나 첨언하면, 당나라 이전에는 관세음이라 했었는데 당나라 때부터 태종 이세민李世民의 이름자의 하나인 '世' 를 피해 관세음을 관음이라 불렀다고 전한다.

'圓通禪寺' 편액은 중국당대 서예계의 최고봉이자 북경사범대학 중문학과 교수였던 계공啓功 · 치꿍 선생이 쓴 것이다. 계공 선생은 만주족으로 청나라 황족의 후예이다. 중국지도자들이 외국을 방문할 때면 상대국 정상에게 계공 선생의 휘호를 선물로 주는 것이 관례처럼 되어있을 정도로 중국 최고의 서예가이다. 이뿐만이 아니다. 1994년 8월 김영삼金泳三 전 대통령이 한·중 수교 2주년 기념 서예전시회에 참석하기 위해 방한한 계공 선생당시 82세을 청와대로 초청해 한·중 간의 문화교류 등을 화제로 환담을 나눈 일도 있었다.

계공선생이 쓴 '圓通禪寺' 편액

원통사 경내에는 운남성 불교협회와 곤명시 불교협회가 모두 이곳에 있다. 입장료도 6위안으로 무척 싸다. 그러나 음력 정월 초하룻날은 입장료 가격이 평소 6위안에서 30위안으로 껑충 인상된다. 그 이유는 불교 신도들이 부처님께 향불을 피우고 기도하기 위해 많이 몰리기 때문이다.

사찰 안에는 관세음보살을 봉안한 전각인 원통보전圓通寶殿·위엔퉁빠오디엔이 있고, 차례로 라마 승려들이 교리를 배우며 수도생활을 했던 밀종전密宗殿·미쫑디엔 등 3개의 건물이 있어 대승불교인 한전漢傳, 소승불교인 남전南傳, 라마교인 장전藏傳 등 3개 교파가 함께 공존했던 특징을 잘 보여주고 있다. 이로 인해 원통사를 '중국불교박물관'이라 불리기도 한다.

위타보살　　　　　　　　화려하게 치장하고 장식한 미륵보살

　　원통사에는 우리나라 여느 사찰에나 있는 '일주문一柱門'이 없다. 일주문은 사찰의 첫 번째 통과하는 문으로 기둥이 한 줄로 늘어선 모양인데, 세속의 번뇌와 흐트러진 마음을 하나로 모아 진리의 세계로 들어간다는 문을 말한다. 일주문을 화려한 '圓通勝鏡원통승경'이 대신하고 있다.

　　그런데 왜 뛰어나게 좋은 경치를 뜻하는 '勝景승경'이라 쓰지 않고 '거울 鏡' 자를 써서 '勝鏡'이라 했을까. 곰곰이 생각해봤다. 원통사 내에 있는 독특한 수원풍격水源風格인 연못 때문이 아닐까 생각된다. 연못에 비친 다채롭고 화려하게 단청한 사찰 건축물과 고풍스런 회랑이 마치 거울에 비친 듯 환상적인 풍경을 자아내기 때문이라는 생각이 들었다.

　　원통승경을 지나면 미륵보전이 나온다. 미륵불이란 대승불교의 대표적 보살 가운데 하나로 미륵보살이라고도 하며, 내세에 성불해 사바세계에 나타나서 중생을 제도하리라는 보살, 즉 석가모니불에 이어 중생을 구제할 미래의 부처를 말한다. 미륵불 오른쪽에는 수염이 있는, 왼쪽에는 수염이 없는 좌우협시보살이 있다. 참으로 화려하게 치장하고 장식한 미륵보전이다. 미륵보전 뒤편에는 위타보살韋馱菩薩이 모셔져 있다. 위타보살은 사찰을 보호하는 신으로 칼을 들고 있는데 그 자세에 따라 사찰의 성향을 나타낸다. 즉 칼을 위로 들고 있으면 그 사찰은 재워만 줄 뿐 먹여주지는 않으며, 밑으로 들고 있으면 그 반대로 먹여는 주되 재워주지는 않으며, 옆으로 들고 있으면 먹여도 주고 재워도 주는 사찰이라는 뜻이다.

연못 한 가운데에 자리하고 있는 팔각정은 청대 초기의 건축물로 매우 뛰어난 건축미를 자랑한다. 팔각정은 팔정도八正道를 상징한다고 한다. 팔정도란 중생이 고통의 원인인 삼독三毒, 즉 탐貪·진瞋·치痴를 없애고 해탈해 깨달음의 경지인 열반의 세계로 나아가기 위해서 실천 수행해야 하는 8가지 길 또는 그 방법을 말한다. 불교의 실천원리 중, 길 가운데 최고의 길은 '팔정도'요, 진리 가운데 최고

원통승경에서 성대석 회장님(중앙 우)과 필자(중앙 좌)

의 진리는 '사성제四聖諦'이다. 그리고 최고의 경지는 '해탈'이요, 인간 가운데 최고의 인간은 '깨달은 사람'이라고 한다.

팔각정 편액에는 '佛谷雲梁불곡운양' 글귀가 쓰여 있다. 여기에서 '雲梁'을 '雲樑'이라고도 쓰는데 '높은 곳에 올라갈 수 있도록 만든 사닥다리'란 뜻이다. 그러니까 불곡운양은 '부처가 계시는 골짜기를 향해 높이 올라가는 사닥다리'란 뜻인데, 이 말은 중생들이 부처가 되기 위해서는 부처의 경지인 높은 곳으로 올라 와야 한다는 의미이다.

팔각정 안에는 24개의 팔이 달린 천수관음상千手觀音像 · 첸서우관인샹과 옥으로 만든 옥불상玉佛像 · 위포샹이 있다. 이곳의 천수관음상을 좀 더 정확히 표현하면 24수관음상이다. 그러나 일반적으로 관세음보살이 수많은 중생을 천개의 손으로 일일이 도와주고, 천개의 눈으로 보살펴준다는 것을 상징적으로 표현하기 위해서 관세음보살에게 천개의 손과 천개의 눈을 달아놓은데 이를 '천수천안관세음보살千手千眼觀世音菩薩'이라고 한다. 개금한 천수관음상은 화려함을 더했으며, 각 손에는 삼지창을 비롯해 연꽃 · 붓 · 화병 · 밧줄 · 화살 · 도끼 등이 그리고 합장한 아래 손 안에는 등불이 들려있다.

전 사원 중에서 제일 낮은 곳이자 중심부에는 방생지인 연못이 있다. 연못 중간에는 팔각정이 있고 연못 주위에는 태호석과 물과 나무가 어우러져 운치를 더한다. 이뿐만이 아니다. 회랑을 따라 걷다 보면 연못 가장자리에서는 자라들이 일광욕을 즐기고 물속에는 잉어 떼가 유영하는 모습이 보인다.

다음에 원통보전이 있다. 원통보전을 일반적으로 대웅보전이라고 하는데 관세음보살을 모시고 있기 때문에 원통보전이라 했다. 그런데 법당 안에 모셔져 있는 것은 관세음보살이 아니라 석가모니이다. 그 이유는 원래 관세음보살을 모셨었는데 청나라시기에 관세음보살상이 파괴 되었고, 그 후 중국 청조 제11대 황제인 광서제재위

1875~1908 때 수리하면서 석가모니로 바꿔놓았다. 이런 연유로 이름과 상호 모순되는 것이다.
　원통보전에는 "크고 넓은 바다에서 여럿이 함께 경을 읽는 소리"란 뜻인 大海潮音대해조음과 "진리를 깨우친 성현들의 말씀을 말이나 글자 따위에 의존하지 않고 마음에서 마음으로 전해 자연히 뜻을 깨쳐 아는 일"이란 뜻인 古佛傳心고불전심 그리고 "소나무에 부는 바람과 물에 비친 달"이라는 뜻으로, 차분한 자연의 정취를 조용히 감상하는 심경을 의미하는 松風水月송풍수월 편액이 걸려있다.
　대전 안에는 삼신불이 모셔져 있다. 우리나라에서는 비로자나불을 뜻하는 삼신불은 부처의 몸을 셋으로 나누어 부르는 말로 법신불法身佛과 보신불報身佛 그리고 응신불應身佛을 한꺼번에 이르는 말이다. 삼신불 앞에는 두 마리의 용이 10m높이의 원기둥을 휘감고 있다. 명나라 때 만든 것이라고 한다.

'佛谷雲梁' 편액이 있는 팔각정

원통보전 건물 뒤에 있는 '無盡藏' 현판

　원통사 마지막 구역까지 돌고 되돌아 나오는데 원통보전 건물 뒤 처마 중간에 '無盡藏무진장' 글씨가 매우 이채롭다. 무진장은 불교에서 유래한 말로 직역하면 "양적 질적으로 엄청나게 많다"는 뜻이지만, 불교에서는 덕이 넓고 커서 다함이 없음을 나타내는 말로 쓰인다.
　원통보전 가까이에는 태국전통건축양식으로 지은 동불전銅佛殿·통포디엔이 있다. 까만 바탕에 금빛으로 쓴 동불전 편액은 중국의 저명한 시인이자 서예가이며 중국불교협회 부회장을 역임한 조박초趙朴初·자오푸추·1907~2000년 선생이 쓴 것이다. 조박초 선생은 동국대학교에서 명예박사학위를 받은 인물이기도 하다.
　동불전 안에는 높이 3.5m, 무게 4t인 좌상의 동불이 있는데 태국 불교계에서 기증한 것이라고 한다. 전형적인 태국양식의 동불이다. 유심히 보면 동불전에 있는 동불과 태국 방콕의 왓 뜨라이밋Wat Traimit·황금불 사원에 있는 황금불과 매우 흡사하다. 허리의 잘록함은 물론 심지어 손의 위치까지 닮았다. 왓 뜨라이밋에 있는 황금불은 높이 3m에 무게가 물경 5.5t에 달하는 세계 최대의 황금 불상이자 세계에서 가장 비싼 불상이기도 하다.

이 황금불은 1953년 방콕의 크롱떠이 항구를 건설할 때 강변의 어느 낡은 사원 안에 있던 석고불상을 현재의 위치인 왓 뜨라이밋으로 옮기기 위해 크레인으로 들어 올리다가 무게가 너무 무거워 땅에 떨어뜨리는 바람에 불상 겉을 감싸고 있던 석회가 깨지고 마침 내린 소나기로 인해 석회가 모두 벗겨지면서 금빛 찬란한 광채를 내품는 황금 불상을 발견했다고 한다.

이 황금불은 13세기 수코타이 시대에 만든 것인데, 당시 버마군의 약탈을 막기 위해 석회를 덧씌워 위장해 놓았던 것이다. 분석결과 황금 불상에는 3.3t가량의 순금이 들어갔고 순도가 60%인 금불로 판명되었다.

원통사를 거닐다보면 특이한 점이 발견된다. 우리나라의 경우 일주문을 지나 대웅전으로 들어갈수록 지대가 높아지는 것이 일반적인 가람의 배치이지만 원통사는 특이하게도 안으로 들어갈수록 지

동불전 내의 좌상동불

태국 방콕의 왓 뜨라이밋에 있는 황금불

① 운남에는 '운남18괴云南十八怪'가 있다. 이것은 운남의 곤충식품으로 개미 알·대나무벌레·꿀벌번데기·메뚜기·꽃 거미 등으로 요리한 것인데 단백질이 풍부해 술안주에 좋다고 한다. 이뿐만이 아니다. 운남은 유명한 식물왕국으로 1년 4계절 꽃들이 만발해 꽃을 야채로 먹는 것도 운남18괴 중의 하나로 알려져 있다. 원통사 주변에 있는 식당에서 맛볼 수 있다.

② 운남성에 있는 사찰 부근에는 '두리안'을 파는 가게들이 있다. '천국의 맛, 지옥의 향기'라는 두리안은 스님들이 하안거나 동안거에 들어갔을 때 많이 먹는 과일이다. 단백질이 풍부하기 때문이다. 석가모니께서도 두리안을 가장 즐겨 드셨다고 한다. 물론 필자도 두리안을 무척 좋아한다. 두리안 다음으로 좋아하는 과일은 망고이다.

대가 낮아진다.

원통사에서 나와 오른쪽으로 걸어서 10분 거리에는 비취색의 아름다운 연못인 취호공원추이후꽁위엔이 있다. 총면적이 25헥타르 $250,000m^2$·75,625평이 되는 취호는 청나라시기 '삼번의 난'으로 잘 알려진 오삼계吳三桂가 아내한테 지어준 별장으로, 8개 호수의 물 비취水翠·수취, 4계절의 대나무 비취 竹翠·죽취 그리고 봄과 여름의 버드나무 비취柳翠·유취가 이루는 광경이 매우 아름다워 1900년에 '翠湖취호·추이후'란 이름을 갖게 되었다고 한다.

하늘거리는 수양버들과 연꽃의 푸름 그리고 파란 호수가 한데 어우러진 공

운남성 요리(2)

취호 연꽃

원에는 수많은 곤명 시민들이 나와 호수 주변을 걷기도 하고, 태극권을 하거나, 전통악기를 연주하며 노래 실력을 뽐내기도 한다.

취호공원 안에는 해심정海心亭·수월헌水月軒·관어루觀魚樓 등 정자와 여러 개의 섬들을 다리로 연결해 모두 돌아볼 수 있어 여행객들에게도 훌륭한 휴식처가 되고 있다. 특히 수양버들 가지가 물위에 흐느적이고 버들개지가 연기처럼 흩날리는 등 가경을 이뤄 '취호연류翠湖烟柳'란 이름도 얻었다. 그렇지만 필자는 비염 때문에 솜처럼 바람에 흩날리는 버들개지는 별로 좋아하지 않는다.

매년 겨울이면 북방 시베리아에서 찾아온 수천수만 마리의 붉은부리갈매기 떼가 장관을 이뤄 도심에서도 갈매기 떼를 볼 수 있다. 여름에는 각양각색의 연꽃이 피어 아름다운 경치를 자아내며, 호심정湖心亭·후신팅의 잉어 떼는 밥풀 튀긴 먹이를 던져주면서 모여드는 물고기와 놀다보면 시간가는 줄 모르고 어느덧 동심의 세계로 빠져든다.

조물주가 대지에 그려낸
무지갯빛 홍토지
紅土地

곤명에서 북동쪽으로 198km쯤 떨어진 곳에 있는 동천東川·둥촨에는 많은 사람들이 '대지의 예술'이라 극찬하는 홍토지훙투띠가 있다. 말 그대로 '붉은 색을 띤 땅'이다. 홍토지는 오랜 세월 토양 속에 함유된 철성분이 산소와 결합해이를 '산화' 되었다고 함 산화철로 변하면서 붉은색을 띠는 토지가 된 것이다. 우리가 일반적으로 붉은빛을 띤 누렇고 거무스름한 흙으로 이루어진 밭을 황토밭이라고 하는데 바로 산화철 때문에 붉은색을 띤다.

홍토지는 아침햇살에 물드는 일출부터 오전까지와 석양직전이 가장 아름답다. 그렇지만 이곳 동천사람들은 비 온 뒤 사흘 째 되는 날이 가장 아름답다고 말한다. 비가 내린 뒤에는 대지가 머금은 빗물이 마치 포토샵 한 것처럼 붉은 땅을 더욱 선명하게 하고 햇살은 어느 때보다 눈부셔 대자연의 경이로운 풍경을 만나게 되기 때문이다.

홍토지에 심는 주 작물은 감자와 유채꽃과 메밀 그리고 옥수수와 보리이다. 그렇기 때문에 매년 5월과 11월 사이 작물이 자라나고 각양각색의 꽃이 필 때가 가장 아름다운 홍토지를 볼 수 있다. 특히 5월부터 6월까지는 분홍빛 감자 꽃과 황금물결을 이루는 보리가 붉은 땅을 수놓는다. 9월에는 감자를 수확하기 때문에 길가에서 감자를 노릇노릇하게 구워 파는 아낙네들을 만날 수 있고 맛있는 감자를 맛볼 수 있다.

홍토지에 들어서면 주변의 산에서 계단식 밭들이 보이기 시작한다. 홍토지는 계곡이름 자체가 '이슬이 내리는 계곡'이란 뜻을 지니고 있다. 이름 또한 풍광만큼이나 아름답게 지었다는 생각이 든다. 해발고도 1,800~2,600m 사이에 형성된 홍토고원에서 경사각 20~30°의 가파른 비탈길, 그것도 흙과 자갈이 반반인 땅에 계단식 밭을 만들어 농사를 짓는다고 하는 것은 결코 쉽지만은 않았을 텐데 이곳 사람들의 수고와 땀의 결정체가 진하게 배어있다는 생각이 든다.

이곳 홍토지에 사는 사람들은 천년이 넘는 세월동안 자손대대로 이 땅을 지키며 살아왔다. 그래서 '천 년의 땀으로 그린 능선'이란 수식어가 붙어있다. 그런데 1949년, 중화인민공화국 정부가 들어서고 나서 홍토지를 본격적으로 개간하기 시작했다. 그러면서 산에 있던 무성한 나무들을 잘라내고 땅을 일궈 오늘날의 빨주노초파남보 '무지갯빛 색깔'의 경이로운 작품을 탄생시켰다.

홍토지에는 화석두花石頭·화쉬타우·칠색고개七彩坡·치차이포·금수원錦繡園·진시우위엔·타마감打馬坎·따마칸·수평자水平子·쉐이핑

홍토지의 목가적 풍경(金孝正 님 제공)

대자연의 경이로운 무지갯빛 색깔의 홍토지(중국국가여유국 제공)

천년용수

쯔·낙보요樂普凹·러푸아오·함당지陷塘地·씨엔탕띠 등 여러 곳의 사진촬영 포인트가 있다. 이중에서 가장 각광받는 곳은 화석두로 '신전향新田鄕·신티엔시양'이라고도 불린다. 다음으로는 높은 산이 빙 둘러싸고 가운데가 푹 들어가 있기에 붙여진 이름인 함당지이다. 이곳은 브라질의 리오데자네이로에 있는 홍토지보다 훨씬 더 아름답다는 평가를 받고 있다. 그리고 비교적 먼 곳에 있기 때문에 사람들의 발길이 뜸한 수평자는 층층이 개간해 놓은 계단식 밭이 달이 밝을 때는 어찌나 아름답던지 '월량전月亮田·위에량티엔'이란 이름까지 얻었다.

일몰이 아름다운 낙하구落霞溝 동쪽 들판 한가운데 언덕에는 고목이 한그루 서있다. 천년용수千年龍樹라 불리는 나무이다. 그동안 개간을 하면서 많은 나무들이 베어져 없어졌지만 유일하게 살아남아 천년이란 시간이 흘렀다. 이미 천년을 살다가 수년 전 고사했는데 다시 새싹이 자라고 있는 이 고목은 이곳 사람들에게 신령한 나무, 즉 '신수神樹'로 대접 받고 있다. 좁게 난 밭길을 따라 가까이 다가가서 보니 신수의 껍질을 벗기고 그 안에 철심을 박아 놨다. 철심이 위까지 연결되어 있는 것으로 봐서 피뢰침 역할을 하는 것으로 생각되었다. 천년용수가 벼락 맞기에 알맞은 장소인 산등성이에 위치해 있기 때문이다. 밤에는 천둥과 번개를 동반해 주룩주룩 많은 양의 비가 내려 걱정했었는데 아침에 일어나보니 언제 그랬냐는 듯 말끔히 개어있다. 여행할 때 비는 반갑지 않은 손님이다.

사진촬영하기에 가장 좋은 시기는 무꽃과 감자꽃이 푸른색을 띠는 5월과 6월, 하얀 메밀꽃과 노란 유채꽃이 피는 9월과 11월 사이이다. 운이 좋으면 마차를 타고 가는 모습이나 밭에서 소나 말을 이용해 밭일을 하는 목가적인 풍경을 만날 수 있다.

차이나 인China in 이창호 대표는 홍토지를 이렇게 노래했다.

"홍토지의 붉은색은 농염하게 타오르고, 초록색은 갈수록 화사하고, 노란색은 유별나게 눈부시고, 하얀색은 변함없이 순수하다. 그림 같은 대지만큼 귀한 것은 이 땅을 지키는 사람들. 먼 옛날부터 오늘까지 파란 하늘아래, 붉은 땅 위에서 소나 말과 함께 고랑을 타고, 파종을 하고, 먹을 것을 생산하고 있다. 동천사람들은 순박하다. 선량한 마음으로 하루하루 살아간다. 동천의 볼만한 홍토지는 여기저기 흩어져 있다. 시간에 쫓기지 않고, 소걸음으로 천천히 돌아다니며 붉은 대지의 소리를 들어보자, 그리고 발로 그림을 그려 보자."

천년용수에 박혀 있는 철심

돌이 숲을 이룬
석림
石林

운남성에는 '운남의 3대 숲'이라 불리는 곳이 있다. 돌로 된 석림스린과 흙으로 된 토림투린 그리고 모래로 된 샤림샤린이 그것이다. 승용차를 대절해 먼저 운남성의 대표적 관광명소인 석림으로 갔다. 석림은 '돌과 바위가 우거진 숲'이 있는 곳으로 유명하다. 자연과 신이 빚어낸 이 거대한 풍경을 중국인들은 '地上看石林지상간석림·地下遊九鄕지하유구향'이라 말하는데, '지상에서는 석림을 보고, 지하에서는 구향을 유람한다.'는 뜻이다. 곤명에서 78km쯤 떨어져 있는 석림은 350㎢의 면적에 기암괴석과 특이한 봉우리 그리고 거대한 돌기둥이 숲을 이루고 있는 카르스트 지형으로 '天下第一奇觀천하제일기관'이라 일컫는다.

석림의 관광구역은 크게 대석림따이스린과 소석림샤오스린 그리고 내고석림乃古石林·나이구스린으로 나뉘는데, 현재는 전체 부지의 1/5만 일반인에게 공개하고 있다. 석림 관광의 중심이자 가장 아름다운 대석림은 돌들이 크고 높아 웅장한 느낌을 주며, 소석림은 대석림과 같은 웅장함은 없으나 규모가 작아 아기자기하고 푸른 풀과 함께 조성되어 있어 매우 수려한 풍광을 자랑한다.

석림 동북부에는 버섯모양의 영지림靈芝林·링즈린인 내고석림이 있다. 내고석림은 위에서 내려다볼 때 소나무 숲처럼 보인다고 해 흑송암黑松岩·헤이쏭옌이라고도 부른다. 내고석림은 2010년에 개방했다. 내고석림에서 내고乃古·나이구는 이족彝族의 살니어撒尼語·싸니어로 '古老오래된'와 '검은색'이란 뜻을 갖고 있다. 그러니까 내고석림은 '오래된 석림'이란 뜻이다.

운남성 요리(3)

내고석림은 대석림에서 10㎞쯤 떨어져 있기 때문에 거리가 있어 찾는 사람이 많지 않지만 산정에 올라서면 검은 돌 바다가 한 눈에 안겨들고, 지하에는 여러 석회동굴이 있어 나름의 분위기가 있어 볼만한 곳이다. 그래서 내고석림을 "산정에서는 전망을 감상하고, 숲속에서는 유유자적 걸으면서 자연을 즐기고, 지하에서는 동굴을 더듬는다"라는 말로 내고석림의 특징을 이야기한다.

석림은 언제 어떻게 생성된 것일까. 고생대에 생성된 전형적인 카르스트 지형인 석림은 3억 년 전에는 계림桂林·구이린과 함께 같은 바다 밑에 있었다. 그러나 2억 7천여만 년 전 페름기 때 이 지역이 지각변동으로 솟아오르면서 지금의 절경이 솟아오른 것이다. 그러니까 옛날 바닷속에 묻혀 있던 석회암이 바다물의 부단한 침식작용으로 많은 협곡과 기둥들이 생겼다. 그리고 융기에 의해 솟아오른 후 오랜 세월 빗물과 바람 등의 침식과 햇빛과 공기 등의 풍화로 점차 파괴되고 부서져 바위형태가 기이해졌다. 그 생김새가 마치 바위가 숲을 이룬 것 같다해 석림이라 이름 붙였다.

2004년 2월 13일 유네스코 세계지질공원, 2007년 6월 27일 유네스코 세계자연유산 그리고 국가 AAAAA급 관광풍경구로 지정된 석림은 세계에서 가장 큰 카르스트 지형으로 세계 8대 자연경관 중 하나이다. 또한 석림은 장강삼협長江三峽·창장산샤과 계림의 산수 그리고 길림吉林·지린의 수빙水氷과 함께 중국4대 자연관광지에 속한다.

감자·고구마를 파는 인상 좋은 노부부

입구에는 상인들이 진을 치고 있다. 인상 좋은 노부부가 직접 구워 파는 고구마를 사먹는 것으로 점심을 때웠다. 고구마 맛이 달고 기똥차다. 매표소를 통과하자 전통의상을 입은 살니족 처녀가이드들이 관광객을 맞는다.

살니족은 운남에 거주하는 소수민족 중 최대인 이족의 한 갈래로 오래전부터 조상대대로 석림 지역에 정착해 살고 있는 민족이다. 매년 음력 6월 24일에는 이족 최대의 민족축제인 횃불제가 화파절火把節·훠바지에이라 해 석림 일대에서 성대하게 열린다. 화파절과 관련해서 다음과 같은 전설이 전해져오고 있다.

옛날 어느 높은 산에는 성이 있었고 성안에는 족장이 살았는데 사람들은 그를 '흑살신黑煞神·훼이쏴쉔'이라 불렀다. 그는 수하에 많은 졸개를 거느리고 나쁜 짓만을 일삼았다. 특히 이족을 잔혹하게 통치하고 갈취했다. 그는 여러 구실을 만들어 세금을 가혹하게 징수하고 강제로 재물을 빼앗았다. 애를 낳으면 인구세, 산에 가서 수렵할 때는 산세, 강에서 물고기를 잡으면 어세 등 각종 잡세 때문에 사람들은 허리를 펼 수 없었다. 이로 인해 사람들의 원성이 높았다. 오죽하면 가혹하게 세금을 거두고 백성을 들볶는다는 뜻인 '苛斂誅求

가렴주구'란 고사성어까지 생겨났을까? 일찍이 공자도 "苛政猛於虎 가정맹어호"라, 즉 "가혹한 정치는 호랑이보다 더 무서운 것이니라"고 했거늘….

　흑살신의 잔혹하고 가혹한 통치에 반기를 들기 위해 여러 차례 무장봉기를 일으켰으나 흑살신의 견고한 성은 쉽게 공략할 수가 없었고 많은 사람이 잡혀 무참하게 죽임을 당했다. 그러던 중, '찰잡 扎卡 · 자카'이라고 하는 어느 현명한 목동의 책략으로 성을 점령할 수 있는 방법을 생각해냈다. 그는 흑살신 몰래 99개 마을의 주민들과 공모해서 6월 17일부터 각 집에서는 염소를 마구간에 가두고 여물은 주지 않고 매일 물만 조금씩 먹이면서 7일 동안 굶기기로 했다. 봉기를 일으킬 사람들은 밤에 활과 창을 만들고 칼과 도끼를 갈았으며 염소의 뿔에 횃불을 감아 올렸다. 그리고 준비가 끝난 6월 24일 밤에 봉기를 일으키기로 약속했다.

　이날 밤 달이 뜨기 전, 큰 대나무 숲에서 바람이 불 때 소뿔소리로 장명長鳴 · 군중에서 불어 호령을 전달하는 데 쓰는 악기로 현재의 나팔과 같음이 울리고 횃불을 신호로 각 곳에 있던 사람들은 곧바로 동시에 마구간을 열고 염소 뿔에 묶은 횃불에 불을 붙이고 염소 떼를 흑살신이 있는 성 쪽으로 내몰았다. 결국 악행을 일삼던 흑살신은 불바다 속에서 타죽었다. 잔혹한 통치에 반기를 들어 투쟁에 승리한 것을 기념하기 위해 6월 24일을 화파절로 정했다고 한다.

　이족의 전통의상은 특이하면서도 매우 화려하고 아름답다. 필자의 관심은 머리장식에 쏠렸다. 여느 소수민족한테서는 볼 수 없었던, 모자에 삼각형 뿔 모양이 달려있었기 때문이다. 이족 여자는 모자 양옆에 달려있는 삼각형 뿔 모양의 개수로 결혼 여부를 알 수 있다고 한다. 삼각형 뿔이 양쪽에 다 있으면 미혼이란 뜻이고, 한쪽만 있으면 약혼자가 있다는 뜻이며, 양쪽 다 없으면 기혼자라는

석림풍경구 내에서의 이족 공연

뜻이라고 한다. 만약 어떤 총각이 아가씨한테 관심이 있다면 구혼의 의미로 아가씨 머리 왼쪽에 있는 삼각형 뿔을 톡톡 건드린다고 한다. 이때 아가씨가 총각이 마음에 들면 삼각형 뿔 한 개를 뽑아 그 총각에게 내어준다고 한다.

 입구에 들어서면 짙은 회색의 석회석 암벽에 '石林'이라 새긴 글자가 또렷하고 조금 더 지나면 석병풍石屛風·스핑펑이 펼쳐진다. 그리고 돌기둥이 빼곡히 서있다. 참으로 장관이다. 필자는 석림을 올 때마다 느끼는 것이지만 석림을 들어서는 순간 4차원의 세계 또는 다른 행성에 온 것이 아닌가하는 착각에 빠져든다. 영화에서 보면 어느 보이지 않은 경계를 넘는 순간 4차원의 세계나 다른 행성으로 들어가듯이 말이다. 정말이지 별천지이다.

석림 안에는 지진으로 인해 떨어진 암석과 오랜 세월 풍화, 침식 작용에 의해 또 다른 기이한 풍경을 자아낸다. 엄지손가락 모양, 사자모양, 모란꽃모양, 봉황이 날개를 펴고 있는 모양, 거북이모양, 스님의 등을 긁어주는 개모양의 바위 등 암석의 다양한 모습이 장관을 이룬다. 이뿐만이 아니다. 자연이 빚은 여러 종류의 동물형상 외에 현장법사석 · 손오공석 · 저팔계석 · 관음보살석 · 장군석 · 아시마석 · 검봉 등 모양새에 따라 이름도 다양하게 붙여놓았다. 그리고 2억 7천여만 년 전에 바다 밑에서 생성되었다는 산호화석珊瑚化石이 그대로 있다. 그러나 뭐니 뭐니 해도 최고의 천연 조각품은 사람이 타고 있는 듯한 코끼리 모양의 상거석태象據石台 · 샹쥐스타이와 두드리면 종소리가 나는 종석鐘石이다. 종석을 두드리면 맑고 청아한 소리가 난다. 돌멩이뿐만 아니라 손으로 두드려도 소리가 나는데 두드리는 위치에 따라 소리를 달리하는 특징이 있다.

석림 안에는 많은 이야기가 전해진다. 그중에 하나가 양심석이다. 지진으로 인해 떨어져 위험스럽게 걸쳐있는 바위가 있는데 이곳 사람들은 이곳을 지날 때 매우 조심하면서도 신속한 동작으로 빠져나간다. 죄를 지은 사람이 이 밑을 지나면 하늘에서 천벌을 내려 바위를 떨어지게 해 다치게 한다는 전설이 있기 때문이다. 또 다른 이야기는, 석림 사이를 걷다보면 머리 위로 치아를 닮은 돌이 있는데 뛰어서 이 돌을 만지면 치통이 사라진다고 한다. 아무튼 중국인들은 이야기를 만들어내는데 일가견이 있는 사람들이라는 생각이 든다. 가는 곳마다 별것도 아닌 걸 갖고 많은 이야기를 만들어 내고 전해져 내려오기 때문이다.

석림을 거닐다보면 암석이 칼로 그어놓는 것처럼 명확한 선들이 보인다. 암석에 따라 한줄 또는 세 줄까지 보인다. 이 지형이 융기되기 전 바닷속에 잠겨있을 때 해수면이었다는 것을 말해주는 현상이다. 두 줄, 세 줄인 것은 융기되면서 한꺼번에 융기된 것이 아니라 선 부분에서 정지되었다가 다시 융기가 일어났기 때문이다. 융기되는 속도와 시간에 따라 선이 깊고 낮게 나타난다. 이곳이 옛날 바다였다는 과학적인 증거가 없었다면 옛날 어느 유명한 장군이 검劍의 강도를 실험해 보기 위해 잘라봤다는 시금석試金石이라 명명했을지 모르겠다는 생각이 든다. 실제 중국에는 바위가 마치 검으로 자른 것 같은 모양을 하고 있으면 시금석이라 명명해 놓았기 때문이다. 요즘은 과학이 발달해서 물을 이용한 '워터제트절단기'로 콘크리트뿐만이 아니라 철재까지 자르는 시대가 되었지만 이 세상에 내리쳐서 바위를 자를 수 있는 검이 어디 있단 말인가.

대석림을 360° 굽어 볼 수 있는 가장 좋은 장소는 돌 위에 만든 정자인 망봉정望峰亭·왕펑팅이다. 망봉정은 최적의 전망대 역할을 한다.

상거석태(象據石台)

　대석림의 5분지1 크기이지만 볼거리가 대석림 못지않게 많은 소석림 호숫가에는 아시마阿詩瑪·아쉬마라 불리는 유명한 거석이 있다. 아시마란 살니족 언어로 "금과 같이 빛나다"란 뜻이지만 '아름다운 소녀'를 의미하는 말로 살니족의 민간 서사시가 담겨있는 거석이다. 아시마석에는 살니족 처녀의 슬픈 사랑의 전설이 내려오고 있는데 내용은 이렇다.
　아주 먼 옛날 옛적에 운남에는 이족의 한 분파인 살니족이 사는 아착저阿着底·아져띠란 곳의 한 가난한 가정에 매우 예쁜 딸이 태어났다. 부모는 아이의 이름을 금과 같이 빛나라는 염원을 담아 '아시마'라 이름 시었다. 아시마는 자라면서 미색이 출중할 뿐만이 아니라 마음씨 또한 비단결 같았으며, 춤과 노래는 물론 수를 놓고 바느질과 옷을 짜는데도 탁월한 재능이 있었다.
　아시마가 사는 곳에서 멀지 않은 곳에는 아흑阿黑·아훼이이라고 하는 용감하고 지혜로운 살니족 청년이 살고 있었다. 아흑은 검은

망봉정

    피부에 잘 생겼을 뿐만이 아니라 성실하고 건장하게 성장해 농사일에도 능숙했고 특히 활을 잘 쏘았다. 이름에서 알 수 있듯이 살니족은 얼굴이 검은 남자가 성실한 사람이라 보고 인기가 높았으며, 하얀 피부의 남자는 일을 게을리 하고 바람을 피울 수 있다해 오히려 아백가阿白哥 · 아빠이꺼라고 놀림을 받았다고 한다. 두 사람은 횃불놀이를 하는 화파절 때에 운명적인 만남을 갖게 되었고 서로 백년가약을 맺기로 약속했다.

    그러던 어느 날, 아시마는 동네의 재력가인 열포파납熱布巴拉 · 러푸바라의 아들인 아지阿支 · 아즈의 눈에 들게 된다. 아지는 아시마를 아내로 맞이하려고 뚜쟁이인 해열海熱 · 하이러을 보냈으나 아지의 품행을 알고 있는 아시마는 이미 장래를 약속한 사람이 있다는 말로 거절한다. 그러나 뚜쟁이 해열은 부잣집과의 결혼을 성사시켜 돈을 벌 욕심으로 아시마에게 아지와 결혼하지 않으면 이 마을에서 살 수

망봉정에서 내려다본 석림 풍광

없다고 공갈협박을 한다. 하지만 아시마는 변함없는 마음으로 온갖 회유와 위협에도 개의치 않는다. 청혼을 거절당한 것을 안 아지의 아버지 열포파납은 몹시 분노한다.

 가을이 되자 아착저 마을에는 풀이 시들어 양들의 먹을 것이 부족해지자 아흑은 양떼를 몰고 먼 남쪽지방 풀이 많은 곳을 찾아 떠나야 했다. 잠시 동안이지만 사랑하는 아시마와의 이별이었다. 아흑이 떠나고 없자 아지의 아버지는 이 기회를 놓치지 않고 사람을 시켜 아시마를 납치해서 데려왔다. 그리고는 아시마의 마음을 돌려보려고 금은보화로 구슬리ㄱ 달래보았다. 협박도 해봤다. 그러나 통하지 않았다. 열포파납은 뜻을 이루지 못하자 급기야 채찍으로 때리고 어두운 광에 가둬 버렸다.

 양을 치고 있던 아흑은 아착저에서 온 어떤 사람에게서 아시마에 대한 소식을 듣게 된다. 아흑은 밤새도록 말을 몰아 열포파납 집에

아시마석과 표 동무

도착한다. 그러나 이 사실은 안 아들 아지는 문을 굳게 닫고 열어주지를 않는다. 그리고 몇 가지 시합을 제안한 후 시합에서 아흑이 이기면 아시마를 풀어주기로 약속한다. 아지와 사흘에 걸친 노래대결, 장작패기 등 모든 시합에서 아흑의 승리로 끝난다. 드디어 아시마를 돌려주겠다는 약속을 받아낸다. 그런데 밤이 늦었으니 날이 밝으면 아시마를 데리고 돌아가라는 잔꾀에 속아 아흑은 하룻밤을 아지의 집 부근에서 묵게 된다. 밤이 깊어지자 아지는 하인들을 시켜 호랑이 세 마리를 아흑의 방에 집어넣도록 했지만 이미 낌새를 눈치 챈 아흑은 준비하고 있던 활을 쏘아 호랑이들을 모두 죽여 버린다.

아침이 되자 집 밖에서 아시마가 나오길 기다렸으나 아무런 소식이 없자 화가 난 아흑은 아지의 집을 향해 화살을 쏘았다. 첫 화살은 대문에, 두 번째 화살은 방에 있는 탁자에 그리고 세 번째 화살은 조상에게 제물을 올리는 제사상에 명중시켰다. 이에 깜짝 놀란 열포파납은 아시마를 놓아주고 아흑이 쏜 화살을 돌려줬지만 열포파납과 그 아들은 분노를 삭이지 못하고 또 다른 계책을 꾸몄다. 아시마와 아흑이 집으로 돌아가는 길에는 절벽아래에 열 두 굽이 강물이 흐르고 있었다. 이들이 강을 건널 때 강 상류에 있는 저수지의 둑을 터뜨려 물살에 휩쓸려 죽도록 하는 음모를 꾸미고 실행에 옮겼다. 아시마와 아흑이 강을 건널 때 강 상류로부터 순식간에 밀어닥친 급류로 인해 결국 아시마가 물살에 휩쓸리고 만다.

아흑은 울부짖으며 천지사방을 찾아 헤맸으나 아시마의 흔적은 찾을 수가 없었다. 거의 실신상태에 달한 아흑 앞에 작은 벌 한 마리가 날아와 말하길, "아시마는 열 두 굽이의 계곡에 커다란 바위로 변해 서 있는데 다시 사람으로 환생시키려면 백 돼지와 흰 수탉을 제물로 바쳐 절벽의 산신에게 제사를 지내야 한다"고 알려준다. 아흑은 가까스로 흰 수탉은 찾았지만 백 돼지는 찾을 수가 없었다. 하는 수 없이 흑돼지를 잡은 후 하얀 석회가루를 발라 백 돼지로 만든 후 제사를 준비하던 중 너무 피곤했던 아흑은 쏟아지는 잠을 이기지 못하고 그만 깊은 잠에 빠져들고 만다. 하필이면 이때 비가 내려 돼지 몸에 발랐던 흰 석회가루가 빗물에 씻기어 내렸다. 결국 아흑은 돼지를 제물로 바칠 수 없게 된다.

한편 아시마는 물에 떠내려가다가 산신의 딸에 의해 구조되었지만 산신은 아시마를 그냥 돌려보내지 않고 벌을 시켜 아흑에게 백 돼지와 흰 수탉으로 제사를 지내게 했던 것이다. 만일 제물을 제대로 바친다면 아시마를 아흑의 곁으로 돌아갈 수 있도록 도와주려 했으나 아흑이 제사를 못 지내게 되자 산신은 아시마를 돌기둥으로 만들어 벼랑에 세워놓고는 메아리를 관리하게 했다는 이야기이다.

그런데 '중국 각 민족종교 여신화대사전中國各民族宗敎與神話大詞典' 내용 중 운남성 살니족에 전승되는 장편 사시史詩 아시마 편에 이하면, 주인공인 아시마와 아흑은 연인사이가 아니라 친 오누이 사이이며, 아시마를 취하려한 사람도 열포파납의 아들이 아니라 열포파납 자신이며, 아시마가 죽은 뒤 산가선녀山歌仙女의 도움을 받아 산꼭대기로 가서 메아리가 되었다는 전설도 있다. 산가선녀는 중국 남방지역의 농촌인 들이나 산촌인 산에서 일할 때 부르는 민간노래

운남성 요리(4)

를 주관하는 선녀를 말한다. 아무튼 전설은 구전되어 내려오면서 이야기꾼에 의해 살을 더 붙이기도 하고 빼기도 하면서 변형되기 때문에 조금씩 이야기가 바뀌어 전해지기 마련이다.

석림에 와서는 처녀한테 '꾸냥姑娘'보다는 아시마라고 부르면 더 좋아한다. 그리고 살니족 아가씨로 1964년도에 옛날 살니족의 전설을 소재로 한 영화 '아시마'에 출연해 스타덤에 오른 양려곤楊麗坤·양리쿤이란 인물이 유명하다.

마지막으로 전 북경대학 교수이자 중국인들이 최고로 꼽는 난득호도難得糊塗·난더후투의 경지에 오른 대표적 인물로 유명한 계선림季羨林·지셴린이 쓴 기행문인 '석림송石林頌'의 일부로 마무리한다. 여기에서 난득호도란 학식이 뛰어나고 재물이 많지만 실력과 재물을 숨기고 자신을 낮춰 행동함을 나타내는 용어로서 도덕적인 소양과 인품이 뛰어난 인물을 가리킨다.

"몇 차례 곤명에 왔지만 매번 석림에 간다 간다하고는 가보지 못했다. 그래서 마음속으로 그려 보았다. 상상하건대, 석림은 열대 선인장 같을 것이다. 하나하나 높게 솟아올라 푸른 창공을 찌를 듯할 것이다. 상상하건대, 석림은 나무가 돌로 변했을 것이다. 한 그루가 아닌 천 그루 만 그루 무성할 것이다. 또 상상하건대, 석림은 커다란 '태호석太湖石'일 것이다. 삐죽 뽀족한 바위들이 가득한 멋진 화원일 것이다. 그러던 어느 날, 마침내 내 두 눈으로 직접 석림을 둘러보니 상상보다 훨씬 더 기묘하고 아름다웠다. 석림에 들어서니 마치 마술사가 깊은 땅속에서 주어 올린 듯한 수십 수백 장丈에 달하는 청회색 바위들이 얽히고설켜 큼지막한 미궁을 만들었다. 미궁 속에는 천문만호千門萬戶가 있고, 말로 다할 수 없는 곡간曲澗이 있고, 헤아릴 수 없는 유동幽洞이 있었다. 먼 옛날, 아방궁으로 들어온 듯하다. 다섯 걸음에 루樓가 하나요, 열 걸음마다 각閣이 하나로다. 회랑은 굽이돌고, 첨아檐牙는 날카롭네. 꼬불꼬불 작은 길 따라 음암기구陰暗崎嶇로다. 길을 잃었더니 오히려 석벽이 에워싼 탁 트인 공간과 맑은 샘이라. 기암괴석 드리워진 샘물은 선경처럼 황홀하다. 제 길로 들어서니 곳곳의 동굴사이로 구불구불 이어진 길이 어지러워도 결국 병풍처럼 늘어선 석벽에 다다른다. 우왕좌왕, 오르락내리락, 이리 돌고 저리 돌아도 얼마나 멀어졌는지 의식하지 못한다. 잠시 멈춰 서서 둘러보면 팔진도에 빠진듯해 긴장하고 흥분하기 마련이다."

그리고 그는 석림송을 이렇게 마무리했다.

"석림은 능히 화가의 붓을 멈추게 하고, 가수를 침묵하게 하고, 시인을 읊조리지 못하게 한다. 나는 화가가 아니고, 가수도 아니고, 또한 시인이 아니다. 단지 이렇듯 조악한 몇 개의 문자로 나의 송가頌歌를 부를 뿐이다."

중국인들은 석림을 한마디로 이렇게 표현한다. '山石冠天下·風情醉國人산석관천하·풍정취국인', 즉 석림에 있는 돌은 천하에 으뜸이요, 석림의 경관은 온 국민을 취하게 한다.

TIP

석림은 겅치 좋은 카스트르 지형만 있는 것이 아니라 유병도 있다. 유병은 신선한 양젖으로 만든 것이다. 젖 향기가 농후하고 영양이 풍부할 뿐만이 아니라 여러 가지 맛있는 음식을 만들 수 있다. 유병을 썰어서 돼지의 선위腺胃와 함께 끓여 먹으면 맛이 기똥차다. 구워 먹을 수도 있고 계란과 함께 볶거나 끓여서 먹을 수도 있는데 맛이 전부 다르다.

흙이 숲을 이룬
원모토림
元謀土林

금사강 남쪽 강변에 위치하며 곤명에서 210㎞쯤 떨어진 곳에는 원모元謀·위안머우 현이 있다. 원모는 기후가 건조하고 어찌나 무덥던지 열패熱壩, 즉 '열방죽'이라 불린다. 1965년 이곳 원모현 상나방촌上那蚌村·샹나빵춘 부근에서 고생인류古生人類·화석인류의 치아 2개가 발견되었는데 분석 결과 가장 오래된 인류로 알려진 북경원인北京猿人보다 1백 만 년이나 거슬러 올라가는 170만 년 전의 것으로 밝혀졌다. 이로 인해 이곳 원모가 인류초기의 활동지역 중 하나였으며 동방인류의 발상지였음이 입증됨으로써 고고학적으로 유명한 장소가 되었다.

이곳 원모에는 유명한 토림이 있는데 이름 해 '원모토림위안머우투린'이라 불린다. 토림은 하늘로 치솟는 흙기둥들이 마치 숲은 이룬 것 같은 풍경을 자아낸다해 붙여진 이름이다. 토림이 우리에게 널리 알려지게 된 계기는, 2005년 중국의 영화감독인 진개가陳凱歌·첸카이거가 메가폰을 잡고 우리나라의 장동건, 홍콩의 장백지張柏芝·장바이즈와 사정봉謝霆鋒·셰팅펑 그리고 중국의 유엽劉燁·류예과 일본의 사나다 히로유키眞田廣之 등이 출연한, 중국·한국·홍콩·일본의 합작영화인 '무극無極'의 촬영지였기 때문이다.

지질박물관이라 불리는 토림은 150만 년 전에 생성된 지형으로 원래는 강과 호수와 폭포가 있었던 곳이다. 그러던 것이 지각운동으로 인해 땅이 융기되면서 물속에 있던 토림의 지형이 수면 밖으로 올라오게 되었으며, 오랜 세월 비와 바람의 침식작용이 일어나고 흙과 모래와 자갈 등 퇴적물이 햇볕에 말라붙고 단단히 굳어지면서 현재와 같은 각양각색의 지형이 생성되었다. 그러니까 토림은 비와 바람과 햇볕이 합작해서 조각해 놓은 자연의 명작일 뿐만이 아니라 지금도 비와 바람과 햇볕으로 인한 침식작용은 계속되고 있기 때문에 흙이 유실되면서 점점 작아지고 또 다른 지형으로 변모하고 있다. 자연의 시계가 멈추지 않는 한 먼 훗날 몇 십대 후대에서는 토림이 사라지고 없어져 볼 수 없을지도 모르겠다는 생각이 든다.

  원모 근처에는 많은 토림이 있다. 이중 가장 먼저 개발되어 단체관광객이 많이 찾는 물무토림物茂土林·우마오투린과 영화 무극의 촬영지인 반과토림班果土林·판구어투린 그리고 2010년에 새롭게 개장한 랑파포토림浪巴鋪土林·랑빠푸투린이 유명하다. 이중 가장 볼만한 곳은, 형태가 다양할 뿐 아니라 호수가 있고 흙기둥의 최고 높이가 42.8m로 웅장한 느낌을 주는 랑파포토림이다.

토림 풍광(1)

토림 풍광(2)

토림 풍광(3)

토림 풍광(4)

토림 내에 있는 흙기둥을 유심히 살펴보면 각 부분마다 다른 무늬가 있는 것을 발견할 수 있다. 그 이유는 이 지형이 원래 물속에 있었는데 물속에서 강물의 흐름으로 인해 기둥에 모래와 퇴적물이 쌓여 이렇게 각기 다른 무늬를 형성했기 때문이다.

지구 활동의 흔적을 고스란히 볼 수 있을 뿐만이 아니라 신비한 지형과 아름다운 색채를 간직하고 있는 토림은 해가 막 떠오를 때가 최적의 관람시간대이다. 해가 뜬 상태에서의 토림은 그냥 모래색이지만 해가 막 떠오를 때 아침햇살을 받은 토림은 말 그대로 반짝반짝 빛나는 황금색이다. 정말이지 자연과 시간이 빚어낸 환상적인 자연교향곡이 연출된다.

원모토림을 여행할 때는 몇 가지 주의사항이 있다.

첫째, 원모에 가면 '三個蚊子一盤菜삼개문자일반채'란 말이 있다. '모기 세 마리면 한 접시'란 뜻이다. 이 지역은 일 년 내내 따뜻하기 때문에 모기가 어찌나 크고 통통하던지 모기를 세 마리만 잡아도 식사 한 끼가 해결된다는 우스갯소리가 있을 정도로 모기가 많다. 그렇기 때문에 모기약을 꼭 지참해야한다. 원모토림 근처 화장실에 들렸는데 아닌 게 아니라 모기들이 엄청 크다.

둘째, 원모토림은 열대성 초원지대로 거의 사막지대이기 때문에 햇볕이 매우 강하다. 특히 우기철인 6~7월까지 흙으로 된 토림을 걷는 것은 고역이다. 이때는 매우 무덥고 햇볕이 따가울 뿐만이 아니라 자외선이 강하기 때문에 선크림을 바르고 선글라스, 모자 그리고 쿨 토시 등을 준비해야한다. 건기절인 8월 이후부터 이듬해인 5월 안에 방문하는 것이 좋다.

셋째, 원모토림 경관 내에는 화장실과 상점이 없기 때문에 토림에 들어가기 전 미리서 용변을 보고 물을 꼭 지참하고 들어가야 한다. 돌아다니다보면 목이 많이 마르다.

모래가 숲을 이룬
채색사림
彩色沙林

유채꽃바다로 유명한 나평羅平·루핑을 가기 전 사림에 들렸다. 사림은 곤명에서 160㎞쯤 떨어져 있는 곡정시曲靖市·취징시에서 다시 60㎞쯤을 더 가면 육량현陸良縣·루량현이 나오는데 이곳에서 다시 18㎞를 더 가야만 사림이 나온다.

사림은 경내해발 1,840m에 총면적은 180ha544,500평이다. 모래 속에는 48종의 미량원소가 함유되어 있어서 햇빛과 계절마다의 일조량과 보는 위치에 따라 각기 다른 고운 색상을 보이기 때문에 '채색

채색사림

사림에서 채취한 여러 색상의 모래

사림차이셔샤린'이라 불리며 예로부터 '滇東明珠전동명주'란 별칭이 있었다. '전동명주'는 '운남성 동부에 있는 빛이 고운 아름다운 구슬'이란 뜻으로 여기에서 '滇'은 운남성의 별칭이다.

운남성에서 출간한 자료에 의하면, 채색사림이 3.4억 년 전에는 큰 바다가 하나인 운귀고원云贵高原·윈구이꼬위엔이었는데, 6,700만 년 전 신생대시기부터 해수면이 내려가고 해변의 모래사장이 융기하면서 풍화 및 침식작용으로 오늘날과 같은 천자백태千姿百態하고 귀부신공鬼斧神工한 형상이 생겨났다고 한다. 위에서 말한 운귀고원은 운남성 동부에서 귀주성, 광서성자치구 서북부에 있는 해발 1,000~2,000m의 대고원을 말하며, '천자백태'는 모양이 제각각이고 서로 다르다는 뜻이고, '귀부신공'은 기교가 귀신이 만든 것처럼 뛰어나다는 뜻이다. 아무튼 중국인들의 허풍은 너무 심하다는 생각이 든다. 물론 보는 사람의 관점에 따라 다른 평가를 내릴 수 있겠지만 사림은 석림과 토림에 비해 별로라는 생각이 들었다.

채색사림은 사면환산四面環山, 즉 사면이 산으로 둘러싸여 있는데 자연적으로 형성된 모래 기둥沙柱·사주과 모래 봉우리沙峰·사봉와 모래 언덕沙崖·사애 그리고 모래톱沙灘·사탄과 모래자갈沙石·사석이 특징이다.

사림은 나관중이 쓴 소설 삼국지연의에서 촉의 재상 제갈량이 남하해 운남 지역의 종족통일을 위해 싸울 때, 맹획孟獲을 일곱 번 놓아주고 일곱 번 사로잡았다는 칠종칠금七縱七擒이란 고사를 낳게 한 맹획의 고향으로도 유명하다. 그렇지만 이곳의 맹주였다는 맹획이란 인물과 칠종칠금 고사는 허구란 것이 지배적이다.

사림 입구에서는 아낙네들이 간식거리로 계란·감자·고구마 등을 직접 구워 팔고, 걷기 힘든 사람을 위해 대나무를 엮어 만든 활간滑竿이 있다. 활간에 대해서는 이미 설명한바 있지만, 죽편이나 새끼줄을 긴 대나무 사이에 얽어 묶고 그 위에 요를 깔아 두 사람이 메고 가는 일종의 지붕 없는 가마를 말한다. 그리고 이곳에서 채취한 형형색색의 돌가루와 돌가루로 그린 그림을 판매한다. 약간은 조잡하지만 쥐, 소, 호랑이, 토끼 등 동물을 소재로 한 작품이 눈길을 끈다.

입구를 들어서면 '彩色沙林風景區채색사림풍경구'라 크게 쓰여 있다. 조금 더 들어가면 '爨氏淨雕簡介찬씨정조간개'란 안내판이 있다. 필자의 관심은 끈 것은 꽤나 복잡한 '爨'이란 글씨이다. 총 29획이나 된다. 안내문에 '爨'의 뜻은 'cook', 발음은 '촨'이라 쓰여 있다. '爨'의 중국 발음은 '촨'이고, 우리 한자음은 '찬'이다. 뜻도 동사는 불을 때다, 밥을 짓다 이며, 명사는 부뚜막과 성姓 씨이다. 이상에서 알 수 있듯이 찬 씨의 선조는 요리사였고, 고대 운남 지역의 땅 이름

맹획의 좌상모래조각

'Once upon a time' 모래조각

운남성 요리(5)

이자 이 지역에 살던 소수민족인 이족彝族의 옛 이름이기도 하다. 찬 씨가 이 지역에서 스스로를 왕이라고 일컬으며 400년간을 통치했다는 기록이 있다.

여기저기에는 모래를 채취한 흔적이 있고 모래조각沙雕·사조이 발길을 멈추게 한다. 맨 처음 시야에 들어오는 모래조각은 '신비롭고 고상한 운치를 풍기는 고운색상의 모래'란 뜻의 '彩沙神韻채사신운' 이다. 이외에도 여러 동물형상의 모래조각과 여러 인물형상의 모래조각이 있지만 맹획의 고향답게 검은 수염을 휘날리며 갑옷을 입고 있는 맹획의 좌상모래조각이 단연 압권이다. 이외에도 왼손으로 입을 가리고 있고 그 아래에는 'Once upon a time옛날 옛적에' 글씨가 거꾸로 새겨있는 인물 모래조각이 특이하다. 이 많은 모래조각은 삼국연의, 서유기 등 각종 사극작품을 촬영하느라고 인공적으로 만든 것이라고 한다.

TIP

장애인이나 노약자를 위해 가마(활간)가 대기 중이다. 몸이 불편한 사람도 가마를 타면 채색사림 곳곳을 둘러볼 수 있으며, 이곳에서 채취한 형형색색의 모래 12종과 모래로 그린 그림도 판매한다.

유채꽃이 화평선花平線 이루는
나평
羅平

채색사림에서 나평뤄핑까지는 2시간 30분 거리이다. 매년 음력설이 지나고 2월 중순부터 3월 중순 사이에 운남성 동부에 있는 곡정시 나평현에를 가면 노란 물결이 대양을 이루고 화평선화핑씨엔 · 필자가 만든 신조어을 볼 수 있는, 세계최대의 나평 평원이 있다. 유채꽃이 멋진 장관을 연출하는 매년 3월에는 '유채화절 油菜花節'이라 해 유채꽃 축제가 열린다. 그 넓이는 물경 수십만 무畝 · 1무는 약 200평에 달한다.

나평에서 유채꽃을 찍기에 가장 좋은 장소는 금계봉金鷄峰 · 진지평과 우가牛街 · 니우찌에이다. 금계봉까지는 소가 끄는 수레인 우차를 타고 갈수도 있었지만 유채꽃 바다에 푹 빠지고 유채꽃 향기에 취하고 싶어 걸어서 갔다. 유채꽃밭 사이에는 신작로가 있다. 비포장인 신작로를 걷다보면 콧노래가 절로 나온다. 유채꽃밭 곳곳에는 수십 개씩의 벌봉이 놓여있고 벌들은 윙윙 소리를 내며 꿀을 모으기에 여념이 없다. 온통 꿀벌 천지다. 나평 평원에 꽃 피는 봄이 되면 전국 각지에서 양봉업자들이 몰려든

우차

금계봉에서 바라본 유채화전
(중국국가여유국 제공)

다. 우리나라도 마찬가지지만 중국의 양봉업자들도 풍찬노숙風餐露宿하며 벌꿀을 찾아 떠도는 유랑하는 사람들이다. 보호망을 얼굴에 가린 양봉업자는 계속해서 벌꿀을 채취하고 가판대에서는 유채벌꿀, 로열젤리 등을 판매한다.

모터동력패러글라이딩도 하늘을 난다. 꿀맛을 본 후 왼쪽으로 접어들어 금계봉에 올랐다. 금계金鷄는 별나라에 살고 있다는 전설 속의 닭이다. 이름도 멋지게 지었다. 금계봉에 오르면 유채꽃 바다 전체를 조망할 수 있다. 이미 많은 사람들이 올라와 있다. 손에는 모두 카메라가 들려있다. 사면팔방 유채꽃 세상이다. 마치 노란 물감을 뿌려 놓은 듯하다. 중국인들은 이곳을 '유채화전油菜花田' 또는 '유채평전油菜平田'이라 부른다.

유채꽃밭 사이사이에 솟아오른 봉우리는 여인의 젖가슴 같아 대지의 숨결과 생명의 기운이 느껴진다. 봉우리들은 노란 유채꽃과 어우러져 한 폭의 그림을 그려냈다. 정말이지 자연과 인간이 만들어낸 이 거대한 풍경 앞에 가슴이 벅차오르고 입이 다물어지지 않는다. 이 몽환적 풍경은 4차원의 세계 같다.

이 엄청난 규모의 유채 밭은 주로 나평 지역에 살고 있는 소수민족인 포의족이 경작한다. 소수민족 신화에서 노란색은 생명과 빛 그리고 대지 등의 의미를 갖는다고 한다. 중국에서도 일 년에 단 한 번 봄철에만 볼 수 있는 이 장관은 이 지역이 습도가 높고 안개의 발생빈도가 높아 꽃을 볼 수 있는 기간이 60여일에 가깝기 때문이다. 이는 타 지역에 비해 두 배가 넘는 기간이다. 그렇지만

유채 꿀 채취

회오리 유채꽃밭

가뭄이 든다던지 비가 너무 많이 올 경우에는 기대치 이하가 된다.
  다음날, 구룡폭포와 다의하를 경유해 촬영가들이 가장 많이 찾는 우가로 갔다. 지세가 특이한 우가는 회오리 유채꽃밭으로 유명한 곳이다. 혹자는 나사 모양처럼 생겼다 해 나사전螺丝田·뤄쓰티엔이라고도 부른다. 유채꽃이 심어져 있는 지형을 보면 중국인들이 가장 좋아하는 숫자인 8인듯하기도 하고 원형경기장 같기도 하다.
  운남성을 여행하면서 먹었던 요리에는 거의 유채기름이 빠지지 않는다. 중국에서 유채기름을 쓰지 않으면 요리가 되지 않는다고 할 정도이다. 운남성에는 이런 말이 회자되고 있다. "桂林之靈秀계림지영수, 版納之風情판납지풍정, 九寨溝之幽静구채구지유정, 三峽之險峻삼협지험준, 黃果樹之雄奇황과수지웅기, 羅平之花海나평지화해" 즉 "계림처럼 수려하고, 서쌍판납처럼 운치 있으며, 구채구처럼 고요하고, 삼협처럼 험준하며, 황과수처럼 웅위롭고, 나평처럼 꽃 바다를 이룬다"는 뜻이다. 2~3월에 나평을 가면 고원화해의 수많은 운치를 느낄 수 있고 우리의 마음과 우리의 생각과 우리의 꿈을 노란 금빛으로 물들게 할 것이다.

남국제일폭포라 회자되는
구룡폭포군
九龍瀑布群

나평에서 동북쪽으로 22km쯤 떨어진 곳에는 2005년 중국에서 제일 아름다운 폭포로 엄선된 구룡폭포지우룽푸뿌가 있다. 남국제일폭포南國第一瀑布라 일컫는 구룡폭포는 나평 10경 중 한곳으로 약 2km 구간에 크고 작은 여울 수십 개와 폭포 십여 개가 분포되어 있다.

입구에서부터 걸어 올라가다 보면 이 지역에 거주하는 소수민족인 포의족들이 길가에서 장사를 한다. 수공예품을 비롯해 산채 건나물과 땅콩, 해바라기 씨 그리고 무와 고구마 등을 판다. 갈증을

구룡폭포 내의 대표적 폭포인 신용폭

해소하기 위해 무를 사먹었는데 꿀맛이다. 계속 관망로를 따라 올라가다 보면 해발 1,390m 지점에 관경대 觀景臺가 있다. 유채꽃이 필 때 관경대에서 내려다본 구룡폭포의 전경은 몽환적이다.

소수민족 전통의상을 입고 폭포를 배경으로

구룡폭포 내의 대표적인 폭포로는 낙차 56m, 너비가 112m인 신용폭神龍瀑·쉔롱푸과 낙차 43m, 너비가 39m인 정인폭情人瀑·칭렌푸과 낙차 16m, 너비가 40m인 석룡만유폭石龍漫遊瀑·쉬룽만요푸 그리고 낙차 19m, 너비가 120m인 백서폭白絮瀑·빠이쉬푸 등이 있다. 이중에서도 '최대 1급 폭포'라 일컫는 신용폭은 단연 압권으로 수량이 많을 때는 수 ㎞ 밖에서도 폭포의 웅장한 소리를 들을 수 있어 중국에서 가장 아름다운 폭포 중의 하나로 꼽힌다는데 갈수기라 수량이 적다. 신용폭 아래에서는 대나무로 만든 뗏목 유람선을 타고 한 바퀴 돌며 폭포수를 맞을 수도 있다. 이뿐만이 아니다. 색채가 다양하고 특이한 소수민족의 전통의상을 빌려 입고 폭포를 배경으로 기념사진을 찍으면 아름다운 추억의 한 페이지를 장식할 수 있을 것이다.

해마다 음력 2월 2일이면 인근에 사는 포의족 청춘남녀들이 전통 복장을 갖춰 입고 두 줄기 폭포가 나란히 떨어진다고 해서 연인의 폭포로 이름 지어진 이곳 정인폭에 와서 노래를 주고받으며 자신의 짝을 찾는데 이를 포의족 전통축제인 대가절對歌節·두이거제이라고 한다.

오색 꽃밥으로 유명한
다의촌 포의족 마을
布依族

구룡폭포에서 나와 회오리 유채꽃밭으로 유명한 곳을 가는 길에 잠시 다의하多依河·뒤이허가 있는 다의촌多依村에 들렸다. 다의촌에는 포의족, 장족, 묘족, 요족 그리고 한족 등 다섯 민족이 거주하고 있다. 특히 다의하는 무성한 삼나무 숲과 파초림芭蕉林·바자오린 그리고 각양각색의 돌 숲이 특이한 경치를 이루고 있을 뿐만 아니라 오색 꽃밥인 '화미반花米飯·화미판'으로 유명한 포의족 마을이 있는 곳이다.

예로부터 자체 문자는 없으나 독립된 언어를 가지고 있는 포의족은 산을 의지하고 물을 가까이하는 부족으로 유명하다. 여름에는 시원하고 겨울에는 따뜻한 다의하는 포의족에게 있어서 젖줄이며 생명수이다. 그렇기 때문에 운남성에 사는 포의족 70%정도가 이곳 다의하 인근에 모여 살고 있다. 다의하는 포의족 말로 '포의족이 가장 많이 모여 사는 곳'이란 뜻이다.

화미반은 단풍나무나 생강 등 여러 가지 식물과 유채꽃 등에서 추출한 천연색소를 찹쌀에 염색해 만든 찰밥을 말하며, 일반적으로 5가지 색소를 사용하기 때문에 오색 밥이라고도 한다. 오색 밥은 옛날 각기 다른 소수민족 세 명이 어릴 적부터 형제처럼 사이좋게 지내다가 후에 서로 떨어져 살게 되었는데 서로에 대한 그리움을 달래기 위해 매년 3월 3일이면 만나서 오색 밥을 지어 먹은 데서 유래되었

화미반에는 생선구이가 제격

수세미 등 수공예품을 팔고 있는 포의족 여인

  다고 한다. 쌀이 주식인 포의족은 명절이나 특별한 날에는 오색 밥을 지어 가족과 함께 먹는다던지 또는 이웃이나 친구에게 선물하기도 한다. 특히 친구에게 선물하는 이유는 천장지구天長地久, 즉 친구와의 우정이 하늘과 땅처럼 오래가고 변함이 없기를 바라는 마음에서라고 한다.

  자그마한 광장에는 포의족 여인들 특히 할머니들이 앉아 장사를 하는데, 대나무를 이용해 만든 수공예품과 전통의상 등을 판매한다. 필자의 눈길을 끈 것은 껍질을 벗겨 말린 수세미이다. 수세미는 필자가 어렸을 때 부엌에서 많이 썼었다. 수세미는 주방에서 설거지할 때나 그릇을 씻는 데 쓰는 물건으로 이곳에서는 아직도 수세미를 많이 사용하고 있는 것 같다.

오색 쌀을 파는 가게에는 오색 밥을 지어 팔고 그 옆에는 생선을 구어 팔고 있다. 색깔에 따라 맛과 향이 조금씩 다른 오색 밥은 생선구이와 환상적인 궁합이다.

포의족은 '직접 옷을 만들어 입는 민족'이라 해서 붙여진 이름이다. 남녀 모두 남색, 검은색, 파란색의 세 가지 색깔로 된 옷을 즐겨 입는다. 옷감은 자기들이 손수 실을 뽑고 천을 짜서 염색한 것이다. 또한 포의족은 앞치마를 두른 의복형태가 특징인 소수민족으로 직물공예로 유명하다. 정교하고 섬세한 문양뿐만이 아니라 화려하고 선명한 색깔이 참으로 아름답다.

다의하 풍경구내에는 하얀 커튼을 드리운 것처럼 아름다운 뇌공탄 雷公灘을 비롯해 원앙폭포 鴛鴦瀑布, 처녀폭포 處女瀑布 그리고 다의하 물레방아군 多依河水車群 등이 있기 때문에 그냥 지나칠 것이 아니라 한 번 둘러보는 것이 좋다.

오색 꽃밥인 화미반

동화 속 마을
보자흑 풍경구
普者黑

운남성 문산주文山州 · 원산쪼우 구북丘北 · 취베이 현에 위치해 있는 보자흑푸저헤이은 기암봉우리가 마치 계림을 닮았다 해 '운남의 계림'이라 불리며, 이족의 말로 '새우와 물고기가 많은 호수'란 뜻이다. 실제 이곳 호수에서는 물고기와 새우가 많이 난다.

이족 문화생태의 첫 동네라 불리는 선인동 마을은 이족의 집결지이며, 장족 문화동네로 불리는 나홍 마을은 장족이 그리고 천여 가구가 살아가는 보자흑 마을은 이족, 요족, 묘족 등 세 개 민족이 거주하는 큰 동네이다. 각 소수민족들은 서로 화목하게 지내면서 아름다운 고향을 가꾸어 가고 있는데, 아직까지도 자신들만의 독특하고 유구한 전통과 순수가 남아있는 동화 속 같은 마을이다.

보자흑은 300여개의 우뚝 솟은 산봉우리와 83개의 종유동과 약 70개의 크고 작은 카르스트 호수들이 있으며, 하천 15개로 이루어진 대표적인 카르스트 지형으로 경치가 아름답고 소박한 인심으로 인해 인간 세상에 있는 신선계의 풍경이라 해 '인간선경人間仙境'이라 불릴 만큼 운남성에서는 꽤나 유명한 관광명소이다.

유명한 호수로는 보자흑호, 낙수동호, 선인동호 등이 있는데 호수물은 매우 맑고 깨끗하다. 푸른 산과 산 사이에 끼어 있는 호수들은 산과 물이 잇닿아 있고 물이 산을 감돌면서 속된 말로 기똥차게 아름다운 산수풍경을 연출한다.

호수를 유람하기 위해서는 겨우 7~8명 정도가 앉을 수 있는 작은 유람선을 타야한다. 이런 작은 배는 높이가 낮고 속도가 아주 느리기 때문에 호수 물에 손을 드리우면서 느긋하게 주변의 자연경관을 감상할 수 있다. 노를 저으며 서서히 앞으로 나아가면 한 폭 또 한 폭의 그림 같은 산수화가 눈앞에 펼쳐진다. 이뿐만이 아니다. 호수 물속은 맑아서 물속에서 헤엄치는 물고기와 작은 새우 그리고 수초 등을 들여다 볼 수 있으며, 물위에서 유유히 노니는 야생오리와 원앙새들도 볼 수 있다.

보자흑 관광의 최적기는 연꽃이 만발해 장관을 이루는 때인 7~8월이다. 300여 헥타르에 달하는 연꽃들이 호수 수면을 꽉 메우고 푸르싱싱한 연꽃잎들 위에는 햇살에 반사되어 눈부시게 영롱한 물방울들이 대롱대롱 맺혀있는 것을 볼 수 있다. 이뿐만이 아니다. 붉은색, 흰색, 분홍색 연꽃이 우아한 자태를 뽐내며 화사하게 활짝 웃는 모

청룡산 전망대에서 내려다본 보자흑 풍광

운남성 요리(6)

습도 감상할 수 있다.

청룡산靑龍山 · 칭룽산 입구 선착장에서 내려 화파동火把洞과 월량동月亮洞이 있는 쪽의 가파른 등산로를 따라 한참을 올라가면 청룡산 전망대가 나온다. 등에 땀이 흠뻑 고일정도로 가파른 등산로이다. 표 동무도 굳세게 따라 올랐다. 전망대는 제1전망대와 제2전망대가 있는데 위치에 따라 보자흑풍경구를 한눈에 조망할 수 있다. 정말이지 이렇게도 경관이 그윽하고 고즈넉하며 신비로울 수가 없다. 선경이 따로 없다는 생각이 절로 든다.

청룡산에서 내려와 관음동觀音洞으로 갔다. 관음동 가는 길 양쪽에는 꼬치광장이 펼쳐있다. 천막을 치고 이곳 호수에서 잡은 민물새우, 민물고기, 민물가재인 용하龍蝦 · 룽쌰 그리고 개구리 등 다양한 종류의 꼬치구이를 판다. 그러나 뭐니뭐니해도 보자흑에 왔으면 술독에 넣어 절여 먹는 새우, 즉 술 취한 새우인 취하醉蝦요리를 맛봐야 한다. 관음동굴 입구에는 마니차가 있다.

관광개발의 활성화보다는 지금 그대로 원초적인 모습이 오래도록 보존되길 마음속으로 염원하며 발길을 돌렸다.

> **TIP**
>
> 보자흑은 매년 여름 시즌이 되면 연꽃 밭의 세계가 펼쳐져 다양한 경치를 보여준다. 유명한 요리로는 '싸니 연꽃잎 죽'이 있다. 특이한 요리이니 꼭 맛보기 바란다.

종유석 박물관이라 불리는
구향동굴
九鄕洞窟

구향동굴지우샹통쿠은 곤명에서 90km, 석림에서 34km쯤 떨어져 있는 전형적인 석회암 동굴로서 동굴 안에 또 동굴이 90여개나 있는 운남성에서 가장 큰 동굴이다. 구향동굴을 관람하려면 입장료 90위안과 리프트 비 30위안 합계 120위안을 지불해야한다. 필자는 1월에 갔었기 때문에 비수기 가격을 적용받았다.

입구에 있는 바위에는 '不遊九鄕枉來云南불유구향왕래운남'이라 새겨있다. 운남에 와서 구향을 보지 않으면 속된 표현으로 말짱 도루묵이란 말이다. 또한 "九鄕溶洞九十九・數完溶洞白了頭구향용동구십구・수완용동백료두"란 말도 있다. "구향동굴의 종유동은 어찌나 많은지 세고나면 머리가 백발"이라는 뜻이다. 아무튼 중국인들의 말 만들어내는 재주, 아니 도가 넘는 뻥(?)에 실소를 금치 못하겠다.

카르스트 지형의 하나인 종유동鐘乳洞은 종유굴 또는 석회동굴이라고도 하는데, 이산화탄소가 녹아 있는 지하수가 석회질 암석의 절리나 단층을 따라 흐르면서 석회암이 서서히 녹아서 생긴 동굴을 말한다. 또한 종유석鐘乳石은 놀고드름이라고도 하는데 종유굴의 천장에 고드름같이 달려 있는 석회암으로 석회암의 주성분인 탄산칼슘($CaCO_3$)이 지하수에 녹았다가 종유동의 천장에서 떨어질 때 물이 증발하면서 다시 굳어 생긴 것을 말하며, 석순石筍은 석회동굴 안의 돌고드름에서 바닥으로 떨어지는 탄산칼슘 용액이 엉기고 쌓여 대나무

최초로 동굴음악회가 열렸던 웅사대청

의 싹 모양으로 된 것을 말한다.

구향동굴은 계곡과 폭포 그리고 천태만상의 석주와 석순과 기암괴석으로 이뤄진 중국최대의 종유석동굴로 자연과 신이 빚은 지하선경이라 일컬으며, 1999년 중국 최초로 동굴음악회가 열렸던 곳으로 유명하다.

구향풍경구에는 9대풍경명소가 있다. 음취협陰翠峽 · 경혼협驚魂峽 · 웅사대청雄獅大廳 · 신녀궁神女宮 · 자웅폭포雌雄瀑布 · 신전神田 · 이족산채彝家寨 · 지하도석림地下倒石林 그리고 관광케이블카이다.

입구에서 엘리베이터를 타고 지하로 내려간 후 보트를 타고 음취협인추이샤 유람에 나선다. 음취협은 경치가 웅장하고 험준하며 수려하다. 협곡의 총 길이가 600m이며, 보트를 타고 관광하는 길이는 500m 가량 된다. 음취협이 원래는 하나의 동굴이었으나 지각운동으로 인해 협곡으로 변했다. 현지에 살고 있는 이족들은 이 협곡을 정인곡情人谷, 즉 '커플협곡'이라 부른다. 옛날 이족의 청춘남녀가 이쪽저쪽 양 협곡 가장자리에서 사랑의 노래를 서로 주고받았기 때문에 붙여진 이름이다. 이때 서로 마음이 통하면 협곡을 훌쩍 넘어가 하나가 되었다고 한다.

보트 유람을 마치고 되돌아와 다시 작은 길을 따라 좁은 길로 들어서면 높이 100m의 절벽으로 이어지는 경혼협찡훈샤이 나온다. 사람의 혼을 뺄 만큼 아슬아슬하다는 경혼협은 너비가 단 3~5m 밖에 되지 않지만 협곡의 길이가 200여m이고, 강의 낙차가 100m에 달한다. 절벽의 양측은 마치 칼로 자른 듯하고 골짜기 아래는 폭포수의 포효하는 소리가 마치 천둥번개가 치는 듯하다. 절벽을 따라 동굴 안으로 들어서면 갖가지 모양의 종유석과 석순들이 형형색색의 조명에 반사되어 장관을 이룬다.

중국 최초로 동굴음악회가 열렸던 웅사대청쑹쉬따팅은 동굴입구에 있는 종유석이 마치 한 마리 살아 움직일 것 같은 용맹한 수사자 같다해 얻은 이름으로 그 면적이 15,000㎡약4,537평이고 직경은 200m에 달하는 광장이다.

지질학자들의 연구에 의하면, 중국에서 가장 큰 동굴내의 광장인

생명지원 수석

기석관내의 석영정족

기석관내의 방해석정족

웅사대청의 형성 시기는 약 6억 년 전으로 추정되며, 두 줄기의 강이 합류 후 침식작용에 의해서 형성되었다고 한다. 그 증거로는 광장 위에 아주 많은 구멍이 있는데 이 구멍들은 두 줄기의 강물이 여기에서 합류하면서 생긴 소용돌이와 공기의 압력으로 인해 생긴 것이라고 한다.

동굴 천장에는 하나의 큰 암석이 기둥하나 없이 가마덮개처럼 보이는데 유심히 살펴보면 텅 빈공간이다. 동굴 안에는 구향기석관九鄉奇石館이 있어 여러 종류의 기석을 전시 판매하고 있다. 필자의 흥미를 끈 기석은 운남 금사강에서 수집한, 작품명이 '생명지원生命之源'으로 판매가가 2,000위안이다. 또 다른 하나는 화석인 특대삼엽충特大三葉虫으로 6,000위안이다. 이뿐만이 아니다. '九구'자와 간체자인 '乡향·鄉'자가 새겨진 수석도 있다.

신녀궁쉔니꿍은 동굴 안에 서있는 석주와 석순들이 아름다운 여신들과 같다해 붙여진 이름으로 지하의 기이한 풍경이 카르스트의 전형적인 모습이다. 종유석과 석순이 숲처럼 빽빽하게 늘어서 있고 명경지수에 반영된 종유석은 참으로 환상적인 풍경을 자아낸다.

자웅폭포츠시웅푸뿌는 보기 드문 지하 쌍폭포로 낙차가 30m이다. 폭포가 떨어지는 모습이 마치 손을 꽉 잡고 절벽에서 떨어지는 연인의 모습과 같다해 이족들은 두 줄기의 폭포를 한 쌍의 연인으로 비유해 암컷雌과 수컷雄을 일컫는 자웅폭포라 이름 지었다.

물이 수억 만 년을 흐르면서 물속에 함유된 석회성분이 퇴적되면서 형성된 다랑논 모양의 경관이 있다. '신선이 경작

'九乡'이 새겨진 수석

이족산채

'신선이 경작한 밭'인 신전

한 밭'이라 해 신전쉔티엔이라고 한다. 면적이 100㎡30.25평이고 깊이가 3~4m나 되기 때문에 중국 제일의 신전이라 일컫는다.

　이족산채는 면적이 5,000㎡1,512.5평에 달하는 지하광장으로 이곳에는 각양각색의 종유석과 석순이 있는데 이들 하나하나를 이족 특색의 경관으로 구성해서 해석한 것이며, 지하도석림은 동굴 안에 있는 종유석이 마치 거꾸로 매달려 있는 돌삼림石森林 같다해 붙여진 이름이다. 이뿐만이 아니다. 구향동굴의 지하 강에는 세계 희귀어종 중의 하나인 '맹목어盲目魚', 즉 소경물고기가 살고 있다. 중국내에서 발견된 동종의 물고기 중 덩치가 가장 큰 맹목어는 지하 어두운 곳에서 빛을 보지 못하고 오랫동안 살다보니 눈이 퇴화되고 없어져 소경물고기가 되었다고 한다. 동굴 관광을 마친 후 밖으로 나와 리프트를 타고 출구로 나오면 된다.

합니족哈尼族이 일군 기적의 결정체 원양제전
元陽梯田

1 원양제전의 합니족

곤명에서 버스를 타고 약 7시간정도를 달리면 해발 1,600m의 고지에 위치해 있는 원양웬양이 나온다. 원양은 중국내에 산재해 살고 있는 55개 소수민족 중 하나인 합니족하니족(이하 '하니족'이라 칭함)이 피와 땀으로 일궈낸 기적의 결정체인 다랑논일명 '계단식 논'이라고도 함이 있는 곳으로 널리 알려져 있다. 곤명에서 원양까지는 약 350㎞쯤 떨어져 있지만 가는 길이 협소하고 비탈길이며 비포장도로가 많아 거리에 비해 많은 시간이 소요된다.

산지면적이 99.6%를 차지하는 원양에는 하니족 등 소수민족들이 다랑논을 일구며 오순도순 살아가고 있는데, 이곳을 중국에서는 사다리모양의 전답이라 해 '원양제전웬양티티엔'이라 부른다. 원양제전은 세계문화유산에 등재되어 있는 유명 관광지 중 한곳이다.

이곳에 살고 있는 각 소수민족은 해발고도에 따라 달리 생활하고 있는데, 해발 144m~600m의 강둑 사이에서는 주로 태족이 살고, 600m~1,000m의 협곡에서는 주로 장족이 살며, 1,000m~1,400m의 하반부에는 이족이, 1,400m~2,000m의 상반부에는 하니족이 그리고 2,000m이상의 고산지역에는 묘족과, 요족이 산다. 요족은 유일하게 다른 민족과는 혼인하지 않기로 이름난 소수민족이다.

하니족이 살고 있는 산의 상반부는 기후가 온화하고 물이 풍부하며 연평균기온은 15℃정도이다. 또한 년 일조시간이 1,670시간에 달하기 때문에 벼가 성장 발육하는데 매우 적합한 조건을 갖추고 있다.

이곳에 다랑논을 일구며 살고 있는 대표적인 소수민족은 하니족이다. 원래 하니족은 티베트 지역인 청장고원青藏高原·칭창까오위엔에서 평화롭게 살던 민족이었는데 수·당 때부터 각 민족 간의 투쟁, 특히 한족에게 밀려나 쫓기고 쫓기다가 결국 오지 중에 오지인 이곳까지 쫓겨 들어와 조상대대로 험준한 산을 개간하고 다랑논을 일궈 벼를 심기 시작했다고 전해진다. 사실 한족과의 투쟁이라기보다는 옥토를 한족에게 일방적으로 빼앗겼다는 표현이 옳을 것이다. 중국인구의 약 92%를 차지하는 중국 최대의 민족 집단인 한족은 주로 사람살기에 적합한 도시에서 산다.

2 하니족이 만들어낸 대역사

하니족은 1,200~1,300여 년 동안 수십 대에 거쳐 놀라운 지혜와 끈기와 창조력을 발휘해 산비탈에 수백 수천 개에 달하는 수로를 만들어 다랑논을 일구었으며, 동시에 이미 만들어진 수로가 4,653개나 되고 그중 관개면적이 34,000㎡나 된다. 수로는 크고 작은 계곡에서 흘러내려오는 물을 막아 관개하는 방식으로 다랑논의 수리문제를 해결했는데 마치 은빛색의 띠처럼 산을 에워싸고 있다.

하니족이 빗물에 의존해 재배하는 천수답인 다랑논을 개간하고 벼를 재배하는 상상력은 참으로 놀라지 않을 수가 없다. 산의 지형지세를 현 실정에 맞게 잘 이용해 비탈이 완만하고 면적이 큰 곳은 큰 논밭을, 비탈이 가파르고 면적이 작은 곳은 작은 논밭을 만들었다. 심지어 커다란 돌을 캐낸 곳에도 논밭을 만들다 보니 키 높이의 전답도 있다. 이렇듯 오랜 세월 산비탈을 개간해 만든 삶의 터전인 다랑논의 대 장관을 보고 있노라면 인간이 만들어 놓은 대역사 앞에

하니족 여인

절로 탄성과 함께 경외심마저 든다.
 이곳 다랑논이 더욱 높게 평가되는 것은, 북경 근교에 있는 만리장성은 국가권력에 의해 강제 동원된 수많은 백성들의 피의 대가로 얼룩진 건축물이었다면, 이곳 원양의 다랑논은 순전히 생존을 위한 절체절명의 숙원사업으로 간고창업艱苦創業, 자력갱생自力更生 그리고 단결합작團結合作의 강인한 정신을 보여 준 점일 것이다. 현재도 이곳에는 소수민족들이 집단을 이뤄 농사를 지으며 살고 있기 때문에 과거의 흔적이 아닌 현재진행형이며 앞으로도 삶은 지속될 것이다.

3 사진촬영하기에 최적의 풍경구

 원양 풍광을 관망하기 위해서는 다음 3곳이 가장 좋은 장소로 각광받고 있다.
 첫째, 원양 동쪽으로 24km쯤 떨어져 있으며 일출광경을 감상하기에 가장 좋은 장소인 '다의수多依樹·뚜어이수 풍경구'이다. 이곳에서는 운해가 자주 출현하고 사진촬영을 하는데 최적의 분위기를 연출하기 때문에 사진가들이 '신의 집'이라 부른다. 또한 다의수 풍경구에서는 이른 새벽부터 저녁까지 시간대에 따라 역광, 순광, 사광 등의 사진을 촬영할 수 있다.
 둘째, 원양 신도시에서 남쪽으로 23km쯤 떨어진 곳에 '노호취老

▼ 산중천경인 노호취 풍경구

▼ 어깨란 뜻의 패달 풍경구

虎嘴·라오후쮀이 풍경구'가 있다. 노호취란 '늙은 호랑이의 입'이란 뜻으로, 다랑논의 중앙에서 계곡으로 이어지는 전체적인 모양이 마치 호랑이 주둥이처럼 생겼다해 붙여진 이름이다. 전망대에서 내려다보면 400만 ㎡약 120여만 평에 이르는 다랑논은 마치 수만 마리의 뱀들이 군락을 형성하고 있는 것처럼 보인다. 또한 다랑논에 받아놓은 물빛의 반사된 아름다움은 산속에 있는 천연거울처럼 보인다 해 '산중천경山中天鏡'이라 부른다.

셋째, 원양 신도시에서 동쪽으로 16km쯤 떨어진 곳에 원양제전

신의 집인 다의수 풍경구

중 최대의 다랑논인 '패달壩達·빠따 풍경구'가 있다. 패달은 하니족 어로 '어깨'라는 뜻이다. 돌과 흙을 어깨로 메어 다랑논의 축대를 쌓고 일구었기 때문에 붙여진 이름이다. 이곳은 하루 종일 촬영이 가능하지만 오전에는 청색, 오후에는 역광으로 황금색 그리고 일몰 한 시간 전부터 일몰 후 30분까지는 가장 아름다운 붉은색의 일몰광경을 촬영할 수 있는 곳이다.

원양의 날씨는 변화무쌍하기 때문에 비가 오든, 안개가 끼든, 바람이 불든, 햇볕이 비추든 날씨와 시간대에 따라 다랑논이 각기 모양새를 달리하기 때문에 '대지예술의 최고봉', '지상최대 규모의 계단식 논'이란 수식어가 붙어 매년 이런 다양한 모습을 카메라에 담으려는 프로 또는 아마추어 사진작가들의 발걸음으로 늘 분주하다.

4 하니족의 전통문화

원양의 볼거리는 다랑논뿐만이 아니다. 소수민족들이 사는 마을을 방문해 그들의 소박한 생활상을 엿보는 것도 매우 흥미로운 일이다. 다랑논 사이에는 있는 갑인촌甲寅村·쟈인춘에 들렸다. 이곳에는 하니족의 전통 초가집인 마고방蘑菇房·모꾸팡이 있다. 마고방은 버섯 모양이라 해 붙여진 이름으로 여름에는 시원하고 겨울에는 따뜻한 가옥구조이다.

하니족은 조상을 섬기고 예의를 중시하며, 불을 자기 생명처럼 생각하고 물소를 자기 민족의 신으로 믿는 민족이다. 특히 물소는 하니족이 힘들게 농사짓는 것을 하늘에 계신 신이 보고 물소를 인간세상에 내려 보내 하니족의 농사일을 도와 풍족한 생활을 할 수 있게끔 도와줬다고 믿고 있다. 이뿐만이 아니다. 하니족은 물의 신을 숭배하며 조상이 금빛 지느러미를 가진 물고기에게서 태어났다고 믿는다. 그렇기 때문에 하니족은 매년 마을의 안녕과 자손의 건강과 행복을 위해 숲과 물에 제사를 지낸다.
 하니족 마을에는 십이용천十二龍泉이 있다. 12개의 용머리에서 물이 흘러나온다 해서 붙여진 이름이다. 십이용천은 오른쪽과 왼쪽에 각 6개의 물구멍이 있다. 오른쪽 6개의 구멍에서 나오는 물은 채소를 씻거나 빨래를 하는데 사용하고, 왼쪽에서 나오는 물은 식수로 사용한다. 우물가에는 우물을 지키는 원숭이 석상이 있는데 원숭이는 옛날 이곳 숲에서 많이 살았던 동물로 풍요와 다산을 상징하는 동물이다. 지금도 아이를 낳지 못하는 여인들은 이곳에 와서 아이를 점지해 달라고 치성을 드린다고 한다.
 하니족은 애를 낳은 집에 다른 사람이 들어오는 것을 무척 싫어하고, 집안에 피워놓은 불에 옷이나 신발을 말리면 절대 안 된다. 그리고 이곳에서는 주로 여자들이 모를 심는데 '모를 꼽는다.'고 한다. 이것은 여성들의 생육능력이 강해서 농작물이 잘 자라기 때문

하니족 할머니 손자·손녀들이다.

이라고 생각한다. 남자들은 논밭을 갈고 농약을 뿌리는 일만을 담당한다. 그런데 하니족은 다랑논에 농사만 짓는 게 아니다. 오리, 미꾸라지, 우렁이, 민물조개 그리고 작은 물고기 등을 키운다. 오리와 어패류는 농사를 망치는 해충과 잡풀을 없애줄 뿐만이 아니라 하니족에게 단백질을 제공해 준다.

하니족에게는 말은 있지만 문자가 따로 없다. 그 원인에 대해 구전에 의하면, 하니족·태족·이족 등 세 민족이 글을 배워서 가지고 오면서 태족은 머리에 이고, 이족은 몸에다 넣고 그리고 하니족은 입에 물고 왔다고 한다. 그런데 강을 건널 때 급류를 만나 물에 휩쓸리면서 입을 벌리는 바람에 글을 잃어버렸다고 한다. 그래서 지금까지도 문자가 없다는 것이다. 문자가 없기 때문에 그들의 역사와 신앙 그리고 삶의 모든 것을 옷과 장신구와 춤을 통해 계승해 오고 있다.

이곳저곳 다랑논을 구경하다보면 짧은 반바지에 뾰족한 흰 모자를 쓰고 있는 여인들을 만나게 된다. 이들은 하니족의 갈래 중 하나인 혁차인奕車人·이처런이다. 혁차인은 계단식 논을 총각의 얼굴이

물소의 논갈이로 아이들은 붕어와 미꾸라지를 잡고 있다.

운남성 요리(7)

라 생각하기 때문에 논에서 일을 잘하는 처녀가 시집을 잘 간다고 여긴단다. 혁차인 여인들은 가파른 논둑을 오르내리면서 농사일을 하기 때문에 다리가 튼튼하다. 튼튼한 다리는 건강미와 아름다움의 상징이다. 군살 하나 없이 참으로 튼실해 보인다.

한 개의 산에 사계절이 있고 십리 안에도 같은 날씨가 없다는 원양, 일 년 중 180일 이상은 늘 안개가 끼어 있고 년 강우량이 1397.6㎜나 되는 원양, 사시사철 아름다운 풍광을 자랑하는 엄청난 규모의 원양제전, 즉 계단식 논인 다랑논은 우리 인간의 손으로 만들었다는 사실이 도저히 믿겨지지 않는다. 하니족을 비롯한 소수민족들이 일궈낸 피와 땀의 결정체에 뜨거운 박수를 보낸다. 지금도 부지런한 하니족 촌부들은 열심히 한 뼘의 땅이라도 놀리지 않으려고 비탈진 논밭을 일구고 있다. 이것이 그들의 힘겨운 일상처럼 보이지만 자연과 현실에 순응하며 어느새 자연을 닮아 있는 그들의 삶이되었다. 또한 그들의 마음은 오랜 시간 자신들의 삶을 위해 만든, 끝도 없이 이어지는 아름답고 부드러운 곡선의 논두렁 속에 묻어있는 듯하다.

가을 추수가 끝난 후 이듬해 봄까지 물을 대어 일출시 반영되는 아름다운 장관을 보기 위해 그리고 인간이 해낼 수 있는 한계가 어디까지인지를 보기위해 세계 각국에서 수많은 일반관광객과 사진작가들이 이곳으로 몰려온다. 원양제전을 방문하는 최적기는 논에 물이 차 있을 때로 이때가 대지 예술의 최고봉이라 일컫는 원양제전의 모습을 감상할 수 있는 2~3월이다. 2~3월은 나평 유채꽃이 만개해 함께 감상할 수 있는 장점도 있다. 그렇지만 원양제전은 사시사철 저마다의 독특한 그림을 그려내기 때문에 언제든지 방문해도 좋다는 것이 필자의 생각이다.

지구의 비밀을 간직한 보석길
등충
騰冲

곤명에서 일정을 마치고 운남성 여유국에서 제공해 준 국내 항공편을 이용해 보산保山 · 바오산 으로 갔다. 항공편으로 45분 거리인 보산은 운남성 서부에 위치하며 중국 난초의 주산지이기 때문에 '난성蘭城'이라고도 불린다. 공항에서 내려 다시 대절해 놓은 버스를 타고 등충텅충으로 갔다. 곤명에서 서쪽으로 750km쯤 떨어진 곳에 위치한 등충은 보산시 관할구에 있는 현급 행정구역으로 보산시내에서 서쪽으로 160km 떨어져있다. 등충의 기후는 아열대성의 산지기후에 속하고, 연평균 기온 14.7℃, 연평균 강수량 1,425㎜로 대체로 온화한 기후이다.

등충은 '남방의 실크로드'라 일컫는다. 북방의 실크로드는 육로를 통해 이동을 했지만 남방의 실크로드였던 등충은 수로를 통해 강소성江蘇省 · 장쑤성에 있는 도시 소주蘇州 · 쑤저우에서 생산한 실크silk · 명주를 사천성→운남성→인도→로마까지 이어져 이동했다.

등충의 특징 중에 하나가 이곳이 유라시아 대륙판과 인도 대륙판 중간지점에 위치해 있어 지각운동이 계속해서 일어나고 수시로 화산이 분화했던 곳이다. 이로 인해 중국에서도 가장 많은 화산이 밀집되어 있는 화산지대로 유명하다. 90여개의 휴화산이 있는 이곳은 300년 전까지만 해도 화산활동이 활발했으며 지금도 지진이 자주 발생한다.

이렇듯 등충은 화산이 수시로 분화했기 때문에 산의 모습이 움푹 팬 분화구만 있을 뿐 봉우리가 없다. 봉우리 없는 우뚝 솟아있는 산의 모습을 보려면 동력 행글라이더나 패러글라이딩을 타고 하늘에서 내려 봐야 한다.

등충은 화산지대이기 때문에 습지가 많고 지열을 이용한 발전소가 있다. 지열발전地熱發電은 지구 내부의 열에너지을 이용해서 전력을 생산하는 방법인데 전기생산량만도 170만kw에 달한다. 화산군 풍경구내에는 물이 80℃ 이상으로 끓는다 해 비천沸泉, 구멍에서 수증기를 내뿜는다 해 증기공, 즉 기천氣泉, 온천수가 분수처럼 내뿜는다 해 분천噴泉 그리고 온천 등의 지열경관을 갖고 있다.

명·청 시대부터 '옥은 등충에서 나온다.'라는 말이 있을 정도로 등충은 옥의 집산지로도 유명하다. 등충에는 '옥의 거리'가 있어 옥을 가공하고 판매하는 상점이 줄지어있다. 예로부터 중국에서 옥은 부와 권력의 상징으로 주로 팔찌나 목걸이로 만들어 사용했으며, 국석國石으로 정할만큼 귀하게 여겼다.

명나라 때의 지리학자이며 여행 및 탐험가인 서하객徐霞客·쉬샤커은 등충에 도착해서, 변경무역을 통해 상업이 번창하고 문물이 풍부한 모습에 감탄을 금하지 못하고 다음과 같이 말했다. "백여 점의 보석상점은 거리에 줄이어 번창하고, 대 상단이 물건을 움직이는 광경은 구름이 이동하는 듯하다"라고. 당시에 보석상점이 백여 점포나 있었다고 하는 것은 엄청나게 큰 규모이며, 중국 대륙 곳곳을 누빈 서하객에게도 이 자그마한 변방노시의 번화한 풍경에 감탄했던 것 같다.

등충은 미얀마와 인접해 있는 국경도시이자 라오스의 수도인 비엔티안과는 불과 217km밖에 떨어져 있지 않다. 미얀마 북부 찬드원 강 유역과 모가웅 근처 우르계곡 그리고 비엔티안에는 중국인들이 가장 좋아하는 보석이자 '천국의 한 조각'이라 불리는 비취, 즉 옥玉의 원광석이 많이 산출된다. 이곳에서 원광석을 가져와 등충에서 가공을 하는데 그 역사는 무려 600년이나 되었다. 그래서 필자는 등충을 운남의 비단길 Silk Road이자 숨겨진 보석길 jewel road이라 말하고 싶다.

옥은 경옥硬玉과 연옥軟玉의 총칭으로 비취翡翠가 대표적이지만 보통 비취하면 경옥(이하 '비취'라 칭함)을 말한다. 비취의 경도는 석영과 같은 모스경도 7이다. 가장 단단한 다이아몬드가 모스경도 10인 것을 감안한다면 비취도 매우 단단한 광물임을 알 수 있다. 또한 비취와 연옥은 화학적 조성도 다르고 결정구조도 다르다. 값도 비취가 훨씬 비싸다. 특히 밝은 초록색을 띤 비취를 가장 높이 쳐준다. 이뿐만이 아니다. 비취 중에는 묵취墨翠가 있다. 묵취란 붓글씨를 쓸 때 벼루에 물을 부어 가는 먹처럼 까만색을 띠고 있기 때문에 붙여진 이름이다. 까만색으로 보이는 이유는 많은 철분을 함유하고 있기 때문이지만 실제로 손전등을 이용해 빛을 비춰 관찰해보면 녹색이다. 필자도 이곳 매장에서 표 동무에게 선물할 목걸이용 비취를 구입했다. 1,450위안 가격표가 붙었는데 흥정에 흥정을 거듭한 끝에 500위안에 살 수 있었다.

5월 탄생석인 비취의 이름은 물총새의 날개 색에서 유래했다고 한다. 비취는 '물총새 비翡', '물총새 취翠'이다. '翡'는 물총새의 배인 적색을, '翠'는

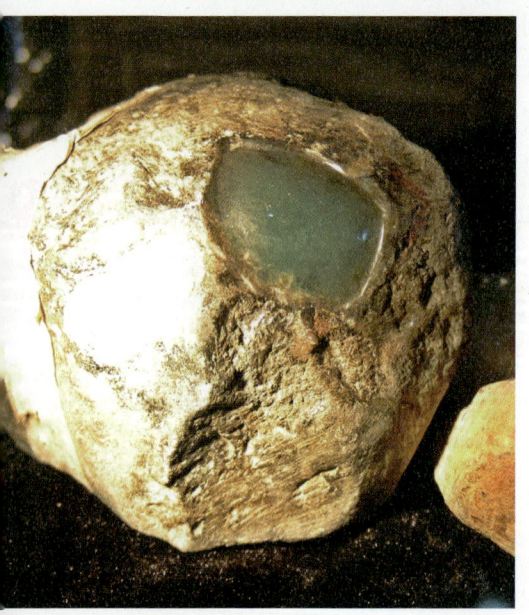

비취 원광석

필자가 구입한 비취

물총새의 등인 녹색을 의미한다. 또한 비취는 명사로 '물총새'란 뜻도 있다. 이미 전술한 바와 같이 비취의 주산지는 미얀마 북부 찬드윈 강 유역과 모가웅 근처 우르계곡이 유명하다. 그렇지만 현재 등충에서 판매되고 있는 비취의 상당량은 라오스 비엔티안에서 원광석을 들여와서 가공한 것이며, 중국 전역은 물론 각국에 수출하고 있다고 한다.

등충은 한때 세계 비취가공 산업의 메카이자 동남아 비취원석의 집산지로 이름을 떨쳤지만 1990년 이후 중국 최고 비취 가공지의 명예를 '동방의 보석도시'인 서려瑞麗・루이리에 내주고 과거의 영화는 뒤로한 채 겨우 명맥만을 유지하고 있을 뿐이다.

등충은 우리의 아픈 역사와 관련해서 결코 간과해서는 안 되는 일이 있다. 그것은 다름 아닌 일본군 종군위안부挺身隊・정신대가 마지막으로 등충에서 끝났다는 사실이다. 그리고 1942년 5월, 유나이트 프레스에 실린 신문기사에는 미국이 등충을 폭격했는데 탄약고가 폭발하는 바람에 조선인 여성 4명이 생매장되었다는 기사가 나왔다. 이 여성 4명은 일본군들의 성적 욕구를 해소시켜 주기 위해 강제로 동원되었던 종군위안부로 추정된다는 내용이었다.

순국열사들의 묘지
국상묘원
國殤墓園

등충에서 서남쪽으로 1km쯤 떨어진 내봉산來鳳山 기슭에는 순국열사들의 묘지인 '국상묘원궈상무위안' 이 있다. 국립묘지인 국상묘원은 1945년 7월 7일 조성했는데, 항일전쟁시기인 1942년 5월 일본군은 등충을 점령했지만 중국군과 중국 인민은 2년 4개월 동안의 항전 끝에 등충 방어선에서 일본군을 막아 운남성 전체를 지킬 수 있었다고 한다. 이때 치열한 전투 중에 장렬하게 순국한 항일용사 3,346명의 유골이 모셔져 있다. 묘원 내의 주 건물은 충렬사, 열사무덤 그리고 열사탑 등으로 구성되어 있으며, 중국 내에서 규모가 제일 크고 보존이 가장 잘되어 있는 묘지이다.

묘원 입구부터는 소나무와 측백나무 등 가로수가 우거진 오솔길이다. 묘원 초입에는 스틸웰Joseph Warren Stilwell 미 육군 중장과 셔놀트Claire Lee Chennault 미 공군 준장의 동상이 있다. 스틸웰 장군은 장제스를 땅콩이라 부르며 장제스를 날려버리지 않는 이상 중국의

스틸웰과 셔놀트 동상

순국열사들의 묘지인 국상묘원

승리를 기대하기는 힘들다는 말로 장제스 제거에 앞장섰던 인물이며, 셔놀트 장군은 미얀마에서 중국을 위해 미 육군 항공대를 지휘하며 일본의 우세한 공군력에 맞서 뛰어난 전과를 올렸을 뿐만이 아니라 중국인 아내와 함께 장제스의 강력한 지지자로 알려진 인물이다. 항일전쟁 때 중국내에서는 공항을 만들 수 없었기 때문에 미군들은 미얀마에 주둔하고 있었고 미얀마에서 넘어와 중국 국민당 군대를 지원했기 때문에 등충이 군사적으로 매우 중요한 요충지였다.

경건한 마음가짐으로 오솔길을 걷다보면 직사각형 판석에 "碧血千秋벽혈천추"란 글씨가 새겨있다. 벽혈천추란 "나라를 위해 목숨을 바친 이들의 충절은 천추에 길이 남을 것이다"라는 뜻으로, 그 옆에는 "民國州4年 4月, 蔣中正 題, 李根源 書, 彭偉武 刻石"이라 쓰여 있다. 여기에서 '民國민국'은 '중화민국'의 준말이며, '蔣中正장중정'은 장제스를 말한다. 그러니까 나라를 위해 목숨을 바친 영혼들을 위해 1945년 4월에 장제스가 쓴 것을 다시 이근원李根源·리껀위엔이

충렬사 전경

위령탑

줄지어 있는 비석

글을 쓰고 팽위무彭偉武·팡웨이우가 새겼다는 뜻이다. 그리고 벽혈천추에서 '벽혈碧血'은 주나라 때 장홍莨弘이 촉나라에서 주나라 사람에게 살해되었는데 그가 죽은 뒤 시신은 보이지 않고 피가 흘러 푸른빛을 띤 옥, 즉 벽옥碧玉으로 변했다는 장자莊子 외물편外物篇 고사에서 유래한 말로 정의를 위해 흘린 피, 즉 순국열사의 희생을 의미한다.

바로 위에는 충렬사忠烈祠가 있다. 그 아래에는 장제스의 "河嶽英靈하악영령" 편액이 걸려있다. '河嶽'은 黃河황하와 五嶽오악을 일컫는 말로 "하늘에 있어서는 星辰성신, 즉 별이 되고 땅에 있어서는 河嶽하악이 되며"로부터 나온 말로 조국을 위해 싸우다 장렬하게 전사한 영혼이 강산마다 우렁차다는 뜻이다. 충렬사 건물 안 중앙에는 손문孫文·쑨원 선생 초상화가 걸려있고 좌우에는 1925년 3월 12일, 60세의 나이로 북경에서 세상을 떠날 때 그가 세상을 떠나기 전 몇몇 동지들에게 남긴 유언 중 첫 구절인 "革命尙未成功혁명상미성공 同志乃須努力동지내수노력"이 가로로 새겨 있다. "혁명은 아직 성공하지 못했으니 동지 여러분들이 거듭 힘써주기 바란다"는 뜻이다. 그리고 초상화 위에는 중국 근대국가 태동과 신해혁명을 주도한 손문의 정치사상인 "天下爲公천하위공"이 세로로 새겨있는데, "천하는 황제 개인의 것이 아니라 만인의 것이다"라는 뜻이다.

충렬사 뒤편 작은 언덕 위에는 화산암을 새겨 만든 검은 색의 위령탑이 높이 서 있다. 탑의 정면에는 세로로 '遠征軍第二十集團軍克復騰冲陣亡將士紀念塔원정군제이십집단군극복등충진망장사기념탑' 이라 새겨있고 바로 아래에는 '民族英雄민족영웅'이 새겨있다. 위령탑 주변의 산비탈 일대는 숲이 우거져 있고 나무 사이사이에는 계급과 이름이 적힌 비석이 줄지어 있다. 마치 수목장樹木葬을 해놓은 듯하다. 왜총倭塚이라해 일본군 무덤도 만들어 놨다.

첩수하 폭포·태극교, 지구 숨결 만끽
열해온천지대

1 도시 속 첩수하(疊水河) 폭포와 태극교(太極橋)

등충 12경 중 하나인 첩수하(데수이허) 풍경구 입구에서 조금 가면 선락사仙樂寺가 있고 왼쪽으로 접어 돌면 태극교太極橋가 있다. 태극교는 태극문양이 있는 다리로서 첩수하 폭포 상류 쪽에 있다. 태극교가 있는 자리는 본래 마을 주민들이 폭포의 수력을 이용해서 맷돌을 돌려 밀과 쌀 등 곡물을 찧던 장소였다. 그런데 이 지역에 살던 한 부호가 무엇이 마음에 들지 않았는지 뚜렷한 이유 없이 맷돌을 철거시켜 버렸다. 그런데 맷돌이 놓여있던 자리에서 태극문양이 나타났던 것이다. 마을 사람들은 태극문양이 나타난 것은 신이 노해서

천장에 있는 태극문양   돌에 새긴 태극교 편액

태극교

첩수하 폭포

그런 것이라 했다. 이후 마을 사람들은 신의 노여움을 달래기 위해 돌을 다듬어 태극교를 짓고 상단 중앙에는 돌에 태극문양을 새겨 넣었다. 그리고 신을 기리며 마을의 안녕을 기원했다고 한다.

  태극교 아래로 세차게 흐르는 물은 폭포수가 된다. 태극교에서 낭떠러지 쪽으로 가면 첩수하 폭포가 있다. 첩수하 폭포는 중국에서 찾아보기 힘든 도시 속의 천연폭포로 세계적으로도 보기 드문 화산폭포이다. 폭포의 높이는 46m이고, 양쪽 절벽에 기묘한 화산 주상절리군이 수직으로 뻗어 내리며 줄지어 있다. 주상절리란 용암이 흐르다가 식으면서 긴 기둥 모양을 이루는 갈라진 틈을 말하는데 단면의 모양이 육각형이나 삼각형이다.

  폭포 아래에는 원형의 커다란 소沼가 있는데 물이 맑지 않고 깊어서 들어갈 수가 없다. 폭포물이 흐린 이유는 물에 광물질이 다량 녹아들었기 때문이다. 폭포 정면에 있는 관폭대觀瀑臺에서 바라보면 폭포수가 단층절벽에 부딪히며 아래로 떨어지는 장관을 볼 수 있다.

진주천

2 지구의 숨결이 느껴지는 열해 온천지대

등충에서 서남쪽으로 16km쯤 떨어진 깊은 산속에는 세계적으로 보기 드문, 자연 그대로의 원천을 볼 수 있는 열해 온천지대가 있다. 차로는 30분 거리에 있는 이곳을 중국인들은 뜨거운 바다라 해 '열해 온천'이라 부른다. 이곳에는 80여개의 온천구멍이 있지만 여러 모양의 원천은 32개이다. 이중에서 가장 유명한 곳이 "큰 가마솥에서 끓는 뜨거운 바다"란 뜻의 "열해대곤熱海大滾鍋"와 부글부글 끓는 모습이 마치 "구슬을 뿜어내고 옥을 토해내는 모습 같다"고 해 이름붙인, 96℃의 '진주천珍珠泉' 원천이다. 이름이 참으로 거창하다.

황 온천이기 때문에 가까이 가면 황 냄새가 진동하는 열해대곤과는 가장 큰 탕으로 수온이 102℃로 제일 높다. 또한 황성분이 풍부해 유백색의 결정이 되고 탕 안의 물은 청백색으로 보인다. 탕 안의 물은 손을 넣을 수 없을 정도로 매우 뜨겁기 때문에 탕 안에는 들어갈 수가 없고 마을 주민들이 주변에 있는 온천수와 증기에서 달걀·감자·메추리알·땅콩 등을 익혀 판매한다. 실제 옛날 사람들은 이곳 온천수로 채소를 데치고 조리를 하는 등 실생활에 사용했다고 한다. 이뿐만이 아니다. 이곳의 온천은 류머티즘·신경통·심장병·피부병·소화불량·부인병 등 각종 질병에 신비한 효과가 있어 중국 최고의 온천으로 손꼽힌다.

열해 온천지대를 개발하면서 중국인들답게 별스런 이유를 붙여 이름을 만들어냈다. 그 대표적인 것이 '회태정懷胎井'이다. 탄산수소염천으로 수온이 88℃이며 미네랄이 많이 함유되어 있어 부인병에

효과가 있다는 회태정은 아들과 딸로 구분해서 두 곳이다. 두 곳 모두 12각 둘레에 12간지 동물이 조각되어 있고 그 위에는 대나무로 만든 컵이 놓여있다. 이 물을 마시면 아이를 가질 수 있다해 고마움의 원천이라고 한다.

이외에도 북소리처럼 들린다해 고명천鼓鳴泉, 두 갈래로 온천수가 흐른다 해 자매천姉妹泉, 이곳에 흐르는 황 물로 얼굴을 씻으면 미인이 된다는 곳으로, 바위의 모양과 색깔이 미녀가 예쁜 치마를 입은 모습 같다고 해 이름 붙은 미녀지천화군美女池泉華裙, 갑자기 땅에서 웅~하는 소리와 함께 뜨거운 물이 하늘로 치솟아 오른다는 수열폭작水熱爆炸 그리고 온천수가 분출하면서 황이 퇴적되어 자라

회태정

수열목작과 합마취

는 모습이 마치 개구리 주둥이를 닮았다는 합마취蛤蟆嘴 등이 있다.

모든 온천수는 반 이상이 90℃가 넘어 매우 뜨거워서 목욕을 할 수 없기 때문에 일차적으로 탱크에 물을 저장해서 식힌 후 40~43℃의 적정온도가 되었을 때 공급하는데 황 냄새는 그대로이다. 목욕하는 방법도 열해 온천의 자연을 살린 노천목욕과 남녀가 한데 섞여서 목욕하는 혼욕이 있는데 수영복을 반드시 입어야한다. 대나무를 이용해 부황을 뜨는 곳도 있다.

길을 따라 걷다보면 도처에서 뜨거운 물이 샘솟고 증기가 뿜어 나온다. 온천수가 분출하면서 황이 퇴적되어 자라는 모습도 볼 수 있다. 정말이지 이곳 화산지대에서 수억 년 전 지구의 비밀을 간직하고 있는, 지구의 뜨거운 숨결이 느껴진다.

온천물에 찐 먹을거리

운남성 요리(8)

진귀한 고서들로 가득한
화순 도서관
和順

600년의 역사와 전통을 자랑하는 화순허순은 고요하면서도 소박해 시골분위기가 물씬 풍기는 고즈넉한 소도시로서 중국 10대 아름다운 마을 중 한 곳이기도 하다. '문치광창文治光昌'이 쓰인 패방을 들어서면 아늑한 골목 양옆에 옅은 색 담장에 검은 기와를 이고 있는 오래된 저택과 사당 그리고 자그마하면서도 정교한 누각과 정자들이 조화를 이룬다. 이곳에는 중국의 시골에서는 최초로 가장 큰 규모로 만든 향토도서관인 화순도서관이 있다. 소장하고 있는 책만도 8만여 권에 달하며 매우 진귀한 고서들이 적지 않게 소장되어 있다.

변경지역이나 다름없는 산간벽지에 이렇게 훌륭한 '중국향촌 제1 도서관'이 들어서게 된 동기는 무엇일까.

명나라 때부터 많은 등충 사람들은 무역과 생계를 위해 해외로 떠났다. 이들은 외국에 거주하는 중국인이라 해 화교華僑·화챠오라 부른다. 화교들은 외국에서 돈을 벌면서도 늘 자신의 고향이 교양노 없고 문화가 없는 것을 매우 안타까워했다. 그래서 화순이 고향인 화교들이 돈을 모아서 1928년 화순도서관을 설립한 후 구하기 힘든 책을 보내와서 고향의 많은 사람들이 공부할 수 있도록 했다. 당시 화교들이 기부한 책은 1만여 권의 고서와 8만여 권의 책이 있는데 모든 책에는 번호와 함께 기부자의 이름이 적혀있다. 문화대혁명시기에 고문서가 적지 않게 불태워졌지만 지금도 중국의 손꼽히는 도서관으로 화순출신 화교들의 고향사랑을 느낄 수 있는 도서관이라는 생각이 든다. 고향을 발전시키고 자손들을 잘살게 하려면 문화와 교육을 중시해야 한다는 인걸지령人傑地靈 정신이 배어있기에 화순을 '서향명리·화교지향書香名里·華僑之鄕'이라 일컫는다. '和順圖書館화순도서관' 편액은 중국의 유명한 철학자인 호적胡適·후스이 쓴 것이다.

필자가 화순 도서관을 얘기하면서 특히 생각나는 곳이 있는데, 절강성 영파寧波·닝보에 있는 천일각天一閣·톈이거이다. 물론 이곳에서는 천일각을 중국에서 가장 오래된 사설도서관이라고 한다. 천일각은 명나라 가정제嘉靖帝 때인 1561년 병부우시랑兵部右侍郞을 지낸 범흠范欽·빤친·1506~1585년 자신이 소장하고 있는 책을 보관하기 위해서 지은 개인 서고이다. 범흠은 학문을 좋아해서 책이 있는 곳이라면 어느 곳이든 마다않고 찾아가 많은 책을 수집했다.

범흠에게는 두 아들이 있었는데, 어느 날 두 아들을 불러 아버지의 재산과 서고에 있는 장서 가운데 하나를 선택하라고 했다한다. 결국 장남은 서고를 맡았고 차남은 재산을 물려받고 집을 나갔다. 죽기 전 범흠은 장남에게 후손대대로 아버지가 애지중지 소장하고 있는 책을 잘 관리하라는 유언을 남겼다. 후손들도 범흠의 유지에 따라 재산 대신 오로지 진정으로 책에 애정을 가진 후손에게만 도서관을 물려주고 있다.

화순에서 가장 특색 있고 의미 있는 건물은 빨래터에 지붕을 씌워 놓은 세의정洗衣亭이다. 화순의 남자들은 객지로 돈벌러갔기 때문에 남편과 떨어져 집에서 살림하는 부인을 안타깝게 생각하고 마음

호적이 쓴 '和順圖書館' 편액

화순도서관

지붕이 있는 빨래터 세의정

이 아팠기 때문에 화순의 여성들이 비바람을 맞지 않고 한여름 뙤약볕에서 빨래하는 것을 막아주기 위해 서로 돈을 모아 물가에 다양한 모양의 세의정을 지어줬다. 오늘날 화순에는 이런 세의정이 7개가 있고 그밖에 호숫가에 세운 호심정湖心亭 2개와 함께 화순만의 독특한 경관을 형성한다. 집집마다 세탁기가 놓여있는 오늘날에도 화순의 여성들은 세의정에 모여 함께 손빨래를 하면서 웃고 떠들며 수다를 떤다. 세의정은 옷을 빠는 곳일 뿐만이 아니라 마을공동체 부녀자들의 교류의 산실이기도 한 것이다. 세의정 기둥에는 '風雨一亭動杵聲풍우일정동저성'이 새겨있다. 빨래터에서는 아낙네들의 빨래방망이소리가 들리는 듯하다.

운남성 요리(9)

또 다른 볼거리는 지난 2005년 7월에 문을 연 운남-버마항전박물관이다. 중국 최초로 민간이 투자해서 설립한 중·일 전쟁 관련 박물관으로 5,000여 점의 유물이 전시되어 있다. 당시에 사용했던 철모, 수통, 군용반합은 물론 개인휴대 전투장비 일체와 전투장면 조형물까지 세세하게 묘사되어 있다.

비취대장 촌존복과
마오쩌둥 철학고문이었던 애사기
寸尊福 · 艾思奇

화순의 근현대사에서 빼놓을 수 없는 두 인물이 있다. 촌존복춘준푸과 애사기아이스치이다. 등충 서남쪽에 위치한 화순 마을에는 이곳에서 '비취대왕翡翠大王'이라 불렸던 촌존복의 생가가 있다. 1855년에 태어난 그는 13세 때 마방을 따라 미얀마당시에는 '버마'였음 수도인 만달레이로 가서 어느 화순 출신 옥 판매상점에서 종업원으로 일하면서 상술을 익혔다고 한다. 미얀마의 젖줄인 이라와디 강변에 자리 잡고 있는 만달레이가 전 수도였던 양곤 다음으로 큰 제2의 도시이지만 당시에는 만달레이가 미얀마의 수도였다. 지금의 미얀마 수도는 2005년 11월 6일 미얀마의 행정수도로 이전한 네피도이다. 앞전 수도인 양곤에서 북쪽으로 320km쯤 떨어진 곳에 위치해 있다.

애사기 기념관 편액

◀ 애사기 동상

촌존복은 상술이 좋고 비취를 보는 안목이 뛰어나서 질이 좋은 원석을 싼 값에 구입한 후 가공해서 중국에 고가로 팔았다. 사업을 시작한지 10년도 안 되어 큰돈을 벌었다. 그러니까 20대에 백만장자가 된 것이다. 미얀마에서 크게 성공한 그는 신해혁명이 발발하자 손문 쪽에 막대한 후원금을 기부하는 등 조국으로 눈길을 돌렸다. 이뿐만이 아니다. 촌존복은 고향 발전에도 힘을 모았다. 그는 40대 초반인 1898년 이곳에 운남 서부지역에서는 최초의 여자학교인 명덕明德·밍더 학당을 설립하고 70대 때는 인재 양성을 위해 화순 도서관을 여는데 주도적 역할을 했다. 이후 외국에 거주하는 화순 출신 화교들의 지원과 기부가 쏟아지면서 1938년 지금의 자리로 옮겨 재개관했다. 오늘날 화순 도서관은 화순인의 높은 문화의식을 보여줄 뿐만이 아니라 화순인의 자랑이자 자부심이며 자긍심을 갖게 해주는 대표적 유산이다.

화순 수대촌水碓村·수이두이춘에는 마오쩌둥의 철학 고문이자 중국 공산주의 이론을 수립한 애사기 고택이 있다. 수대촌은 물이 비교적 풍부한 마을로 수력을 이용해 방아를 찧던 곳이라 해 붙여진 동네 이름이다.

애사기는 1910년 3월 2일 아버지 리왈해李日垓·리위에까이와 어머니 촌관복寸寬福·춘콴푸 사이에서 태어났다. 애사기 집안은 등충 8대 가문 중에 하나로 그의 아버지 리왈해는 신해혁명의 원로이다. 애사기의 본명은 리생훤李生萱·리성쉬안으로 마르크스주의 연구에 일평생을 바쳐서 연구할 정도로 중국내에서 마르크스주의 사상이론가의 1인자로 알려져 있다. 애사기란 이름은 그의 사후에 마오쩌둥이 내려준 것이라고 한다. '애'는 '쑥 애'자이다. 쑥은 어떠한 악조건에서도 끈질긴 생명력으로 싹을 틔우는 식물이며 많은 사람들에게 이로운 식물이다. 중국의 마르크스주의 철학 계몽가였던 그의 공덕을 기리기 위해 시인이기도 했던 마오쩌둥이 이런 의미를 담아 애사기란 시호를 내렸다고 한다.

애사기 고택 외벽은 벽돌이고 내부는 나무인 전목구조이다. 아열대 지방의 풍토를 고려하고 중국의 전통문화를 절충한 중서합벽中西合璧이란 새로운 양식이면서 사합원四合院·쓰허위안으로 지었다. 사합원이란 중국 화북지방의 전통가옥 건축양식으로 'ㅁ'자 형태에 가운데에 마당을 두고 본채와 사랑채 등 4개 건물로 둘러싼 구조를 말한다. 이곳에는 애사기 기념관이 함께 있다. 기념관을 들어서면 애사기 동상이 있고 안에는 애사기 생애를 다룬 사진과 문서 등 각종 자료가 전시되어 있다.

기념관 전시실에는 "博學之,審問之,愼思之,明辯之,篤行之박학지, 심문지, 신사지, 명변지, 독행지"란 글이 유리액자에 담겨있다. 애사기의 인생 좌우명이기도 한 이 글은 동양의 고전 중용에서 핵심 중의 하나인 애공문정장哀公問政章에 나오는 말로 "널리 배우고, 자세히 묻고, 신중하게 생각하고, 사리가 분명하고, 성실하고 친절해야 한다"는 뜻이다. 애사기 전서 8권도 함께 전시되어 있다. 이곳에서는 그를 1935년 중국공산당에 가입한, 중국의 걸출한 무산계급혁명가로 소개하고 있다.

사실 애사기는 이곳에서 태어나기만 했지 성장기는 보내지 않았다고 한다. 그가 2살 때인 1912년 어머니를 따라 곤명으로 이사를 했고, 8살 때인 1918년 조부인 리덕윤李德潤·리떠룬이 돌아가셨을 때 부모와 함께 돌아와서 반년쯤 머물렀을 뿐 이후에는 죽을 때까지 고향에 오지 않았다고 한다.

> **TIP**
>
> 운남 등충의 유명한 음식으로는 '대구가大救駕'가 있다. 대구가는 떡볶이의 일종으로 명나라 때 오삼계한테 쫓겨 등충에 이른 영력제永歷帝 주유랑朱由榔이 배가 고프고 피곤할 때 이곳 촌민들이 즐겨 먹던 음식인 이괴餌塊·얼콰이 볶음을 해줬다고 한다. 영역제는 이괴를 먹고 나서 칭찬을 금치 못했으며 "이 음식이 짐을 살렸도다"라고 하면서 대구가라는 이름을 하사했다고 한다. 색깔뿐만이 아니라 모양도 예쁜 이 음식은 고소하면서도 맛이 좋아 운남의 일품음식으로 손꼽힌다.

태족의 물 뿌리는 축제
발수절
潑水節

　　미얀마·라오스와 국경을 맞대고 있는 운남성 최남단인 서쌍판납西雙版納·시쌍반나에는 태족의 자치지역이 있다. 중심지는 경홍景洪·징홍으로 곤명에서 남서쪽으로 730km쯤 떨어져 있다. 행정구역상으로는 중국 운남성에 속해 있지만 '중국 속의 작은 태국'이라 불릴 만큼 열대성기후와 전통가옥과 일상생활모습을 비롯해 분위기까지 태국의 모습을 닮아 있다. 심지어 소승불교를 믿는 태족은 사내아이를 출가시켜 일정기간 사찰에서 생활하도록 하는 전통까지도 그대로 따르고 있다. 태족은 태국을 중심으로 중국의 운남성과 라오스, 미얀마 등에 분포되어 사는 소수민족을 말한다.

　　서쌍판납에는 오래전부터 소수민족인 타이루족이 거주해 왔다. 12세기경에는 서쌍판납 지역에 '황금의 경홍왕국'을 세운 역사도 간직하고 있다. 타이루족 최초의 고향은 중국이지만 중국 땅에서 살았던 여느 민족과 마찬가지로 타이루족도 한족의 억압을 피해 남쪽으로 이주를 했다. 특히 제2차 세계대전 중에는 중국 공산주의 정권에 의해 타이루 왕국은 멸망하게 되었고 많은 사람들이 미얀마, 태국, 라오스로 도망쳐 나와 메콩강을 따라 거주하게 되었다.

　　서쌍판납은 운남성 북부의 험준한 지형과는 달리 여느 동남아시아와 같은 정취에 흠뻑 젖을 수 있으며, 열대 과일도 지천에 널려있다. 또한 여름이 길고 겨울이 없으며 비가 오면 가을 날씨를 나타낸다.

미얀마 만들레이 왕궁 해자 앞 띤쟌 축제(도니 정범래 님 제공)

이뿐만이 아니다. 이곳에는 소승 불교가 번성하고 코끼리가 서식하고 있다. 그래서인지 경홍에 들어서면 먼저 대형 흰 코끼리 조형물이 맞는다. 이곳 사람들은 불교의 영향으로 환생을 믿기 때문에 자신들이 착하게 살면 내생에 더 높은 사회적 지위를 갖고 다시 태어나며, 악하게 살면 동물로 태어난다고 믿는다. 그렇기 때문에 이들은 매우 선하고 착하다.

서쌍판납에서 가장 성대하게 열리는 축제 중 하나가 물 뿌리는 축제인 발수절潑水節·포쉐지에이다. 살수절撒水節·싸쉐지에이라고도 한다. 매년 4월 13일부터 15일까지 열리는 발수절은 규모가 가장 큰 태족의 축제로 태국, 미얀마, 캄보디아, 라오스 등지에서도 열린다. 서로에게 물을 뿌리는 놀이라 해 '물의 축제'라고도 불리는데, 태국에서는 '송끄란', 미얀마에서는 '띤쟌', 캄보디아에서는 '엄뜩' 그리고 라오스에서는 '삐마이'란 이름으로 불리는 축제이다.

 일반적으로 발수절 첫날에는 용주龍舟놀이, 주머니 던지기, 로켓 쏘아 올리기 등 행사가 있고, 둘째 날에는 부처를 경배하는 뜻으로 불상에 쌓인 먼지를 닦고자 불상세척을 하며 마지막 날에는 전통의상을 예쁘게 차려입고 서로에게 맑은 물을 뿌리며 송구영신送舊迎新·묵은해를 보내고 새해를 맞음과 서로에게 복을 기원하며 재앙과 질병을 가져갈 바라면서 물을 뿌린다. 그리고 풍년을 기원한다. 물을 많이 맞을수록 축복을 더 많이 받는다고 생각한다.

 발수절의 기원은 태족의 전설에서 기인한다.

 옛날 서쌍판납에는 한 요마妖魔·요사스러운 마귀가 살고 있었다. 이 요마에게는 일곱 명의 예쁜 딸이 있었다. 요마인 아버지의 악행을 보다 못한 딸들이 단합해 요마를 죽여 버린다. 그런데 요마의 머리가 굴러간 곳마다에는 불이 일어났다. 일반 사람들은 불을 끌 수 없었다. 그 불은 딸들이 요마의 머리를 안아야만 꺼졌다. 불이 일어나지 않게 딸들은 교대로 일 년씩 번을 섰다. 그녀들이 교대할 때마다 마을 사람들은 처녀에게 물을 퍼부어 핏자국을 씻어 주었다. 그리고 많은 사람들이 아버지로부터 받은 악행이 아버지를 죽임으로써 오히려 많은 사람들이 악행으로부터 벗어나는 전화위복이 되길 빌었

미얀마 띤쟌 축제현장(도니 정범래 님 제공)

다. 마침내 요마의 머리는 타서 재가 되었다. 그때부터 물을 뿌리며 축복하는 발수절이란 풍습이 생겨나게 되었다고 한다.

그런데 전설 내용 중 요마는 폭군으로, 일곱 명의 딸은 요마의 딸이 아니라 폭군이 일곱 명의 처녀를 강제로 아내로 삼았다는 내용으로 전해지기도 한다. 전설은 오랫동안 구전되어 내려오면서 구연자가 내용을 잘 모른다거나 흥미로움을 주기 위해 각색해서 이야기를 하기 때문에 여러 갈래의 이야기가 파생되기 마련이다. 아무튼 결론은 요마(폭군)로 인해 불바다가 될 뻔한 세상을 요마(폭군)의 딸(처녀)들이 구한다는 내용이다.

경홍시에서 약 8km쯤 떨어진 곳에는 원시삼림공원이 있다. 이곳에서는 상시로 발수절이 열려 직접 체험할 수 있다. 원형 저수지 중앙에는 날개를 활짝 편 공작의 조형물이 있고 그 아래에 우물이 있다. 스님이 우물에서 양동이로 물을 퍼내 전달하면 전달자가 다른 사람에게 릴레이식으로 전달한다. 그리고 공작에게 물을 뿌린 후 서로에게 물을 뿌리기 시작한다. 축제에 참여하는 사람들은 양동이와 바가지와 세숫대야는 물론 물을 담을 수 있는 그릇은 모두 들고 나온다. 축제현장에서는 외국인 관광객이든 상관 않고 물을 뿌리기 때문에 구경하다가 물세례를 흠뻑 받을 수 있다. 옷이 물에 젖는 것은 차치하더라도 카메라를 조심해야 하며 물에 적셔서는 안 되는 소지품은 미리서 비닐에 싸서 소지해야한다.

공원 내에서는 많은 공작을 볼 수 있다. 공작은 태족을 상징하는 새이다. 태족에게 있어서 공작은 길조이고 아름다움의 상징이며 행운을 가져다주는 새이다. 태족은 공작을 좋아해서 집집마다에는 공작의 조형물이 있고 여인들의 머리장식이나 의상에 공작을 상징하는 장식을 한다. 예쁜 종이를 오려 공작을 만들어 머리를 장식하고 의상에는 주로 수를 놓는다.

지붕의 공작조형물

'孔雀山莊공작산장'이란 표지석이 있는 곳에서는 조련사의 호루라기 소리에 많은 공작이 모여든다. 참으로 진귀한 풍경이다. 공원 내 숲속에는 3,000여 마리의 공작이 살고 있다고 한다.

태족의 전설에 의하면 아득히 먼 옛날, 서쌍판납 지역에는 매우 총명하고 용감한 소수둔召樹屯·자오슈툰이란 태족 왕자가 살고 있었다고 한다. 그를 좋아하는 아가씨들은 많았지만 마음에 드는 아가씨를 찾지 못하고 있었다. 그러던 어느 날 그의 절친한 사냥꾼인 친구가 말하길, "내일 아름다운 아가씨 일곱 명이 랑사나郎絲娜·랑쓰나 호수에 수영하러 올 거야. 그 중 가장 총명하고 아름다운 아가씨가 막내딸인 란오라나蘭吾羅娜·란우뤄나라는 공작공주孔雀公主야. 네가 그녀의 공작외투를 숨긴다면 그녀는 날아갈 수가 없어. 그럼 남아서 너의 아내가 되는 거지"라고 알려줬다.

다음날, 소수둔은 랑사나 호숫가에서 공작공주가 나타나길 기다렸다. 드디어 저 멀리서 일곱 마리의 공작이 호숫가로 날아와 일곱 명의 아가씨로 변해 공작외투를 벗고 호수로 들어가 아름다운 춤을 추기 시작했다. 왕자는 숨어서 지켜봤다. 일곱 공주 중 란오라나의 춤이 가장 우아하고 자태도 아름다웠다. 왕자는 감동했고 첫 눈에 반했다. 소수둔은 란오라나의 공작외투를 숨겼다. 란오라나의 언니들은 공작외투를 입고 모두 날아갔으나 란오라나만 공작외투를 찾지 못해 홀로 남게 되었다. 결국 소수둔은 공작공주를 아내로 맞이하게

서로 물을 뿌리는 광경

되었다.

  소수둔과 란오라나가 부부의 인연을 맺고 얼마 되지 않아 이웃 부족 간에 전쟁이 일어났다. 소수둔은 부족의 군사를 이끌고 출정했다. 전쟁 초기에는 매일 소수둔이 패전해 퇴각한다는 소식만 들려왔다. 이대로라면 자칫 영토를 모두 뺏길 위기에 처했다. 이때 무당이 왕자의 아버지인 소맹해 召勐海·자오멍하이에게 말하길, "란오라나는 요괴가 사람으로 변한 것입니다. 이 요괴로 인해 재난과 불행이 생긴 것입니다. 당장 요괴를 죽이지 않는다면 전쟁에서 반드시 패할 것입니다"라며 이간질을 했다. 결국 어리석은 소맹해는 무당의 거짓에 속아 공작공주를 화형에 처하기로 결정했다.

  란오라나는 화형장으로 끌려 나왔다. 공작공주는 눈물을 흘리며 소맹해에게 "제가 다시 한 번만 공작외투를 입고 춤을 출 수 있게 허락해 주세요"라며 간청했다. 소맹해는 허락했다. 란오라나는 오광십색 五光十色의 휘황찬란한 공작외투를 걸치고 우아하면서도 아름답

태족원 공연장에서의 공연(중국국가여유국 서울지국 제공)

게 나풀거리며 춤을 추었다. 그 자태는 환하게 빛났으며 참으로 아름다웠다. 춤을 추던 란오라나는 공작으로 변해 서서히 하늘높이 올라 멀리 가버렸다.

란오라나가 하늘로 올라 멀리 떠나간 후 소수둔이 전쟁에서 승리했다는 소식이 전해졌다. 승리를 거두고 돌아오는 개선장군인 소수둔을 모두들 노래하고 춤추며 환영했다. 그런데 그토록 그리워하던 아내는 보이지 않았다. 사실 소수둔이 승리할 수 있었던 것은 아내가 적을 깊숙이 유인해서 이길 수 있는 비법을 가르쳐 줬기 때문이었다.

소수둔은 아버지에게 아내가 가르쳐준 비법으로 전쟁에 승리할 수 있었다는 이야기를 들려줬다. 그리고 왜 아내가 보이지 않느냐고 물어보았다. 아들의 이야기를 들은 소맹해는 이미 엎질러진 물이고, 후회막급이었다. 자초지종을 낱낱이 아들에게 들려주었다. 정신을 차린 소수둔은 아내를 찾아오겠다고 다짐한다.

소수둔은 사냥꾼인 친구에게 란오라나의 고향이 어디냐고 물었다. 천산만수千山萬水를 지나야 하는 멀고 험한 곳이기 때문에 갈 수 없는 곳이라고 했다. 그러나 소수둔은 사냥꾼인 친구가 준 마력이 있는 황금화살 3대를 매고 말을 타고 아내를 찾아 나섰다. 소수둔은 각종 어려움을 극복하고 어느 산골짜기 입구에 도착했다. 산처럼 거대한 코끼리 두 마리가 막고 있었다. 소수둔은 황금화살 한 대를 꺼내 코끼리를 쏴서 길을 열고 산골짜기 입구를 통과했다. 그리고 길고 긴 여정에서 생긴 모든 역경을 극복하고 만신창이가 된 채 마침내 공작공주의 고향에 도착했다. 하지만 공작나라 왕은 소수둔 부족들이 란오라나 공주에게 불공평하게 대했다며 진정으로 소수둔이 란오라나 공주를 사랑하고 보호할 능력이 있는지를 시험해 보기로 했다. 만약 시험에 통과하지 못하면 란오라나를 돌려보내지 않기로 마음먹는다.

왕은 일곱 공주를 얼굴은 보이지 않게 휘장 뒤에 세워놓고 각 공주 머리 위에 촛불을 얹었다. 그리고 소수둔에게 아내를 찾아 화살로 촛불을 끄라고 했다. 소수둔은 고요히 마음을 가다듬고 아내에 대한 사랑의 힘에 의지해 두 번째 황금화살로 아내 머리 위에 놓인 촛불을 껐다. 그리고 그토록 보고 싶어 찾아 헤맸던 아내 공작공주를 만난다. 마침내 소수둔은 왕의 허락을 받아 아내를 데리고 고향으로 돌아왔다.

고향으로 돌아온 소수둔은 무당을 찾아 원수를 갚으려 했다. 사실 무당은 솔개가 사람으로 변한 것이었다. 무당은 소수둔이 찾아온다는 소문을 듣고 원래 모습으로 변해 하늘로 도망치려 했다. 하지만 소수둔은 마지막 남은 황금화살로 무당을 쏘아 죽였다. 이후 평화와 행복을 상징하는 공작공주의 이야기는 태족 사이에서 한 세대 한 세대 이어지면서 널리 전해지게 되었다.

이 설화는 원래 몽골 등의 북방민족 사이에서 전해진 '조녀설화鳥

女說話'가 점차 남하해 중국으로 전파됨에 따라 중국 도교의 영향으로 신선세계와 관련을 맺으면서 조녀는 선녀로 변이되어 전파한 것으로 추정된다는 학설이 있다. 우리나라 대표적 전래동화 중 하나인, 사슴의 보은으로 부부가 된 '나무꾼과 선녀'에 대한 설화와 매우 닮았다는 생각이 든다.

경홍에서 버스로 두 시간 거리에는 '감람패橄欖覇 · 간란바'가 있다. "서쌍판납에 와서 감람패를 보지 않으면 서쌍판납에 왔다고 말할 수 없다"는 말이 있을 정도로 유명세를 타고 있다. 그러나 막상 이곳을 보고 실망한 여행자도 적잖다. 물론 여행 목적과 관점에 따라 다르게 평가할 수 있기 때문에 실망하고 안 하고는 여행자의 몫이다. 태족원傣族园 공연장에서는 매일 오전 9시와 오후 3시 30분에 공연을 하는데 관광객들은 옷을 빌리는 값이라 해서 별도의 비용을 지불해야만 동참할 수 있다.

TIP

태족은 죽통차를 마시길 좋아한다. 태족이로 '납타'라 한다. 이것은 일종의 독특한 음차방식으로 우선 봄에 딴 찻잎(말린 것)을 방금 베어온 죽통 내에 넣고 화당(방바닥을 파서 만든 화로)의 삼각대에 놓고 굽는다. 죽통 내의 찻잎이 가득 찰 때까지 한편으로 넣으면서 한편으로 굽는다. 차를 구워 말린 후, 찻잎을 꺼내 사발에 놓고 약 끓는 물을 넣어 약 5분간 경과 후 마실 수 있다. 대나무 통 안에서 굽기에 죽통차의 맛 또한 특별하다.

CHAPTER 03

삼국성지三國聖地 · 천부지국天府之國
천하 모든 풍경 있는
사천성
四川省 /쓰촨성

쓰촨성 관광안내도

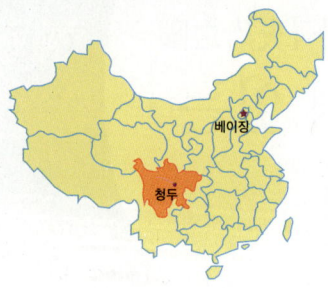

중국 지도에서의 쓰촨성 위치

범례

- 🔴 성급 행정중심
- 🌐 세계유산
- 🌲 국가 중점 풍경명승구
- 🦌 국가급 자연보호구
- ⛰️ 국가지질공원
- 🌳 국가삼림공원
- ✺ 관광지

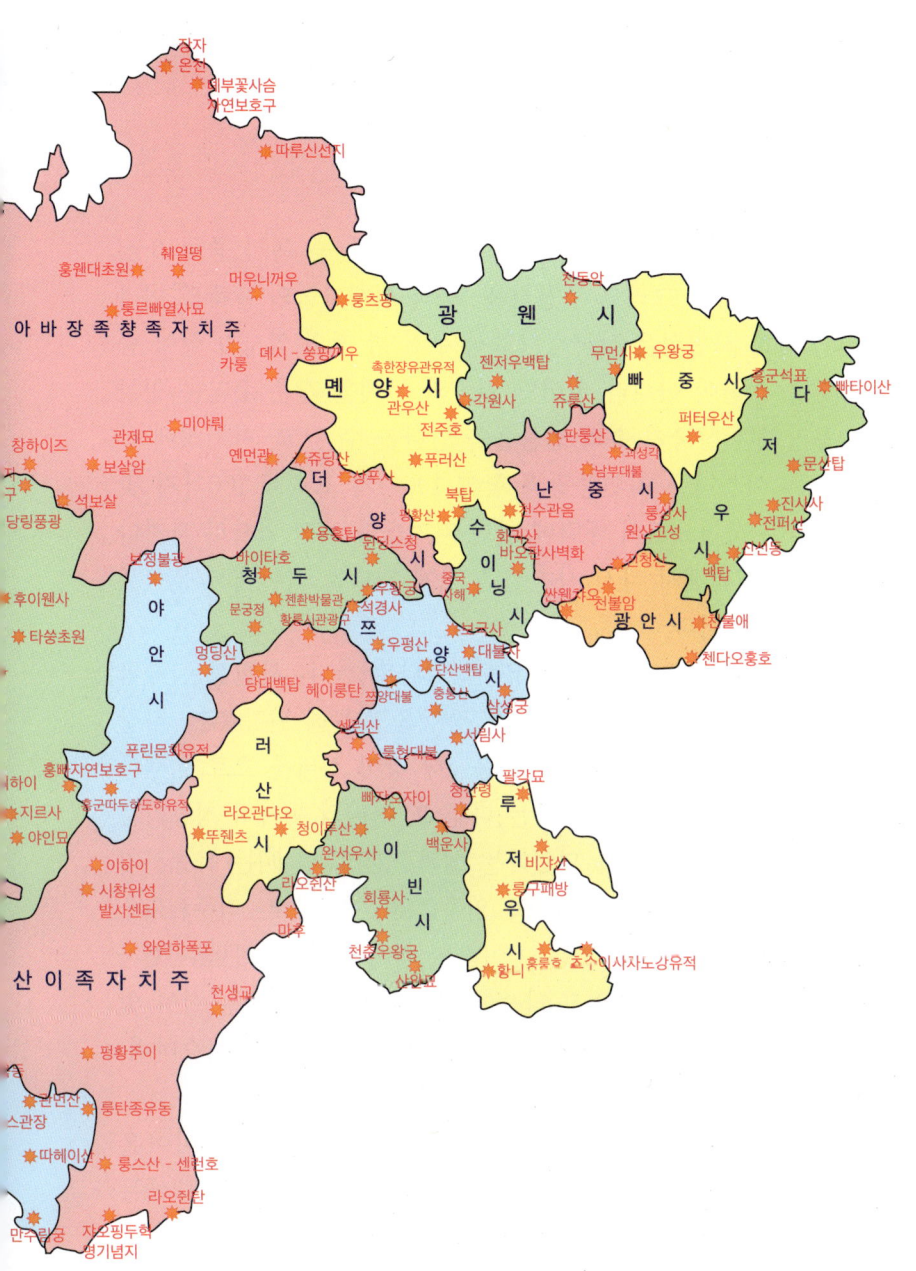

사천성 개요

필자는 중국의 여러 여행지 중 특히 중국 3성, 즉 귀주성, 운남성 그리고 사천성을 "중국 여행자들의 블랙홀"이라 말한다. 특히 사천성은 삼국성지로서 수천 년 전의 역사가 살아 숨 쉬고 있을 뿐만이 아니라 뛰어난 지략과 무예를 갖춘 수많은 인물들이 등장하는 삼국지 속의 인물들을 만나볼 수 있고, 사천성에 산재해 있는 아름다운 자연풍광과 함께 100가지 요리에 100가지 맛이 감돈다는 사천요리의 매력에 한번 빠져들다 보면 쉽사리 빠져나올 수 없어 계속해서 다시 사천성을 찾게 된다는 의미에서 블랙홀이라 표현한 것이다.

사천성이란 이름은 다음에서 유래되었다고 한다. 사천성은 중국 남서부 장강 상류에 위치해 있는데, 장강을 비롯해 민강岷江 · 타강沱江 · 퉈강 · 가릉강嘉陵江 · 자링강 등 4대 강이 성내를 흐르기 때문에 붙여진 이름으로 황하문명과는 다른 또 하나의 독자적 청동기문화인 사천문명의 중심지가 되었다는 설과, '四川'의 四는 북송시기 사천지역에 설립된 4개의 '路' 즉 익주益州 · 재주梓州 · 리주利州 · 기주夔州의 4군데로 갈수 있는 곳이라는 의미에서 '川峽四路천협사로'에서 사천로가 유래되었고 나중에 사천으로 변경했다는 설이 있다. 여기에서 '路'는 송나라 행정구역으로 현재의 '省'과 비슷하며, '川'은 하천이 아니라 '平原평원'을 의미한다.

사천성의 성도省都인 성도成都 · 청두는 전국시대부터 이어온 2,000여년의 역사를 간직하고 있는 문화도시로서 춘추전국시대에는 촉蜀의 도읍지였고, 삼국시대 때 촉한을 통일한 유비劉備가 수도로 삼았던 곳이다. 또한 성도는 예로부터 '하늘에서 내려준 땅'이란 뜻으로 천부지국天府之國이라 불렸다. 왜냐하면 성도는 성도평원의 중부에 위치해 있고 강우량이 풍부해 비옥한 농경지만 해도 약 6천 6백만m² 약 2,000만 평가 넘으며, 풍부한 천연자원과 주식으로 먹을 수 있는 식량 등 온갖 산물이 나지 않는 것이 없기 때문이다.

성도는 사방이 산으로 둘러싸인 분지이자 산세가 워낙 험해 예로부터 주요 군사적 요충지였다. 이뿐만이 아니다. "촉국의 개들은 해만 보면 짖는다"는 뜻인 蜀犬吠日촉견폐일이란 고사성어가 탄생할 정도로 첩첩이 산으로 둘러싸여 있어서 해를 좀처럼 볼 수 없고 흐린 날이 많다. 촉견폐일은 식견이 부족한 사람을 비유적으로 이르는 말이기도 하다.

일본 강점기 때는 일본군이 폭격기를 출격시켜 사천성에 있는 군사기지에 폭탄을 떨어뜨리려고 했으나 짙은 안개 때문에 목표물이 가시권 안으로 들어오지 않아 떨어뜨리지 못하고 되돌아가 피해를 입지 않았다고 할 정도로 안개가 많다.

사천성은 여름에는 매우 덥고 습도가 높을 뿐만이 아니라 여러 종류의 독충과 사람을 해치는 벌레와 뱀이 많았다고 한다. 그렇기 때문에 자극적인 음식을 통해 많은 땀을 배출하면서 몸속에 있는 독성까지 빼줌으로써 건강을 회복하기 위해 예전부터 매운 음식을 즐겨 먹었다. 이런 기후조건 때문에 사천성에는 독특한 음식문화가 발달했나. 바로 사천요리이다. 중국에서 천채川菜·촨차이라고 불리는 사천요리는 기름지지 않고 매운맛이 특징으로 북경요리, 상해요리, 광동요리와 함께 중국을 대표하는 4대 요리이다.

"食在中國·味在四川식재중국·미재사천"이란 말이 있다. 즉 "음식은 중국에 있고 맛은 사천에 있다"는 뜻이다. 또 이런 말도 있다.

"不怕辣·怕不辣불파랄·파불랄" 즉 "매운 것은 두렵지 않다. 다만 맵지 않을까 두려울 뿐이다"라는 뜻이다. 이뿐만이 아니다. "湖南人不怕辣호남인불파랄, 貴州人辣不怕귀주인랄불파, 四川人怕不辣사천인파불랄"이란 말도 있다. 즉 "호남사람은 매운 것을 두려워하지 않고, 귀주사람은 매워도 겁내지 않으며, 사천사람은 맵지 않을까봐 두려워한다"는 말이다. 이렇듯, 사천사람은 매운 것을 좋아한다. 사천요리는 짠맛, 단맛, 매운맛 그리고 신맛을 토대로 여러 가지 다양한 조미료를 넣어 만드는 것으로 유명하다.

사천성 사람들은 매운 것을 먹어야 힘이 난다고 한다. 그런데 매운 것을 초월해서 여러 가지 종류의 매운 향신료를 넣어 알알할몹시 맵거나 독해서 아리고 쏘는 느낌 정도의 요리를 즐긴다. 이정도로 매워야만 먹고 난 후 개운하다고 한단다. 오죽하면 사천성 여자들이 매운 것을 잘 먹기 때문에 별명이 '매울 辣랄' 자를 써서 '辣妹子랄매자·라메이즈'라고 한다. '매운 여자' 란 뜻이지만, 성격이 사내 같고 말솜씨가 뛰어난 아가씨, 즉 말괄량이를 말한다.

이곳 사천성 사람들은 매운맛이 강한 대표적 사천요리인 마랄화과 麻辣火鍋·마라훠궈(이하 '마라훠궈' 라 칭함)를 즐겨 먹는다. 마라훠궈를 먹으면 두 번 운다고 한다. 한번은 먹을 때 매워서 울고, 또 한번은 먹은 후 화장실에 갔을 때 뒤가 아려서 운다고 한다. 얼마나 매우면 "입에서 화산이 폭발하는 것 같다"라고 할까. 물론 마라훠궈라 해서 다 매운맛인 것은 아니다. 육수를 끓이는 그릇 가운데는 둘로 나뉘어 있다. 일반적으로 태극모양이 많다. 각각 백탕흰 육수과 홍탕붉은 육수이 담겨있다. 매운맛이 싫으면 고기의 뼈를 고아서 담백한 맛을 낸 백탕에 익혀 먹으면 되고, 매운맛을 좋아하면 여러 가지 고추와 한약재를 섞어 보기만 해도 매울 것 같은 홍탕에 익혀 먹으면 된다.

소스는 일반적으로 마장麻醬·마찌앙이라고 하는 땅콩소스를 즐겨 먹는다. 그러나 필자가 좋아하는 소스는 들깨 소스인 지마장芝麻醬·찌마찌앙이다. 지마장은 마늘기름이 섞인 소스를 적당한 비율로 섞은 것인데 맛이 더욱 좋고 입에 딱 맞다.

이외에도 대표적인 사천요리로 마파두부麻婆豆腐·마포더우푸가 있다. 마파두부는 처음으로 이 요리를 만든 노파의 얼굴에 마마자국이 있어 붙여진 이름으로, 저민 고기에 빨간 고추와 초피 그리고 두변장豆辨醬·두우반샹·사천요리에서 매운맛의 기초가 되는 조미료 등을 넣고 볶은 다음 닭고기 육수에 두부를 넣고 찌는 요리로 빨간 고추의 매운 맛과 초피의 얼얼한 맛이 특징이다.

사천성은 예로부터 자원이 풍부하고 살기 좋기 때문에 사람들 또한 풍요롭고 여유로운 생활을 즐긴다. 특히 이곳 사람들은 다관茶館에 모여서 한 잔의 차를 나누며 이야기 하는 것을 좋아한다. 그렇기 때문에 유서 깊은 다관이 많은 곳이 성도이다. 심지어 비즈니스 할 때도 술집보다는 찻집을 더 선호한다. 맑은 정신에서 비즈니스를 하기 때문에 성공률이 높고 그로인해 부자가 많다고 한다.

향장香腸·상창과 석육腊肉·라러우

여러 종류의 꼬치

사천성은 중국 근대사에서 매우 중요한 의미를 갖는 곳이기도 하다. 1895년 4월, 일본의 시모노세키에서 청나라의 이홍장李鴻章·리홍장과 일본의 이등방문伊藤博文·이토 히로부미이 시모노세키 조약下關條約을 통해 중경重慶·충칭이 개항되면서 사천성의 근대사가 시작되었다. 이뿐만이 아니다. 마오쩌둥의 홍군당시 공산당군이 국민당의 추격을 피해 2만 5천리약 9,800km라는 세계 역사상 그 유례를 찾아볼 수 없는 대장정에 돌입했을 때 사천성의 험한 지형은 국민당군의 추격을 따돌리는데 유리했고, 대도하大渡河·따뚜허를 건너려는데 배가 세 척밖에 남아 있지 않아 당시 가장 위험한 고비였던 대도하 작전을 폈던 홍군의 이야기는 오늘날 중국의 전설이 되었다. 그리고 국민당을 이끌던 장제스는 공산당 홍군과의 전쟁에서 패하고 대만으로 떠난 곳도 사천성 성도였다. 2000년대부터 불기 시작한 서부대개발의 중심지역인 사천성은 2050년에는 격세지감을 느끼게 하는 새로운 역사의 한 페이지를 장식할 것이다.

대표적인 사천요리

1. 닭 가슴살·땅콩·피망·말린 고추를 주재료로 해서 볶아 만든 궁보계정宮保鷄丁·꽁바오지딩
2. 다진 고기와 두부 그리고 붉은 고추와 피망을 이용한 마파두부麻婆豆腐·마포떠우푸
3. 돼지고기·피망·죽순·마른고추를 이용한 회과육回鍋肉·호이꿔로우
4. 돼지고기·목이버섯·죽순·마른고추를 이용한 어향육사魚香肉絲·위샹로우쓰
5. 양고기 요리인 양육과자羊肉鍋子·양러우궈쯔
6. 새우고추장볶음인 간소명하干燒明蝦·간샤오밍샤

고대 중국 비단거리였던
금리
錦里

위·촉·오나라가 맞서 있던 삼국시대 때 촉나라의 수도였던 성도에는 촉나라시대 때의 거리를 재현해 놓은 금리진리가 있다. 금리는 촉나라에서 가장 오래된 상업거리로 최초의 번화가였다. 촉나라의 수도로 번성했던 당시 성도의 모습을 엿볼 수 있는 금리는 2004년에 무후사 바로 옆에 옛 모습 그대로 새로 조성한 저잣거리이다. 이곳에는 먹을거리와 볼거리가 많아 무후사를 찾는 사람이라면 반드시 찾는 명소가 되었다. 매일 수십만 명이 찾는 금리는 촉한시기부터 차마고도로 이어지는 교역로였을 뿐만이 아니라 실크로드絲綢之路·사주지로를 통한 서역西域·예전에, 중국인이 중국의 서쪽 지역을 통틀어 이르던 말과의 교역이 활발해지면서 이 지역의 주요 생산품목 중 하나인 비단이 팔려나가는 주요 길목이었다. 실제 사천성의 고도인 낭중閬中·랑종은 비단으로 유명하며 성도시내 중심을 흐르는 강 이름이 금강錦江인 것에서 알 수 있듯이 이곳은 예부터 비단의 주요 생산지였다. 그러니까 금리는 사마고도와 실크로드로 이어시는 모두의 교역로였던 셈이다.

성도는 대나무가 많아 죽세공으로도 유명하다. '錦里'라 적힌 현판을 지나면 광장이 나오고 광장에는 수많은 인파가 운집해 있다. 왼쪽 길로 접어들면 맨 먼저 눈에 띄는 것이 장비우육張飛牛肉을 판매하는 가게이다. 장비우육이란 소고기로 만든 육포를 말한다. 장비가 유비를 만나기 전에 푸줏간을 했는데 특히 소고기를 좋아했다고 한다. 이후 장비가 위나라 정벌을 위해 파서巴西에서 위나라 장수 장합張郃과 대치하던 중 병사들의 사기를 북돋아주기 위해 장비가 직접 소고기 육포를 만들어 나눠줬다고 한다. 전투식량으로 만든 소고기 육포였던 셈이다. 그런데 소고기로 육포를 만들고 보니 장비얼굴과 같이 거무스름했다. 그래서 장비우육이라 불렸다고 한다. 지금은 촉촉하게 양념한 소고기를 진공포장해서 '장비육포'란 상표를 붙여

금리 입구

체인망을 통해 전국으로 판매되고 있다. 전에는 장비로 분장한 사람이 가게 앞에서 호객하고 있었는데 이번에는 보이지 않는다.

이곳저곳을 두리번거리다가 호기심이 발동해 그림자 인형을 파는 곳에서 발걸음을 멈췄다. 그림자극인 영희影戲는 사람의 형체를 종이로 오려서 해설자가 종이인형이 움직이는 동안 이야기를 재미있게 들려준다. 무대가 따로 있는 것이 아니다. 종이인형을 파는 현장에는 '演表影皮연표영피'가 있어 막을 치고 공연을 한다. 흰 천막을 내리면 즉석무대가 만들어지는데 가게주인이 직접 무대 뒤에서 공연을 연출한다. 유네스코 인류무형유산에 등재된 그림자극인 영희는 기록된 역사만도 2천년이나 되었다고 한다. 송대에는 영희가 수영희手影戲 · 지영희紙影戲 · 피영희皮影戲 등 세 종류가 있었다. 수영희는 손으로 그림자를 만들어 연출하고, 지영희는 종이를, 피영희는 탄성과 투명도

서촉제일가

장비우육 매장

그림자극인 영희

금리거리

가 좋은 소가죽을 이용해 모양을 만들고 색을 입힌 뒤 그림자를 이용해 이야기를 연출한다. 색을 입혔기 때문에 총천연색 그림자극이 된다. 이야기 내용은 주로 장비와 관련한 것이 많다.

이외에도 금리의 저잣거리를 거닐다보면 '西蜀第一街서촉제일가' 패방을 비롯해 제갈량이 발명했다는 연환노連環弩, 즉 연발화살로 과녁을 맞히는 촉한병기사격장이 있다. 또한 제갈량이 마셨다는 우물인 제갈정諸葛井과 촉금고방직기蜀錦古紡織機 그리고 설탕을 적당하게 녹인 후 호스를 통해 사람의 입으로 공기를 불어 넣고 손으로 늘려서 닭·개·돼지·쥐 등 12간지 동물 캐릭터를 만들어 판매하는 인당취人糖吹·렌탕츄이도 있다. 사진 한 장이면 꼭 닮은 인물상을 만들어주는 거리의 조각가도 있다. 이외에도 필자의 관심을 끈 것은 '采耳按摩채이안마'라 적힌 조끼를 입고 있는 귀안마사들이다. 채이안마는 귀지를 제거한 후에 도구를 이용해 미세한 진동으로 귀속을 안마해 주는 것을 말한다. 값이 저렴할 뿐만이 아니라 뭐라 형용할 수 없는 짜릿한 맛을 느끼게 하는 귀안마이다. 정말이지 여행의 피로가 확 풀리는 듯하다.

 이곳에서 마지막으로 만난 사람은 유비의 60대 후손이라는 유창 씨로 '劉鞋草유혜초·유씨네 짚신'란 가게를 운영하며 살고 있다. 유창 씨의 말에 의하면 유비는 원래 짚신을 파는 상인이었지만 대의가 있고, 너그러웠으며, 천하를 다스릴 수 있는 마음을 가지고 있었다고 한다. 그리고 어릴 때부터 사람들이 그를 좋아해서 많이 따랐으며, 짚신을 꼬아 생계를 연명했던 가난한 황실의 후예에서 촉나라의 황제가 된 불굴의 사나이라는 점에서 매우 높이 평가하고 자랑스럽게 생각한다고 한다. 금리 저잣거리는 시간적인 여유를 가지고 느긋하게 둘러보는 것이 좋다.

신발가게

먹거리

인당취

천극지화川劇之花인
변검
變臉

금리의 끝에는 변검삐엔리엔을 볼 수 있는 공연장이 있다. 공연장이 원래는 무후사 내에 있었는데 이곳으로 옮겼다고 한다. 사실 변검을 공연하는 곳은 이곳뿐만이 아니라 성도시내 곳곳에는 크고 작은 공연장이 있다. 변검은 중국 전통 극 중 사천지방에서 전해 내려오는 연극인 천극川劇 중 한 부분으로 손을 대지 않고 순식간에 가면을 바꾸어 다양한 감정변화를 표현하는 극이다. 그러니까 변검은 천극에서만 볼 수 있는 연기기술이다. 이때 쓰는 가면들은 충성스러움과 간사함 그리고 사악한 인물들의 감정변화를 표

변극가면

현하는데 가면색은 홍색·녹색·남색·
황색·흑색·백색·자색 등 다양하다.

가면도 처음에는 겨우 3장만을 바꾸는
삼변화신三變化身에 불과했지만, 천극 예
술가이자 '변검왕'이란 칭호를 얻은 왕도
정王道正·왕다오징이 연구를 거듭한 끝에
1996년에는 3분 내에 8장의 가면을 변환
하고 한 공연에서 연속 24장의 가면을 바
꾸는 기록을 세웠다. 이를 이십사변화신
二十四變化身이라고나 할까.

변극공연

변검 공연 전에는 여포와 초선의 사랑
이야기실제는 동탁과 여포 사이를 이간질시
키는, 중국 전통악기인 얼후二胡를 이용한
서양고전음악 연주, 사천성 여인들의 괄
괄한 성격을 표현하는 일상적인 삶이면서
코믹한 남자 주인공이 촛불을 머리에 얹고 하는 묘기인 곤정滾灯·
군딩, 손으로 하는 그림자놀이인 수영희手影戲·셔우잉시 등 다양한
공연이 펼쳐진다. 그리고 나서 변검 공연이 시작된다.

변검은 긴박감을 더해주는 음악과 소림무술을 연상케 하는 몸동작
그리고 커다란 부채를 이용해 무대를 휘젓고 다니다가 관중의 정신
을 쏙 빼놓은 후 연기자가 얼굴에 쓴 가면을 눈 깜짝할 사이에 바꾸
는 마술과 같은 공연도 훌륭하지만, 손으로 인형을 조종하는 꼭두각
시놀음인 목우희木偶戲·무어우시는 고도의 기술을 요하는 '인형 변
검'으로 단연 압권이다. 정말이지 동작 하나하나에 잠시도 눈을 뗄
수 없을 뿐만이 아니라 숨 돌릴 틈도 주지 않는 멋진 공연이다.

변검의 유래는 지배층의 수탈과 학정으로 고통 받던 사천 민중을

올빼미 그림자

손으로 그린 올빼미 그림자

중국 전통악기인 얼후 연주

돕기 위해 의적이 된 주인공이 관병의 추적을 따돌리기 위해 얼굴을 바꿔가며 선행을 하는 과정에서 탄생했다는 설과, 옛날 변변한 무기가 없던 시절 사람들이 사나운 짐승을 만났을 때 이를 쫓기 위해 가면을 만들어 썼는데 이것이 여러 형태로 변해 오늘날 변검이란 독특한 예술이 생겼다고 전해진다.

변검 기술을 전수하는 데는 매우 엄격한 규정이 있다고 한다. 傳男不傳女전남불전녀, 傳內不傳外전내불전외 그리고 傳長不傳庶전장불전서이다. 즉 '남자에게는 전수하되 여자에게는 전수하지 않고, 내부인에게는 전수하되 외부인에게는 전수하지 않으며, 장자에게 전수하되 서자에게는 전수하지 않는다.' 는 말이다. 요즘에는 이 원칙도 무너져서 변검을 공연하는 여배우가 있을 뿐만이 아니라 전수를 받고 국내로 돌아와 공연하는 한국 사람도 있다.

군신을 함께 모신
무후사
武侯祠

금리와 이어지는 길 끝에 1,500여년의 역사를 간직한, 유비와 제갈량의 제사를 지내기 위해 모신 사당인 무후사_{우호우츠}가 자리하고 있다. 중국 최대의 삼국유적 박물관인 무후사는 제갈량이 죽은 지 70년이 지난 후 그의 높은 공덕을 기리기 위해 세웠다고 하지만 정확하게 언제 지어졌는지는 알 수 없다고 한다. 다만 대략 6세기에 세운 것으로 추정할 뿐이다.

무후사란 이름은 제갈량이 죽은 후에 부여한 시호인 충무후忠武侯에서 유래되었다. 현재의 무후사는 청나라 강희 11년1672년에 옛터 위에 중건 확장한 것이다. 사실 중국에는 제갈량을 기리기 위한 크고 작은 사당이 많이 있지만 이곳의 무후사가 가장 크고 유명하다.

한소열묘 정문

황제 유비의 무덤과 신하인 제갈량의 사당이 함께 있어 더욱 유명한 무후사는, 중국에서도 유일하게 황제와 신하의 사당이 동시에 있고 원래 신하의 사당으로 시작해서 뒤에 황제의 무덤이 있는 아주 독특한 구조이다.

　무후사를 들어서면 제갈량이 아닌 촉한의 초대 황제인 유비가 먼저 맞는다. 정문 현판에도 '漢昭烈廟한소열묘'라 적혀있다. 그렇기 때문에 무후사의 공식명칭은 한소열묘이다. 여기에서 '漢'은 촉한이라는 역사시대를 가리키고 '昭烈'은 유비의 시호이다. 그러니까 '촉한의 황제 유비를 모신 사당'이란 뜻이다. 한소열묘가 먼저인 것은 군신서열에 따른 것으로 생각된다. 한소열묘 현판 아래에는 '成都武侯祠博物館성도무후사박물관' 안내판이 걸려 있고 왼쪽 벽에는 '武侯祠'가 음각되어 있다. 흡연금지 안내판도 보인다.

　그럼 왜 제갈량의 사당인 무후사에 유비가 함께 있는 걸까? 이곳이 본래는 제갈량을 모신 작은 사당이었는데 명대에 유비의 위패를 모셔

유비와 유선을 상징하는 용 부조

당비

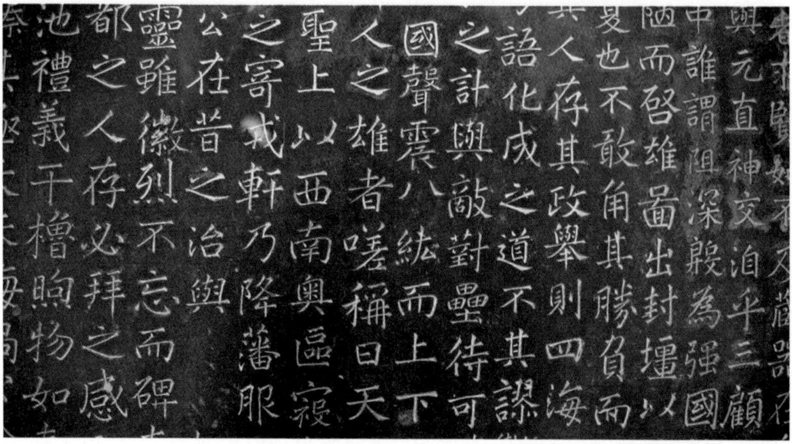

당비에 새겨진 글씨

와서 중국 유일의 군신합동사당이 되었다. 평생 유비에 대한 의리와 충성심을 보여준 제갈량이 죽어서까지 주군을 모실 수 있도록 1390년 무후사에 함께 모셨다고 한다. 이는 유비와 제갈량이 살아서 늘 함께 했었고 죽어서도 함께한다는 뜻이기도 하다. 그만큼 황제와 신하사이에 매우 친밀하면서도 깊은 신뢰가 있었다는 것을 의미한다.

정문 앞에는 직사각형의 검은 벽이 있다. 조벽照壁이다. 조벽을 건축에서는 대문 밖에서 집안이 보이지 않도록 여러 무늬를 새겨서 대문의 안쪽에 세운 벽을 말하지만, 이곳에서는 귀신을 비추는 벽이라 해 '비출 照'자를 써서 조벽이라고 한다. 귀신은 사람의 눈으로는 볼 수 없지만 귀신이 조벽을 지날 때 벽에 귀신이 그림자가 나타난다고 한다. 그래서 소벽 때문에 귀신이 무후사 내로 들어올 수 없다는 것이다. 조벽 중앙에는 용 두 마리가 조각되어 있다. 이는 촉의 황제 두 명, 즉 유비와 유선을 상징한다. 그리고 조벽 네 귀퉁이에는 박쥐가 조각되어 있다. 박쥐가 서양에서는 마녀와 악마의 상징이지만, 중국에서 박쥐는 '박쥐 蝠복' 자와 '복 福' 자를 같은 뜻으로 해석

강희제 어필인 '明良千古' 현판

해서 다복과 다남 그리고 행운을 상징한다. 이뿐만이 아니다. 박쥐는 몸집이 작고 날개가 몸집의 몇 배 크기이기 때문에 많은 땅과 재산을 갖고 있는 관리나 지주를 상징하기도 한다.

정문을 들어서면 1547년, 장시철張時徹이 문장을 짓고 고등高登이 비석을 만들어 세운 '명비明碑'가 있다. 명비 속에 담긴 글은 무후사를 지었을 때부터 명나라 때까지 무후사의 변천사를 기록한 내용인데 명비 아래에 있는 동물이 유명하다. 이 동물은 거북과 비슷하게 생겼지만 용왕의 아들인 '오鼇·아오'라는 동물로 전설상의 바다에 사는 큰 거북 또는 자라를 말한다. 맞은편에는 제갈량의 치적을 찬양하는 '촉승상제갈무후사당비蜀丞相諸葛武侯祠堂碑'가 있는데 당나라 시대의 비석이라 해 '당비唐碑'라고도 한다. 서기 809년에 세운 당비는 당나라의 명 승상 배도裵度가 문장을 짓고, 명 서예가 유공탁柳公綽이 글을 썼으며, 명 공예가 노건魯建이 석각石刻했는데 문장, 서법, 석각 모두가 뛰어나기 때문에 삼절비三絕碑로도 불린다. 정말이지 글씨 하나하나가 예술이다.

이문의 현판에는 강희제의 어필인 "明良千古명량천고"가 있다. "현명한 군주, 훌륭한 신하 천고아주 오랜 세월에 본보기가 되리라"라는 뜻이다. 여기에서 현명한 군주는 유비를, 훌륭한 신하는 제갈량을 가리킨다. 그런데 '밝을 明' 자가 '눈 目' 자에 '달 月' 이다. 이는 제갈량에게 있어서 유비 또는 유비에게 있어서 제갈량은 서로 눈과 같은 존재였기 때문이라는 설과, 유비가 인재를 뽑아 쓰는 눈이 탁월했다는 설 그리고 명나라가 다시 부흥하는 것을 억누르기 위해 강희제가 일부러 그렇게 썼다고 전해진다.

이렇듯 중국의 많은 유적지의 건물 현판에는 한 획을 더하고 빼고 쓴 글들을 접하게 된다. 그렇지만 이렇게 쓴 글씨가 틀린 것은 아니고 아무도 그 깊은 뜻을 이해할 수 없으며 '아마 그랬을 것이다.' 라고 미루어 짐작만 할 뿐이다. 왜냐하면 주로 황제나 고위 관리가 그렇게 썼기 때문에 감히 물어볼 수 없었기 때문이다. 현대에 와서 그 대표적인 경우가 상해의 황포 강黃浦江·황푸 강을 건너기 위한 목적으로 설계, 건조된 현수교인 남포대교南浦大橋·난푸다챠오의 현판이다. 총길이가 물경 8,346m에 달하는 남포대교는 양 탑 사이를 로프가 연결하고 있는 중간에 세로로 등소평鄧小平·덩샤오핑(이하 '덩샤오핑'으로 칭함)이 썼다는 '南浦大橋'의 현판글씨가 또렷이 보인다. 그런데 유심히 살펴보면 '浦' 자에서 점을 아래에 찍은 것을 발견할 수 있다. 그 이유는, 옛날에 황포 강은 비가 조금만 와도 하천의 범람으로 농경지가 침수되고 수재민이 발생하는 등 피해가 많았다고 한다. 중국에서 세로인 '一'은 다리를 상징하고 가로인 'ㅣ'은 축을 상징하다. 그리고 '‥점'은 물을 상징한다. 그렇기 때문에 점을 아래에 찍음으로써 물이 다리 아래로 흐르라는 의미라고 한다. 그래서인지는 몰라도 이후 황포 강이 범람하는 경우는 한 번도 없었다고 한다. 백범 김구 선생도 "욕심이 없고 마음이 깨끗해야 뜻을 밝게 가질 수 있다"는 뜻인 澹泊明志담박명지 붓글씨를 쓰면서 '눈 目' 자에 '달 月' 자로 쓴 적이 있다.

악비 장군이 일필휘지로 쓴
전출사표
前出師表

다음에는 왼쪽 회랑에 악비岳飛·웨페이장군이 쓴 제갈량의 전출사표가 나온다. 악비장군은 중국 남송의 명장이며 민족의 영웅으로 추앙받고 있는 인물이다. 그런데 어떻게 해서 제갈량이 지은 문장에 악비장군이 쓴 글씨가 이곳에 남게 된 걸까.

전해져 내려오는 이야기에 의하면, 악비장군이 전쟁을 하기 위해 출정 중 해질 무렵 무후사를 지나가게 되었다고 한다. 그런데 많은 비가 내렸다. 악비장군을 비롯해 병사들은 비를 피하기 위해 무후사에서 하룻밤 신세를 지게 된다. 당시에는 도교에서 무후사를 관리하고 있었다.

다음날, 악비장군 일행이 떠나려고 하자 무후사를 관리하던 도사가 악비장군에게 떠나기 전 글씨 하나를 남겨달라고 부탁을 했다.

전출사표

악비장군이 민족의 영웅으로 유명하다는 것을 잘 알고 있었기 때문이다. 하룻밤 신세도 졌고 고마운 마음에 악비장군은 붓을 들고 뭘 쓸까를 곰곰이 생각해 보았다. 마침 이곳이 제갈량의 사당인 무후사이고 오래전 제갈량의 출사표를 읽고 감동을 받았기 때문에 출사표가 머리에 떠올랐다. 그래서 일필휘지로 써내려갔다. 그런데 악비장군이 쓴 글씨를 보면 처음에는 단정한 정자체지만 점점 초서체로 변한 것을 볼 수 있다. 이는 악비장군이 글을 써내려가면서 북받쳐 오른 감정을 억제하지 못하고 눈물을 뚝뚝 흘리며 쓴 글씨이기 때문이라고 한다.

출사표를 유심히 살펴보면 '先帝선제'라는 어휘가 모두 12번이 나온다. 그런데 필체가 모두 같지 않다. 이는 악비장군의 심리상태의 변화를 읽을 수 있는 필체들이다. 이뿐만이 아니다. 악비장군이 이 글을 쓰면서 몇 군데 틀렸다는 것이 발견된다. '현명한 신하를 가까이 하고 소인배를 멀리하라'는 뜻인 '親賢臣遠小親현신원소'에서 '賢'자를 빼먹고 바로 '臣'자부터 쓴 후 '賢'자를 옆에 써넣은 것이 그 대표적이다.

출사표는 신하가 적을 정벌하러 떠나기 전에 황제에게 올리던 상주문上奏文을 말한다. 이중에서도 제갈량의 출사표가 가장 유명하다. 제갈량의 출사표는 전출사표와 후출사표가 있다. 전출사표는 당시(227년) 촉한의 승상인 제갈량이 유비가 죽기 전, 천하통일의 대업을 이뤄달라는 유비와의 약속을 지키기 위해 위나라를 정벌하기 위해 떠나면서 후주인 유선에게 비장한 심정을 담아 구구절절 우국충정이 느껴지는 명문장을 지어 올린 글이며, 후출사표는 위나라와의 1차 북벌에서 실패한 후, 전세를 재정비한 후에 다시 출정을 앞두고 유선에게 올린 두 번째 글을 말한다. 후출사표는 후세사람에 의해 윤색되었다는 의혹을 받고 있기 때문에 일반적으로 출사표하면 전출사표를 말한다.

제갈량이 유선에게 올린 출사표에 담긴 내용을 간략하면 이렇다. 유비가 죽은 후 17세에 유비의 뒤를 이어 황제에 오른 유선은 아직 국정을 총괄하기에는 어렸기 때문에 유비의 탁고기명託孤寄命·어린 임금을 후견인에게 부탁하고 국정을 맡김을 받은 승상 제갈량으로서는 북벌을 위해 유선의 곁을 떠나면서 유선이 나라를 잘못 다스릴까봐 노심초사했던 모양이다.

출사표에 담긴 문장 중 가장 중요한 내용은 한나라를 예로 든 부분이다. 한나라는 기원전 206년에 고조高祖 유방劉邦이 세운 왕조로서 서기 220년에 마지막 황제인 헌제獻帝가 조조의 아들 조비曹丕에게 제위를 물려줌으로써 역사에서 사라지게 되고 조비는 이후 나라 이름을 위魏로 바꾸었다. 그러니까 한나라는 삼국시대 바로 이전의 왕조이다.

한나라의 흥망성쇠를 누구보다 잘 알고 있었던 제갈량이었기에 한

'先帝'의 다른 필체

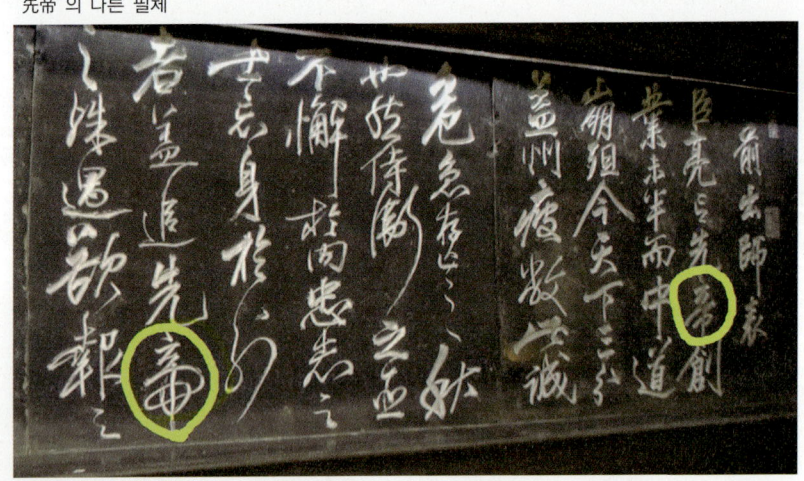

 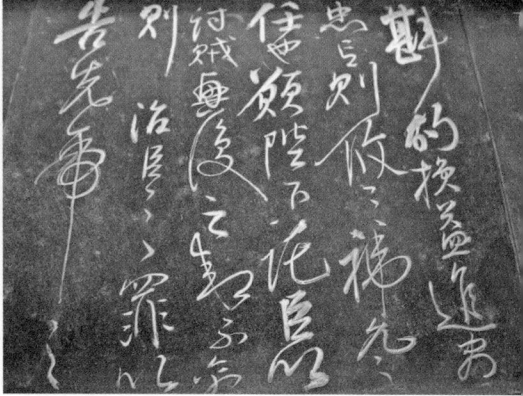

전출사표 전반부 전출사표 후반부

나라를 예로 들어 유선에게 깨우침을 주려했던 것이다. 즉 한나라가 흥성했던 원인은 어진 신하들을 많이 쓰고 가까이 하며 소인배들을 멀리했기 때문이다. 그리고 한나라가 멸망한 이유는 소인배들을 가까이 하고 어진 신하들을 멀리 했기 때문이다. 이런 도리를 제갈량이 유선에게 알려준 것이다. 유선의 아명인 아두阿斗는 무능한 자를 가리키는 말로 흔히 쓰이는데 그 이유에 대해서는 뒤에 설명이 있다.

  출사표는 감동적인 문장으로 인해 이 글을 읽고 눈물을 흘리지 않은 자는 충신이 아니라고 할 정도로 뛰어난 문장과 나라에 대한 애국심 그리고 그 당시의 죽은 선제 유비에 대한 충성심이 담겨 있는 글로 오늘날까지 칭송받고 있다. 후출사표에 있는 유명한 구절은 저우언라이 전 총리가 좌우명으로 삼았다는 "麴窮盡瘁死而後已국궁진췌사이후이"라는 글귀가 많은 사람들에게 회자되고 있다. 이는 나라를 위해 죽을 때까지 몸과 마음을 받쳐 충성을 다하겠다는 굳은 의지를 표현한 글이다.

유비 휘하에 있던
촉한 문무관의 소상
塑像

전출사표가 있는 회랑을 지나 왼쪽으로 가면 촉한시대에 유비를 받들던 문관과 무관 28인의 소상흙으로 빚어 만든 형상이 나온다. 이중에서도 삼국지를 통해 우리에게 널리 알려진 인물로는 관우, 장비를 비롯해 제갈량을 따라 남만 정복에 공훈을 세웠을 뿐만이 아니라 위나라의 장합張郃을 활로 쏘아 죽였다는 마충馬忠, 촉나라의 오호대장군 중 한 명으로 중국에서 노익장老益壯 · 나이를 먹을수록 더욱 기력이 왕성해짐의 대명사로 알려져 있는 황충黃忠, 소수민족인 강족 출신으로 아버지 마등馬騰과 함께 촉한의 무장인 마초馬超, 자가 자룡子龍이며 '항상 승리하는 장군'이라 해 상승장군常勝將軍이라 불렸던 조운趙雲 · 조자룡 그리고 제갈량과 더불어 촉나라의 천재 모사로 불렸으며 우리에게 봉추鳳雛선생으로 더 잘 알려진 방통龐統 등이 눈에 띈다. 여기에서 오호대장군五虎大將軍이란 중국 삼국시대에 촉나라 유비 막하에 있으면서 호랑이 같이 무서웠다는 관우 · 장비 · 조운 · 마초 · 황충 다섯 명의 장군을 말한다.

그런데 모든 소상을 보면 배가 크다. 이런 배를 우리나라에서는 '똥배', 중국에서는 '맥주배'라고 하는데 옛날 중국에서는 '장군배'라 불렀다. 중국 속담에 '재상의 배는 하도 커서 뱃속에서 배가 다닐 수 있다.'는 말이 있다. 배가 크다고 하는 것은 곧 도량이 넓다는 의미란다. 그래서 옛 중국에서는 마음이 좁쌀 같으면 절대로 큰 인물이 될 수 없고 문관이나 무관에서 큰 인물이 되려면 도량이 넓어야한다고 했다.

　우리가 소상을 감상함에 있어서 그냥 대충 보고 지나칠 것이 아니라 유심히 살펴보면 재미있는 역사적 사실을 발견하게 된다. 무관 중 필자가 관찰한 특이한 소상 몇 개만을 설명하기로 한다.

　첫째, 황충과 조운의 소상이다. 황충과 조운의 소상이 다른 장군의 소상과 다른 점은 눈썹이 하얗고 수염도 새까맣지 않다. 그 이유는 다른 장군들은 전쟁터에서 일찍 죽었지만 황충과 조운 두 사람은 오래 살았기 때문에 하얀 눈썹과 회색 수염으로 표현했다.

　둘째, 장비의 소상이다. 명나라 때의 인물인 나관중羅貫中이 쓴 '삼국지연의三國志演義'에 장비는 얼굴이 까맣고 털이 많으며 눈이 부리부리 하고 못생겼다. 그리고 성격도 매우 급하고 화도 잘 내는, 한마디로 무식한 성격의 소유자로 묘사되어 있다. 그러나 촉한에서 벼슬을 지낸 적이 있는 진수陳壽가 쓴 '삼국지'에는 위·촉·오나라가 맞서 있던 삼국시대 때 조조의 아들인 조식曹植이 가장 잘생겼으며 장비는 4대 미남 중 한명이었다고 기술하고 있다.

　장비에게는 두 딸이 있었는데 절세가인이었다고 한다. 두 딸 모두 유비의 아들 유선에게 시집가서 큰 딸은 경애황후, 작은 딸은 장황후

노익장의 대명사 황충 소상　　　상승장군 조자룡 소상　　　촉나라의 천재 모사 방통 소상

가 되었다. 장비가 못생겼다면 이렇게 예쁜 딸이 나올 수 있었을까.

참고로 진수가 쓴 삼국지에 비해 1,100년 이상 후대에 나온 나관중의 소설 삼국지연의와 구분하기 위해서 진수가 쓴 역사서 삼국지는 흔히 '정사 삼국지'라고 부른다. 그러니까 진수가 쓴 삼국지는 역사서이고, 나관중이 쓴 삼국지연의는 픽션을 가미한 소설책이다.

셋째, 관우의 소상이다. 관우는 황제가 아니었음에도 불구하고 황제모습을 하고 있다. 관우가 명나라 이전에는 황제의 모습이 아니었으나 명나라 때 관제關帝·명장인 관우를 사후에 높여 부르는 말로 봉해졌고, 청나라 때부터 황제 모습으로 변했다고 한다. 후세 사람들에게 충과 의의 대명사로 불렸던 관우는 역대 황제들이 관우의 벼슬을 계속 올려주었다. 그 이유는 자신의 신하들도 관우가 황제 유비를 하늘처럼 받들고 충성한 것처럼 자기에게도 그렇게 해야 한다는 것을 무언중에 강조하기 위함이 아니었을까.

넷째, 유비와 유심의 소상이다. 황제 유비의 소상 옆에는 유비의 아들 유선이 아닌 손자 유심劉諶이 자리하고 있다. 유심은 촉한의 후주 유선의 다섯째 아들이다. 처음 무후사를 만들 때는 유비의 왼쪽에 유선의 소상이 있었으나 지금은 없다. 그러니까 무후사 내에 있는 촉한의 유명한 인물 중 유일하게 없는 소상이 유선이다. 그 이유는 이렇다. 263년 촉이 멸망하던 해, 위나라 장군 등애鄧艾가 군사를 이끌고

장비 소상

황제 모습을 한 관우 소상

당시 촉의 수도였던 성도로 쳐들어왔다. 촉의 조정에서는 등애의 군사력에 겁을 먹은 대신들이 적군에게 투항하자는 파와 죽음을 각오하고 끝까지 싸우자는 파로 나뉜다. 결국 유선은 투항하기로 마음을 먹는다.

아버지 유선이 적군에게 투항한다는 소식을 들은 유심은 아버지를 찾아와 "아버지가 옥새를 들고 적군에게 투항한다면 우리가 죽은 후에 촉나라를 세운 할아버지를 무슨 면목으로 대할 수 있겠습니까?"라며 만류했다고 한다. 그렇지만 유선은 아들의 말을 듣지 않았다. 결국 유선은 옥새를 들고 자신의 몸을 묶은 후 등애의 진영으로 찾아가 항복했다. 이로써 촉나라는 멸망한다. 이렇게 유선이 위나라에 투항하자 유심은 아내와 3명의 자식을 모두 죽인 후 유비의 능소인 혜릉에서 자결을 하고 만다. 이런 사유로 인해 후대 사람들은 유선이 나라를 팔아먹은 사람이라며 소상을 없애버렸다고 한다.

'정성은 돌과 쇠도 뚫는다'는 뜻인 '誠貫金石성관금석'과, 유비의 소상이 있는 곳에는 '제업帝業·제왕의 업적은 높이 빛을 내며 이어져 왔다'는 뜻인 '業紹高光업소고광' 그리고 왕관을 쓴 관우의 소상이 있는 곳에는 '의리가 하늘의 구름처럼 두텁고 변하지 않는다'란 뜻인 '義薄雲天의박운천' 현판이 있다. 관우를 가리킬 때 흔히 의박운천 같은 인물이라고 한다.

유비 소상

유심 소상

제갈량의 사당인 무후사와 정원당
靜遠堂

문무관의 소상을 지나면 무후사가 나온다. 중국에서는 일반적으로 신분이 높은 사람이 안쪽에 있는데 무후사에서는 황제였던 유비의 사당이 앞쪽에 있고 신하였던 제갈량의 사당이 안쪽에 있다. 즉 군신의 위치가 바뀐 것이다. 이는 중국인들의 제갈량에 대한 사랑이 어느 정도인지 짐작이 가는 부분이다. 그래도 군신의 예를 갖추기 위해 내려가는 계단을 만들었다. 내려가는 계단의 또 다른 이유는 제갈량을 존경한다는 의미에서 고개를 숙이면서 내려가라는 뜻이기도 하다. 일반적으로 계단을 내려갈 때 고개를 들고 내려가지는 않기 때문이다.

무후사 현판은 시인이자 극작가이며 탁월한 갑골문 연구자인 역사학자 곽말약郭沫若·궈모뤄이 썼다. 무후사 현판아래 왼쪽 주련에는 '한번 대면해도 고금의 정이 통했다'는 뜻인 '一番晤對古今情일번오대고금정'이, 오른쪽 주련에는 두보의 시 촉상蜀相에서의 한 구

곽말약이 쓴 무후사 현판

지붕 위의 신선

 절인 '세 번 초려를 찾아 천하계책을 물었다'는 뜻인 '三顧頻煩天下計삼고빈번천하계'가 세로로 쓰여 있다. 주련柱聯이란 기둥이나 벽 따위에 장식 삼아 세로로 써서 붙이는 글씨를 말하는데 중국에서는 대련對聯이라고 한다.
 위에서 말한 촉상 시는 두보 자신이 일생을 통해 가장 여유로운 시간을 보냈던 성도의 초당에서 봄을 맞아 잠시 시간을 내어 삼국시대의 영웅 제갈량의 사당인 무후사를 찾아와 쓴 제갈량을 위한 시이다. 추측컨대 두보는 제갈량의 사당에서 많은 시간 상념에 잠겼으리라. 그럼 여기에 두보의 시 중 명작으로 평가받고 있는 촉상을 옮겨본다.

제갈량 사당

蜀相촉상

杜甫두보

丞相祠堂何處尋 승상사당하처심
승상의 사당을 어디서 찾으리오.

錦官城外栢森森 금관성외백삼삼
금관성 밖 잣나무 우거진 숲속이로다.

映階碧草自春色 영계벽초자춘색
섬돌에 비친 푸른 풀 스스로 봄빛을 띠고

隔葉黃麗空好音 격엽황려공호음
나뭇잎 새 꾀꼬리소리 아름답도다.

三顧頻煩天下計 삼고빈번천하계
세 번이나 초가집을 찾아 천하계책을 물었고

兩朝開濟老臣心 양조개제노신심
이대에 걸쳐 애씀은 늙은 신하의 마음이로다.

出師未捷身先死 출사미첩신선사
여러 번 출정했으나 이기지 못하고 먼저 죽으니

長使英雄淚滿襟 장사영웅누만금
영웅으로 하여금 길이 옷깃에 눈물 가득 채우게 하누나.

정원당에는 오른손에 우선羽扇ㆍ새의 깃으로 만든 부채을 든 제갈량의 소상이 있는데 우선은 제갈량의 트레이드마크이기도 하다. 제갈량의 키를 184㎝로 추정하기 때문에 제갈량의 입상은 184㎝를 기준으로 하며, 좌상 또한 이 크기에 맞춰 만든 것이다.

정원당 현판에는 '명성은 우주에 드리웠다.'는 뜻인 '名垂宇宙명수우주'가 있고 그 위 지붕에는 신선 세 명이 제갈량의 사당을 지키고 있다. 아무리 대의명분이라고는 하지만 제갈량이 친히 병사들을 이끌고 남만지금의 운남성 정벌과 북방정벌을 하면서 많은 사람을 죽였기 때문에 원혼들과 잡귀들이 사당에 침범해서 제갈량을 괴롭히는 것을 막기 위해 지붕 위에 신선을 모셔두었다고 한다.

225년, 남만정벌 때는 제갈량의 전술로 남만의 수령인 맹획孟獲을 "일곱 번 놓아주고 일곱 번 사로잡았다"는 "七縱七擒칠종칠금" 고사가, 북방정벌 때는 "눈물을 머금고 마속의 목을 벤다"는 뜻인 "泣斬馬謖읍참마속" 고사가 탄생했다.

앞에서 언급한 '靜遠堂'은 제갈량이 54세에 아들인 제갈첨諸葛瞻에게 보낸, 배움과 수신修身에 관한 편지인 계자서誡子書에 나오는 말 중 "澹泊明志ㆍ寧靜致遠담박명지ㆍ영정치원"에서 따온 것이다. 이 말은 "욕심 없이 마음이 깨끗해야 뜻을 밝게 가질 수 있고, 마음이 편안하고 고요해야 원대한 포부를 이룰 수 있다"는 뜻이다.

제갈량은 아들에게 이런 교육을 시켰다고 한다.

"어렸을 때부터 너무 똑똑하면 자만에 빠지기 쉬워 커서 훌륭한 인물은 될 수 있어도 위대한 인물은 될 수 없다. 너는 비록 다른 사람에 비해서 조금 똑똑하지만 절대로 교만하지 말고 평생 착한 마음을 갖고 평생 동안 배워야한다."

아버지로부터 이런 교육을 받은 제갈첨은 위나라 군대가 쳐들어 왔을 때 말을 타고 싸운 것이 아니라 자기 두 다리를 땅에 묻어놓고 싸웠다고 한다. 촉의 멸망이 곧 자기 목숨이 다하는 순간이라 생각했기 때문이다.

제갈첨은 위나라 장수 등애가 항복을 권유했으나 이를 뿌리치고 끝까지 싸우다가 촉의 멸망이 임박했음을 알고 자결한다. 제갈첨의 나이 37세 때였다. 비록 뜻을 이루지 못했지만 제갈량 부자는 수신제가치국평천하修身齊家治國平天下를 몸소 실천하려고 노력했다는 생각이 든다.

제갈량의 사당 문 앞 주련에는 청나라 때 어느 유명한 시인이 썼다는 두 줄의 시가 있다.

水响波聲一江天歎英雄淚 수향파성일강천탄영웅누
제갈량이 죽었을 때 모든 백성들이 울었는데 얼마나 많은
눈물을 흘렸던지 그 눈물이 강 하나를 만들었다.

山無樵採十里竾軍草木香 산무초채십리알군초목향
이곳에 제갈량의 무덤이 있으니까 무덤 주변
몇 십리까지는 나무를 베면 안 된다.

그때 나무를 베지 않았기 때문에 지금도 이 주변에는 과수가 많다. 또 다른 글도 보인다.

能攻心則反側自省從古知兵非好戰 능공심칙반측자성종고지병비호전
병사들의 마음을 잘 알아야 모반을 품던 사람도 마음에서
우러나 복종하게 되어 자연히 모반행위가 사라지고,
옛 부터 병법에 능통한 사람은 싸움을 좋아하지 않는다.

不審勢卽寬嚴皆誤後來治蜀要深思 부심세즉관엄개오후래치촉요심사
객관적으로 정세를 정확하게 헤아리지 못하면 정책이
지나치게 관대해 지거나 엄해져 어느 쪽이든 실패하기 때문에
공명이 촉나라를 다스린 경험을 본받아 거기에서 교훈을 얻으라.

필자가 삼국지를 읽은 것은 수십 년 전이다. 당시만 해도 삼국지 열풍이 일어 삼국지를 읽지 않고서는 대화가 통하지 않을 정도였다. 삼국지는 한나라 말기에 수십 개의 나라들이 서로 경쟁을 하다가 결국은 위, 촉, 오 세 나라만 남게 된다. 이 세 나라가 한 나라로 통일되기 위해 100년 동안 전쟁을 했는데 이때 치룬 전쟁의 기록이 삼국지이다.

삼국지에서 우리는 용맹한 무장뿐만이 아니라 수시순응隨時順應에 능한 지략가들을 많이 만나게 된다. 수많은 영웅호걸 중 武무에서는 오랫동안 유비를 섬기며 촉한 건국에 많은 공로를 세웠으며 '충·의·인·용'의 대명사로 불릴 만큼 충성심과 의리 그리고 당당한 성품으로 인해 신격화되어 있을 정도로 손꼽힌 장수였던 관우가, 文문에서는 제갈량을 가장 좋아하는 인물로 친다. 제갈량이 중국에서 영향력이 크고 중국인들이 존경하는 가장 큰 이유는 무엇일까. 필자와 같은 생각을 갖고 있는 저명한 사학자인 김영수 교수의 얘기를 들어보자.

첫 번째는, 제갈량은 불행했던 유년기와 이름 없는 청년기를 보내면서도 좌절하지 않고 위기를 기회로 품을 줄 아는 여유를 가졌던 뛰어난 군사가 이자 정치가로 살았으며, 수많은 영웅호걸들이 저마다의 꿈을 펼칠 시기 제갈량은 1인자의 자리에 오를 수도 있었지만 마지막 순간까지 2인자의 자리에 머물렀으며 대를 이어 충성했다.

유비의 삼고초려 이후 16년간 유비와 동고동락하며 군신의 의리를 지켜온 제갈량, 유비가 임종 때 "내 아들이 모자라면 경이 임금이 돼 촉을 이끌어주시오."라고 유언하지 않았던가. 제갈량이 1인자의 자리에 오를 수 없었던 이유 중 하나로 손꼽는 것이, 한나라는 한고조 유방이 세운 유 씨의 나라로 한나라의 명맥을 이은 것이 유비의 촉한이란 점이다. 이러한 상황 속에서 신하인 제갈량이 황제가 된다고 하더라도 신하들이나 백성들이 쉽게 수긍하지 않았을 거라는 것이다. 현대사에서도 2인자의 자리에 머물지 않고 제 분수도 모르고 1인자의 자리를 탐내다 결국 제거 당하는 경우를 많이 봐왔지 않은가. 제갈량 이야말로 시공을 초월한 진정한 영웅이자 충신이라는 생각이다.

　두 번째는, 정치를 하는 동안 제갈량이 보여준 삼공三公의 원칙이다. 삼공이란, 공평公平, 공정公正 그리고 공개公開이다. 이 세 가지 원칙을 제갈량은 정치를 하면서 끝까지 지켰을 뿐만이 아니라 법으로 엄격히 다스렸다. 그렇기 때문에 누구에게 상을 주거나 벌을 줘도 시기하거나 원망하는 사람이 없을 만큼 제갈량의 정치가 훌륭했다는 것이다.

　세 번째는, 지혜의 상징이며 충성스런 신하의 표상인 제갈량의 글을 모은 책이 제갈량 문집에 남아 있는 제갈량의 유언이다. 제갈량은 후주인 유선에게 다음과 같은 유언을 남겼다. "좋은 인재를 골라서 쓸 것이며, 돌아가신 아버지 유비에게 효도할 것이며…"라는 등등 아주 일상적인 이야기를 한 다음에 자신의 재산을 공개한다. 제갈량이

名垂宇宙 현판과 정원당

우선을 들고 있는 제갈량 소상

죽고 난 다음에 유품을 정리하고 집안의 재산을 모두 정리해 보니까 제갈량이 말했던 그대로 한 치의 어긋남이 없이 재산도 아주 소박하고, 검소한 생활을 했으며, 청렴한 사람이었다는 것이 밝혀졌다. 나중에 제갈량의 아들이 죽었을 때도 마찬가지였다. 단 한 뼘의 전답도 늘지가 않았다고 한다. 부전자전이라더니 그 아버지에 그 아들이다.

제갈량이 죽은 뒤 청렴결백한 관리들에게 내려지는 충무후란 시호에서 알 수 있듯이 중국 최고의 재상이자 지략가였던 제갈량의 묘마저도 작고 소박하다. 오로지 나라와 주군과 백성을 위해 몸과 마음을 바쳐 충정을 다했을 뿐이다. 결국은 검찰의 수사로 부정한 돈을 받았다는 것이 밝혀짐에도 불구하고 그런 사실은 없다고 오리발부터 내밀고 거짓말하는 후안무치한 공직자들에게 시사하는 바가 크다.

제갈량 사당 문턱이 여느 문턱에 비해 상당히 높은 것을 알 수 있다. 문턱이 높아 넘기 힘들다고 해서 밟고 넘으면 절대 안 된다. 예전에 우리나라에서도 문턱에 걸터앉거나 밟고 넘으면 복이 나간다 해 금기시했다. 심한 표현으로는 "에끼! 보초때기 없는 놈"이란 욕설과 함께 어른께 회초리를 맞기까지 했다. 중국은 우리보다 더 많은 이유로 인해 문턱을 밟으면 안 된다.

첫째, 중국 사람들은 문턱을 벽으로 생각한다. 그래서 귀신이 집으로 들어오지 못하게 막아준다고 믿는다.

둘째, 문턱이 밖으로는 귀신을, 안으로는 집안에 있는 재산이 밖으로 나가는 것을 막아준다고 생각한다. 문턱을 밟으면 집안에 있는 재산이 밖으로 흘러나간다고 생각하기 때문에 밟으면 안 된다.

셋째, 비가 많이 오면 빗물이 집안으로 들어오기 때문에 문턱이 높으면 빗물을 막아준다.

넷째, 문턱은 지위의 상징이다. 신분이 높을수록 문턱이 높다. 봉건시대 때에는 신분에 따라 문턱의 높이에 규정이 있었다고 한다.

유비의 묘
혜릉
惠陵

무후사 뒤편에는 "오랜 세월 위엄이 있다"는 의미, 즉 "위엄이 천 년을 간다"는 뜻인 "千秋凜然천추름연" 현판을 지나면 유비의 묘인 혜릉惠陵이 나온다. 혜릉 입구에는 부채꼴 모양으로 "中有漢家雲중유한가운"이란 글이 새겨있다. "이 안에 한나라의 용이 있다"는 뜻이다. 혜릉은 중국역사상 유일한 여황제인 측천무후와 그녀의 남편인 당 고종 이치의 합장묘인 건릉乾陵과 중국을 통일한 최초의 황제인 진시황릉과 함께 도굴 당하지도 않고 아직 발굴하지도 않은 황제의 능이다.

양쪽 붉은 담을 따라 들어가면 정면에 '漢昭烈皇帝之陵한소열황제지릉 大淸乾隆五十三年上浣대청건륭53년상완'이라 새긴 표지석이 있다. 청나라 건륭황제 53년 상완에 세운 비석이란 뜻으로 여기에서 상완은 상순上旬을 말하며 한 달 중에서 초하루부터 초열흘까지를 말한다.

혜릉으로 걸어 들어가는 대나무숲길은 무후사 절경 중 하나로 아늑하고 운치가 있다. 현재까지 온전하게 보존된 삼국시대 황제의 무덤인 혜릉은 봉토의 높이가 12m, 묘지의 벽 둘레가 183m로 적토위총積土爲塚 형식을 취하고 있는데 고리처럼 동그란 모양의 봉분이다. 황제 묘치고는 참으로 아담하다. 옛 중국에서는 황제의 무덤을 만들 때 두 가지 방법이 있었다. 하나는 관을 묻고 흙을 쌓아서 무덤을 산처럼 만드는 적토위총과 기존의 산을 뚫어 관을 안치한 인산위릉因山爲陵이다. 당 태종 이세민 전까지는 인공적으로 만든 적토위총 형식이었으나 공사가 매우 방대하고 공사기간이 길뿐만이 아니라 국고낭비가 심해 이후에는 자연적으로 형성된 산을 찾아 경치가 좋고 풍수지리학적으로 위치가 좋은 곳에 무덤을 만들었다.

이뿐만이 아니다. 사후세계에서도 호화로운 능묘에서 호사를 누리려는 생각에 시신을 영원히 썩지 않게 하는 것도 필요했다. 그렇게 하기 위해 물과 공기를 차단시키고, 옻칠한 관을 사용하고 숯을 넣고 백토를 덮어 시신의 부패를 막았으며 심지어 수천 조각의 옥을 꿰매서 만든 수의를 입히기까지 했다. 그러나 뭐니뭐니해도 망자의 사후세계를 위협하는 가장 큰 적은 도굴꾼이었다. 도굴을 막기 위해 모래와 자갈을 묘에 덮기도 했다. 도굴꾼이 묘를 파헤치려고 해도 모래와 자갈이 계속 흘러내리기 때문에 땅을 파고 들어갈 수가 없기 때문이다. 모래와 자갈을 묘에 덮는 것은 도굴방지에 매우 효과적이며 확실한 방범장치였던 셈이다.

봉분에는 여러 종의 수목이 심어져 있어 울창하다. 특히 소나무가 많다. 우리나라에서는 무덤에 나무를 심지 않은 것은 물론 심지어

숲이 우거진 혜릉 입구

혜릉 표지석

벌초라 해 무덤의 잡풀을 베고 다듬어서 깨끗이 한다. 특히 잡초가 무성한 추석에는 벌초를 깨끗이 해야만 조상에 대한 효와 면목이 선다고 생각한다.

중국에서는 각 소수민족의 전통문화에 따라 장례의식과 묘를 쓰는 방식이 다르지만, 특히 황제의 무덤에는 소나무를 많이 심는다. 무덤에 나무를 심는 이유는 무덤이 작은 경우 비가 많이 와서 홍수가 나면 무덤이 씻겨내려 가는 것을 방지하고, 도굴을 방지하기 위해서라지만 나무그늘 밑에서 편히 쉬라는 의미도 내포되어 있다고 한다. 그렇지만 황제의 무덤에 소나무를 많이 심는 가장 큰 이유는, 굴 파기를 좋아하는 족제비를 막기 위해서라고 한다. 족제비가 소나무 냄새를 가장 싫어해서 범접하지 않기 때문이다.

우리나라도 무덤 주변에서는 아카시나무는 찾아볼 수 없고 소나무가 많은 것을 볼 수 있는데 우리 선조들의 지혜가 엿보이는 부분이다. 지금은 많이 사라졌지만 전에는 족제비가 많았고 아카시나무는 뿌리가 무덤 안으로 파고들기 때문이다.

삼국지에는 유비의 죽음에 대해 다음과 같이 기술하고 있다. 219년, 중원의 배꼽인 형주성을 지키던 관우가 오나라 손권에게 목숨을 잃고, 천하를 호령하던 맹장 장비마저 술에 취해 자신의 부하인 범강范彊과 장달張達에게 살해당한 후 이들이 장비의 목을 갖고 오나라로 달아나자 유비는 형주의 탈환과 관우와 장비의 복수를 위해 10만 대군을 이끌고 직접 오나라를 공격했다. 관우의 죽음으로 인해 적벽대전 때부터 맺어온 오나라와의 동맹관계가

백제성

혜릉

깨진 것이다.

 장강삼협에서 벌어진 전투에서 승승장구하던 유비는 오나라의 입구인 이릉夷陵·이링까지 진격한다. 그러나 이릉전투에서 육손陸孫의 화공에 대패하고 많은 군사를 잃게 된다. 참담한 패배를 당한 유비는 백제성白帝城·바이디청까지 퇴각한다. 이릉전투에서의 패배는 결국 촉한의 운명까지 기우러가는 계기가 된다.

 화병을 얻은 유비는 몸져눕고 만다. 자신의 수명이 다한 것을 알고 백제성으로 제갈량을 조용히 불러 태자 유선을 보좌하라고 하면서도 만약 태자가 재능이 안 되면 제갈량이 즉위하라는 유언을 남긴다. 그리고 유선, 유영, 유리 세 아들에게는 제갈량을 아버지처럼 모시라고 당부한다. 이렇게 마지막까지 제갈량을 믿었던 유비는 후사를 제갈량에게 위탁하고 223년 4월 63세의 나이로 눈을 감는다. 유비·관우·장비가 처음 만나 한날, 한시에 같이 죽자며 도원결의를 한지 39년 만에 세 영웅들이 모두 떠났다.

청금벽

 그해 8월에 혜릉으로 이장했으며 이후 감부인과 오부인도 이곳에 합장했다고 기록되어 있다. 후주 유선은 감 황후가 낳은 아들이고, 목 황후 오 씨穆皇后 吳氏는 촉한의 거기장군車騎將軍 · 기병을 통솔하는 무관직 오의吳懿의 누이동생으로 유영劉永과 유리劉理를 낳았으며 아름답고 어진 여인으로 알려져 있다.

 혜릉에는 한 가지 비밀이 숨겨져 있다. 그것은 다름 아닌 벽에 대고 말을 하면 먼 곳에서도 들리는 청금벽聽琴壁 · 팅친삐이다. 청금벽은 혜릉 오른쪽 길로 조금 들어가서 오른쪽에 완만한 곡선을 이루고 있는 벽이다. 이곳 벽에 입을 가까이 대고 작은 소리로 말을 하면 10m 이상 떨어진 곳에서 벽에 귀를 대고 있는 상대방에게 소리가 전달된다. 필자도 표 동무를 시켜 시험해 봤는데 또렷이 들렸다.

 혜릉에는 또 하나의 재미있는 전설이 있다.

어느 날, 도굴꾼이 혜릉을 도굴하기 위해 땅을 파고 들어갔다고 한다. 그런데 아뿔싸, 유비와 관우는 앉아서 바둑을 두고 장비는 그 옆에 서서 훈수를 두며 지켜보고 있는 게 아닌가. 장비에게 발각된 도굴꾼은 "웬 놈이냐?"는 장비의 불호령에 깜짝 놀라 무릎을 꿇고 살려달라고 싹싹 빌었다. 성질 급한 장비는 두 눈을 부릅뜨고 당장 죽여버리자고 했으나 도량이 넓은 유비가 살려주었다. 그리고는 아무리 도굴꾼이지만 힘들게 이곳까지 왔을 텐데 어떻게 빈손으로 내보낼 수 있냐면서 불로장생할 수 있다는 옥수玉水와 금 허리띠 한 개를 내주며 내보냈다고 한다. 옥수는 옥이 있는 산에서 나는 샘물로 옥정수玉井水라고도 하는데 전설상의 불로장생수이다. 목숨은 물론 선물까지 받아 허겁지겁 나온 도굴꾼은 도굴하기 위해 자기가 파놓은 곳을 뒤돌아보니 원상태로 되어 있는 것이 아닌가. 순간 유비에게서 선물로 받은 옥수는 풀로 변해 도굴꾼 입에 딱 달라붙어 안에서 본 모든 것을 말할 수 없게 되었으며, 금 허리띠는 구렁이로 변해버렸다. 이후 도굴꾼은 혜릉 근처에는 얼씬도 하지 않았다고 한다.

당시 무명이나 다름없었던 제갈량의 초가를 세 번씩이나 찾아갔었고, 처음 제갈량을 만났을 때 자신과 제갈량의 관계를 빗대서 '수어지교水魚之交'란 유명한 고사성어를 탄생시켰고, 결국 자신의 마음을 먼저 내어줌으로써 당대 최고의 지략가인 제갈량을 얻을 수 있었던 유비, 인재를 구함에 있어서 어짐仁과 덕으로 행하고 군신관계를 떠나 인재를 자신의 수족처럼 아끼고 신뢰했던 유비, 도원결의로 맺은 신의를 끝까지 지킨 두 사람의 의형제인 관우와 장비가 있었기 때문에 촉나라의 황제가 될 수 있지 않았을까 싶다.

아담하면서도 화려하지 않은 유비의 무덤에는 외롭지 않게 지금도 인간 유비의 덕을 기리기 위해 많은 사람들의 발길이 이어지고 있다.

전설의 상서로운 동물
기린과 비휴
麒麟 · 貔貅

무후사 내에는 '三國文化陳列삼국문화진열' 즉 '삼국문화전시실'이 있다. 전시실에는 위·촉·오나라의 유물뿐만이 아니라 한·명나라 때 유물도 함께 전시되어 있다. 대표적인 유물로는, 늙은이가 나이가 들어 귀가 잘 들리지 않아 왼손바닥을 귀에 대고 소리를 들으려는 모습의 도청용陶聽俑, 명나라 때 유물로서 길이 106㎝, 무게 45㎏이나 되며 삼국지연의에서 관우가 사용했다고 해서 붙여진 이름인 청동관도靑銅關刀 그리고 동한시대 유물로서 말하고 노래하는 도용인 도설창용陶說唱俑과 수렵장면의 벽화 등이 전시되어 있다.

필자의 눈길을 끈 것은 전시실 앞마당에 있는 기린동물석상이다. 기린치린이 한자로는 주로 아프리카에 서식하는 초원의 신사인 기린과 같지만 여기에서 말하는 기린은 전설상 상상속의 상서로운 짐승

청동관도

도청용   도설창용

을 말하며 수컷을 '麒'라 하고 암컷을 '麟'이라 한다. 그렇기 때문에 항상 한 쌍을 둬야한다. 예로부터 기린은 용, 봉황, 거북과 함께 사영수四靈獸로 불리며 신성한 동물로 인식되고 있는데, 용과 봉황 사이에서 태어난 아홉 명의 자손 중 아홉 번째 아들이 기린이라고 한다. 또한 기린의 생김새는 사슴 같은 몸에 곰의 배와 소의 꼬리를 달고, 발굽과 갈기목덜미에 난 긴 털는 말과 같으며, 화려한 오색빛깔의 털과 용의 머리를 닮은 머리에는 기다란 뿔이 하나 있다. 그리고 앞에서 말한 사영수 중 용은 황제를, 봉황은 황후를 의미하며, 거북은 신구神龜라 해 장수를 상징한다.

또 다른 동물석상은 비휴비쓔이다. 중국에서 가장 상서로운 동물

 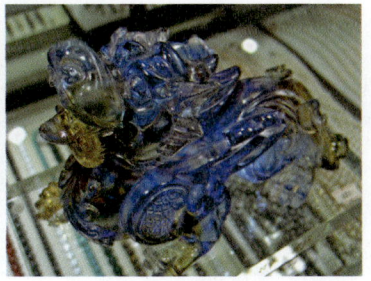

필자가 구입한 구리로 만든 기린   컬러유리로 만든 비휴

로 여기는 비휴 또한 용과 봉황의 사이에서 태어난 자손으로 용의 머리에 짧은 날개달린 사자와 흡사하며 소꼬리 모양을 하고 있다.

전설에 의하면 비휴가 하늘의 법을 어겼기 때문에 벌로써 황금만 먹게 하고 대변을 못 보게 항문을 막아버렸다고 한다. 비휴의 주식은 금은보화이다. 그리고 밖에서 재물을 물어다가 주인에게 가져다 주는 걸 좋아하는 충성스런 동물이다. 이렇게 금은보화를 먹기만 하지 싸지는 않고, 재산은 계속 들어오고 나가지를 않으니 중국인들이 어찌 비휴를 좋아하지 않을 수가 있으며 부를 가져오는 길조동물로 여기지 않겠는가? 그래서 중국 은행이나 도박장 앞에서는 비휴석상을 볼 수 있다. 중국인민은행의 로고가 비휴이다.

그런데 비휴를 관리하는데 몇 가지 주의해야할 사항이 있다고 한다. 비휴는 잠자기를 좋아한다. 그렇기 때문에 평소에 잠을 못 자게 손에 들고 놀아줘야 한다. 그리고 눈으로 보물을 찾아 입으로 물고 들어오기 때문에 눈과 입은 절대로 만지면 안 된다. 비휴를 닦을 때

비휴석상

기린석상

삼의묘

도 빨간 천으로 닦아야 한다. 이뿐만이 아니다. 비휴조각상은 직접 사람을 향해 있으면 안 되고, 바닥에 놓아서도 안 되며, 실내에서는 주인의 눈높이 이상으로 올려놔도 안 되고, 입구에 배치 할 때는 한 쌍을 기본으로 한다. 주인이 아닌 다른 사람은 비휴의 얼굴과 머리 부분을 만지면 안 된다. 그리고 항상 문밖을 향하도록 놔둬야한다. 그래야만 밖에 나가서 보물을 가져오기 때문이란다.

　금리로 나가는 곳에는 유비, 관우, 장비의 도원삼결의挑園三結義를 기념하기 위해 세운 사당인 '삼의묘三義廟·싼이먀오'가 있다. 중국에서는 이들 삼의형제를 삼의지신三義之神이라 부른다. 삼의묘 현판을 뒤로하고 들어서면 '도원결의로 맺은 소중한 의리'를 뜻하는 '義重桃園의중도원' 현판이 나오고 이곳 문턱을 넘으면 '거룩하고 성스러운 경지에 이르렀다.'는 '神聖同臻신성동진' 현판이 나온다. 현판 아래 중앙에는 두 손을 공손히 모으고 어딘가를 응시하고 있는 유비 소상이, 오른쪽에는 오른손으로 수염을 가다듬고 있는 관우 소상이 그리고 왼쪽에는 오른손을 불끈 쥐고 맹장다운 면모를 갖춘 장비 소상이 있다.

두보의 체취 묻어나는
두보초당
杜甫草堂

"유비는 검을 들어 제국을 세우고, 두보는 필을 들어 천하를 쓰노라."

중국 당나라를 대표하는 3대 시인이 있다. 자는 백白이고 호가 청연거사靑蓮居士인 이태백李太白 · 701~762년, 자는 자미子美이고 호가 소릉少陵인 두보杜甫 · 712~770년 그리고 자가 낙천樂天이고 호가 향산거사香山居士인 백거이白居易 · 776~826년이다. 흔히 백거이를 시왕詩王, 이태백을 시선詩仙 또는 주선酒仙 그리고 두보를 시성詩聖이라 일컫는다. 또한 이태백을 낭만주의 시인, 두보를 현실주의 시인으로 분류하기도 한다. 4대 시인으로는 시불詩佛로 불리는 왕유王維 · 699~759년가 포함된다.

이중 두보의 시는 두보 자신이 민초들과 함께 고통의 한가운데 서서 고단한 삶을 살았고, 낮은 곳에서 세상을 바라보았기 때문에 이런 그의 시를 역사적 사실을 소재로 해서 '시로 엮은 역사'라는 뜻으로 사시史詩라고도 불린다. 두보의 시에는 중국 역사서에 기재되지 않은 현실, 특히 민초들의 삶의 모습을 시에서 찾아볼 수 있기 때문이다.

울창한 대나무 숲과 광대한 정원으로 이뤄진 두보초당은 중국 역사상 가장 유명한 시인 중 한명으로 시성으로까지 추앙받고 있는 두보가 성도에 잠시 머무를 때 기거하던 곳으로 성도 서쪽에 자리하고 있다. 이곳에는 두보의 일생을 엿볼 수 있는 역사자료와 진귀한 문화재를 소장하고 있다.

두보는 정치에 뜻을 두었지만 약 10년 동안 수도인 장안지금의 서안에 있으면서 과거시험에 급제하지도 못하고 관직도 얻지 못한 채 곤궁한 생활이 계속되는 바람에 그 뜻을 제대로 이루지 못했다. 그러던 두보가 48세 때인 759년 겨울, 안사의 난당 현종 말엽인 755년에 안녹산과 사사명이 일으킨 반란으로 '안녹산의 난'이라고도 함을 피해 이곳 성도로 피난을 왔을 때, 오랜 친구이자 후견인이었던 검남 서천 절도사劍南西川節度使인 엄무嚴武·옌우의 도움으로 서쪽 교외의 경치 아름다운 호숫가에 초가집을 짓고 살 수 있었다. 피난 이듬 해 봄에 초가집이 완공되자 사람들은 이곳을 성도초당成都草堂이라 불렀다. 그러나 지금은 많은 사람들이 두보초당을 일명 소릉초당少陵草堂이라 부른다. 그 이유는 강희제의 아들이자 옹정제의 남동생인 과친왕果親王 윤례允礼가 쓴 '少陵草堂'이라는 석비가 있기 때문이다.

소릉은 두보의 호이다. 소릉은 한 선제 유순漢宣帝 劉詢·기원전 91~49년의 황후였던 공애恭哀 허 씨의 묘이다. 묘가 한 선제 묘인 두릉杜陵 보다 작아서 소릉이라 불렸는데, 묘 주변에 형성된 마을 이름도 소릉이라 했다. 두보가 소릉 근처에서 태어나고 어린 시절 이곳에서 자랐기 때문에 소릉에서의 추억이 가장 행복했었고 아름다운 추억으로 간직되었기 때문에 호를 소릉으로 하지 않았나 싶다.

두보는 엄무의 도움을 받으며 이곳에서 4년여 동안 살았다고 한다.

두보초당

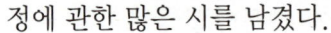

대아당

이 때 지은 시 중에서 현재까지 전해지는 시는 240여 수가 넘는다. 특히 두보는 자신에게 많은 도움을 줬던 엄무가 조정의 부름을 받고 입조했을 때 각별한 정을 갖고 있었던 엄무와의 이별을 안타까워하는, 간절하고 아쉬운 마음을 담은 증별시贈別詩・이별하며 드리는 시를 지어 엄무에게 주었다. 시 제목은 '奉送嚴公入朝十韻봉송엄공입조십운'과 '送嚴侍郎到錦州同等杜使君江樓宴송엄시랑도금주동등두사군강누연'이다. 후세 시인들도 두보의 증별시를 인용해서 두보와 엄무의 우정에 관한 많은 시를 남겼다.

두보초당 현판이 있는 정문을 들어서면 대아당大雅堂・다이아탕이 나온다. 대아大雅는 시경에 있는 시의 여섯 가지 문체인 육의六義의 하나로서 군자, 즉 바르고 품격이 높은 사람을 일컫는 말이다. 두시서법목각랑杜詩書法木刻廊에는 우리나라 노태우, 김영삼 전직 대통령이 이곳을 방문한 기념

두보석상

으로 남긴 사진이 있다. 노태우 전 대통령은 정장차림이고 김영삼 전 대통령은 와이셔츠 차림이다. 두 사진 모두 중국 측 수행원들 중에는 알만한 얼굴이 없다. 그런데 1982년 9월, 북한의 김일성 주석이 두보 초당을 방문한 기념으로 찍은 빛바랜 사진에는 덩샤오핑과 나란히 서서 찍었다. 당시 중국 최고지도자가 동행한 것이다.

대아당 앞마당에는 심각한 표정으로 땅을 보고 있는 두보석상이 있다. 세상의 모든 고민은 다 안고 있는 듯한 모습이다. 대아당 안에는 두보의 일생에서 일어난 중요한 사건들을 그린 대형 그림이 있다. 그림에는 두보의 장년시절 자유롭게 유랑하는 모습, 장안에서의 곤궁함, 안사의 난을 당해 가족과 흩어진 모습, 성도에서 거주하는 모습, 지금의 중경부근에서 객지 생활하는 모습, 일정한 주거나 생업이 없이 떠돌아다니며 지내는 모습 등이 담겨있다. 특히 그림 좌측에는 안사의 난으로 인해 난리 속에서 민초들이 엄청난 고통에 시달리는 피폐된 삶의 현장을 목도하게 되면서 두보의 시는 완전히 현실참여, 현실비판, 현실시편으로 거듭나게 되는 장면이 묘사되어 있다. 그 대표적인 시가, 당시 안사의 난으로 인해 도탄에 빠진 민초들의 비참한 삶을 적나라하게 보여준 '석호의 관리'라는 뜻인 석호리 石壕吏이다. 여기에서 석호리는 두보가 안사의 난 당시에, 지금의 하남성河南省·허난성에 있는 석호촌이란 마을에서 하룻밤을 묵으며 목격한 전쟁의 참상을 자신의 고통으로 느끼면서 읊은 시이다.

김일성 주석과 덩샤오핑

김영삼 대통령 방문

石壕吏 석호리

杜甫두보

暮投石壕村 모투석호촌
날 저물어 석호촌에 묵으니

有吏夜捉人 유리야착인
밤에 관리가 와서 사람을 잡아가네.

老翁踰墻走 노옹유장주
할아범은 담을 넘어 달아나고

老婦出門看 노부출문간
할멈은 문 열고 나와 보는구나.

吏呼一何怒 이호일하노
관리의 호통소리 어찌나 매섭고

婦啼一何苦 부제일하고
할멈의 울음소리 어찌나 구슬픈지

聽婦前致詞 청부전치사
할멈이 나가서 하는 말을 들어보니

三男鄴城戍 삼남업성수
세 아들이 모두 전쟁터에 나갔다오.

一男附書至 일남부서지
한 아들한테 부쳐온 편지에는

二男新戰死 이남신전사
두 아들 모두 전쟁터에서 죽었다오.

存者且偸生 존자차투생
그래도 산 사람은 구차하게라도 산다지만

死者長已矣 사자장이의
죽은 놈은 이제 영영 못 올 것 아니겠소.

室中更無人 실중갱무인
집안에 남자라곤 아무도 없고

惟有乳下孫 유유유하손
오직 젖 먹는 손자 녀석뿐이라오.

孫有母未去 손유모미거
손자에겐 아직 어미 있으나

出入無完裙 출입무완군
나고 들 때 입을 마땅한 옷 한 벌 없다오.

老軀力雖衰 노구역수쇠
늙은 이 몸 쇠해 쓸모 있겠소만

請從吏夜歸 청종이야귀
대신 나리를 따라 가게 해주시오.

急應河陽役 급응하양역
서둘러 하양의 병영에 부역하러 따라가서

猶得備晨炊 유득비신취
급한 대로 새벽밥 짓는 일이라도 해보겠소이다.

夜久語聲絶 야구어성절
밤이 깊어지자 말소리는 끊기고

如聞泣幽咽 여문읍유열
숨 죽여 흐느끼는 소리만 들리네.

天明登前途 천명등전도
날 밝아 길 떠날 적에는

獨如老翁別 독여노옹별
오로지 그 영감과 작별인사만 나눴네.

두보초당 내에는 나무가 많고 그늘이 많아 산책하는 기분으로 걷기에 좋다. 시사당詩史堂은 후대에 두보의 시를 높이 평가해 그의 시를 시의 역사로 평하면서부터 시사당이라 불리게 되었다. 그리고 시사당 뜰에는 두보가 아끼던 매화나무와 녹나무가 심어져 있다.

공부사工部祠 뒤쪽으로는 대나무가 울창하게 우거진 숲길이 있고 탑이 있다. 원래 공부사는 두보 상을 봉양하고 제사를 지내던 곳으로 두보가 '검교공부원외랑檢校工部員外郞'이란 관직을 지낸 적이 있었기 때문에 그것에 기인해 '杜工部두공부'란 글자를 따서 공부사라 이름 지었다. 공부사 동쪽에는 전술한 바와 같이 원래 두보초당의 자리였던 곳에 대나무로 둘러싸인 소릉초당이란 비문이 있다. 그리고 공부사 뒤에는 큰 돌멩이 하나를 조각해 놓은 두보 석상과 두보가 살았던 초가집인 사능초당沙陵草堂과 석비 등이 있다.

두보초당을 거닐다보면 두보의 동상을 만나게 된다. 그 중 하나는 좌상도 입상도 아닌 기다랗고 깡마른 모습에 두 팔과 손은 무릎에 있는 책 위에 얹고, 허공을 향한 눈은 자신과 민초들의 피폐한 삶의 고통과 슬픔을 담고 있는 듯하다.

두보 동상의 손이 유난히도 반짝인다. 이는 두보의 손을 만짐으로 해서 자기도 두보처럼 글씨를 잘 쓰고 싶은 마음에서라고 한다. 두보는 시뿐만이 아니라 글씨도 잘 썼기 때문이다. 또 다른 하나는 두보의 흉상이다. 이 흉상의 수염부위를 사람들이 하도 많이 만져서 수염만이 반짝인다. 이 또한 사람들이 자기도 두보처럼 시를 잘 쓰기 위한 마음에서라고 한다. 두보는 시상이 떠오르지 않을 때 수염을 만지면 시상이 잘 떠올랐다고 전해진다.

중국에서는 '마오쩌둥은 담배를 피울 때, 두보는 수염을 만질 때 시상이 잘 떠올랐다.'라는 말이 있다. 우리가 일반적으로 마오쩌둥을 정치가로만 알고 있지만 사실은 마오쩌둥도 조조와 마찬가지로

두보의 일생을 그림으로 표현한 작품

두보 소상

소릉초당

두보가 살았던 사능초당

많은 시를 쓴 유명한 시인이었다.

　고통 속에서 불멸의 시를 남겼으며 역사적으로 뛰어나다고 평가되는 위대한 시인 두보! 그는 왜 시성 즉 시의 성인으로 추앙받고 있는 걸까. 그가 최고의 수준에 달하는 시를 썼기 때문일까. 아니다. 그가 일찍 관직에 올라 호의호식 했더라면 시성은커녕 민초들의 아픔을 이해할 수 없었을 것이며 결국 시로 승화시키지 못했을 것이다.

　두보는 자신 스스로가 본의는 아니었겠지만 민초와 같은 삶을 살았었고 자신의 고통 따위는 민초들에 비해 아무것도 아니라는 생각, 그리고 민초들의 아픔을 보고 그냥 지나칠 수 없었던 마음이 아니었을까. 이런 울림이 가슴 깊숙한 곳에 자리하고 있었기에 민초들의 아픔을 달래주고 없애주기 위해 노력했으며 자신이 직접 체험한 깊은 슬픔과 비극 속에서 배어나온 시를 통해 똑같이 슬픔에 처하고 고통에 처한 민초들의 눈물을 닦아주었기 때문에 시성이라 추앙받고 있다고 김성곤 교수는 말한다.

　두보는 이곳 초당에 살면서 좋은 시를 많이 썼는데 그중에서도 두보의 나이 49세 때의 작품인 '春夜喜雨춘야희우' 시가 가장 유명하다. 춘야희우는 "봄밤에 내리는 비를 반가이 맞으면서"라는 뜻이다.

두보 흉상

유난히 손이 반짝이는 두보 동상

깡마른 모습의 두보 동상

春夜喜雨 춘야희우

杜甫 두보

好雨知時節 호우지시절
좋은 비는 시절을 알아 내리나니

當春乃發生 당춘내발생
봄이면 초목이 싹트고 자란다.

隨風潛入夜 수풍잠입야
봄비는 바람 따라 몰래 밤에 들어와

潤物細無聲 윤물세무성
소리 없이 촉촉이 만물을 적시네.

野徑雲俱黑 야경운구흑
들길은 구름이 낮게 깔려 어둡고

江船火獨明 강선화독명
강가의 뜬 배는 불빛만 비치네.

曉看紅濕處 효간홍습처
이른 아침 붉게 젖은 땅을 보니

花重錦官城 화중금관성
금관성엔 꽃들이 활짝 피었으리.

망강루

　두보초당에서 나오면 꼭 가볼 곳이 있다. 중국 당대의 명기이자 여류시인인 '설도薛濤·770~830'를 기리기 위해 만든 망강루望江樓·왕쟝로우 공원이다. 성도 외각에 위치한 망강루 공원은 역대의 시인 묵객들이 수많은 시문을 남긴 곳인데, 이곳에 설도가 좋아했다는 대나무를 심고 가꾸어 공원으로 조성했다. 공원구내에는 여러 종의 대나무가 빽빽하게 자라고 있어 '一百種竹公園일백종죽공원'이라고도 불린다. 공원 안에 있는 망강루는 높이가 30m로 위 2층은 8각이고, 아래 2층은 사각모양으로 특이한 형태의 건축물인데 청나라 후기 때 지었다. 공원 안에는 설도가 물을 길었다고 전해지는 설도정薛濤井과 그녀의 동상이 있다. 설도는 이곳에서 약 500여 수의 시를 썼는데 현재 88수의 시가 전해져 내려온다.
　설도는 '춘망사春望詞'란 시를 썼는데, 우리 귀에 익숙한 '동심초同心草'의 작사자이다. 봄날 멀리 바라보면서 부르는 노래인 춘망사는 1946년 서울대학교 음악대학 학장인 김성태 교수가 우리나라 정서에 맞게 주제를 살려 동심초란 제목으로 작곡한 가곡이다. 동심초의 노래제목과 가사는 시인 김억金億이 설도가 쓴 춘망사 4수 가운데 3수를 차용해서 개사한 것이다. 그러니까 우리 가곡 동심초의 원작사자는 설도이고, 김억 개사, 김성태 작곡이다.

風花日將老 풍화일장로
꽃잎은 하염없이 바람에 지고

佳期猶渺渺 가기유묘묘
만날 날은 아득타 기약이 없네.

不結同心人 불결동심인
무어라 맘과 맘은 맺지 못하고

空結同心草 공결동심초
한갓되이 풀잎만 맺으랴는고.

▷ 설도의 춘망사 중 제3수 ◁

중국에는 많은 여류시인이 있었지만 특히 설도를 높게 평가한 이유는, 격동하는 시대를 살면서도 비관하지 않고 아름다운 자연을 시로 칭송했으며, 나라에 대한 충성심은 시로 표현해 격려하고, 어지러운 세상은 시로 꼬집어 민초들의 마음을 대변했으며. 이루지 못한 사랑은 절실함을 담은 사모의 시를 써서 스스로 위로하는 등 섬세하고 감상적인 정취의 시를 남김으로써 당나라 제일의 여류시인이라 평가 받고 있다. 설도의 시 뿐만이 아니라 중국의 여러 설화 중 남녀 간의 사랑이야기를 종합해 보면 이야기의 종말이 해피엔딩보다는 새드엔딩, 즉 비극으로 끝나는 경우가 많다.

청나라 시대 거리 재현해 놓은
관착항자
寬窄巷子

성도시내 중심부 서쪽 소성少城·샤오청에 위치하며 두보초당에서 그리 머지않은 곳에는 관착항자관자이샹즈가 있다. 이곳 관착항자의 역사는 진秦나라 때로 거슬러 올라가지만, 지금의 관착항자에 있는 호동胡同·후퉁, 즉 서민들이 사는 주거지의 일반적인 형태인 좁은 골목길과 '口'자형으로 둘러싸고 있는 북경의 전통주택양식인 사합원四合院·쓰허위엔의 형성 시기는 1720년대이다.

1717년 몽골족의 하나인 준갈이 부족이 티베트를 침입해 라싸를 함락시키자 1720년 청나라 강희제는 티베트로 3천명의 군사를 보내 준갈이 부족을 라싸에서 축출하면서 이 지역을 청의 영토로 편입시켰다. 이후 천여 명의 군사를 성도에 주둔시켜 자리 잡은 곳이 소성 일대이다.

마작 하는 사람들

여기에서 소성이란 지명은, 진秦의 혜문왕이 장의張儀와 장약張若으로 하여금 성도성을 쌓게 했는데 그때는 성도의 동쪽부분만 쌓았기 때문에 서쪽지역은 성안에 포함되지 않았다. 이때 쌓은 동쪽지역의 성을 대성大城·따이청이라 했으며, 이후 다시 서쪽지역에 성을 쌓았는데 이곳이 소성이다.

수레자전거 장수

문화대혁명 당시 대부분의 호동이 파괴되었으나 2008년 대대적인 보수와 복원을 통해 현재의 모습으로 탈바꿈했다.

관착항자는 관항자寬巷子 · 콴샹즈, 착항자窄巷子 · 쟈이샹즈 그리고 정항자井巷子 · 징샹즈 등 3개의 거리로 나뉘어 있다. 관착항자란 이름 그대로 '넓고 좁은 골목'이란 뜻으로 항자巷子는 골목을 뜻하고 호동 역시 몽골어로 골목이라는 뜻이다. 청나라 때는 관항자의 원래 이름이 흥인호동興仁胡同 · 씽런후퉁이었는데 신해혁명 당시 봉건주의 색채를 없앤다는 명목 하에 '넓은 길'을 뜻하는 관항자로 이름을 바꿨다. 착항자의 원래 이름도 전란에 큰 고초를 겪은 민초들의 전쟁 없는 태평성대의 염원을 담은 이름인 태평호동太平胡同 · 타이핑후퉁이있으나 '좁은 길'이란 뜻인 착항자로 이름을 바꿨다. 이뿐만이 아니다. 정항자의 원래 이름도 여의호동如意胡同 · 루이후퉁이었으나 신해혁명 당시 '우물길'이란 뜻인 정항자로 이름을 바꿨는데, 강희제 때 청군이 주둔함으로써 청군에게 제공할 용수를 얻기 위해 서쪽 골목에 시추공을 파서 물을 얻었기 때문에 붙여진 이름이다.

사천성 대표요리인 샤브샤브

 초겨울비가 촉촉이 내리는 가운데 우산을 받쳐 들고 관착항자의 야경을 구경하기 위해 나섰다. 낮보다는 야경이 더 아름답기 때문이다. 비가 오는데도 불구하고 많은 사람들 특히 젊은 청춘남녀들이 많이 눈에 띤다. 골목길을 거닐다보면 마치 몇 백 년 전으로 돌아간 듯한 옛 정취를 느낄 수 있지만, 현대적인 카페와 음식점 그리고 상점들이 즐비하고 미국의 커피 체인점인 스타벅스와 프랑스식 레스토랑도 있어서 옛 정취는 반감된 느낌이다. 그렇지만 현대문화와 전통의 미가 공존하고 있어서 독특한 분위기를 자아낸다.
 벽돌담장에는 옛 호동에 살던 서민들의 생활상을 엿볼 수 있는 작품들을 만나볼 수 있다. 대표적인 작품으로는 벽에 말의 몸통을 그리고 말머리와 앞 왼발은 밖으로 돌출시킨 입체적인 조형물, 비가 내리는 골목길을 비옷을 입은 젊은이가 감자와 배추 그리고 손저울을 실은 수레자전거를 타고 뒤를 돌아보며 가는 모습, 여러 사람들이 새장에 갇힌 새를 구경하고, 세 명의 노인이 구닥다리 의자에 앉아 마작을 즐기는 장면 등 많은 작품들이 있다. 이 모든 작품들은 한때 이 지역에서 하류인생을 살았던 서민들의 애환을 사실적으로 잘 묘사하고 있다.
 이곳에서 사천성 요리로 가장 유명하다는 대묘大妙·따미야오에 들려 샤브샤브를 맛보았는데 붉은 육수에 찍어 먹고는 입에서 불이 난 줄 알았다. 참으로 지독한 매운맛이다.

도교의 비밀 간직한
청성산
青城山

성도에 왔으면 신선이 사는 곳이라는 의미를 가진 洞天福地동천복지 · 人間仙境인간선경이라 불리는 청성산칭청산에 오를 것을 권하다. 성도에서 70㎞, 도강언에서 약 30분쯤 떨어진 곳에는 두보가 성도에 살 때 자주 놀러왔다는 청성산이 있다. 해발 1,600m인 청성산은 사계절 푸르다 해 푸른 성을 뜻하는 청성이란 이름이 붙여졌으며, 실제 나이든 나무들이 빽빽이 들어서 짙푸르다. 중국의 유명한 도교사원이 있는 청성산에는 옛날에 70여개의 도교사원이 있었으나 오늘날에는 건복궁建福宮 · 지엔푸꿍 · 천사동天師洞 · 티엔스똥 · 조양동朝陽洞 · 차오양똥 · 상청궁上淸宮 · 상칭꿍 등 38개 사원만 남아 있다.

2000년 유네스코 세계자연유산에 등재된 청성산은 앞산과 뒷산으로 구분되는데, 신선과 도인만이 오를 수 있을 정도로 지세가 험하다. 과연 도교의 발원지다운 신비한 분위기를 자아낸다. 앞산에는 도교사원을 비롯한 대부분의 문화유적이 자리하고 있으며, 뒷산은 자연모습 그대로 남아있다.

도교는 신선사상에 뿌리를 둔 중국 자생적 종교이자 철학사상이다. 그렇기 때문에 '도교를 모르고는 중국을 제대로 이해할 수 없다.'는 말이 있다. 그만큼 도교는 중국인들의 정서가 짙게 배어있다. 청성산 내 도교사원 중 규모가 가장 큰 상청궁 입구의 담벼락에

청성산 입구

대도무위

는 '大道無爲대도무위'란 글을 새겨놓았다. '큰 도는 애써 하지 않는 것'이란 뜻이다. 즉 억지로 하는 것은 도가 아니며 자연스럽게 물 흐르듯이 행해야 한다는 뜻이다. 바로 이것이 도가의 가르침이다. 문 위의 상청궁 편액은 장제스의 친필이다.

상청궁 바로 위에는 노군각老君閣·라오쥔꺼이 있다. 노자를 모신 전각이다. 노군각 대전에는 도교의 시조인 노자를 비롯해 장도릉張道陵·장다오링이라 부르는 장삼풍張三豊·장산펑 등의 신상이 모셔져 있다. 특히 소를 타고 있는 노자의 조소상이 있는데 그림에서 많이 본 듯하다.

대전 오른쪽에 있는 도덕경당은 도사들이 모임을 열고 경을 읽는 곳으로, 나무에 새긴 『도덕경道德經』전문이 보존되어 있다. 또한 대전 왼쪽의 문무전文武殿·웬우띠엔에는 문성文聖이라 일컫는 공자상과 무성武聖이라 일컫는 관우상이 있으며, 신상 아래에는 생동하는 듯한 아홉 마리의 용이 양각되어 있다. 이뿐만이 아니다. 대전 왼쪽의 마고지麻姑池·마꾸치에는 반달 모양의 연못으로 선녀인 마고가 목욕하던 곳이라는 전설이 있다. 대전 오른쪽에는 원앙정鴛鴦井·웨냥띠엔이라 불리는 두개의 우물이 있는데, 각각 4각형과 원형으로 맑고 따뜻하며, 혼탁하고 찬 것까지 대비되어 음양의 이치를 밝히는 것으로 여긴다.

이밖에도 청성산 도관군에 남아있는 200여 폭의 주련가운데 절반 이상이 이곳에 있고, 장도릉이 기거하며 도를 닦고 전파했다는 천사동, 장도릉이 심었다는 은행나무, 장도릉이 악귀를 물리칠 때 생긴 흔적이라는 거대한 바위 삼도석三島石이 있는데 시검석試劍石 또는 항마석抗魔石이라 부른다.

두보의 장인산丈人山 시에 나오는 구절에 이런 글이 있다.

自爲靑城客 자위청성객
내 스스로 청성산에 객이 되었으니

不唾靑城地 불타청성지
청성의 땅에 침 뱉지 않으리.

이 글은 조선 후기의 문인인 후송後松 유의양柳義養이 '북관노정록北關路程錄'에 인용한 글로 유명한데, 청성산은 전설에 등장하는 중국 최초의 임금인 황제黃帝가 이곳을 오악장인五嶽丈人으로 봉했다는 전설이 있기 때문에 옛날에는 장인산으로 불렸다.

촉도와
천혜의 요새인 검문관
蜀道 · 劍門關

당나라 시인 이백은 촉도난蜀道難이란 시에서 '蜀道之難難於上靑天촉도지난난어상청천', 즉 '촉도 가는 길 험준하니 푸른 하늘 오르기보다 어려워라.' 라고 읊었다. 촉으로 통하는 길이라는 뜻의 '촉도'는 과거 촉나라의 수도였던 성도와 위나라의 수도였던 장안현 서안을 잇는 옛길이다. 촉도로 가는 길의 협곡사이에는 황톳빛 가릉강嘉陵江 · 자링강이 흐르고 가릉강 상류에는 전체길이 4km에 달하는 명월협明月峽 · 밍웨샤가 있다.

명월협에는 제갈량이 북벌을 위해 가파른 산 중턱을 깎아 만든 샛길인 잔도棧道 · 짠따오가 있다. 당시에는 사면이 험준한 산맥으로 둘러싸여 있어 촉나라로 통하던 길은 수로인 견부도縴夫道와 공중도로인 잔도 밖에 없었다. 견부도란 배가 상류로 올라갈 때 물살이 세기 때문에 사람의 몸에 밧줄을 걸어 끌고 올라 다니던 길을 말한다.

처음으로 잔도가 열린 것은 기원 전 316년 진시황의 고조부뻘인 진나라 혜문왕 때의 일이다. 그로부터 110년 후 초나라와 한나라가 패권을 놓고 싸우던 시절 한 고조 유방劉邦은 초나라 항우項羽에게 일시 패한 후 촉 땅으로 통하는 외나무다리를 불태우고 들어가 역전의 기회를 노렸다는 일화가 전해진다.

이후 3세기 중반 제갈량은 위나라의 북벌을 위해 흔적도 찾기 힘든 잔도를 군사들의 이동로와 식량의 보급로로 사용하기 위해 300리

약 118㎞에 달하는 잔도를 대대적으로 수리하고 확장 재건해 한실중흥漢室中興의 대업을 도모하고자 했다.

　잔도는 암벽에 구멍을 뚫고 나무로 된 대들보를 설치한 후 그 위에 목판을 펴서 만든 길이다. 수직의 가파른 절벽을 따라 세워진 이 길은 한걸음 떼어놓기가 어려울 정도로 아찔하다. 그렇지만 눈앞에 펼쳐진 깎아지른 협곡의 절경은 보는 이로 하여금 감탄사를 연발하게 한다. 지금의 잔도는 최근에 2㎞ 구간만 복원한 것이다. 협곡 내에는 옛길인 잔도, 견부도 외에 현대의 교통수단인 도로, 철도가 나있어 '중국교통박물관'이라고 불리기도 한다.

　입구에는 마차에 앉아 가릉강을 바라보며 고뇌에 잠겨있는 제갈량의 동상이 있다. 제갈량 동상 뒤에는 후출사표가 병풍처럼 펼쳐있다. 그리고 그 옆에는 제갈량이 산악지역에서 군량미를 운송하기 위해 만들었다는 목우유마木牛流馬·소나 말의 모양으로 만든 수레와 다연발로 발사하는 화살인 쇠뇌가 복원 전시되어 있다.

명월협 입구(佳人 김남하 선생 제공)

잔도

제갈량 동상
(佳人 김남하 선생 제공)

계속해서 발길을 옮기다 보면 2008년 5월 12일 문천 대지진 때 협곡 위에서 떨어진 바위인 지진석地震石이 있고 밧줄을 매달았던 견부석도 있다. 그리고 황금 똥黃金便을 누고 있는 돌로 만든 소인 석우石牛 조각상이 나온다. 이와 관련한 전설은 이렇다.

고대 촉나라 개명제開明帝의 12대손이 왕을 하고 있을 무렵 촉나라 이웃에는 강국 진나라가 있었는데 진나라의 혜왕惠王은 군대를 동원해 촉나라를 치려고 호시탐탐 노리고 있었다. 그러나 촉 땅의 산세가 워낙 험하고 길이 없어 진군이 불가능했다. 혜왕은 촉 왕을 속이기 위해 계략을 꾸몄다. 돌로 실물 크기의 소 다섯 마리를 만들고 석우의 꼬리에 번쩍이는 황금을 달아 놓았다. 그리고는 신우神牛라 이름 짓고 신우가 황금 똥을 눈다는 소문을 퍼뜨렸다. 이런 소문을 들은 촉 왕이 신우한테 관심을 보이자 혜왕은 촉 왕에게 신우를 대가없이 주겠다고 했다. 하지만 촉 왕은 신우를 운반해 올 방법이 없었다. 이에 혜왕은 촉 왕에게 길을 만들어 신우를 옮겨가도록 했다.

황금 똥을 눈다는 신우에게 눈이 먼 촉 왕은 다섯 명의 천하장사五丁力士라 함를 시켜 길을 닦고 다섯 마리의 신우를 운반해 오도록 했다. 그러나 신우는 황금 똥을 누지 않았고 속은 것을 안 촉 왕은 대노해 신우를 다시 진나라로 돌려보냈다. 그러나 이런 과정 중에 혜

검문관

왕은 촉나라로 가는 길을 확보할 수 있었다. 혜왕은 다음 계략을 꾸몄다. 촉 왕이 무척 여자를 밝힌다는 것을 알고 그에게 다섯 명의 미녀를 보내주겠다고 제안했다. 촉 왕은 기뻐하며 다섯 명의 천하장사를 시켜 그녀들을 데려오게 했다.

일행이 재동梓潼 땅에 이르렀을 때 큰 뱀 한 마리가 동굴 속으로 막 들어가려 했다. 한 장사가 뱀의 꼬리를 잡았으나 힘이 달리자 나머지 장사 모두 달라붙어 소리를 지르며 뱀을 잡아 당기는 순간 산이 무너져 내렸다. 순식간에 다섯 명의 천하장사와 다섯 명의 미녀 모두가 깔려죽었고 산은 다섯 개의 언덕으로 변했다. 비보를 듣고 촉 왕은 미녀들이 죽은 것을 안타까워하며 그곳을 오부총五婦塚이라 이름 지었다. 그러나 사람들은 그곳을 다섯 명의 천하장사를 기념해 오정총五丁塚이라 부르기도 한다.

그로부터 얼마 후 혜왕은 앞서 신우가 지나갔던 길을 통해 촉나라를 침공했다. 촉 왕은 항전했으나 결국 패배했고 무양武陽까지 도망갔다가 그곳에서 살해된다. 바로 이 길이 지금의 금우도金牛道이며, 작은 것을 탐하다가 큰 것을 잃는다는 뜻인 '소탐대실小貪大失'이란 고사성어가 탄생했다.

성도의 북동쪽 대검산大劍山 · 젠먼산은 72개의 봉우리가 예리한 칼처럼 하늘을 향해 솟아있고 동서로 펼쳐진 천혜의 성벽이다. '하늘을 나는 새도 넘기 힘들다.'는 이곳은 마치 하늘에서 칼로 내려치는 듯 긴 절벽가운데 갈라진 틈에 누각을 세웠으니 바로 검문관劍門關 · 젠먼관이다. '칼로 세운 문'이란 뜻의 검문관은 협곡이 마치 칼을 꽂아 세워 통로를 만든 것 같다 해서 검각劍閣이라 부르기도 한다.

제갈량의 북벌 길은 촉도를 따라 검문관을 지나 명월협을 거쳐 한중漢中으로 가는 것이었다. 당시에는 이 길이 북쪽에서 사천분지로 들어서는 유일한 길이었다. 이곳만 막으면 사천, 즉 촉한을 지킬 수 있는 천혜의 요새였다. 제갈량은 북벌로 자리를 비우더라도 적군의 침입을 저지할 최고의 요새로 만든 것이 검문관이다. 제갈량은 이 길을 통해서 여섯 번이나 북벌을 감행한다.

"공명이 세우고 강유姜維 · 202~264년가 지켰다"는 검문관은 촉한의 마지막 보루로서 촉나라 장군 강유가 3만 병사를 거느리고 후퇴하다 검문관을 지키면서 위나라 장군 등애鄧艾와 종회鍾會의 10만 군사를 막아낸 역사적인 장소일 뿐만 아니라 유선이 위나라에 항복한 뒤에도 검문관을 사수하며 마지막까지 버티며 항쟁한 곳이기도 하다.

'양주 제1의 인재'라며 칭송했던 제갈량은 만약을 위해 자신의 뒤를 이을 후계자를 키웠는데 그가 강유이다. 강유는 원래 천수군天水郡 사람으로 한족이 아닌 강족 출신으로 위나라의 중랑中郎이라는 중간 간부쯤 되는 직책을 맡고 있었다. 그런데 227년 제갈량의 제1차 북벌 때 천수군의 각 현이 촉한에 호응한다는 소식을 들은 천수군 태수인 마준馬遵이 의심을 품는 바람에 버림을 받아 갈 곳이 없어졌고 제갈량이 그의 재능을 알아보고 투항하게 만든다.

투항 후 강유를 지켜본 제갈량은 "촉에는 강유만한 인물이 없다. 그래서 강유를 내 후계자로 삼고 싶다"며 강유를 후계자로 받아들였다. 강유가 뛰어난 지략은 물론 지리에도 밝고 무예까지 겸비해 군사軍師 후계자로서 손색이 없었다. 제갈량이 죽고 난 후 결국 강유가 군정軍政을 맡게 된다.

세월은 흘러 263년, 위나라 장수 종회와 촉나라 장수 강유가 검문관에서 대치하는 상황이 벌어진다. 강유와 종회가 대치하고 있는 사이 위나라 장수 등애의 정예부대는 절벽을 타고 내려와 험한 길을 개척하면서 단번에 촉한의 수도 성도로 쳐들어가서 유선의 항복을 받아낸다. 유선이 항복하고 그의 칙령에 의해 강유도 항복하게 된다. 제대로 싸워보지도 못하고 검문관을 종회에게 넘긴 강유는 분통함에 칼로 바위를 내리치면서 통곡했는데 그 울음소리가 30리약 12km 밖에까지 들렸다고 한다.

강유는 종회에게 거짓으로 항복하고 촉나라를 부흥시키려고 했다. 마침 종회도 등애를 시기해 그를 축출하고 서촉西蜀을 장악할 야심이 있어 강유와 손잡고 사마소司馬昭에 대항해 반란을 일으켰다. 그러나 내부 장수들이 모반을 일으키는 바람에 발각되어 종회가 죽임을 당하고 강유 역시 이 때 피살되었다. 264년, 강유가 죽음으로서 촉한은 역사의 뒤안길로 사라지게 된다. 강족羌族인 강유는 이 지역 수호신으로 여겨질 만큼 이곳 사람들의 사랑을 한 몸에 받고 있다.

많은 시인들이 이곳에 와서 검문관을 읊는 시를 써서 발자취를 남겼다. 검문관 입구에는 그런 시인들을 대표해서 이백과 두보 두 분의 석상이 있다. 그중 대표적인 시가 이백이 촉도로 가는 길을 묘사한 '送友人入蜀송우인입촉', 즉 '벗을 촉으로 보내며'라는 시이다. 이백은 수직으로 솟은 절벽을 보고 이 시의 3행에서 '山從人面起산종인면기'라 표현했는데 이는 "산이 사람 얼굴 면전에 바로 솟아오른다", 즉 "얼굴을 들 때마다 산이 우뚝우뚝 서고"라는 뜻이다. 이뿐만이 아니다. 이백은 촉도난에서 "一夫當關萬夫莫敵일부당관만부막적", 즉 "한사람이 관문을 지키면 만 사람이 와도 뚫지 못한다"고 읊었다. 두보는 한 술 더 떠서 그의 '검문劍門'이란 시에서 "一夫怒臨關일부노임관하면 百萬未可傍백만미가방"이라 했다. 즉 "한명의 군사가 힘써 관문을 지키면 백만의 대군도 얼씬하지 못한다"는 뜻이다. 이렇듯, 이백과 두보 모두 검문관이 수비하기는 쉬워도 공격하기는 어려운 천험大險의 요새임을 시로 읊은 것이다. 그러나 지금은 '過往多少英雄豪杰과왕다소영웅호걸'이라. 수많은 영웅호걸은 간곳없으니…

강유가 종회에게 잡힌 장면

산이 하나의 거대한 불상인
낙산대불
樂山大佛

낙산러산은 사천성의 성도와 중국 남서부의 중경 重慶·충칭을 이어주는 대동맥으로 수상교통의 중심지이며 성도에서 160㎞쯤 떨어져 있다. 또한 낙산은 중국에서 가장 긴 장강의 지류인 민강岷江, 대도하大渡河·다두허, 청의강青衣江·칭이강의 세 물줄기가 합쳐지는 곳에 세워진 도시이다. 하지만 낙산은 하절기에는 비가 많이 와서 홍수로 인한 재해가 많고, 동절기에는 한치 앞을 볼 수 없을 정도로 안개 끼는 날이 많다. 이뿐만이 아니다. 낙산은 세 강의 합류점이다 보니 파도가 높고 소용돌이치는 물살이 거세 이 지류에서 배의 전복사고가 잦아 많은 사람들이 목숨을 잃었다. 당시에는 큰 배가 없었고 나무로 만든 나룻배가 많았기 때문이다.

지금으로부터 1,300여 년 전, 그러니까 당 현종 개원초년인 713년, 능운사淩雲寺·링윈쓰에서 수행하고 있던 해통海通·하이통 선사

능운산과 귀성산 전경

가 사람들이 강물에 빠져 죽는 모습을 자주 목격하면서 가슴 아파한 나머지 이곳에 불상을 세워 불력에 의해 강물 속에 있는 물귀신을 제압해 배의 전복사고를 막고 수해를 예방하기 위해 이곳 세 강이 합쳐지는 지점을 내려다 볼 수 있는 곳에 대불을 조성했다고 전해진다.

  대불조성과 관련해서 다음과 같은 얘기가 전해진다. 해통 선사가 불상 건립에 필요한 기금을 마련하기 위해 탁발승이 되어 수 년 동안 전국을 떠돌아다니며 보시를 받아 많은 기금을 마련한 후 능운사로 돌아왔다. 그리고 대불 조성에 들어갔다. 그런데 어느 날, 보시 받은 재물을 탐낸 한 지방관리가 찾아와서 일부를 뇌물로 요구했다. 돈을 내놓지 않으면 감옥에 가두겠다고 협박을 했다. 그러자 해통 선사 왈, "내 눈알을 파서 당신에게 줄지언정 보시 받은 불재는 단 한 푼도 줄 수 없다."고 말한 후 왼쪽 눈알을 빼서 그 관리에게 줬다고 한다. 이에 깜짝 놀란 관리는 해통 선사 앞에서 백배 사죄와 함께 참회하고 불상을 세우는 일에 적극 협조했다고 한다. 이 소문을 들은 백성들도 선사의 정성에 감동해 모두들 자기 일처럼 도왔다고 한다. 그러나 해통 선사는 대불을 완성하지 못하고 어깨부분까지만 만들고 입적하고 만다.

  이렇게 거대한 산에 대불을 조성할 때는 집 짓는 것과는 반대로 산을 깎으면서 조각했기 때문에 작업순서가 불두부터 시작하면서 많은 시간이 걸린다. 해통 선사 입적 후 공사가 중단되었다가 약 10년 후, 검남 서천 절도사 장구겸경章仇兼琼·장처우지앤치옹이 불상조성 기금을 헌금해서 해통 선사 제자들이 불상조성을 계속했는데, 장구겸경이 호부상서로 영전해 가는 바람에 몸통부분까지만 만들고 공사는 다시 중단되었다. 40년 후, 새로 부임한 검남 서천 절도사 위고韋皐·웨이까우가 건축기금을 기부해 당 덕종 정원19년인 803

하늘에서 내려다본 낙산대불(중국국가여유국 서울지국 제공)

년에 완공했다. 그러니까 713년에 시작해서 803년까지 90년에 거쳐 세 사람의 노력으로 완성한, 앉아있는 모습의 좌상 대불이다.

낙산대불러산다푸을 조성 후 불력 때문이었는지 배의 전복사고가 크게 줄고 수해도 많이 감소되었다고 한다. 그렇지만 필자의 생각에는, 세 강의 물줄기가 합쳐지는 곳은 물살이 빠르고 소용돌이가 발생하기 때문에 작은 배들의 전복사고가 잦았을 것이다. 그래서 이 지역민들의 재해를 막고자 하는 마음의 절실함이 대불을 조성하게끔 하는 원동력이 되었고, 불력보다는 대불을 조성하기 위해 산을 깎아내리면서 생긴 엄청난 양의 토사가 강 밑바닥에 퇴적되면서 강의 수위가 낮아져 물살이 많이 약해지고 소용돌이 현상도 사라졌기 때문에 사고 또한 줄지 않았겠냐는 생각이다. 그런데 수해도 많이 감소했다고 하는데, 오히려 수해는 더 많았겠다고 생각된다. 중국에서는 장강, 즉 우리에게 양자강으로 더 잘 알려진 이곳도 주변의 울창했던 삼림을 무차별적인 벌목으로 벌거숭이가 되는 바람에 비가 오면 토사가 장강으로 흘러들어 강바닥에 퇴적됨으로써 강의 수위가 낮아짐으로 인해 홍수 때마다 강이 범람해 피해를 많이 본 것처럼 말이다.

낙산대불은 능운산凌雲山·링윈산의 산 절벽 하나를 그대로 깎아 불상으로 조성했다. 대불의 전체 높이가 71m, 머리 너비가 10m, 귀의 길이가 7m로 귓속으로 사람 두 명이 들어갈 수 있는 크기이다. 또한 어깨 너비가 28m, 불상 발 하나의 넓이가 5.5m에 길이가 12m로 세계에서 가장 큰 석각대불이다. 발톱 하나에서도 한 가족이 앉아 식사할 수 있을 정도로 넓다. 정말이지 '佛是一座山불시일좌산, 山是一尊佛산시일존불'이다. 즉 능운산 전체가 하나의 부처이고 부처가 곧 산이며, 불상이 하나의 산이고 산이 하나의 불상이란 뜻이다. 낙산대불을 처음 조성했을 당시에는 금빛 찬란한 화려한 색깔로 장식했고, 13층 목조누각으로 덮어 풍화, 침식작용으로부터 보호했는데 명나라 말기에 소실되었다고 한다.

전설에 의하면, 대불이 완성된 후 얼마 되지 않아 도굴꾼이 이곳에 왔다고 한다. 선인들이 불상을 만들면서 불상 속에는 보물을 넣어두었기 때문에, 이 도둑도 분명히 대불 속에는 보물이 가득 들어 있을 걸로 생각한 것이다. 머리 부분 한쪽을 파고 내려가려는데 돌이 너무 단단해서 파기가 힘들었다. 하는 수없이 머리 부분은 포기하고 밧줄을 타고 가운데로 내려가서 연약한 부분을 골라 파고 들어갔다. 그런데 보물은커녕 불상 몸속에는 마치 사람의 혈관처럼 수로가 많이 나있었다. 대불을 만들 때, 이 지역이 아열대기후로 비가 많이 오기 때문에 불상의 머릿결과 속 옷깃을 따라서 빗물이 수로를 따라 흘러내리게 함으로써 침식을 막아 대불을 보존할 수 있게끔 만든 것이다. 지금은 대불의 머리카락 수가 1,021개 밖에 남아 있지 않지만 당시에는 1,051개였다고 하니 얼마나 많은 수로를 불상 안에 만들었는지 짐작이 간다. 지금도 대불 중간부위에는 도굴꾼이 판 흔적의 상처가 하얀 흉터자국으로 남아있다.

대불 옆으로 상당히 가파른 돌층계가 나있다. 여기서부터 능운구곡잔도凌雲九曲棧道·링윈지우취짠다오가 시작된다. 잔도란 다니기 힘든 험한 벼랑 같은 곳에 선반을 매듯이 해 만든 길을 말하는데, 구불구불한 모양이 아홉 굽이로 되어 있어 구곡잔도라 불린다. 중국에서는 이렇게 꼬불꼬불 구부러진 모양을 구곡팔괴九曲八拐라고도 한다. 이뿐만이 아니다. 중국인들은 이 길이 어찌나 경사가 심하고 협소하고 위험하던지 새들만이 다닐 수 있는 길이라 해 조로鳥路라 불렀다.

대불 뒤편의 능운사에는 해통 선사가 수련했다는 해사동海師洞이란 동굴과 그의 소상이 있다. 해통 선사 소상 밑에는 그가 관리에게 했던 말인 "自目可剜佛財難得자목가완불재난득" 즉 "내 눈은 도려낼

낙산대불   능운구곡잔도인 조로

수 있지만 부처님의 재물은 얻기 어려울 것이다"라는 글과 바로 아래에는 "海通禪師貴州人해통선사귀주인 · 樂山大佛始創者낙산대불시창자"란 글귀가 쓰여 있어 전해져 내려오는 전설에 신빙성을 더해주고 있다. 그렇지만 필자의 생각에는 눈알을 빼서 어쨌다고 하는 것은 과장이 심한 중국인들이 만들어낸 이야기라는 생각이 든다. 손가락으로 눈알을 찌르는 시늉까지는 했는지 모르겠지만 말이다. 아무튼 해통 선사 한사람의 생각이 이런 대불을 탄생시켰고 이로 말미암아 후대에 문화유산이라는 큰 재산을 안겨줬으며 더불어 후손 대대 경제적 이윤까지 창출하고 있으니 부러울 뿐이다.

  낙산대불과 관련해서 덩샤오핑의 이야기가 전해진다. 낙산대불 위에는 5대 보살이 모셔져 있다. 그런데 덩샤오핑이 이곳을 찾았을 때 지장보살한테만 참배했다고 한다. 지장보살은 그의 어머니가 살아생전에 죄를 많이 지어 지옥에 떨어졌는데 직접 지옥까지 가서 어머니를 구해냈다고 한다. 이런 연유로 해서 중국인들에게 있어서 지장보살은 죽은 부모를 위해 기도하면 소원을 들어주는 '효도의 상징'이 되었다. 그러니까 지옥에서 고통 받는 중생들을 구원하기 위해 지옥에 들어가서 죄지은 육도중생六道衆生을 제도하는 위대한 '지옥세계의 부처님'으로 신앙되는 보살이 지장보살이다.

덩샤오핑이 젊었을 때는 일제와 싸우고 혁명에 참여하느라고, 정치인이 되어서는 국가를 위해 한 몸 바쳐 헌신했기 때문에 자기 부모한테 효도하지 못한 점을 매우 안타깝게 생각했다고 한다. 그래서 덩샤오핑이 살아생전 절에 가면 어머니의 영혼을 위해 지장보살한테 참배한 것이다.

우리나라는 전북 고창군 삼인리에 위치한 선운사가 예로부터 국내는 물론 일본, 중국에서조차 찾아보기 힘든 지장신앙이 발달한 도량이다. 특히 선운사는 보물 제279호인 지장보궁의 지지持地 지장보살과 보물 제280호인 도솔암의 천장天藏 지장보살 그리고 전북유형문화재 제33호인 참당암의 인장人藏 지장보살 등 삼장三藏 지장보살을 모신 지장신앙 원찰로 유명하다. 보살菩薩이란, 보리살타보제살타의 준말로 上求菩提·下化衆生상구보리·하화중생, 즉 위로는 보리깨달음를 구하고 아래로는 중생을 교화하려는 사람을 일컫는다.

낙산대불은 하도 커서 머리부터 발끝까지 전체를 제대로 관망하기 위해서는 반드시 유람선을 타야한다. 그런데 오전에는 빛이 역광이고 빛의 산란과 그림자로 인해 카메라의 노출을 조정해도 좋은 사진을 찍을 수 없을 뿐만이 아니라 선명한 대불을 볼 수 없다. 그렇기 때문에 오후 2~4시 사이에 배를 타는 것이 가장 이상적이란 것이 필자의 생각이다.

대불 건너편 강가 어느 지점에서 보면 저 멀리에 거대한 수불睡佛을 관망할 수 있는 곳이 있다. 이 수불은 80년대 후반 광동성廣東省·광둥성에서 온 어느 여행자가 우연히 발견했다고 한다. 이 지역에 사는 사람들에게 물어보면 그 위치를 알려준다. 수불이란 '잠자는 부처'를 말한다. 그런데 왜 와불臥佛이라 하지 않고 수불이라 하는가.

　일반적으로 와불은 옆으로 비스듬히 누워있는 부처를 말한다. 그렇지만 이곳 멀리에서 바라본 형상은 마치 부처가 반듯이 누워 잠자는 모습처럼 보이기 때문에 수불이라고 한다. 오룡산烏龍山이 불두佛頭이고, 능운산이 가슴과 배 부위이며, 귀성산歸城山이 발足 부분이다. 이 세 부분을 합하면 주무시는 부처의 모습이 된다. 낙산대불은 누워있는 부처의 심장부에 자리하고 있다. 그렇기 때문에 "부처 안에 부처가 있다"고 해 더욱 유명해졌다.

　이것은 부처님께 대단히 실례되는 말씀이지만, 부처님이 누워계시는 하단 어느 지점에는 탑이 우뚝 서있다. 멀리서 보니까 꼭 부처님 거시기(?) 같다는 생각을 지워버릴 수가 없다. 1996년 12월 6일, 유네스코 세계문화유산으로 지정된 낙산대불은 비록 섬세한 조각이 아닌 다소 투박함마저 주는 조각이지만 신앙과 자연을 절묘하게 합쳐놓은 절경 중에 절경이다. 산 하나가 불상으로 세계에서 가장 큰 불상이라는 그 장엄함 때문인지 불력을 느껴보기 위해 불자는 물론 국내외 많은 이들의 발길이 끊이지 않는다.

　"載舟覆舟재주복주", 즉 "물은 배를 띄우기도 하지만 배를 삼켜버리기도 한다"는 노자의 말을 뒤로 하고 아미산으로 갔다.

보물 제290호인 선운사 대웅보전

중국 4대 불교명산이자
보현보살의 도량인 아미산
峨眉山

1996년 12월 6일, 낙산대불과 함께 유네스코 세계자연유산에 등재된 아미산어메이산은 낙산대불에서 31km쯤 떨어져 있으며 차로 한시간정도 걸린다. 아미산 입구 매표소에서 입장권을 구입 후 국수로 점심을 간단히 때웠다. 셔틀버스를 타고 한참을 가자 아미산 주차장이 나온다. 입구의 커다란 바위에는 강희제의 어필인 '峨眉山'이 금빛으로 새겨있고, 오른쪽에는 유네스코 세계자연유산 심벌마크가 있다. 왼쪽에는 인공으로 만든 영빈폭포가 시원한 물줄기로 맞이한다. 숲속에는 공룡이 즐겨먹었다는 사라나무娑羅樹 군락지가 있다.

계단을 따라 20여분 올라가면 케이블카 승강장이 나온다. 60인승 케이블카를 타고 올랐다. 중국인들의 감탄하는 소리가 매우 시끄럽다. 승강장에서 내리면 음식물 반입이 금지되어 있기 때문에 음식물 맡기는 곳, 아미산 정상은 일기예보가 맞지 않을 정도로 날씨의 변화가 심해 방한복을 대여해 주는 곳, 노약자를 위한 활간꾼들이 손님을 기다리고 있다. 활간滑杆이란 죽편이나 새끼줄을 긴 대나무 사이에 얽어 묶고 그 위에 요를 깔아 두 사람이 메고 가는 일종의 지붕 없는 가마를 말한다.

중국인들은 어느 산을 가나 산이란 산에는 왜 이리도 많은 계단을 만들어 놓은 걸까. 중국인들은 계단을 올라갈 때마다 한 걸음 한 걸음 올라간다고 해서 '步步高보보고·뿌뿌까오'라고 한다. 이 말은 곧 일상생활에서 한 걸음 한 걸음씩 높이 올라간다는 의미와 '자기계발'의 뜻을 담고 있다고 생각하기 때문에 계단을 많이 만든다고 한다. 요즘은 '步步高'란 이름을 딴 유명 상호까지 생겨났다.

아미산은 산세가 여인의 눈썹처럼 아름답다해 아미란 이름을 갖게 되었다. 아미蛾眉는 가늘고 길게 굽어진 초승달같이 아름다운 미인의 눈썹을 이른다. 우리나라 시인 변영로卞榮魯 선생이 쓴 '논개論介'에서도 아미가 나온다.

"아리땁던 그 아미 높게 흔들리우며 그 석류 속 같은 입술 죽음을 입 맞추었네. 아, 강낭콩꽃보다도 더 푸른 그 물결 위에 양귀비꽃보다도 더 붉은 그 마음 흘러라."

논개는 진주목晉州牧의 관기로 임진왜란 때 진주성이 왜병에게 함락되자 촉석루에서 왜장들과 주연을 벌이던 중 한 왜장을 껴안고 남강에 떨어져 함께 죽은 의기이다.

강희제의 어필인 '峨眉山'

공룡 먹이인 사라나무

아미산은 산세가 웅장하고 경관이 수려해 천하제일 명산이란 뜻으로 '아미천하수峨眉天下秀'라 불렸으며, 일찍이 당나라의 시인 이백은 "蜀國多仙山·峨眉邈難匹촉국다선산·아미막난필", 즉 "촉국사천에 명산이 많다지만 아미산에 비길 바가 아니구나"라고 읊어 아미산의 절경을 노래한 바 있다. 또한 이백은 '峨眉山月歌'라 해 아미산의 달을 노래한 시도 남겼다.

峨眉山月歌아미산월가

李白이백

峨眉山月半輪秋 아미산월반윤추
아미산에 호젓이 뜬 가을 반달은

影入平羌江水流 영입평강강수류
달그림자 평강 강에 비쳐 강물 따라 흘러가네.

夜發淸溪向三峽 야발청계향삼협
한밤에 청계를 떠나 삼협으로 향하는데

思君不見下渝州 사군부견하유주
그대 생각하나 만나지 못하고 유주로 내려가네.

불광을 볼 수 있는 절벽

    이백이 아미산월가에서 노래한 유주逾州는 춘추시대 때 파巴나라의 땅이었으며 지금의 중경重慶·충칭이다.
    아미산은 천하일품이라 일컫는 4대 기경奇景이 있는데 일출, 운해, 불광佛光 그리고 성등聖燈이 그것이다. 산 정상에서만 볼 수 있는 일출은 태산, 황산, 구화산의 일출과 함께 최고의 일출로 손꼽히며, 해발 3,099m로 아미산 최고봉인 만불정万佛頂에서 내려다보는 운해는 바다 같은 구름과 붉은색으로 변할 때의 모습이 장관이다. 불광은 아침이나 저녁에 햇빛을 등지고 절벽 끝에 서면, 태양 반대편 구름 위에 자신이 그림자가 비치고 그 주위에 커다란 무리가 생기는 일종의 광학현상으로 특히 오후 2~3시를 넘어 금정사의 바위 위에서 내려다보이는 오채색이 가장 아름답다. 그리고 성등은 승등僧燈이라고도 하는데 불빛이 밝다가 갑자기 사라지는 현상을 말한다. 그렇지만 아미산 정상에는 늘 차가운 기운이 감돌고 춘하추동 사계절 안개와

사면십방보현금불상

운해로 덮여 있어서 그 절경을 쉽게 허락하지 않는다. 일출을 볼 수 있는 날은 겨우 수십 일에 불과하다고 한다. 그래서 평소에 공덕을 많이 쌓고 보현보살께 기도를 많이 한 사람만이 4대 기경을 접할 수 있다고 전한다.

아미산은 일찍이 동한후기에는 도교사원이었다. 그런데 당송 이래 불교가 날로 흥성하면서 연이어 불사가 축조되었고, 명나라와 청나라 때에는 불교와 도교사원이 많이 늘어 크고 작은 사찰이 약 100여 개에 달했는데 지금은 20여 개만 남아있다.

예로부터 중국에는 4대 불교성지가 있는데, 산서성山西省·산시성의 오대산五台山·우타이산, 사천성의 아미산, 절강성浙江省·저장성의 보타산普陀山·푸퉈산 그리고 안휘성安徽省·안후이성의 구화산九華山·지우화산이다. 오대산은 문수보살의 도량, 보타산은 관음보살의 도량, 구화산은 지장보살의 도량 그리고 아미산은 보현보살의 도량이다. 문수보살은 '지혜의 상징'으로 부처의 좌측을 보좌하고 보현보살은 '덕의 상징'으로 부처의 우측을 보좌한다.

아미산에는 중요 8대 사찰과 사당이 있는데, 보국사報國寺·빠오구어스, 복호사伏虎寺·푸후스, 청음각清音閣·칭인꺼, 만년사萬年寺·완녠스, 홍춘평洪椿坪·홍춘핑, 선봉사仙峰寺·시엔펑스, 세상지洗象池·시샹츠, 화장사華藏寺·후아짱스가 그것이다. 절 뒤의 산봉우리가 흡사 호랑이 모습처럼 보인다

해 이름 붙은 복호사에는 명물인 화엄탑정華嚴塔亭이 있다. 정자 안에는 5.8m 높이의 구리로 주조한 화엄탑이 있는데, 탑신에는 4,700여존의 불상과 195,048자로 된 화엄경이 새겨져 있어 중국동탑의 명물로 손꼽힌다. 그러나 복호사란 이름은 도교의 교주인 도인 여동빈呂洞賓·순양자·純陽子이 사람을 해치는 호랑이를 도력으로 제압하고 '복호'라는 이름의 도관을 세웠는데 훗날 불교가 성하면서 도관을 허물고 그 터에 절을 세우면서 이름도 승계했다는 것이 정설이다. 또한 도가에서는 이 아미산을 가리는 것 없이 마음을 맑게 비운 신선이 산다는 뜻에서 허령동천虛靈洞天이라 부른다.

청음각은 두 줄기의 계곡물을 쌍비교雙飛橋라는 다리에서 바라보면 햇빛을 향해 바라보는 것과 햇빛을 등지고 바라보는 물의 색깔이 다른 빛을 띠기 때문에 흑룡강黑龍江, 백수하白水河 두개의 이름으로 불리며 운치가 있고 물소리가 아름답다. 홍춘평은 수령이 1,200여년이나 되는 홍춘수가 자란다고 해서 붙여진 이름으로 특히 가을에는 노란 은행잎과 붉은 단풍이 비경을 이룬다. 그리고 불사의 뒤쪽으로 500m에 이르는 구로동이 있는데, 이 굴에는 아홉 명의 신선이 있어 황제가 이곳을 찾아 불도를 했다는 선봉사, 보현보살이 타고 가던 하얀 코끼리가 목욕했다고 해서 '코끼리가 목욕한 연못'이란 뜻의 세상지 그리고 아미산에서 가장 중요한 사찰중의 하나로서 국내외 많은 신자들이 찾는 화장사이다. 보국사와 만년사는 뒤에서 좀 더 자세한 설명을 하기로 한다.

이외에도 아미산에는 새로운 십경이 있는데 금정금불金頂金佛·만불조종萬佛朝宗·소평정연小平情緣·청음평호淸音平湖·유곡령후幽谷靈猴·제일산정第一山亭·마애석각摩崖石刻·수갑폭포秀甲瀑布·영빈탄迎賓灘·명산기점名山起点이다.

아미산에 들어서면 가장 먼저 눈에 들어오는 것이 2005년에 조성

◀ 여의를 든 보현보살

한 높이 48m, 총무게 660t으로 세계에서 가장 높은 곳에 위치해 있는 사면십방보현금불상四面十方普賢金佛像이다. 무게만 350t인 십방보현상은 동구리으로 주조하고 금으로 도금했으며, 10개의 보현보살 얼굴이 10개의 방위를 바라보고 있다. 이뿐만이 아니다. 보살의 얼굴표정을 보면 각각 다르게 조각되어 있고 머리에는 왕관을 쓰고 있다. 보현보살은 황금색 코끼리 4마리가 받치고 있다. 코끼리를 유심히 살펴보면 좌우 각 3개 도합 여섯 개의 상아를 가진 코끼리이다. 원래는 육아백상六牙白象이라 해 하얀 코끼리지만 금으로 도금했다. 육아백상, 즉 여섯 개의 상아를 가진 코끼리는 힘이 세지만 그 성품이 온순하므로, 보살이 도솔천에서 내려올 때는 육아의 흰 코끼리를 타거나 혹은 스스로 흰 코끼리로 변해 마야부인의 태胎에 들었다는 데서 유래했다.

이런 전설 때문인지 보통 보현보살은 흰 코끼리를 탄 모습이나 연화대에 앉아 있는 모습으로 조성된다. 또한 사면십방에서 사면은 인간세상의 희로애락을 말하며, 십방이란 불가에서의 열개 방위, 즉 동·서·남·북·동남·동북·서남·서북·상·하를 가리킨다. 그

금정

리고 눈여겨 볼 것은 보현보살이 손에 들고 있는 '여의如意'이다. 원래 여의는 뿔이나 대나무 등으로 만들어 사람의 손이 닿지 않는 신체의 가려운 부분을 긁는 데 사용했던 효자손 같은 도구였다. 그렇지만 불교에서의 여의는 불구로서 불교 8보중의 하나로 스님이 설법이나 법회를 할 때 위엄을 나타내기 위해 갖는 막대모양의 것으로, 모든 것을 뜻대로 행할 수 있다는 데에서 그 이름이 유래되었다. 중국에서는 여의를 길상물로 여긴다.

　보현금불상의 높이가 48m인 것은, 아미타불이 부처가 되기 이전에 일체중생을 구제하기 위해 세운 48가지의 서원誓願을 의미한다. 아미타불은 아득히 먼 옛날에 법장法藏이라는 이름을 가진 보살이었다. 그는 최상의 깨달음을 얻고 살아 있는 모든 중생을 구제하고자 광대한 서원 48가지를 세워 긴 세월동안 고된 수행을 했다. 마침내 법장비구는 성불해 아미타부처가 되었다. 그리고 48가지 서원을 모두 이루어서 극락세계를 완성했다. 지금으로부터 10겁劫 이전의 일이다. 그러니까 아미타불이 10겁 전에 시간과 공간을 초월한 '한없는 광명無量光·무량광'과 '영원한 생명無量壽·무량수'의 부처가 되어 현재 극락세계에 머물고 있다는 것이다. 1겁은 43억 2천만 년에 해당한다는데 도저히 상상이 안 되는 숫자다.

아미산 산정 해발 3,077m 절벽위에 세워진 금전金殿인 금정金頂은 황금빛 건축물로 명 태조 주원장의 아들이 어머니를 위해 건립했다고 전해진다. 아미산 절벽 정상부에 노출되어 있기 때문에 가끔 벼락을 맞아 파손되는 경우가 있어 그때마다 보수를 한다고 한다. 그래서인지 신축한지 얼마 되지 않은 건물 같다. 그런데 필자의 눈에는 "과연 금정 건축물 전체를 금으로 칠했을까"라는 의문이 든다.

금칠했다고 확신할 수 없는 이유는, 필자가 오래 전 전남 장흥 보림사에 있는 국보 제117호인 철조비로자나불좌상鐵造毘盧舍那佛坐像이 파손된 상태였을 때 개금改金·불상에 새로 금칠하는 것한 부위를 소량 채취해 분석해본 결과 금 성분은 미량도 검출되지 않았다. 구리와 아연의 합금으로 금빛을 띠어 금이 모조품이나 금박 대용품으로 많이 사용되는 톰백tombac이라는 사실을 밝혀냈다. 그러니까 값비싼 금분으로 개금한 것이 아니라 값

도교신도인 여관

싼 톰백을 칠한 것이다.

 필자의 생각에는 분명 값싼 톰백을 칠해놓고 금칠을 했다고 주지스님을 속이고 많은 이익을 챙겼을 그자가 당시에는 아무도 모를 것으로 생각했을 것이다. 오랜 세월이 흘러 개금을 한 그자가 누구인지는 모르겠지만 뒤늦게라도 거짓말이 탄로 날 줄은 상상도 못했으리라. 불상도 이러할 진데 금정도 혹시나 하는 생각을 지워버릴 수가 없다.

 이곳이 오래 전 도교사원이어서인지 도교신도들이 눈에 많이 띈다. 도교 고유복장을 입은 여성 도사인 여관女冠을 만나 기념사진을 남겼다.

 은전銀殿이라 불리는 와운선원臥雲禪院과 동전銅殿이라 불리는 화장사가 있는데 외부전면에 칠한 금, 은, 동 색깔로 구분한다. 동전에서 특이한 점은 대웅보전 현판 아래에 '華藏寺화장사'란 현판이 있다. 대웅보전 내의 불상과 보살상은 사진촬영금지이다. 여기에서 '대웅전大雄殿'은 대부분 1불 2보살을 봉안했을 때, '대웅보전大雄寶殿'은 대부분 3불 5보살을 봉안했을 때, 또는 3불을 봉안했을 때를 일컫는다.

은전

동전이라 불리는 화장사와 대웅보전

대웅보전 내 불상과 보살상

심연심　　　　　　　　　　　　　아미산 원숭이

 아미산은 세속의 때를 씻는 맑은 물소리와 원숭이로 유명하다. 특히 아미산의 터줏대감인 짧은 꼬리 원숭이는 말만 야생 원숭이지 관광객들이 던져주는 먹이에 익숙해져 사람을 두려워하지 않고 짓궂게 장난도 치고 먹을 걸 구걸한다. 심지어 아미산 관리원들도 원숭이들이 다른 곳으로 못 가게 하기 위해 아침저녁으로 먹이를 주고 있는 실정이다.

 전설에 의하면, 전국시대에 무사인 사도현공司徒玄空이라는 사람이 아미산에 은거하며 살고 있었는데 아미산의 '영이 깃든 원숭이'인 영후靈猴와 항상 함께 했다고 한다. 사도현공은 원숭이의 동작을 본떠서 공격과 방어가 민첩한 '아미통비권峨嵋通臂拳'과 백발노인으로 변신한 백색 원숭이와 겨뤄 만들었다는 '원공검법猿公劍法'을 만들어 세상에 전했다고 한다.

 아미산의 또 다른 볼거리는 마음과 마음을 연결해 준다는 '심연심心連心'으로 낭떠러지 다리난간에 걸려있는 자물쇠통이다. 서로 사랑하는 연인들이 사랑의 언약으로 자물쇠통에 사랑마크와 이름을 새기고 열쇠로 자물쇠통을 채운 후 열쇠는 낭떠러지 저 아래로 던짐으로써 우리 사랑이 영원히 변치말자며 약속하는 사랑하는 마음의 표현이다.

아미산 최대의 불교사원인
보국사와 만년사
報國寺 · 萬年寺

아미산 입구에 위치한 보국사빠오구어스는 중국 명나라 제14대 황제 만력제萬曆帝 · 재위 1572~1620 때인 1615년에 세워졌다. 창건당시에는 불교의 보현보살과 도교의 광성자廣成子 그리고 춘추시대 명사인 육통陸通이 모셔져 있어서 유 · 불 · 선 세 종교를 같이 모시는 회종합사會宗合祀의 의미를 갖는 회종당會宗堂 · 후이쭝탕이었다. 그러나 명 말기 전쟁 중 화재로 소실되었다가 원나라 세조인 쿠빌라이 때 중건했다. 하지만 청나라 4대 황제인 강희제가 종교도 나라와 황제의 은혜에 보답해야 한다는 충의사상을 고취하기 위해 '報國主恩보국주은'을 따서 보국사란 이름을 하사한 후 직접 편액까지 썼다. 그 후 두 차례의 확장공사를 거쳐 4층 전당과 누각을 모두 갖추게 되었다. 보국사 편액 오른쪽에는 '康熙 四十二年 御題 어제', 왼쪽에는 '同治 五年 暮春늦봄 重建'이라 쓰여 있다.

보국사에는 3대 보물로 일컫는 것이 있다. 첫 번째가 칠불전 내에 있는 대형 와불이고, 두 번째가 7m 높이에 14층으로 부처와 화엄경이 새겨진 자동화엄탑紫銅華嚴塔이며, 세 번째가 2.3m 높이에 무게가 25t이나 되는 대동종大銅鐘이다. 화엄탑은 현재 복호사로 옮겨졌다. 앞에서 말한 자동화엄탑에서 자동은 적동赤銅을 말하는데, 2~8%정도 소량의 금을 함유한 구리합금을 말한다. 약품처리를 하면 아름다운 자색을 띤 검은색의 광택 있는 상태가 되므로 옛날부터

보국사

불상을 만들 때 많이 사용했다.

  필자가 오래전, 전남 영광군 군서면 도갑리에 있는 도갑사道岬寺 발굴현장에서 연산군 1년 때 화재로 인해 소실된 사찰 터에서 불에 녹은 금속유물이 다량 발굴되었지만 이것이 종인지 불상인지 육안으로는 식별이 불가능하다며 발굴단으로부터 판별해달라는 의뢰를 받았다. 시료를 채취해 분석해본 결과 구리와 주석의 합금인 청동이었지만, 납이 검출된 것으로 봐서 종이 아니라 불상이라는 결론을 얻었다. 종에 소량의 납이 첨가되면 종소리가 둔탁하기 때문에 사용할 수가 없는 것이며, 불상에는 값비싼 주석 대신에 주석보다 값이 저렴하고 비중이 11.34로 무거운 납을 첨가함으로써 값뿐만이 아니라 중량감도 좋아지기 때문에 납을 첨가하는 것이다.

보국사 포대화상

보국사 사찰에 들어서면 맨 먼저 미륵전이 있고 그 뒤쪽에 대웅전과 동탑인 자동화엄탑 그리고 칠불전과 장경루가 있다. 미륵불을 봉안한 곳을 미륵전이라 하는데 미륵부처를 우리는 포대화상이라 일컫는다. 중국의 여느 사찰에서나 산문을 들어서면 맨 처음 반기는 것이 미륵부처의 화신으로 여기는 포대화상이다. 그리고 석가모니불 맞은편에는 수호신인 위타보살韋馱菩薩을 모셨다. 위타보살에 대해서는 운남성 원통사 글에서도 설명했지만, 위타보살은 사찰을 보호하는 신으로 칼을 들고 있는 것이 특징이며 그 자세에 따라 사찰의 성향이 나타난다. 칼을 위로 들고 있다면 그 사찰은 재워만 줄 뿐 먹여주지는 않는 곳이고, 밑으로 들고 있으면 그 반대이며, 옆으로 들고 있으면 숙식을 제공해주는 사찰이다. 그러니까 이곳에서는 칼이 아래로 향해 있기 때문에 먹여는 주되 재워주지 않는 사찰이다. 여행을 하다 숙식할 곳이 없으면 절을 찾아 위타보살의 자세부터 살펴야겠다는 생각이 든다.

 아미산 주봉 동쪽 산자락, 해발 1,000여 m에 위치해 있는 만년사 완녠스를 가기 위해서는 케이블카를 타야한다. 발밑으로 펼쳐지는 대자연의 파노라마가 환상적이다. 만년사는 언제나 사람들의 발길로 인산인해를 이룬다. 만년사 현판 아래에 '大光明山대광명산'이란 또 다른 현판이 있다. 대광명산 또는 광명산은 불교에서 아미산을 일컫는 말로 화엄경에 나오는 보현보살이 계시는 산 정상에 밝고 환한 빛의 상서로운 기운이 서려 있기 때문이다. 만년사는 원래 '보현사普賢寺'였는데 당나라 희종 때 '백수사白水寺'로 그리고 명나라 신종 때 '성수만년사聖壽萬年寺'로 이름이 바뀌었다. 만년사 무량전은 명대에 불에 타 없어진 뒤 라마교 양식으로 다시 지은 것이다. 무

하얀 코끼리 위에 앉아있는 보현보살상

량전의 원형지붕은 하늘이 둥글다는 것을, 정방형의 벽은 땅이 네모라는 설을 반영한 것이다.

만년사의 보물은 뭐니 뭐니 해도 6개의 상아를 가진 하양 코끼리 위에 앉아있는 보현보살상이다. 높이가 7.3m, 무게가 62t에 달하는 이 보현보살상은 송나라 태종 때인 980년에 구리로 주조한 것이다. 천장에는 비파와 공후箜篌 그리고 피리 등의 악기를 연주하는 비천도가 그려져 있다. 특히 보현보살상은 모든 사람들의 소원을 들어주는 불상이라 해 많은 사람들이 찾으

보현전 내의 촛불

며, 시계방향으로 세 번 돌면서 남자는 왼쪽, 여자는 오른쪽 코끼리 뒷다리를 만진 후 자기 아픈 부위를 만지면 낫는다고 한다.

이외에도 만년사 대웅보전 앞에 있는 작은 연못 백수지白水池도 사람의 발길을 멈추게 한다. 가야금을 타는 개구리, 즉 탄금와彈琴蛙를 만나보기 위해서이다. 옛날 이백과 주지스님 광준廣浚은 달 밝은 밤이면 이곳 백수지에서 만나 이백은 시를 읊고 광준 스님은 운율에 실어 가야금을 탔다고 한다. 그때 개구리가 귀동냥으로 얻어듣고 흉내 낸 가야금 소리가 오늘날까지 이어내린 것이라 전해진다. 백수지에는 크고 작은 수많은 개구리를 만들어 놨는데 가야금 소리를 흉내 내는 개구리 노랫소리를 들으려는 사람들로 늘 붐빈다.

당나라 시인 백거이는 아미산을 다녀와서 '강남을 그리며'란 시를 남겼는데 그는 이렇게 노래했다.

憶江南 억강남

白居易

朝陽好 조양호
아침 햇살이 좋아라.

秀色呈笑顔 수색정소안
눈부신 빛 활짝 웃는 얼굴 드러내고

日出江山紅勝火 일출강산홍승화
일출 강산은 불꽃보다 붉도다.

萬頃雲濤卷層瀾 만경운도권층란
만경의 구름파도 겹겹이 잔물결 감아올리니

蛾眉好江山 아미호강산
아미는 좋은 강산이로다.

중국의 상징이자 자랑인
자이언트 판다
大熊猫

사천성은 명실상부한 판다의 고장이다. 성도에서 133km쯤 떨어져 있으며 버스를 타고 2시간 정도를 가면 지금시인 아안雅安·야안이 나온다. 아안은 인공적인 차 재배의 기원이 되는 곳으로 몽정산蒙頂山·멍딩산에서 재배되는 몽정차로 유명할 뿐만이 아니라 첫 번째 판다가 이곳 아안에서 발견되어 더욱 유명해진 곳이다. 아안에서 다시 30분정도를 더 가면 벽봉협碧峰峽·삐펑시야이 나온다. 벽봉협은 '푸른 옥돌'이란 뜻으로, 협곡의 우거진 수목이 옥돌처럼 사계절 푸르기 때문에 붙여진 이름이다. 지명에서도 중국인들의 옥돌 사랑이 느껴진다.

벽봉협에는 2006년 세계자연유산에 등재된 '中國保護大熊猫研究中心雅安碧峰峽基地중국보호대웅묘연구중심아안벽봉협기지'가 있다. 원래는 사천성 와룡현 소재 판다자연보호구역내에 있었으나 문천대지진으로 인해 폐허가 되는 바람에 이곳 벽봉협으로 옮겨왔다. 이곳에는 판다의 보호, 양육, 번식에 관한 모든 시설이 집약되어 있을 뿐만이 아니라 관광객을 위해 동물원 형태로 꾸며져 있다.

대웅묘大熊猫·따슝마오를 정확히 표현하면 '자이언트 판다대왕판다'인데 중국 사람들은 판다의 생김새가 곰과 고양이를 닮았다 해 '큰 大'·'곰 熊'·'고양이 猫' 자를 써서 대웅묘라 이름 붙였고, 중국어 발음인 '따슝마오'라 부르는 걸 더 좋아한다. 화석으로 발견된

벽봉협 안내판

적이 있기 때문에 일명 살아있는 화석, 즉 활화석이라고도 불리는 판다를 많은 중국인들은 '궈바오國寶·국보'라고 부른다. 그만큼 중국에서 판다는 한 마리의 동물이라기보다는 오성기처럼 중국을 대표하는 하나의 상징으로서 중국인들의 사랑과 보호를 한 몸에 받고 있다.

사실 중국은 우리와는 달리 국보나 보물의 순위가 없다. 국보나 보물은 중국에서 문물이라 칭하고 판단기준은 기본적으로 국가급·성급·시/현급으로 나뉘며 등급마다 1급·2급으로 자세하게 구분한다. 국보급 문화재를 '重点文物級文物중점문물급문물'이라고 한다. 1949년 중화인민공화국 정부수립이래 살인범은 간혹 사형을 감면받는 경우가 있었어도 판다 밀렵 범은 감형 받은 경우가 단 한 번도 없었다고 한다. 이로 미루어 볼 때 판다에 대한 중국인들의 애정이 얼마나 깊고 뜨거운가를 엿볼 수 있다.

판다는 한때 곰의 일종으로 분류되었으나 곰과에 없는 앞발에 여섯 번째 발가락이 있고 염색체 분석결과 곰과는 완전히 다른 동물임이 밝혀졌다. 이 여섯 번째 발가락이 있어서 대나무를 자르거나 쥐고 먹기에 편리하다.

자이언트 판다의 털은 가끔 검은색과 흰색 대신 갈색과 흰색 배색을 가진 판다가 발견되기도 하지만 일반적으로 흰색바탕에 눈, 귀, 양쪽 어깨 및 어깨가 이어지는 부분 그리고 네 발은 모두 검은 색이다. 털은 매우 가늘고 보드랍다. 그리고 성숙한 자이언트 판다의 몸길이는 1.2~1.9m, 몸무게는 85~125kg이고 대부분 산지 숲속의 대나무나 조릿대가 우거진 곳에 살며 주로 대나무 잎과 죽순을 주식으로 한다. 야생 자이언트 판다의 수명은 약 20년이지만 사람들의 보호 속에서 기르는 자이언트 판다의 수명은 30년 또는 그 이상이라고 한다.

 판다의 주식인 대나무나 죽순에는 영양분이 적기 때문인지 하루에 20kg이 넘는 대나무 줄기 · 잎 · 어린 싹을 먹어치우는 대식가이다. 그렇지만 판다의 활동 범위는 매우 제한적이다. 판다의 독특한 생활습성에 대한 새로운 사실이 밝혀진 것은 1976년 4월 사천성 서부의 한 산악지대에서 판다가 138마리나 집단 폐사한 엽기적사건이 발생한 후부터이다. 이 사건을 놓고 탁상공론에 빠져있던 학자들의 의견이 분분한 가운데 판다가 집단 폐사한 주원인이 100년에 한 번씩 꽃을 피운 후 열매를 맺자마자 말라죽는 대나무의 독특한 특성 때문에 먹이가 없어져서 그런 것이라고 발표했다. 한동안 이 이야기는 이론의 여지가 없는 정설로 받아들여졌다.

 그런데 얼마 후, 젊은 연구자들이 조사단을 조직해 현장답사에 들어갔다. 조사단이 현장에 도착했을 때 일부 학자들이 예상한 대로 집단 폐사한 판다들이 서식하던 산의 한쪽이 누렇게 말라버린 대나무들뿐이었다. 그런데 조사단이 하산하기 위해 산의 반대쪽으로 넘어갔는데 조사단은 이곳에서 푸른 대나무 숲이 죽해竹海 · 주하이를 이루고 있는 놀라운 광경을 발견하게 된다. 이 상황을 보고 조사단은 판다의 집단 폐사의 주범은 대나무가 아니라 비록 굶어죽는 한이 있더라도 자신이 살던 터전을 조금도 떠나기 싫어하는 판다의 독특한 습성 때문이었다

대나무 잎을 먹고 있는 판다

는 것을 알게 되었다. 자연 상태에서 판다의 평생 활동범위가 최대 3 ㎢를 넘지 않는다는 사실이 밝혀진 것이다.

판다는 16시간 이상을 먹는데 소비하고 나머지 시간은 거의 잠으로 보낸다. 그렇기 때문에 게으름의 대명사가 되었다. 하도 게을러서 사육사들은 온갖 방법을 동원해 판다를 움직이게 한다. 이뿐만이 아니다. 판다는 동면을 하지 않는다는 것과 쌍둥이를 나면 한 마리만 키우는 것이 특징이기도 하다. 그렇지만 오늘날에는 과학의 발달로 판다의 냉동정자를 이용해 인공수정을 시키고, 두 마리를 날 경우 인큐베이터와 어미에게 한 마리씩 번갈아가며 모두 키우고 있다.

그런데 2014년 7월 29일, 중국 광동성 광주廣州·광저우에 있는 장륭長隆·창롱 사파리 공원에서 12년생 어미 판다 '국소菊笑·쥐샤오'가 인공수정으로 세쌍둥이를 낳은 경사가 났는데 어미인 국소를 두고 '중국의 효녀'라며 야단법석이다. 그도 그럴 것이 건강한 세쌍둥이 판다 출산은 세계최초이기 때문이다. 새끼들은 인큐베이터에서 키웠고 이후 다시 어미 품에 돌려보냈다는 뉴스가 전파를 타고 전 세계에 퍼졌다.

살아있는 판다를 서구사회에 처음 선보인 사람은 뉴욕의 여류 패션 디자이너 '루스 하크니스Ruth Harkness'이다. 탐험가였던 빌 하크니스가 자이언트 판다를 찾아 중국으로 갔다가 탐험 중에 목숨을 잃게 되자 빌의 아내인 루스 하크니스는 남편의 유골을 가지러 상해로 갔다. 루스는 남편 빌의 유품인 일기장을 전달받고 일기장 속에서 남편의 판다에 대한 사랑과 열정을 느끼게 된다. 결국 루스는 남편이 못 이룬 꿈을 자신이 이뤄줘야겠디 생각하고 팀을 꾸려 판다를 찾아 나선다.

판다를 찾아나서는 길은 험준한 산을 헤매야 하기 때문에 많은 어려움이 있었지만 이를 극복하고 마침내 판다를 찾아낸다. 그리고 1937년 판다 한 마리를 데리고 미국으로 갔고 이듬해 또 한 마리가 왔다. 시카고 동물원에서 처음 공개되었을 때 살아있는 새끼 자이

안트 판다를 보기위해 수십만 명의 관람객이 모여들었다. 서양사회에 큰 반향을 일으킨 것이다. 그러나 판다 열풍은 곧 재앙으로 바뀌었다. 판다의 인기가 높아지면서 거액에 거래되기 시작하자 밀렵꾼들이 판다의 고장 성도로 몰려들었다.

 판다를 생포하기 위해 산속을 뒤졌고 이때 마구잡이로 잡힌 판다들은 배와 비행기에 실려 서양 동물원으로 보내졌다. 아프리카대륙에서 백인들이 벌인 흑인노예사냥이 인간에서 동물로 바뀌어 중국 사천성에서 판다를 대상으로 판다사냥이 벌어진 것이다. 이런 약탈행위는 1949년 중화인민공화국이 건국되면서 판다의 반출이 엄격하게 금지되면서 중단되었다.

 오늘날 판다는 세계 여러 국가들과 우호증진을 위해 동물 외교관으로서의 역할을 담당하고 있다. 그 대표적인 경우가 1972년 미국 닉슨대통령이 중국을 방문했을 때 마오쩌둥 주석이 워싱턴 동물원에 판다 2마리를 보냈을 때이다.

 이곳 중국보호 대웅묘연구중심 아안벽봉협기지를 들어서면 귀여운 판다 조형물이 있다. 전동차를 타고 이동 후 내려서 산책길을 걸으면 우리에서 대나무를 먹고 있는 판다가 보인다. 판다는 공동생활을 싫어해서인지 띄엄띄엄 떨어져 먹이를 먹거나 나무 위에 걸쳐서 잠을 자고 있다. 왜 하필이면 위험스럽게 높은 나무 위에서 자는지 모르겠다. 우리가 사진에서 본, 몇 마리가 함께 생활하는 그런 판다의 모습이 아니어서 매우 실망스럽다.

 이건 여담이지만, 원래 판다의 중국명은 '고양이처럼 생긴 곰'이라 해 '猫熊묘웅'이라 불렸다고 한다. 그런데 1940년대 중경重慶·충칭 박물관에서 처음으로 웅묘표본을 전시했는데 이때 팻말을 달면서 중국 전통 방식인 오른쪽에서 왼쪽으로 읽는 방식으로 '猫熊'이라고 썼다고 한다. 그러나 당시 많은 신문기사의 제목은 현재의 왼쪽에서 오

동물 외교관인 판다(중국국가여유국 서울지국 제공)

판다 조형물

른쪽으로 읽는 방식으로 변경이 되었고 기자들도 그 방식에 따라 기사를 내면서 한자의 앞뒤 자리를 바꾸어 '熊猫'라고 썼다. 이런 연유로 인해 오늘날 판다를 중국어로 '熊猫'라 불리게 되었다고 한다.

울창한 숲의 협곡과 물이 흐르는 계곡 그리고 폭포로 둘러싸인 벽봉협 트레킹도 하나의 묘미이다. 여신인 여와女媧·뉘와가 구멍 난 하늘을 메우기 위해 오색 돌을 만든 곳으로 1,026개의 칼자국이 남았다고 해서 이름 붙은 천층암千層岩과 폭포, 벽봉협의 보호신으로 불리는 독수리봉, 여신 여와를 기념하기 위해 만든 용봉교, 장수노인이 살고 있다는 장수산, 여신 여와가 목욕을 했다는 여와지女蛙池·뉘와치, 세외도원世外桃源·무릉도원으로 불리는 소서천小西天·샤오시티엔 민속촌 그리고 당나라 때 지은 사찰인 벽봉사 등 수많은 볼거리가 있는데 4시간 정도 소요된다.

여와는 중국에서 가장 널리 알려진 고대전설로 중국의 천지창조 신화에 나오는 여신이다. 여와는 진흙으로 사람을 빚어 숨결을 불어넣고 생명을 부여했다. 그리고 인간에게 지혜를 주고 인간을 위해 악기를 만들었다. 원래 자신의 감정을 통제할 줄 모르고 환경변화에 적응하지 못해 죽음에 취약했던 인간으로 하여금 노래와 춤을 계발해 감정을 표현할 수 있게 했다. 이렇게 해서 삶을 가꾸고 풍요롭게 하는 인류의 문화가 생겨났는데, 여와가 만든 인간의 후예가 중국인이라는 것이다. 여와는 사람의 얼굴과 뱀의 몸을 한 여신으로 묘사된다. 어찌 보면 구약성서 창세기에 나오는, "야훼 하느님께서 진흙으로 사람을 빚어 만드시고 코에 입김을 불어 넣으시니 사람이 되어 숨을 쉬었다. 〈중략〉 그래서 야훼 하느님께서 아담을 깊이 잠들게 하신 다음, 아담의 갈빗대를 하나 뽑고 그 자리를 살로 메우시고는 그 갈빗대로 여자를 만드신 다음 아담에게 데려오시자"라는 내용과 일맥상통한 점이 있다.

차마고도 흔적 산재해 있는
상리고진
上里古鎭

사천성에서 티베트로 이어지는 차마고도의 출발지인 아안에서 그다지 머지않은 곳에는 마방들의 애환이 서려 있는 옛 전통마을인 상리고진샹리구쩐이 있다. 벽봉협에서 버스로 30분 거리이다. 상리고진의 지형은 사천분지를 휘감고 있는 높은 산을 배경으로 두 개의 작은 강이 마을을 휘감고 돌아 합류하는 지점에 있어 산과 강과 마을이 함께 어우러져 아늑하고 운치가 있다.

입구의 입석에는 '水墨上里수묵상리'라 쓰여 있고 고택이 반영되는 강물위에 놓인 돌다리를 건너면 마을이 나온다. 광장 중앙에 서서 한 바퀴 빙둘러보니 마을 전체 분위기가 수묵산수 水墨山水를 보는 듯 고풍스럽다. 마을 곳곳은 먹을거리로 넘쳐나고 코를 자극한다. 훈제한 돼지고기를 다시 연탄불에 굽는데 기름이 뚝뚝 떨어지고, 과일을 대나무 꼬챙이에 꽂아 기름에 튀겨내고, 온갖 종류의 고기와 생선

수묵상리 입석

을 구워 파는 꼬치구이점이 즐비하고, 보기만 해도 입맛을 돋우게 하는 반찬가게, 요리한 닭발과 날개만을 전문으로 파는 가게는 문전성시를 이루고, 돼지고기를 사각으로 잘라 동파육東坡肉·둥퍼러우을 만드는 가게도 있고, 수십 마리의 오리를 통째로 장작불에 굽고 있다.

 한때는 티베트로 가는 상인들로 붐볐을 상리고진이 밤이 되자 불야성을 이루며 크게 틀어놓은 음악소리로 시끌벅적하다. 중국내에 산재해 있는 여느 고진을 가나 똑같은 양상인데 지나치게 상업화된 것 같아 마음이 씁쓸하다.

 상리고진을 거닐다보면, 청나라 때의 가옥이나 거리 모습이 옛 모습 그대로 잘 보전되어 있는 것을 볼 수 있다. 이곳에는 한 씨·

강물에 반영된 고택

장작불에 오리 굽기   동파육 가게

양 씨·진 씨·허 씨·장 씨 성을 가진 사람들이 많다.

"한 씨네는 돈이 많고, 양 씨네는 관리들을 많이 배출했으며, 진 씨네는 곡식이 많고, 허 씨네는 여자가 많으며, 장 씨네는 쇳덩이가 많다"고 한다. 지금까지 비교적 온전히 보전된 가옥은 마방으로 큰돈을 번 한 씨 성을 가진 대상이 청나라 때 지은 '韓家大院한가대원'인 한 씨네 저택이다. 한 씨네 저택을 들어서면 가운데에 마당이 있고 '口자형'으로 둘러싸고 있는 주택구조인 사합원四合院이다. 문과 창문에 부조된 인물상, 동물, 꽃 등의 조각예술품에 찬탄을 금할 수 없다.

상리고진의 옛길에는 마방들이 티베트로 출발하기 전에 짐을 싣고 갈 건강하고 튼튼한 말들을 고르고 마방들이 먹을 필요한 음식과 말먹이 그리고 조달할 물품을 꾸리는, 차마고도의 역사를 재현해 놓은 조각상이 있다.

고대 촉국古蜀國 미스터리
삼성퇴박물관
三星堆博物館

인류가 사천지역에 거주하기 시작한 것은 구석기 시대부터이며 유물의 발굴을 통해 드러난 문명의 왕국은 5,000여년의 시간까지 닿아있다. 그러니까 1899년 하남성 안양현 소둔촌小屯村·샤오둔춘에서 '은허유적지殷墟遺跡祉'가 발굴되어 상나라기원전 1600년경~기원전 1046년경가 실제로 존재했다는 것이 입증되기 전까지는 전설상의 왕조였다. 상나라는 반경盤庚 왕이 옮긴 마지막 도읍이 은殷이었기 때문에 '은나라'라고도 부르는데, 어쩌면 이보다 더 거슬러 올라간 하나라 때까지 닿아있는지 모를 일이다.

박물관 상징인 청동가면

삼성퇴박물관

　중국역사서에 의하면 중국에서 가장 오래된 왕조는 하夏·상商·주周나라인데, 이 중 최후에 속하는 주나라의 실체는 일찍이 밝혀졌고 상나라도 밝혀졌지만 하나라는 아직까지도 수수께끼로 남아 있다. 하나라는 상나라 이전 수백 년간 존재했다고 기록된 나라이다. 중국역사상 극악무도한 제왕, 즉 폭군을 일컬어 부르는 '하걸은주夏桀殷紂'란 고사가 있다. 하걸은 하나라의 제17대 마지막 군주인 '걸왕桀王'을, 은주는 은나라 마지막 왕인 '주왕紂王'을 말하는데, 이 둘을 두고 생긴 고사이다.(필자 저 『중국역사기행』 124쪽 '주역의 발상지 유리성羑里城' 참조)

　1930년대에 조금씩 알려진 후 1980년대부터 본격적으로 발굴하기 시작한 삼성퇴 유직과 2001년 토지개발 과정에서 드러난 금사金沙·진샤 유적은 역사를 기록하는 이전부터 이곳에 독자적이고 독창적인 그리고 매우 수준 높은 문명이 존재했었다는 사실이 드러났다.

　성도에서 40㎞쯤 떨어진 광한시廣漢市 교외에는 예부터 3개의 거대한 황토 퇴적층黄土堆·황투뚜이이 있었는데 이 지방 사람들은 이

왕장으로 추정되는 금장

곳을 '삼성퇴三星堆·산싱뚜이'라 불렀다.

고촉왕국 5,000~3,000년 전의 수도로 추정되는 삼성퇴에서 중화문명의 유일한 기원이라고 생각했던 황하문명과는 전혀 다른 형태의 유물들이 발굴됨으로써 기존의 역사를 뒤엎었다. 1986년 중국 고고학계는 큰 충격에 빠졌다. 광한시에서 발굴한 삼성퇴 유물들은 중국 고대사를 새로 써야할 만큼 놀라운 사건이었기 때문이다. 메소포타미아 문명, 인더스 문명 그리고 이집트 문명과 더불어 인류4대 문명의 발상지 중 한 곳인 황하문명과는 확연하게 구분되는 최고 수준의 청동기 문명이 이미 5,000년 전에 이 땅에 존재했음이 드러난 것이다. 현재 삼성퇴에는 이곳 유적지에서 발굴한 출토품인 옥석기·청동기·금제품·상아 등 많은 유물을 전시하기 위해 별도의 삼성퇴박물관을 세웠다.

삼성퇴박물관은 현대적 시설을 갖춘 대형유물박물관으로 1992년 8월에 기초를 다진 후 5년만인 1997년 10월에 정식 개방했다. 종합관 내부의 1층은 고대촉국문화의 전시공간이며, 2층에는 삼성퇴의 원시종교를 소개했고, 3층에는 제사 터에서 출토된 장식품을 소개 그리고 4층에는 발굴과정과 삼성퇴 연구 소개와 각 테마별로 전시되어 있다. 이곳 박물관에는 여느 박물관에서도 흔히 볼 수 있는 세 발 취사용 질그릇인 도삼족취기陶三足炊器를 비롯해 많은 유물이 전시되어 있지만 특히 가장 중요한 유물 중 하나는 황금지팡이인 금장金杖이다. 길이 1.42m, 직경 2.3cm, 중량 500g 크기의 금장 위에는 물고기, 새 그리고 왕관을 쓴 사람이 새겨져 있는데, 이것이 바로 왕의 권위를 나타내는 왕장王杖이었음을 알 수 있다.

특히 금장에 물고기표지가 있는 것은 촉 신화에 나오는 잠총蠶叢과 어부魚鳧 등의 제왕과 밀접한 관계가 있는 것으로 추정하고 있다. 중국신화전설 중 망제두우화두견望帝杜宇化杜鵑에 나오는 내용에 의하면, 촉나라를 세운 사람은 잠총과 어부로 기록되어 있다. 그러나 우리나라 단군조선처럼 기록은 없고 다만 신화와 전설상의 인물일 뿐이다. 이백의 촉도난에서도 잠총과 어부가 나온다.

> 蠶叢及魚鳧 잠총급어부
> 잠총과 어부가
>
> 開國何茫然 개국하망연
> 나라를 세운지도 까마득한 옛날
>
> 爾來四萬八千歲 이내사만팔천세
> 그로부터 사만 팔천 년 동안
>
> 始與秦塞通人煙 시여진새통인연
> 관중 땅 진과 내왕 길이 없었고

잠총 다음으로 왕위를 계승한 사람은 백관栢灌이었고 그 다음 왕은 어부였다. 어부왕은 깊은 산속으로 수렵을 다니던 중 선인이 되었다고 전해지는 인물이나.

'蜀촉'은 '벌레충虫'이 들어간 13획으로 이뤄진 글자이다. 여기에서 벌레는 누에를 말한다. 촉나라의 시조는 잠총으로 누에를 잘 치는 사람이었다고 한다. 이름에도 '누에 잠蠶'이 들어갔다. 그는 백성들에게 누에치는 법을 가르쳐 주었고 황금빛의 누에를 수천 마리씩 길러 매해 정

황금마스크

초에 집집마다 한 마리씩 나눠줬는데 이 누에를 받아 기르면 반드시 크게 번식했다고 한다. 잠총은 이런 공로로 촉나라 왕으로 추대되었고 나중에는 신으로까지 추앙되었다. 그는 세로 눈縱目을 한 기이한 모습이었고 누에치는 법을 가르치러 시골을 돌아다닐 때 항상 푸른 옷을 입었기 때문에 후세사람들은 그를 청의신靑衣神이라고도 불렀다.

잠총·백관·어부 이 세 명의 왕은 각각 수백 세를 살았고 나중에는 신이 되어 죽지 않았다 하니 촉나라의 초기 임금들은 신화적인 존재였음을 알 수 있다. 이뿐만이 아니다. 삼성퇴 유적지에서는 대량의 상아와 바다조개류가 출토되었는데 이 또한 수수께끼이다. 사천성 지리조건상 이 지역에는 코끼리가 서식했을 가능성이 전혀 없고, 조개류 또한 내륙지역인 성도에는 있을 수 없기 때문이다.

삼성퇴박물관 내에서 필자의 관심을 끈 유물 중 하나는 청동으로 만든 나무인 통천신수通天神樹이다. '하늘의 신과 통하는 신성한 나무'라 해 붙여진 이름이다. 상나라 때는 신수神樹라 했는데 이것이 계속 전해 내려오면서 요전수搖錢樹·야오치엔슈라 불리게 되었다. 이곳에 전시되어 있는 요전수는 한나라 시대의 것으로 '흔들면 돈이 떨어지는 나무'이다. 중국 신화에 의하면, 요전수는 무덤에 묻었

통천신수　　　　　　　　　요전수

3부 - 사천성 ■ 391

서왕모채회요전수좌 　　　천리안·순풍이라 불리는 청동종목면구

던 나무로 이것을 묻으면 죽은 자가 사후에 부자로 잘 살거나, 이 나무를 통해서 곤륜산으로 올라가 신선이 된다고 믿었다고 한다. 그러니까 위의 통천신수와 요전수는 같은 믿음의 다른 형태인 것 같다. 이런 믿음 때문에 중국에서는 요전수를 만들어 집에 비치하고 있는 실정이며, 이 통천신수의 발굴을 두고 고고학계에서는 전 세계 모든 고고학 발견 중 세상에 둘도 없는 신기한 유물이라고 한다.

　통천신수는 3단으로 만들어졌는데 나무 가지에는 아홉 마리의 신조神鳥·신령한 새가 앉아 있고 그 외에 무성한 나무 가지와 과일 및 꽃송이 그리고 청동나무위에 장식되어 있는 신룡神龍 등은 감탄을 자아내게 하는 걸작이다.

　1994년 11월 광한연산진사가취애묘廣漢連山鎭社家嘴崖墓에서 출토된 53㎝ 높이의 붉은 채색도자기紅陶彩繪·홍도채회인 서왕모채회요전수좌西王母彩繪搖錢樹座 유물이 있는데, 중앙에는 서왕모가 자리하고 머리위에는 높은 관을 썼으며, 양손은 소매에 넣었고, 좌측에는

청동태양륜   청동대조두

용, 우측에는 호랑이가 조각되어 있다. 이 유물은 요전수의 좌대로도 사용했는데, 서왕모는 중국 고대 전설상의 여신을 말한다.

  현재 세계 고고학계에서는 삼성퇴에서 출토된 유물에 남겨진 고촉문자를 해독하지 못하고 있으며, 출토된 일부 유물에 대해서는 전에 본적이 없는 생경한 유물이라고 한다.

  높이가 3.6m에 달한 통천신수를 고대 중국 사람들은 나무를 우주의 화신으로, 일월성신 日月星辰을 나무위의 열매로 간주했다. 즉 '天地不絶천지부절' 하늘과 땅은 잇대고 끊이지 아니하며, '天人感應천지감응' 하늘과 땅과 사람은 서로 연결되어 있으며, '天人合一천지합일' 하늘과 사람은 하나이고, '人神互通인신호통' 사람과 신은 서로 소통한다고 생각하는 믿음이 있었다고 한다. 그리고 새는 하늘로 날아올라 태양과 사람을 이어주는 전령으로 믿었다. 이곳에서 발굴한 여덟 그루의 청동나무 중 원형대로 복원한 것은 단 두 그루뿐이다. 한 그루를 복원하는데 3년이 걸렸다고 한다.

별도 건물인 청동관에 들어서면 신상과 청동제 가면을 전시하는 공간이 나온다. 전시실 입구에는 奇秘面具기비면구, 즉 '기이하고 비밀스런 가면'이란 뜻이 목판에 음각으로 새겨있다.

청동관에는 삼성퇴 문화의 상징처럼 되어 있는 청동입인상靑銅立人像 · 청동종목면구靑銅縱目面具를 비롯해 청동수면구靑銅獸面具 · 황금면조黃金面罩 · 청동태양륜靑銅太陽輪 · 궤좌인상跪坐人像 · 청동인신형기靑銅人身形器 · 청동대조두靑銅大鳥頭 등이 전시되어 있다.

이중에서도 2호 제사 갱에서 출토된, 세계적으로 가장 큰 청동가면인 '청동종목면구'가 눈길을 끈다. 그 모양이 매우 기이하면서도 신기하다. 안구는 원기둥으로 밖으로 튀어 나왔는데 마치 눈에 말뚝을 박은 것처럼 보이고, 눈알 앞부분은 마름모꼴이며, 귀는 크고 뾰족한데 짐승의 귀를 방불케 한다. 기이한 모습은 이뿐만이 아니다. 입가에 미소를 머금은 듯한 큰 입은 귓불까지 닿아있다. 전체적인 모습은 마치 외계인 같다. 중국 사람들은 이 청동종목면구를, 천리

청동제 가면

奇秘面具(기비면구)인 청동제 가면

앞을 내다볼 수 있는 눈과 먼 곳에서의 소리도 잘 알아들을 수 있는 귀를 가졌다 해 '천리안·순풍이千里眼·順風耳'라 부른다.

역시 2호 제사 갱에서 출토된 높이 40.3㎝의 독수리 부리와 같은 새 모양의 청동대조두와 직경 84㎝ 크기의 청동태양륜에서 볼 수 있는 바와 같이 고촉사람들은 자연과 신령 그리고 조상을 숭배했을 뿐만이 아니라 심지어 새와 태양까지 숭배의 대상으로 삼았음을 알 수 있다.

기원전에 이렇게 기이한 모양의 청동주물을 제작할 수 있었다는 점에 대해 감탄하지 않을 수가 없다. 당시에는 세밀한 주물제작에 사용했던 밀랍밀초 주조공법으로 제작했을 텐데 현대의 정밀주조법에서도 어려운 공정에 해당하기 때문이다. 특히 청동태양륜 같은 경우 5개의 방사상의 바퀴살을 제작하는 데는 더욱 어렵다. 주물사와 밀랍으로 주형을 만들고 쇳물을 부었을 때 조금이라도 두께가 맞지 않고 냉각속도가 달라도 인장력 때문에 쉽게 끊어져 오랜 경험을 가진 숙련된 주물공만이 만들 수 있었을 것이다.

청동제 가면

청동제 가면

세계에서 가장 오래된 수리시설
도강언
都江堰

중국 고대건축물 중에서 가장 어려운 토목공사로 꼽히는 3개가 있다. 그것은 중국의 동서를 횡단하는 만리장성, 신강新疆·신장 위구르자치구에 있는 '카레즈'라고 하는 엄청난 길이의 지하수로 그리고 이곳 강가에 세운 둑인 도강언두장옌이다.

2000년 중국 도교의 성지이자 명산인 청성산과 함께 세계문화유산에 등재된 도강언은 민강 중상류와 타강의 줄기가 갈라지는 곳에 위치하며, 성도에서 북서쪽으로 60㎞쯤 떨어져 있는데 차로 한 시간 남짓 걸린다. 같은 세계문화유산인 청성산에서는 약 15㎞쯤 떨어져 있는데 세계문화유산이 이렇게 가깝게 근접해 있는 경우는 없

이빙부자 동상

다고 한다.

도강언은 촉蜀·당시 사천 일대를 일컫던 이름의 태수 이빙 李冰·리삥과 그의 아들 이이랑李二郞이 기원전 256년에 만들었는데, 민강의 범람으로 일어나는 홍수와 물살이 빠른 물줄기를 바꿔 토사가 흘러드는 것을 막고 수량을 조절하

물고기 주둥이를 닮았다는 어취

기 위해 축조한 세계에서 가장 오래된 수리시설이다. 2,500여 년 전에 홍수를 막기 위해 제방으로 강물을 막는 임시방편이 아닌, 강 가운데에 제방을 쌓아 강줄기를 두 갈래로 나누고 돌려 강물의 물길 흐름을 바꿀 생각을 했는지 그리고 이런 거대한 토목공사를 할 생각을 어떻게 했었는지 감탄사가 절로 나온다. 전 세계 어떤 수리사업도 500년 이상 아무 이상 없이 운영된 것은 없다고 한다. 강의 물줄기를 조절해 가뭄과 홍수피해를 막고 허허벌판의 성도평원을 비옥한 땅으로 만든 이빙 부자를 가히 '치수의 신'이라 일컬을 만하다.

도강언은 크게 어취漁嘴·어쭈이, 비사언飛沙堰·페이샤옌, 보병구寶瓶口·바오핑코우 세 부분으로 나뉘어져 있다. 어취는 '물고기 주둥이를 닮았다' 해 이름 붙은 곳으로 강 가운데를 향해 뾰족하게 만든 인공 둑의 강 중심에서 두 줄기로 나누어지는 제방역할을 한다. 또한 어취는 민강의 본줄기인 외강과 안쪽으로 나누어져 인공수로로 진입하는 부분인 내강으로 나뉜다. 외강은 홍수 때 배수의 역할을 하고 내강의 물은 관개용수로 사용한다.

비사언은 '모래를 제거하는 방죽'이란 뜻으로 보병구 상류에서 물속의 모래와 자갈을 걸러내고 보병구가 모래로 덮이는 것을 방지해

도강언 풍광(중국국가여유국 서울지국 제공)

深淘灘低作堰

홍수가 나지 않도록 상류에서 수량조절을 한다. 보병구는 입구의 형태가 '병의 목과 같다' 해 이름 붙은 곳으로 도강언의 중심부로서 바위산을 뚫어 물길을 돌렸는데 물의 유입량을 통제하는 역할을 한다.

이빙이 진秦 소양왕昭襄王 · 재위기간 기원전 306~기원전 251한테서 은자 10만 냥을 받아 1만 명의 인부를 동원해 공사를 시작했다고 하는 도강언 공사는 당시로서는 인력에만 의존해야 했기 때문에 난공사 중에 난공사였을 것으로 추측된다. 당시에는 화약이 없었던 때라서 바위를 깨고 물길을 바꾼다고 하는 것은 상상도 못할 어려움이 뒤따랐을 것이다. 그렇지만 공학자인 필자의 생각에는 팽창과 수축이라는 물리적 원리를 십분 응용한 기술이었다고 생각된다. 화약이 없었던 당시에는 고체 상태인 바위를 불로 가열해 팽창시킨 후 찬물을 끼얹어 순간 수축하게 함으로써 바위에 금이 가게 만들어 깨뜨리는 방법이나 아니면 바위에 구멍을 뚫고 나무로 만든 쐐기를 박아 물을 적셔 나무쐐기가 팽창하면서 바위가 갈라지게 하는 원리를 이용해 공사를 진행했을 것이다.

이렇게 해서 바위산을 관통하는 20m의 넓은 수로가 만들어졌다. 이뿐만이 아니다. 이 수로는 긴 대나무를 이용해 만든 소시지 모양의 바구니에 자갈을 채운 후 나무로 삼각대를 만들어 지지하면서 건설을 시작했다고 하니 그 발상에 참으로 놀라지 않을 수 없다.

하남성 임주시林州市 · 린저우시에 가면 홍기거紅旗渠 · 홍치취란 곳이 있다. 가파른 절벽 위에 수로를 만들어 인공천하人工天河라 일컫는 곳이다. 홍기거가 도강언의 토목공사와 방법은 달리한 공법이지만 정신적인 면에서 매우 닮아 있다는 것이 필자의 생각이다. 돌뿐인 산에 천막을 치고 가지고 올라온 양식으로 숙식을 해가며, 주변에 석회석이 많이 나기 때문에 구어서 가루를 내어 시멘트를 만들고, 국가로부터 지원받은 비료인 질산암모늄(NH_4NO_3 · 비료와 폭발물로 널리 사용됨)을 볶아서 건조시킨 후 가루를 만들어 마른 톱밥과 일정 비율로 섞어 폭약을 만들어 사용했다.

공사과정에서 60여 명의 목숨도 잃었다. 홍기거의 전체길이가 물경 1,500㎞이며, 400여개의 터널, 계곡과 계곡사이의 다리가 200여개, 이 모든 일을 열악한 조건이지만 모두 스스로 해냈기 때문이다. 이들은 홍기거 공사를 통해 남에게 의지하지 아니하고 자신의 힘만으로 어려운 처지에서 벗어나 새로운 삶을 살아가는 힘인 '자력갱생自力更生'과 가난하고 고생스러운 일을 극복하고 새롭게 일구어내는 힘인 '간고창업艱苦創業'과 서로 뭉쳐 이루어 내는 힘인 '단결합작團結合作' 그리고 나보다는 남을 위해 봉사하는 힘인 '무사봉헌無私奉獻'이라는 홍기거정신이 도강언 공사를 통해 잉태되지 않았나 싶다.

도강언 시 서쪽의 옥루산玉壘山 · 위레이산 기슭에 있는 도강언 공원에는 이빙 부자를 기리는 동상과 이후 도강언을 관리하는데 힘쓴 제갈공명과 마오쩌둥, 덩샤오핑, 장쩌민 등 현대 중국의 지도자들의 동상이 세워져있다. 특히 도강언으로 내려가는 길의 출렁다리 동쪽 끝에서 멀지 않은 옥루산 기슭에는 고풍스런 사당이 보이는데 이빙 부자를 기리는 이왕묘二王廟이다. 이곳에서는 매년 청명절양력 4월 5일 전후에 온 마을 사람들이 모여 이빙 부자에 대한 제사의식을 성대하게 거행한다.

그런데 또 다른 이야기가 전해지고 있다. 사실 이빙은 자식이 없었다고 한다. 지금도 마찬가지겠지만 당시에는 3대 불효가 있었는데 그것은 결혼을 못하는 것, 자식이 없는 것, 직업 없이 노는 것이다. 자식이 없었던 이빙을 위해 후대에서 이이랑이라고 하는 가공의 아들을 만들어 이왕묘에 모셨다고 한다. 그러나 중국신화고사 중 참룡치수적이빙斬龍治水的李冰 원본에는 이빙과 강신江神에 얽힌 전설 그리고 이빙 아들 이름을 이빙아李冰兒 · 리삥니라 소개하고 있다.

필자는 이곳에서 엉뚱한 생각을 해봤다. 도강언과 만리장성은 건축연대가 거의 동시대였다. 정확히 말하면, 진시황이 만리장성 축조를 명령하기 십 년 전에 이미 사천 땅에서는 위대한 수리사업이 완성되었다. 두 곳 모두 막대한 물자와 인원이 동원된 대공사였다. 만리장성은 북방민족의 침입을 막는 전쟁의 방편인 반면 도강언은 물길을 다스려 백성을 이롭게 하려는 목적이었다. 만리장성은 이젠 하나의 유적에 불과하지만 도강언은 현재도 그 역할을 충실히 수행하고 있다는 점에서 서로 대칭된다는 생각이 들었다.

중국의 대표작가로 '현대의 노신魯迅 · 루쉰'으로 불리는 여추우余秋雨 · 위치우위는 "중국 역사상 가장 사람의 마음을 감동시키는 유적은 만리장성이 아니라 도강언이다."라고 극찬했다. 도강언 공원 내 붉은 바탕 벽에 새겨있는, '언덕을 높게 만들지 말고 강바닥을 깊게 파라.'는 뜻인 '深淘灘低作堰심도탄저작언'이란 글을 뒤로 하고 발길을 돌렸다.

사천성 대지진 진앙지
영수진
映秀鎭

　　　　　　　도강언에서 나와 끝없이 이어지는 민산산맥과 민강줄기를 따라 산악지대에 건설된 도로를 달리다보면 문천汶川·원촨이 나온다. 성도에서 80㎞쯤 떨어져 있는 문천은 사천성 대지진의 진앙으로서, 2008년 5월 12일 오후 2시 28분, 리히터 규모 7.8의 강진이 일어나 인적, 물적 수많은 피해를 당한 곳이다. 지금은 거의 복구가 된 상태지만 아직도 지진의 흔적은 곳곳에 남아 있다. 무너진 가옥과 담 그리고 바위에는 '5·12 汶川特大地震 農房遺址'라 쓴 페인트 글씨가 선명히 남아 아직도 참혹한 흔적을 고스란히 간직하고 있다.
　　갑자기 닥친 천재지변으로 인해 가족과 친지를 잃은 아픔을 어찌 말로 다 표현하고 위로할 수 있겠는가만 가장 가슴 아픈 이야기로

붕괴된 선구중학교

지진으로 쓰러진 기숙사동

는, 대지진 발생 사흘 만에 싸늘한 시신으로 발견된 생후 몇 개월밖에 되지 않은 아기와 엄마의 이야기이다. 죽어가면서까지 아기에게 젖을 물리고 젖을 빨며 죽어간 아기의 시신을 보고 많은 중국인들은 강한 모성애에 심금을 울렸다고 한다.

대지진이 발생하기 사흘 전인 5월 9일, 진앙지인 문천에서 가까운 단목檀木 · 단무 마을에서는 10여만 마리의 두꺼비와 수천 마리의 개구리가 떼를 지어 길거리로 쏟아져 나와 대이동을 했다고 한다. 과학적으로 검증된바 없지만 자연재해를 감지하는 능력인 예지가 인간보다 동물이 훨씬 더 뛰어남을 보여주는 현상이라 하겠다.

문천 대지진으로 인해 산사태가 일어나 산의 지형마저 바꿔놓아 버렸다. 산의 곳곳에는 몇 갈래로 움푹 파인 곳이 생겼다. 그 위로 토석이 흘러내려 덮고 있다. 토석이 흘러내린 산은 마치 슬피 우는 눈물자국처럼 보인다. 이곳사람들은 움푹 파인 이런 지형을 보고 '어머니가 아이를 낳으면서 흘린 고통의 눈물'이라 말한다고 한다.

문천현 영수진잉슈쩐에 있는 옛 선구漩口 · 쉬안커우중학교에는 당시의 참상을 엿볼 수 있는 유적지가 있다. 폭삭 무너져 내린 학교건물과 비스듬히 쓰러진 5층 기숙사 건물 등을 철거하지 않고 그대로 남겨놓았다. 교문이 있었던 자리에는 대지진 참상 5주년을 알리는 '紀念四川汶川特大地震五周年' 현판이 커다랗게 쓰여 있고 '汶川縣漩口中學校' 간판이 세로로 걸려있다. 교정에 들어서면 당시의 참상 잔해가 고스란히 남아있다.

교정 안에는 강족의 토템숭배되는 표상인 흰 돌에 '2008. 5.12'라는 숫자와 오후 2시 28분에 시간이 멈춘 균열이 간 시계가 있고 그 뒤에는 지진을 견뎌낸 가장 높은 건물에서 오성기가 나부낀다. 왼쪽 벽에는 9명의 군경민 합동구조요원들이 들것에 시신을 운반하는 조형물이 있고, 지진발생 후 홍콩, 대만臺灣·타이완, 마카오澳門·오문 등 해외에 거주하는 화교들의 원조와 많은 국가의 국제적 도움이 있었으며, 후진타오 총서기 동지를 비롯해 전당, 전군, 전민 그리고 각 민족이 중지성성衆志成城·일치단결하면 그 역량이 커짐을 비유한 말해 신속하게 구조 활동을 폄으로써 위대하고 영웅적인 역량을 보여주었다. 이는 중화인민 발전사상 새로운 장려시편壯麗詩篇·웅장하고 아름다운 한편의 시이었다. 또한 "창해의 물결이 아무리 힘하고 거세도 극복해 나갈 수 있다"는 창해횡류滄海橫流 글이 새겨있다.

유적지 내에는 붕괴되기 선 어떤 건물이었다는 안내판과 함께 주변에는 많은 토끼풀이 심어져 있다. 토끼풀 밭에서 유명을 달리한 어린 영혼들이 토끼처럼 귀여운

지진 발생시간

모습으로 깡충깡충 뛰노는 모습의 상상에 빠졌는데 가슴이 아리고 눈시울이 적셔진다. 이 지역은 지진이 자주 발생하는 곳이기 때문에 내진설비만 잘했어도 이런 참사를 당하지 않았을 텐데 어른들의 무지몽매함이 이런 비극을 자초하고 말았으니 원…

교문 앞 안내 대리석판에는 '선구중학교는 아패주阿壩州·아바저우에서 명문학교였다는 자랑과 함께 학생 1,527명, 교사 133명 중 대지진 때 학생 43명, 교사 8명 그리고 교직원 2명, 학부모 2명이 사망했으며, 학생 27명, 교사 2명이 사지가 절단되는 등 중상을 입었다.'는 내용이 적혀있다. 우리나라 같았으면 이런 참극의 현장을 하루라도 빨리 망각 속에 묻어버리기 위해 새로운 건축물을 지어 흔적을 없애버리고 금방 잊어버렸겠지만, 중국인들은 오히려 유적지로 남겨 살아남은 자들에게는 죽은 이들을 기리고 지진과 공존하면서 살아가야 하는, 지진이란 자연재해를 이겨내기 위한 현실적인 삶의 뜻을 기억하고자 남겨놓았다는 생각이 든다.

새로 마련한 마을 앞 야크

허원수

선구중학교 지진 유적지에서 나오면 머지않은 곳에 소

원을 들어주는 나무인 '허원수許願樹'가 있다. 커다란 나무에는 흰색천인 합달哈達·하다과 붉은색천인 강홍羌紅·창홍을 매달아 놓았는데, 순백의 합달은 흰 구름을 상징하며 순결, 성실 그리고 축복을 의미한다. 강홍은 강족들이 집에 오는 손님을 환영하고 축복하며 매년 행복을 기원하는 의미에서 붉은 천을 나무에 걸어 신의 가호를 기원하고 소원을 남긴다. 허원수에 매달려있는 흰 합달과 열정으로 넘치는 강홍을 감는 것은 장강 신령에 대한 경의이며, 이 나무 아래에서 소원을 남기면 신령이 듣고 소원을 풀어준다고 한다. 깨끗하게 단장한 마을 광장에는 목공예품인 야크가 몸에 합달을 걸친 채 하늘을 응시하고 있다.

문천은 중국의 소수민족인 강족羌族·창족이 많이 사는 지역이다. 그렇기 때문에 강족이 가장 많은 피해를 입었다. 대지진 후 중국정부에서는 파괴된 강족마을 어귀에 새로운 집을 지어줘 강족들이 이곳을 떠나지 않고 다시 터전을 일구며 살게끔 했다. 중국정부에서 지어준 새로운 가옥에는 오성홍기가 걸려 나부낀다.

지진의 피해는 문천뿐만이 아니다. 특히 문천과 인접해 있는 북천北川·베이촨현은 지진 한 달 후에 홍수로 인해 많은 피해를 입었으며 그로부터 석 달 후에는 잔해더미가 밀려들어 폐허로 변해버렸다. 당시 후진타오 주석이 이곳을 방문해 '영원한 번창'이란 뜻으로 '융창隆昌·룽창'으로 도시이름을 새롭게 짓고, 원자바오 총리는 모든 지진 복구지역의 모델로 선정해, 지진 1주년 때부터 새 도시건설을 시작해 46억 위안을 들여 아름답고 안전하며 문화적도시를 건설했다.

문천은 체리와 비파 그리고 사과의 고장으로 유명하다. 이뿐만이 아니다. 이 지역에서는 나비를 귀하게 여긴다. 지진으로 인해 사망한 사람들의 영혼 특히 어린이들의 영혼이 모두 나비가 되어 날아갔다고 생각하기 때문이다.

물방아 마을
수마진
水磨鎭

사천성 문천현 남쪽 민강지류인 수계천壽溪川에 위치해 있는 수마진은 성도에서 76km, 도강언 시에서 25km 그리고 영수映秀·잉슈에서 19km 떨어져 있으며, 도강언, 청성산, 와룡판다 서식지, 구채구, 황룡 사이에 박혀 있다해 '顆璀璨明珠과최찬명주', 즉 '반짝 반짝 빛나는 작은 구슬' 이라 불리며 세계지진유적지로 유명하다. 상나라 때는 '장수의 고장' 이라 해 노인촌老人村으로 불렸으나 나중에 수마고진으로 개명했다. 그러나 지금은 대지진 후 새롭게 재건을 했기 때문에 수마고진이라 하지 않고 수마진이라 부른다. 수마진에는 한족과 소수민족인 티베트족, 강족이 함께 살고 있으며, 2008년 5월 12일 대지진 후 폐허나 다름없었던 마을이었지만 2년여

새롭게 단장한 수마진

춘풍각

만에 다시 재건했다.

혹자는 이곳이 지진으로 피해를 입은 곳이기 때문에 수마진이란 이름에서 '수마水磨'를 '수마水魔'로 잘못 알고 있는 사람들이 있는 것 같다. 여기에서 수마는 '물방아'를 일컫는 말이다. 수마는 옛 중국의 전통적인 생활 및 생산도구로서 물을 동력으로 물방아를 돌리며 석마 아래측이 마찰하면서 곡식을 분쇄한다든지, 공이를 오르내리게 해 곡식을 찧거나 빻는 기구이다. 실제 이곳에서는 옛 전통방식 그대로 물방아를 이용해 곡식을 빻는다. 수마진이란 이름은 여기에서 유래한 것이다.

수마진은 선수노가禪壽老街·수계호壽溪湖·강성羌城 등 3개 구역으로 복원했다. 돌로 축대를 쌓고 하양 페인트를 칠한 경사진 길을 따라 올라가면 춘풍각春風閣이 나온다. 춘풍각은 조망대 역할을 하기 때문에 이곳에 올라서면 수마진 전체를 내려다 볼 수 있다. 폐허

말린 고기 판매가게   돼지를 통째로 말린 석육

   속에서 일어선 오늘의 수마진은 가가호호 가게를 꾸리고 관광산업에 열을 올리고 있다. 노인들과 부녀자들은 삼삼오오 가게 앞이나 공터 의자에 앉아 마작을 즐기고 담소를 나누며 뜨개질을 하고 있다. 옛 지진의 상흔은 모두 잊은 듯 걱정 하나 없는 웃음 띤 얼굴들이다.

   이곳에서 판매하고 있는 상품 중 가장 많이 보이는 것은, 돼지고기를 소금에 절여 말린 석육腊肉·라러우이다. 티베트족과 강족 모두 즐겨먹는 석육은 가게마다에 걸려있다. 어떤 가게에는 우리의 순대와 같은 향장, 돼지족발 심지어 돼지 한 마리가 통째로 걸려있다. '향장香腸·샹창'은 '향기 나는 창자'란 뜻으로 돼지 소장에 돼지고기 70%와 비계 30%에 소금·간장설탕·황주·오향분·생강 등의 조미료를 넣어서 말린 중국식 소시지이다.

   아패주 토산품으로 수마진 설연산雪蓮山에서 채취한 각종 차와 고사리 등 나물류, 버섯 그리고 각종 약제를 판매한다. 특히 영지버섯과 하수오何首烏가 많고 크다. 하수오는 예로부터 중국에서 불로장생약으로 유명하며, 춘추시대 때 하공何公이란 사람이 하수오를 달여 먹고 백발이 흑발로 되어 하공의 머리가 까마귀烏와 같이 검게 변했다해 하수오라 불리게 되었다고 한다. 우리나라에서는 하수오가 강장제 특히 정력제로 둔갑해 많이 찾는다. 이뿐만이 아니다. 티베트족 마을에서는 직접 아낙네가 만들어준 수유차를 마시며 티베트 고유의 풍광을 접할 수 있고, 송주고성을 모방해 지은 건물이 있어 마치 송반에 온 착각에 빠지기도 한다. 강족마을에는 토템의 대상이자 강족의 상징인 흰 돌, 즉 아악이 阿渥爾·아워얼와 백탑 그리고 벽에 조각한 조루를 볼 수 있다. 수마진이라는 것을 강조하기 위함인지 강족 전통의상을 화려하게 차려입은 강족 아가씨가 맷돌에 콩을 갈아 두부를 만들고 있다.

마작하는 부녀자들

맷돌에 콩을 가는 강족 처녀

수놓고 있는 여인

중국 건축의 살아있는 화석
강족마을
羌族

주변 모두 강족 건축물로 새롭게 조성한 문천시 내 중앙에는 대우大禹의 동상이 있다. 대우는 곤鯀의 아들로서 치수에 공적이 많아 순舜 임금으로부터 천자의 자리를 물려받아 하나라를 세웠으며 고대 중국 하 왕조의 시조로 일컫는 인물이다.

민산산맥에서 흘러내린 민강의 옥빛 물이 너른 계곡을 따라 무섭게 흐른다. 민강을 따라 한참을 가다보면 민강 위로 옛 차마고도가 보이고 커다란 바위를 깎은 암벽에는 '茶馬古道'란 글씨가 새겨있다. 또한 차마고도 상징물인 마방馬幇·말에 짐을 싣고 차마고도를 오가며 장사했던 사람들과 말 그리고 말 등에는 짐이 가득 실린 조형물이 있다. 옛 차마고도가 민강을 따라 이어졌기 때문에 조형물을 남겨 이를 기념하고 있다. 사실 차마고도의 교역품은 차와 말뿐만이 아니라 소금과 직물도 중요한 품목 중에 하나였다.

민강을 따라가다 보면 많은 강족마을이 형성되어 있는 것을 볼 수 있다. 대표적인 마을이 국가 AAAA급 풍경여유구에 선정되었으며 행복모탁幸福牟托 또는 강향고채羌鄕古寨라 일컫는 무현의 흑호채黑虎寨와 강족 말로 "하늘이 복을 내리다"라는 뜻을 가진 나복채촌蘿卜寨村·뤄보자이촌 그리고 이현의 도평채挑平寨·타오핑차이가 있다.

그럼 강족羌族 그들은 누구인가. 강족은 중국의 55개 소수민족 중 27번째로 많으며 가장 오래된 민족 중 하나로 돌로 만든 성채를 짓고 살아가는 민족이다. 특히 강족은 오호五胡 중에 하나로 나라를 세울 만큼 힘이 강력한 적도 있었다. 여기에서 오호란, 한나라 때부터 남북조시대에 이르기까지 북방에서 이주해 16나라를 세운 다섯 이민족으로 흉노匈奴 · 갈羯 · 선비鮮卑 · 저氐 · 강羌을 일컫는다. 또한 강족의 집거촌인 나복채촌은 5,000년 전 이곳에 터전을 잡고 도읍을 세웠을 정도로 역사가 오래되었다.

강족이란 이름은 한나라 때부터 계속 사용되어 왔으며, '羌'자는 고대중국의 갑골문자에서 유래되었다고 한다. '羌'은 '양 羊'자에 '사람 人'자, 즉 '양을 기르는 사람'이란 뜻이다. 강족의 모든 석조건물은 다른 부족의 침입을 방어하기 위한 용도로 지었기 때문에 지붕이 경사로 이어져 집과 집이 서로 연결되어 있어 마치 미로 같다. 그렇기 때문에 유사시에는 요새마을이 된다. 이뿐만이 아니다. 높은 민산산맥의 고봉준령과 마을 입구에 흐르는 민강은 적의 침입을 막아주는 역할을 해서 천혜의 자연요새가 된다. 또한 외적의 침입을 살피던 강족석조망루인 조루碉樓 · 방어를 겸한 망루는 하늘을 향해 쭉 뻗어 올라간, 세계건축사상 유래를 찾아볼 수 없는 건축물이다 그래서 '중국건축의 살아있는 화석'으로 불린다.

옛 조루는 돌과 진흙을 겹겹이 쌓아올려 모서리를 세우고 위로

원자바오 총리가 쓴 행복모탁 표지석

문천시내 산에 세운 조루

'강족핵심거주제일촌'이라 일컫는 강항고채

갈수록 폭을 좁게 하면서 아주 반듯하게 올렸다. 높이가 보통 20여 m지만 가장 높은 것은 50m에 가깝다. 지진에도 견딜 수 있도록 설계 되어 강족의 지혜를 엿볼 수 있는 조루이다.

 강족의 집집마다 지붕에는 흰 돌白石이 놓여 있다. 유심히 살펴보니 일반적인 돌이 아니라 우리가 흔히 차돌 또는 부싯돌이라 부르는 규석硅石이다. 규석은 이산화규소가 주성분으로 순도가 높은 흰색의 돌을 백규석白硅石이라고 한다. 강족은 흰 돌을 '아악이'라 부르는데 토템의 대상이자 강족의 상징이다. 이 흰 돌에 대한 유래를 백석강채白石羌寨·빠이쉬창짜이에서 자세히 들을 수 있다.

강족의 대표적 마을 중 하나인
백석강채
白石羌寨

백석강채는 무현茂縣·마오셴 서북부 감청촌甘青村에 위치해 있는 강족의 대표적 마을 중 하나이다. 이곳에 거주하는 강족은 산을 등지고 마을을 형성했으며, 돌로 집을 짓고, 흰색을 숭상하며, 흰 돌을 가장 존중하고 숭배한다. 마을 입구부터 '白石羌寨'라 새긴 커다란 흰 돌을 세워 놓았다. 이뿐만이 아니다. 집집마다 여기저기에는 온통 흰 돌을 올려놨다. 심지어 광장에는 백석신탑白石神塔까지 만들어 놓고 향을 피우며 제를 지낸다. 유심히 살펴보면 흰 돌에는 동물을 사냥하는 장면이 양각되어 있다.

백석강채 입구

강족이 이처럼 흰 돌을 숭배하게 된 사연은 이렇다. 서북부 초원에 살고 있던 옛 강족들이 남하하는 도중에 적군의 추격을 당하게 되었는데 다행히도 천녀天女·하늘을 날아다니며 하계 사람과 왕래한다는 여자 선인가 나타나 흰 돌을 던지자 세 봉우리의 거대한 설산으로 변해 적의 추격을 저지했다. 다시 남하를 계속한 강족은 지금의 무현으로 이주해 살게 되었는데 또다시 과기戈基라고 하는 부족의 침략을 받게 된다. 이때 강족 사람들은 흰 돌로 과기부족을 대적해 전쟁을 승리로 이끌었다. 그리고는 민강 상류에 터전을 이루고 즐겁게 일하며 편안하게 생활할 수 있었다고 한다.

　천녀의 은혜에 보답하기 위해 백석강채에 거주하는 강족은 흰 돌을 천신으로 섬김과 동시에 선조의 상징으로 숭배하게 되었으며 산속, 논밭의 가장자리, 숲속, 옥상의 꼭대기, 문과 창과 굴뚝, 실내에 영을 모시는 곳에도 흰 돌을 모심으로써 백석강채란 이름을 얻게 되었다고 한다. 백석강채에 들어서면 강족의 오랜 역사를 말해주는 신비적인 백석숭배, 고대 토템 그리고 소박한 민속풍습을 접하고 느낄 수 있다.

　강족의 생활방식 또한 특이하다. 강족은 음력 10월 초하루가 새해의 시작이다. 유네스코 세계인류무형유산에 등재된 강족의 전통적

강족이 사는 집의 모습

인 새해맞이 축제는 많은 볼거리를 제공해 주기 때문에 이를 보기위해 중국 각지에서 관광객이 몰려온다. 이뿐만이 아니다. 강족이 사는 집집마다에는 음력 섣달에 소금에 절여 햇빛과 바람에 말린 돼지고기인 석육이 걸려있고, 보리나 밀을 발효시켜 만든 전통주인 찰주 扎酒·짜주를 속이 빈 막대를 술동이에 박아 담긴 술을 빨아 마시는 장면도 관광객의 시선을 끈다.

  강족은 숫자 9를 무척이나 좋아한다고 한다. 신년에는 9개의 그릇에 담긴 요리를 먹는 것이 전통이다. 숫자 9는 황제를 나타내는 용과 그 모양이 닮았다해 중국에서는 숫자 9가 황제를 상징하는 숫자이며 숫자 3은 하늘의 숫자라 여긴다.

  강족하면 가장 먼저 떠오르는 인물이 촉한의 지략가이자 명장인 강유姜維·202~264년·자는 伯約이다. 강유는 촉한의 2대 황제 유선이 위나라에 항복할 때 유일하게 검문관을 지켰던 마지막 장수이다. 이외에 오호장군五虎將軍 중 한 명인 마초와 마초의 아버지 마등도 모두 강족 출신이다. 오호장군이란, 중국 삼국시대에 촉나라 유비 막하에 있었으며 호랑이 같이 무서웠다는 관우·장비·조운·마초·황충 등 다섯 명의 장군을 말한다.

강족의 토템인 백석   백석신탑

지진이 만든 호수
첩계해자
疊溪海子

문천을 지나고 무현을 지나 조금만 더 가면 첩계해자띠에시하이쯔가 나온다. 첩계해자는 해발 2,258m에 위치한 언색호堰塞湖이다. 언색호를 폐색호閉塞湖라고도 하는데, 지진이나 화산폭발 그리고 산사태 등으로 인해 강의 흐름이 막혀 생겨난 호수를 말한다. 1933년 8월 25일 오후 3시 50분 30초 사천 무현 첩계진에서 진도 7.5의 강진이 발생해 산사태로 민강의 흐름이 멈추고 호수가 생겨 다섯 개 마을을 삼켰다. 이뿐만이 아니다. 지진으로 생성된 호수가 수차례의 여진으로 인해 둑이 무너져 2만 여명이나 사망했다.

첩계해자란 '층층이 쌓인 바다'란 뜻이다. 80년 전의 상흔은 오늘날 관광지가 되었다. 수랭식 자동차들은 엔진과열을 막기 위해 이곳

흰 야크와 첩계해자

특산물 판매가게

　휴게소에서 물을 넣고 세차를 한다. 여행객들은 잠깐 내려서 화장실을 다녀오고 차를 마시며 지진이 만든 호수의 경치를 감상한다.
　휴게소에서 길을 건너면 공터가 있다. 공터에는 1만 마리 중에 한 마리 꼴로 태어난다는 흰색 야크가 몇 마리 있다. 야크 주인은 여행객에게 야크 등 위에 올라 첩계해자를 배경으로 사진을 찍게 하고 돈을 받는다. 그런데 흰색 야크가 혹시 가짜가 아닐까라는 의구심이 든다. 야크 발에 호랑이 털을 붙여 감쪽같이 호랑이 발이라고 속여 파는 정도인데 흰색 야크를 만드는 정도쯤이야 식은 죽 먹기일 것이다.
　노점에는 이 지역 특산물인 체리를 비롯해 비파, 사과 등 생과일과 호두, 건포도, 건살구 등 이 지역에서 나는 모든 과일을 말려 팔고 있다. 이뿐만이 아니다. 깊은 산에서 채취한 각종 버섯도 판매한다. 체리를 산 후 버스에 올라 송반으로 향했다.

차마호시의 교역장소였던
송반
松潘

송반쑹판은 성도에서 320km쯤 떨어진 송반현 현정부가 있는 진안진進安鎭에 위치하며 동서길이 149km, 남북길이 113km에 이르는, 해발고도 2,800m 지점인 민강 상류의 산간에 있다. 예로부터 티베트족의 거주지였던 송반의 옛 이름은 송주松州·쑹저우였다. 명나라 때에 송주와 반주潘州·판저우 두 지방을 합병한 후 머리글자를 따서 송반위松潘衛·쑹판웨이라 불렸고 1914년에 다시 송반현으로 고친 것이 송반이란 지명의 유래이다.

1992년 사천성의 역사문화유적지로 선정된 송반은 볼거리가 그리 많은 곳은 아니다. 그렇지만 구채구 풍경구와 황룡 풍경구 그리고 모니구 풍경구를 가기 위해서는 반드시 거쳐야 하는 중계소이자 교통의 요지이다. 이뿐만이 아니다. 송반은 말 트레킹의 출발지로 여행자들이 많이 찾는 곳이다. 송반에서의 말 트레킹은 옛 차마고도의 흔적과 티베트인들의 삶과 문화, 라마불교의 진수를 접할 수 있고 황룡의 아름다운 풍광을 즐길 수 있는 등 매우 특별한 체험을 할 수 있기에 세계 10대 트레킹코스 중 하나로 손꼽힌다. 머지않아 황룡 풍경구의 옥순봉玉筍峰에서 선자동扇子洞까지 이어져 있는 협곡인 단운협丹雲峽·딴윈샤 풍경구가 새로운 관광지로 개방될 것이란 것이 필자의 생각이다. 단풍으로 유명한 단운협은 가을에 수림 전체가 단풍으로 물들어 사람들을 매혹시키기 때문에 붙여진 이름이다.

송찬감포와 문성공주의 漢藏和親像한장화친상

　송반에 들어서면 송주고성이 보인다. 당나라 때 지어졌고 명나라 때 재건한 송주고성이 과거에는 이 성을 기점으로 티베트와 중국을 나누는 국경도시였을 뿐만 아니라 청장로青藏路·칭창로에 있는 차마호시茶馬互市·차와 말을 사고파는 시장의 교역 장소였다. 이곳에는 현재도 티베트족인 장족을 비롯해 한족·회족·강족 등 네 민족이 서로 동화되지 않고 여전히 각 민족의 고유한 풍속과 전통을 이어가며 서로 어울려서 함께 생활하고 있다. 성 안에는 당·송·원·명·청대에 이르기까지 많은 고적이 남아있으며 성벽은 지금도 온전하게 보존되어 있다.

　송주고성 앞에는 두 손을 펴고 반갑게 맞이하는 듯한 문성공주文成公主·웬쳉공주와 옆구리에 칼을 찬 채 오른손은 문성공주의 옆구리를 감싸 안고 왼손을 높이 들어 환영하는 듯한 토번제국吐蕃帝國의 찬보贊普·왕 송찬감포松赞干布·송첸캄포의 석상이 있다. 무척

다정하게 보인다. 당시 송주는 토번제국의 송찬감포와 당 태종 이세민이 자주 전쟁을 벌였던 곳이다. 문성공주는 강력한 세력을 구축한 토번제국을 견제하기 위해 화친의 목적으로 송찬감포에게 시집보낸 당나라 황실의 딸로, 당 태종 이세민의 딸이라 알려져 있지만 사실은 누구의 딸인지 분명하지 않다고 전해진다. 아무튼 문성공주가 '화번공주和蕃公主'로 보내진 것만은 확실하다. 화번공주란 옛날 중국에서 정략 상 상대국과의 화평을 위해 출가시킨 공주를 말하는데, 당나라를 통틀어 18명이나 된다. 이중 대표적인 인물이 흉노족에게 출가한 왕소군王昭君과 돌궐족에게 출가한 의성공주義成公主 그리고 토번제국 송찬감포 아들에게 출가한 문성공주이다.

많은 사람들이 문성공주가 송찬감포에게 시집간 걸로 알고 있지만 사실은 그렇지 않다고 한다. 처음에는 문성공주가 송찬감포의 아들인 궁스롱 궁첸왕재위기간 641~643년의 왕비가 되었으나 얼마 후 궁스롱 궁첸왕이 낙마사고로 죽자 63세에 복위한 송찬감포는 자신의 며느리인 문성공주를 왕비로 맞이했다고 한다. 며느리를 아내로 맞이하는 일이 오늘날의 윤리의식으로는 부도덕한 것으로 이해가 되지 않지만, 당시에는 문화가 그랬었기 때문에 오늘날의 잣대로 이해해서는 안 된다는 것이 필자의 생각이다.

한때 은둔의 땅이었던 토번제국에 불교가 전래된 시기는 언제인가? 이에 대해서는 여러 가지 설이 있지만, 공인된 기록으로는 토번제국의 중흥조인 제33대 송찬감포 때 당의 문성공주와 네팔의 왕비 적존공주赤尊公主에 의해서라고 전해진다. 문성공주는 단순한 볼모가 아닌 송찬감포에 버금가는 존경받는 인물로 토번제국에 많은 영향을 끼쳤다.

문성공주가 티베트로 들어갈 때 많은 문인들과 예인藝人을 비롯해 양식과 씨앗 그리고 경문과 불상을 가지고 갔었는데, 독실한 불자였던 그녀가 모셔간 불상은 티베트에서 가장 큰 사원 중 하나인 조캉사원大昭寺·따자오스의 주불이 되었으며 사후 그녀는 가장 영험한 티베트의 여신이 되었다. 680년 문성공주가 죽자 토번제국은 성대한 장례식을 치른 후 그녀와 송찬감포를 장족 왕의 묘에 합장했으며, 이 사실을 장족문자로 된 역사책에 까지 기록했다고 한다.

포탈라궁전 내부 초기 건축물의 하나인 법왕동法王洞 안에는 송찬감포와 문성공주 그리고 당나라로 황금 5천 냥과 진주, 보석 등을 예물로 들고 신부를 맞이하러 갔던 재상 녹동찬綠東贊·가르통첸의 조각상이 있다. 녹동찬은 당 황제 이세민이 낸 여섯 가지 문제, 즉 육시혼사六試婚使 또는 육난혼사六難婚使라고 함를 모두 통과해 혼사를 성공시킨 장본인이다. 육시혼사 중 우리에게 가장 널리 알려진 첫 번째 시험은, 좁고 구불구불하게 구멍이 난 돌과 명주실이 있는데 어떻게 해야 명주실을 구불구불한 돌의 구멍 사이로 이을 수 있겠느냐는 문제였다. 여러 나라 사신들이 앞 다투어 실을 꿰려했으나 성공하지 못했다. 그러나 녹동찬은 명주실을 개미의 허리에 묶고 개미를 돌의 한쪽 구멍 앞에 놓은 다음 반대쪽 구멍에 꿀을 발라 놓았다. 개미는 꿀 냄새를 따라 출구 쪽으로 나갔고 자연히 실이 돌의 구멍을 통과하게 되었다는 이야기이다. 송찬감포는 티베트 역사상 가장 위대한 불세출의 영웅으로 칭송받는 군주이다.

한때는 호전적이고 공포의 정복자로 칭기즈 칸의 군대만큼이나 사나웠다는 토번

차마과장 흔적

송반고성

고성 안 모습

제국은 불교를 받아들임으로써 호전적인 과거의 유산을 뒤로 하고 용맹무쌍했던 전사들은 승려가 되고, 전국에 산재해 있던 둔전屯田은 사찰이 되었다. 비폭력과 영적지혜를 추구하는 제국으로 탈바꿈한 것이다. 그 결과 어찌되었는가.

세계역사에서 알 수 있듯이 티베트 역시 자국의 국방력을 강화, 수반하지 않고 비폭력을 지향하며 사랑과 자비만으로는 한 국가를 지탱해 나갈 수 없다는 것을 여실히 보여준 사례라 하겠다. 제국주의가 횡행하던 시대에는 약육강식이 곧 진리였으며 결국 약자는 강자한테 먹히기 마련이기 때문이다. 특히 지하자원이 풍부하게 매장되어 있는 약소국일수록 더욱 그러하다.

문성공주와 송찬감포의 '漢藏和親像한장화친상' 뒤에는 각각 4개의 판자에 세로로 '茶馬鍋莊차마과장'이라 쓰여 있고, 그 옆에는 커다란 솥이 있다. 말편자는 대롱대롱 매달려 있다. 여기에서 과장鍋莊·궈좡은 솥과 별장, 즉 부뚜막과 마바리짐을 실은 말 장사꾼의 숙박소를 의미하는데 명절이나 농한기 때는 남녀가 원을 만들어 왼쪽으로 돌며 노래하면서 추는 티베트족의 민속 무용이 펼쳐진다.

송반시내 곳곳에는 '張飛牛肉장비우육'과 '牦牛모우'를 파는 가게들이 즐비하다. 특히 모우는 '犛牛리우'라고도 하는데 고산지대에서 자라는 야크고기를 말한다. 야크는 유목민들에게 있어서 없어서는 안 될 동물로 털은 입을 거리와 덮을 거리를, 고기는 먹을거리를 그리고 배설물은 땔거리까지 제공해 준다. 또한 야크 육포는 옛 마방들에게 매우 중요한 식량으로 야크고기를 쪄서 장조림으로 졸이고 말려서 여행 중에 먹었다.

천하비경이로구나!
황룡구 풍경구
黃龍溝

08시 30분, 티베트 라싸에서 출발한 청장靑藏·칭창열차는 2박 3일 만에 사천성의 성도에 도착했다. 물만두로 허기진 배를 채우고 곧장 성도공항으로 갔다. 사천성 아패 티베트족 강족자치주 구채구현四川省阿壩藏族羌族自治州九寨溝縣에 있는 구채구九寨溝·주자이거우를 가기 위해서이다. 구채구를 가려면 성도를 거쳐야 한다. 성도에서 구채구까지 가는 방법은 두 가지다. 버스를 타고 가거나, 비행기를 타야한다. 이 두 가지 모두 장단점이 있다. 버스를 타고가면 도로가 구불구불한 산악지대라 위험할 뿐만이 아니라 10시간이 넘게 버스를 타야한다. 엉덩이가 아프고 인내심을 필요로 하는 여행이다. 그러나 가는 동안에 고산지대를 오르내리면서 아름다운 경치를 감상할 수 있고 고산적응이 되어 어느 정도 고산병을 예방할 수 있다. 그리고 비행기를 타면 40여분 밖에 걸리지 않지

히말라야 산맥 고봉

만 기다림을 감수해야 한다. 구채구의 입구인 구채황룡 공항구채구와 황룡 첫 글자를 따서 '구황공항' 이라고 함이 해발 3,500m 고산지대에 있기 때문에 항공편 연착이 다반사이고, 공항에 내리자마자 고산병 증세가 나타날 수도 있다. 그러나 하늘에서 내려다본, 만년설이 쌓인 히말라야 산맥 고봉들의 경치는 환상적이다.

처음 방문 때는 항공편을 이용했다. 구황공항에서 내려 곧장 버스에 올랐다. 중국인 관광객들과 함께 동승해서 황룡구黃龍溝·황룡거우로 향했다. 황룡구로 가는 길은 위험천만한 구불구불 고갯길이다. 일부 포장된 구간도 있지만 안개가 끼고 구름이 짙게 내리깔린 비포장도로를 달렸다. 황룡구까지 이동하는 2시간 내내 현지 여성가이드의 따발총 안내는 계속되었다. 한시도 쉬지 않고 중국어로 설명을 하는데 귀가 따가워 혼났다. 나중에야 알았지만 비행기에서 막 내린 사람들은 졸음과 함께 고산병이 올 수 있기 때문에 이를 예방하기 위해 잠을 못 자게 하기 위해서라고 한다.

중국 사람들이 '聖地仙境·天人合一·人間瑤池성지선경·천인합일·인간요지' 라 불리는 황룡구는 구채구에서 남쪽으로 100km 정도쯤 떨어진 평균해발고도 3,550m의 카르스트 지형으로 송반현 내의 민산산맥 남쪽에 자리한 신비롭고 기이한 관광명승지이다. 앞에서 말한 '聖地仙境' 은 신선이 사는 성스러운 곳을 말하며, '天人合一' 은 하늘과 사람이 하나라는 뜻이다. 그리고 '人間瑤池인간요지' 에서 '요지' 는 천국의 서왕모西王母가 목욕하는 곳을 일컫는 말로서, 이렇게 아름다운 절경은 세상 어디에서도 찾기 힘들다는 의미가 내포되어 있다.

카르스트 지형은 석회암의 주성분인 탄산칼슘($CaCO_3$)이 이산화탄소(CO_2)가 녹아 있는 물에 의해 용해되면서 침전물이 오랫동안 퇴적되어 형성된 기이한 지형을 말한다. 그러니까 황룡구의 독특한 생태계는 석회암과 물 그리고 주변의 나무에 의해 생겨난 것이다.

유네스코 심벌마크와 황룡 표지석

　황룡구 기슭에는 계단식으로 펼쳐진 3,400여 개의 웅장하면서 독특한 노천 석회석으로 이루어진 구슬연못과 큰 규모의 석회석 여울 모래톱 그리고 설산, 협곡, 고찰, 민속 등 6대 절경으로 유명하다. 황룡구는 구채구와 마찬가지로 1992년 12월 유네스코에 의해 세계자연유산으로 지정되었다.

　황룡구는 골짜기의 길이가 약 3.5㎞, 넓이가 약 1.5㎞에 달한다. 그렇기 때문에 케이블카를 타고 올라갔다가 천천히 걸어내려 오면서 조물주가 자연 위에 그려놓은 아름다운 풍경화를 감상하는 것이 좋다. 이 황룡 케이블카는 2006년 8월 완공했는데 관광객들이 더욱 편안하고 여유로운 관광을 할 수 있도록 만든 것이다.

　입구에서 관망로를 따라 걸어서 올라가면, 울창하면서도 신령한 기운마저 느껴지는 소나무와 피톤치드 함유량이 가장 높다는 편백나무가 병풍처럼 둘러싸여 있고, '손님을 맞이하는 연못'이란 뜻인 영빈지 迎賓池·잉빈츠가 수정처럼 아름답고 맑은 수질을 자랑하며 맞는다. 계속해서 구불구불 관망로를 따라 올라가면 높이 10m, 너비 60여 m에 달하는 암석 위로 폭포들이 내는 우렁찬 물줄기 소리가 들리는 비폭류휘飛瀑流輝·페이빠오류호이가 있고, 황룡 입구에서 1,273m쯤 떨어진 곳에 높이 10m, 너비 1.5m의 작은 석회암 동굴이 있는데 세신동洗身

洞·시선동이다. 그 깊이를 알 수 없고 황색의 종류석으로 가득 찬 이 동굴은 일억 만 년 전 빙하가 만든 구멍이라고 한다.

전설에 의하면 이곳 세신동은 신선이 도를 닦았던 곳이라고 하는데 오래 전부터 수많은 도교승과 티베트 라마승 등 여러 승려들이 도를 닦았으며, 또한 아이를 갖지 못하는 여인이 이곳에 와서 목욕을 하면 아이를 잉태할 수 있다는 전설도 간직하고 있다.

세신동에서 70여 m를 더 가면 가장 넓은 너비 120m, 좁은 너비 40m로 세계에서 면적이 가장 크고 가장 완벽한 형태의 금사포지金沙鋪地·찐사푸디가 있다. 금사포지는 연못이 아니다. 그렇기 때문에 '못 池'가 아닌 '땅 地'자를 쓴다. 이곳은 연못을 이룰 수 있는 지형 조건이 사라지고 완만한 경사로 물줄기가 흘러내리면서 물에 함유되어 있는 석회석 성분이 층층이 응고되어 금빛 찬란한 황금색으로 변한 곳이다. 흐르는 물결은 마치 용의 비늘처럼 보인다. 필자의 생각에는 이 누른빛 바닥은 황 성분으로 추정하지만, 석회암의 조류藻類·물속에 살면서 동화 색소를 가지고 독립적으로 영양생활을 하는 하등식물을 통틀어 이르는 말 때문이라는 설도 있다. 황룡이란 이름도 여기에서 유래되지 않았나 싶다.

이 밖에도 명경도영지明鏡倒映池·밍징따오잉츠·사라영채지裟蘿映

금사포지

오채지(중국국가여유국 서울지국 제공)

彩池 · 사라잉차이츠 · 우원정雨媛亭 · 위위엔팅 · 수미인睡美人 · 수이메이
런 · 옥취채지玉翠彩池 · 위추이차이츠 · 황룡고사黃龍古寺 · 황롱구쓰가
있다. 그리고 황룡 입구에서 4,166m쯤 떨어져 있는 가장 높은 곳에는
오채지五彩池 · 우차이츠가 있다. 황룡구에서 가장 아름다운 곳으로 평
가받는 오채지는 해발 4,532m로 계단식 밭처럼 완만하게 경사진 석
회암 연못이 693개나 되며 오묘한 물빛은 참으로 기이한 경관이다.
도교의 성지이기도 한 오채지를 중국인들은 '황룡의 눈'이라 부른다.
 그럼 이 독특한 지형은 어떻게 만들어진 걸까? 공학자 입장에서
지질 · 화학적으로 분석해 보고자 한다.
 황룡계곡의 뒤편에는 민산산맥이 있다. 민산산맥은 곤륜崑崙 · 쿤
룬산맥에서 갈라져 나온 가지로 중국 감숙성甘肅省 · 간쑤성 남서부
와 사천성 북서부에 있는 산맥이다. 민산산맥은 해발 4,000m에서
4,500m의 고산이 500km쯤 이어져 있는데 가장 높은 봉우리는 해발
5,588m인 설보정雪寶頂 · 슈에바오딩으로 티베트인들의 성산이다.
 2억 년 전, 민산산맥은 바닷속에 잠겨있었다. 그런데 2백만 년 전,
지각변동으로 해저 면이 융기隆起 · 바다 밑의 지면이 해수면 위로 솟
아오르는 현상 되면서 민산산맥이 생겨났다. 이때 바닷속에 있던 조
개와 산호들도 함께 올라왔다. 조개와 산호들은 오랜 세월 퇴적되어

두꺼운 석회암층을 생성했다. 필자가 고대제철을 연구하면서 철을 용해하는데 용제로 사용한 조개껍질과 산호를 분석해본 결과 조개껍질과 산호는 같은 성분으로 주성분인 탄산칼슘이 96% 이상인 것을 알았다. 이렇게 퇴적된 석회암층으로 빗물과 설보정에 쌓여있던 빙하의 녹은 물이 스며들게 되고 황룡계곡의 깊은 지하에서 생성된 다량의 이산화탄소가 함유한 물이 석회석인 탄산칼슘을 녹인다. 지하에 있던 물이 지표로 나오면 이산화탄소는 증발하고 물속에 녹아 있던 석회석 성분은 지상에 퇴적된다. 실제 연못을 유심히 살펴보면 지하 깊은 곳에서 생성된 이산화탄소가 방울지어 올라오는 것을 볼 수 있다. 이런 방식으로 만들어진 것이 황룡계곡이다.

그럼 연못의 둑은 어떻게 만들어졌을까?

연못주변에는 나무들이 많다. 주변에 나무가 없으면 둑이 만들어지지 않는다. 이들 나무에서 떨어진 낙엽들로 인해 둑이 만들어지는데 첫 단계로서 낙엽이 커다란 역할을 한다. 낙엽은 아래로 흐르는 석회석이 함유된 물길을 막아 물살의 흐름을 느리게 함으로써 석회석 성분이 퇴적된다. 물살의 흐름이 느릴수록 퇴적이 잘된다. 1년에 약 1mm 정도가 쌓인다고 한다. 그러니까 큰 연못이 만들어지기까지는 수천 년이라는 세월이 걸렸을 것이고 앞으로도 침식과 퇴적작용은 계속될 것이며 이로 인해 또 다른 연못이 생기고 소멸되는 과정이 반복될 것이다.

그럼 왜 물은 투명하고 연못들의 색은 서로 다를까?

연못의 밑바닥을 유심히 살펴보면 흰모래 같은 침전물이 보인다. 사실 이것은 물속에 있는 입자에 석회성분이 붙어서 고체 상태로 굳어진 후 연못바닥에 가라앉은 침전물이다. 물에 잘 녹지 않는 무색의 결정체인 석회의 이런 특성 때문에 물이 투명하게 유지되는 것이다. 그리고 바닥의 물결모양에 따라 수표면의 물결도 달라져서 기하학적으로 복잡하면서도 아름다운 무늬를 만들어내며, 연못들의 색은 각 연못물의 깊이와 침전물에 따라 색이 바뀐다. 낮은 쪽의 연못에서는 우윳빛 침전물이 보이고 얕은 물에서는 희게, 중간부의 얕은 물에서는 노란색으로, 깊은 물에서는 밝은 녹색으로 보이는데 이는 물속에 있는 석회암의 표면이 조류로 덮여 있기 때문이다. 위쪽 연못은 물빛이 짙은 녹색으로 보인다. 이는 연못 바닥에 가라앉은 낙엽 때문이다.

황룡이란 이름이 붙여진 연유에 대해서는 다음 세 가지 설이 있다.

첫째, 황룡구를 위에서 아래로 내려다보면 마치 한 마리의 누런 용이 산림 속에 누워있는 모양과 같다 해서 붙여졌다는 설과, 둘째, 황룡을 티베트어로 슬이차瑟爾嵯·써얼추오라고 하는데 '금색호수'라는 뜻을 지니고 있기 때문에 붙여졌다는 설과, 셋째, 송반현지松潘縣志에 기록되어 있는 것으로 하나라를 세운 우禹 임금이 무주茂州·지금의 사천성 무현(茂縣)에서 홍수가 나자 도움을 주려고 왔다가 불어난 강물로 인해 우 임금의 배가 가라앉으려할 때 노란용황룡이 나타나서 우 임금의 배를 등에 싣고 구해줬다는 이야기가 있는데 이 때문에 붙여졌다는 설이다. 노란용은 훗날 도를 닦아 신선이 되었고 이 지역에서는 이 노란용을 의인화해 황룡진인黃龍眞人이라 불렸으며 한족과 티베트족 모두 성인으로 숭상한다.

송반현지에 의하면 황룡구 내에 있는 황룡사는 명나라 때의 병마사였던 마조근馬朝覲이 세운 것으로 1년 내내 눈이 녹지 않는 '설동정봉雪銅頂峰·쉐통딩펑' 아래 사면이 산으로 둘러싸여 있어 '설산사雪山寺·쉐산쓰'라고도 부른다. 현재 황룡사에는 황룡고사黃龍古寺·황룡구쓰와 황룡중사黃龍中寺·황룡중쓰 두개의 사원이 있다. 황룡고사는 도교 사원으로 명대인 1403년에 세워졌다가 1980년대 중수했으며, 황룡중사 역시 명대에 세웠으며 1980년대 중축한 절이다. 황룡중사가 원래는 5개의 전각이 있는 사원이었지만 지금은 대웅전 격인 관음전과 십팔나한의 신상만이 남아 있을 뿐이다.

인간선경 구채구 풍경구
人間仙境 九寨溝

사천성의 성도에서 460km쯤 떨어져 있는 구채구는 인간 세상에 있는 신선계神仙界·신선들이 살고 있다는 세계의 풍경이라 해 인간선경이라 일컫는 곳으로 1992년 12월 14일 황룡구와 함께 유네스코 세계자연유산에 등재되었다. 황룡구에서 구채구까지 이동하는데 4시간가량이 걸린다. 비포장도로에 10m 앞이 안 보일 정도로 짙은 안개가 내리깔려 매우 위험천만한 길을 달려야만 했다. 곡예운전에 기도가 절로 나오는 험준한 고갯길이다.

중국에서는 다음과 같은 말이 널리 오르내린다. "黃山歸來不看出·九寨歸來不看水황산귀래불간출·구채귀래불간수"란 말이다. 즉 "황산을 보면 다른 산은 보지 않아도 되고, 구채구의 물을 보면 다른 곳의 물은 보지 않아도 된다"는 뜻이다. 물론 산은 황산을, 물은 구채구를 최고로 손꼽는다는 말이겠지만, 필자의 생각에는 이런 말을 지어낸 사람은 황산과 구채구 밖에 가보지 못한 사람이지 않을까 싶다. 그동안 필자가 가본 중국의 수많은 곳 중에는 이에 버금가는 아름다운 비경이 곳곳에 산재해 있기 때문이다.

중국 속의 또 다른 중국으로 중국인들이 가장 가고 싶어 하는 곳 중 한 곳인 구채구는 자연이 만들어 낸 신비하면서도 수려한 자연풍광과 티베트 사람들의 독특한 삶이 어우러진 천상의 세계이다. 지상낙원이란 바로 이곳을 두고 하는 말 같다. 필자는 여기에 '영혼의 산책길'이란 표현을 보태고 싶다. 왜 그런지에 대해서는 가보면 안다.

구채구 입구

　구채구란 이름도 이곳 산 계곡을 따라 띄엄띄엄 형성된 9개의 서장족티베트족 부락에서 유래했는데, 구채구에 사는 서장족에게는 9개의 부락이 형성된 설화와 구채구가 생기게 된 다음과 같은 전설이 전해져온다.

　옛날 옛적 이곳 민산산맥 어딘가에 천지만물을 관장하는 신이 살고 있었다고 한다. 이 신에게는 9명의 딸이 있었는데 모두 예쁠 뿐만이 아니라 지혜롭고 총명하며 용감하기까지 했다. 그런데 어느 날, 9명의 딸들이 민산산맥의 설산 봉우리에서 내려와 한가롭게 노니는데 마침 사악한 뱀이 이빨에 있는 독을 물속에 풀어 마을사람들을 죽이려는 끔찍한 광경을 목격하게 된다. 9명의 딸은 힘을 합쳐 그 사악한 뱀을 물리치고 마을 사람들을 구했다. 그리고는 각자 장족 청년과 결혼을 했고 서로 독립해서 행복하게 살았다. 이후에 각 독립한 이들 자손이 번성해 9개의 부락을 이뤘다는 이야기이다. 그러니까 요정처럼 아름다운 숲속의 아홉 여인들과 용감무쌍한 티베트 전사의 후예들이 수천 년의 풍습을 지키며 오순도순 살아가는 동화의 세계가 구채구이다.

　구채구와 관련한 설화는 또 있다. 아주 먼 옛날, 남신인 달과達戈·따꺼가 여신인 색모色嫫·써모를 좋아해 바람과 구름을 이용해 만든 보경寶鏡, 즉 '보석거울'을 선물했다고 한다. 그런데 보경을 보며 즐거워하던 색모가 실수로 보경을 떨어뜨렸고 산산조각이 나고 말았다. 이때 깨진 보경조각이 108개였고 108개의 호수가 되었다고 한다. 여신인 색모의 실수가 인간 세상에 선경을 선물한 것이다. 구채구의 서북쪽에는 이 지역에 사는 티베트인들이 숭배하는 해발 4,200m의 높은 산이 있는데 '달과산達戈山·따꺼산'이다. 달과산을 마주보는 동남쪽의 산을 '색모산色嫫山·써모산'이라 부른다.

민산산맥이 그려낸 구채구는 예로부터 험준한 산으로 둘러싸인 자연환경 때문에 티베트족들은 외부의 문명과 단절된 채 자급자족하며 살아가던 미지의 세계였다. 그렇게 수백 년 동안 침묵 속에 있던 선경은 1970년대 몇 명의 벌목공들에 의해서 발견된 후 1978년에 정부의 엄격한 보호를 받는 관광명소가 되었으며, 5만원이 넘는 입장료임에도 불구하고 내국인은 물론 외국인도 가장 선호하는 관광지로 급부상하고 있다. 특히 단풍의 계절인 10월에는 관광객들로 절정을 이룬다.

구채구 입구에 다다르자 마침 토요일이어서인지 엄청나게 많은 인파가 운집해 있다. 입구를 지나면 셔틀버스 승강장이 나온다. 구채구의 지형은 황룡구와는 달리 셔틀버스가 운행되고 있다. 이곳에는 400여대의 셔틀버스가 있는데 모두 환경보호를 위해 천연가스를 사용한 버스이다. 구채구 풍경구가 엄청나게 크고 넓기 때문에 풍경구를 오가는 셔틀버스를 타고 이동해야만 한다. 물론 시간이 여유롭고 튼튼한 다리를 가진 건장한 사람이라면 걸어서 구경할 수 있지만 모두를 둘러보는 데는 무리라는 생각이다. 사람들은 셔틀버스를 타고 승강장 어디에서든지 자유롭게 내려서 구경하고 또 다른 셔틀버스로 이동하며 구채구 곳곳을 볼 수 있지만 가장 좋은 방법은 셔틀버스를 타고 맨 위까지 올라간 후 천천히 관망로를 따라 내려오면서 감상하는 것이다.

구채구의 주요 풍경구는 'Y'자 모양을 띠고 있는데 크게 오른쪽 위의 일칙구日則溝와 아래의 수정구樹正溝 그리고 왼쪽 칙사와구則查窪溝 등 3개의 골짜기로 구성되어 있다. 필자는 셔틀버스를 타고 해발 3,060m에 위치해 있는 원시삼림으로 갔다가 내려오면서 구경을 했기 때문에 중요 부분을 역으로 설명하기로 한다.

1. 일칙구 日則溝 · 리즈거우

일칙구 구간은 맑고 깨끗한 각양각색의 호수가 펼쳐져 있는 곳으로 유명하다.

1 원시삼림 原始森林 · 위앤스선린

우리 몸에 좋다는 음이온이 풍부해 삼림욕의 최적의 장소로 알려진 원시삼림은 일칙구 관광코스의 마지막 부분으로 셔틀버스의 종점지이다. 상록 침엽교목針葉喬木 · 나뭇잎이 바늘모양이고 줄기가 곧고 굵으며 높이 자란 나무인 전나무와 가문비나무 등이 울창한 숲을 이룬다. 땅에는 이끼와 낙엽들이 가득하고 이들 내음이 콧속 깊숙이 자리한다. 새들의 노랫소리도 아름답다.

울창한 숲 원시삼림

양탄자를 깔아놓은 듯한 초해   응조동의 독수리 발톱

2 초해 草海·차오하이

해발 2,910m에 위치한 초해는 높은 산과 깊은 계곡으로 인해 햇볕이 가장 늦게 드는 곳으로 반 늪 형태의 호수이다. 풀들이 바다를 이룬다는 뜻인 초해는 계절마다 형형색색의 화초들이 바람에 흩날리고 특히 가을철에는 금황색의 야생풀로 뒤덮여 마치 곳곳에 양탄자를 깔아놓은 듯하다.

3 응조동 鷹爪洞·잉짜오뚱

초해를 지나면 해발 2,905m에 초해보다 좀 더 규모가 큰 호수인 천아해天鵝海·티앤어하이가 나온다. 천아해 동쪽 동굴 벽에는 국화 모양의 독수리 발톱 흔적이 남아있다 해 이름 붙은 응조동이 있다. 동굴의 높이와 폭은 가 4m, 길이 6m인 비교적 작은 동굴이다. 암석의 형성시대는 약 8만 4천년쯤으로 추정되며, 동굴이 풍화작용으로 붕괴됨으로써 발견되었는데 분석결과 '천국의 크리스탈'이라고 불리며 담청색을 띤 천청석天靑石으로 밝혀졌다. 천청석의 화학식은 $SrSO_4$이며 주로 석회암과 사암 등에서 산출되는 광물이다.

4 전죽해 箭竹海 · 지앤주하이

해발 2,618m에 자리한 전죽해는 주변에 키가 작고 줄기가 약하며 화살 같은 잎을 가진 대나무가 많아서 붙여진 이름으로 호수 주변에는 많은 대나무가 자라고 있다. 탄성을 자아내게 하는 맑은 호수물이다. 왜 이들은 바다 같지 않은 호수에 '바다 海' 자를 붙였을까. 그건 다름 아닌 평생 바다를 접해보지 못한 이 지역 사람들이 마치 바다처럼 넓은 호수를 보고 바다가 연상되어 '바다 海' 자를 사용했다고 한다.

5 웅묘해 폭포 熊描海瀑布 · 쓩마오하이푸뿌

해발 2,592m에 자리한 웅묘해 폭포는 일명 '판다해 폭포'라고도 하는데 높이 78m, 너비 50m이며 3층으로 이뤄져 있는 웅장한 폭포다. 천지를 진동하는 소리를 내며 힘차게 쏟아지는 물줄기는 가슴속을 뻥 뚫리게 한다.

6 웅묘해 熊描海 · 쓩마오하이

웅묘해 폭포에서 머지않은 곳에는 또 다른 자태를 뽐내는 호수가 있는데 웅묘해다. 해발 2,587m에 자리한 웅묘해를 '판다해'라고도 하는데 이 지역에 서식하는 자이언트 판다가 이곳에 놀러와 물을 마시고 먹이를 찾는 곳이라 해 붙여진 이름이다. 자이언트 판다는 몸길이가 1.5m이고 몸무게는 약 100kg이나 되며 귀와 눈 주위의 검은 얼룩이 특징적이다. 이들은 대나무의 어린 줄기나 잎을 먹고 산다.

7 오화해 五花海 · 우화하이

구채구 풍경구 중에서 가장 아름다워 '구채구의 꽃'이라 불리는 오화해는 지명 그대로 '다섯 빛깔의 꽃들이 만발한 바다'라 해 붙여진

관망로와 웅묘해

웅묘해   전죽

세계에서 가장 큰 공작새가 있다는 오화해

이름이다. 파란 물감을 풀어 놓은 것 같은 오화해를 이곳 사람들은 세계에서 가장 큰 공작새가 여기에 있다고 한다. 왜냐하면 오화해를 보는 위치에 따라 마치 공작머리와 공작의 꼬리를 반쯤 편 형상을 하고 있기 때문이다. 정말이지 환상적인 파노라마가 절정을 이루는 이 신비로운 풍광은 신이 만들어낸 걸작이라는 생각이 절로 든다.

그런데 물속에 잠겨있는 아름드리 거목은 왜 썩지 않고 그대로 있는 걸까. 그 이유는 이렇다. 호수 물속에 함유된 탄산칼슘 성분이 나무를 감싸고 있어 물속에서도 썩지 않고 원형 그대로 보존되어 호수 속에서 잠을 자고 있는 것이다. 즉 탄산칼슘 성분이 나무를 코팅하고 있기 때문이다. 이뿐만이 아니다. 넘어진 고목 위에 가지가 솟고 연둣빛 잎이 나있다. 자연의 신비함에 감탄사가 절로 나온다.

이 맑고 투명한 물속에는 물고기가 헤엄치며 한가로이 노닐고 있다. 이 세상에서 가장 행복한 물고기라는 생각이 든다. 왜냐하면 중국정부에서는 구채구의 환경을 보호하기 위해 관광객들이 물속에 손가락 한 개도 담글 수 없도록 철저히 막고 있기 때문이다. 정말이지 명경지수明鏡止水에 손이라도 한 번 담가보고 싶은 충동이 일지만 그냥 바라볼 수밖에 없다.

8 진주탄 珍珠灘 · 전주탄

해발 2,433m에 자리한 진주탄은 너비 약 160m로 부채꼴 모양을 하고 있다. 진주탄은 울퉁불퉁하게 생긴 경사진 석회암반 위를 흐르는 맑은 물이 암반표면에 부딪혀 튀어 오르면서 작은 물방울로 변한다. 이 작은 물방울들이 역광에 비쳐 반짝반짝 빛나는데 이 모습이 마치 진주 같다해 붙여진 이름이다.

진주탄

진주탄 폭포

사랑의 호수 경해

9 진주탄 폭포 珍珠灘瀑布 · 전주탄푸뿌

 진주탄에서 작은 산책로를 따라 걸어서 내려오다 보면 구채구의 모든 폭포 중에서 가장 크고 물의 흐름이 가장 급하며 물색이 아름답고 물소리가 가장 웅장한 진주탄 폭포를 만나게 된다. 너비가 310m에 달하고 최대 높이가 40m나 되는 진주탄 폭포는 위로부터 조용히 흐르던 명경지수가 이곳에서 참았던 에너지를 한꺼번에 모두 토해 내는 것만 같다. 어찌나 시끄럽던지 옆 사람의 얘기조차 들리지 않는다. 폭포수가 떨어지면서 부서지는 물방울이 마치 진주가 튕기는 것 같다 해 붙여진 이름이다.

10 경해 鏡海 · 징하이

 '물고기가 하늘을 헤엄치고 새가 물속을 나는 장관'이 펼쳐지는 호수가 거울호수라 불리는 경해이다. 경해는 산과 하늘이 마치 거울처럼 비친다해 붙여진 이름이다. 경해는 해발 2,390m에 자리하며 평균수심 11m, 가장 깊은 곳은 23.4m나 된다. 바람 한 점 없는 맑은 날의 아침에는 호수의 수면은 물이 아닌 하늘을 담은 호수가 된다. 이른 아침 셔틀버스를 타고 올라갔을 때는 바람이 불지 않아 산에 있는 수목이 물에 반영되어 환상적인 거울호수였는데 내려올 때는 바람이 불어 사진이 별로이다. 경해를 중국인들은 '사랑의 호수'라 부른다. 이 거울호수에서 사진을 찍은 연인은 그 사랑이 변치 않는다고 해서 중국의 젊은 연인들에게 인기가 높은 장소이며 야외 결혼사진을 촬영하는 명소이기도 하다.

2. 칙사와구 則査窪溝 · 쩌차와거우

낙일랑 폭포에서 장해까지 17㎞ 구간의 넓은 호수 뒤로 끝없이 펼쳐진 한 폭의 그림인 설산의 풍경을 일 년 내내 감상할 수 있는 곳이 칙사와구이다.

1 장해 長海 · 창하이와 외팔노인측백나무

해발 3,060m에 자리하고 있으며 너비 600m, 길이 약 5㎞, 수심이 100여 m에 달할 정도로 깊은 장해는 S자 형으로 펼쳐져 있는, 구채구에서 가장 크고 수심이 가장 깊으며 가장 높은 곳에 위치해 있다. 참으로 신기한 것은, 호수 주위에는 물이 빠져나가는 출구가 없어서 증발이나 지하침수로 배수가 된다는 점이다. 여름 장마철에도 물이 불거나 제방을 넘치지 않고 겨울과 봄철의 건기에도 물이 마르지 않는다고 하니 참으로 신통방통한 일이다. 그래서 이곳 주민들은 장해를 가리켜 아무리 담아도 가득 차지 않고, 아무리 새도 마르지 않는 '보물 표주박'이라 부른다. 장해에 저장된 설산의 눈 녹은 물이 땅속 물길을 통해 구채구의 각 곳으로 채워진다고 한다.

장해의 북쪽 절벽 가에는 '독비노인백獨臂老人柏 · 두삐라오런바이' 즉, '외팔노인측백나무'라는 이름을 가진 특이한 모습의 나무가 한 그루 서 있다. 한쪽의 가지는 횡으로 뻗어 있고 잎이 무성하다. 그런데 다른 한쪽은 가지가 없다. 이런 모습이 마치 한쪽 팔을 잃은 외팔노인 같다 해서 붙여진 이름이다.

전설에 의하면, 오래 전 구채구는 한 악귀에 의해 다스려지고 있었다. 주민들은 안심하고 생활할 수가 없었고 불안한 나날을 보내고 있었다. 그러던 어느 날, 깊은 산속에서 살던 한 용감한 사냥꾼 노인이 찾아와 홀몸으로 악귀와 목숨을 건 싸움을 벌였다. 치열한 사투

보물 표주박 장해   외팔노인측백나무

끝에 악귀를 물리쳤지만 사냥꾼 노인도 그만 한쪽 팔을 잃고 만다. 외팔이가 된 사냥꾼 노인은 그 후에도 언제 다시 찾아올지 모르는 악귀로부터 주민들을 보호하기 위해 한 손으로 검을 쥐고 장해의 한 귀퉁이에 서서 밤낮을 가리지 않고 기다리다가 측백나무로 변했다는 전설이다.

2 오채지 五彩池 · 우차이즈

장해를 본 후 다시 위로 올라가 우측으로 나있는 탐방 길을 따라 한참을 걷다보면 또 하나의 신비하고 오묘한 호수를 만나게 된다. 해발 2,995m에 자리한 6.6m 깊이의 호수에서 다섯 가지의 영롱하면서도 투명한 색이 뿜어 나오는 오채지이다.

전설에 의하면, 오채지는 아름다운 여신 색모가 머리를 감았던 곳

구채구에서 가장 색상이 아름다운 오채지

오채지를 배경으로 표 동무

이라고 한다. 그리고 색모의 얼굴에서 씻겨 내린 연지臙脂 · 여자가 화장할 때, 입술이나 뺨에 바르거나 찍는 붉은 빛깔의 염료가 변해서 이렇게 아름다운 빛깔의 호수를 만들었다고 한다.

 땅속을 통해 물이 들어와 호수를 채운 오채지의 물빛은 유난히 짙은 사파이어색이다. 색이 어찌나 파랗던지 마치 사파이어에서 내뿜는 물감 같다. 구채구 풍경구내에서 가장 색상이 아름다운 오채지의 물은 칼슘과 마그네슘 이온이 풍부하다. 그리고 호수 바닥의 석회질 침전물에 호수물의 각기 다른 깊이에서 빛의 굴절현상이 일어나고, 물속의 수초와 물가에 자란 나무들의 그림자가 비쳐 오묘한 색깔을 띤다. 거기에 연못 바닥에 있는 많은 황록색의 해조류와 물밑에 가라앉은 나무와 식물이 서로 어우러져 오색찬란한 호수를 만드는데 상황에 따라 하루에 몇 번이나 색깔이 바뀐다.

3. 수정구 樹正溝·수젠거우

수정구 구간은 구채구 입구에서부터 낙일랑 폭포까지 이어지는 Y자 아래쪽을 말하며 구채구에서 가장 볼거리가 많은 곳이다.

1 낙일랑 폭포 諾日朗瀑布·누어르랑푸뿌

낙일랑은 티베트어로 '남신'을 의미하는데 '위용 있고 커다랗다.'라는 뜻도 가지고 있다. 낙일랑 폭포는 해발 2,365m에 자리하며 너비 320m, 높이 24.5m로서 지금까지 중국에서 발견된 폭포 중 가장 넓은 석회암 폭포이자 칼슘광채를 내는 폭포이다.

중국인들은 왜 칼슘광채를 내는 폭포라 했을까? 공학자인 필자가 한 번 임의로 풀어봤다. 석회암은 칼슘(Ca)이 주성분이다. 칼슘은 알카리 토금속 원소의 하나로서 자연 상태에서는 주로 탄산염 등의 화합물로 존재한다. 즉 탄산칼슘($CaCO_3$)이다. 칼슘은 은백색의 연한 금속원소이기 때문에 칼슘이 다량 함유된 폭포수가 떨어질 때 빛에 반사되어 광채를 내는 것이다. '칼슘광채를 내는 폭포'라 표현한 중국인들 눈의 시력은 10.0정도 되는가보다. 왜냐하면 칼슘이 내는 광채까지 볼 수 있으니까 말이다. 낙일랑 폭포가 겨울에는 거대한 얼음덩어리로 변해 수정의 세계를 이룬다.

칼슘광채를 내는 낙일랑 폭포

❷ 서우해 犀牛海 · 시니우하이

산책길을 따라 내려가다 보면 이름도 특이한 서우해가 나온다. 해발 2,315m에 자리한 서우해는 평균 수심이 12m이고, 길이가 2㎞나 되는, 장해에 이어 두 번째로 큰 호수이다. 서우犀牛란 코뿔소를 말한다.

그럼 왜 이런 특이한 이름이 붙여진 걸까? 전설에 의하면 옛날 티베트에 살던 라마승 한 분이 병명을 알 수 없는 중병에 걸려 코뿔소를 타고 이곳 구채구까지 왔다고 한다. 코뿔소는 스님을 태우고 호숫가에 와서 물을 마시게 했는데 기적같이 병이 나았다고 한다. 이후에도 스님은 밤낮으로 이곳에 와서 물을 마셨고 끝내 이곳을 떠나지 못한 스님은 코뿔소를 타고 호수 안으로 들어가서 영원히 살고 있다고 한다.

서우해를 기닐다보면 길가에서 한그루의 나무를 만나게 된다. '봄을 맞이하는 나무'인 영춘목迎春木이다. 초봄 눈이 녹아내릴 때 가장 먼저 꽃잎을 피운다 해 붙여진 이름이다. 청아한 느낌이 드는 서우해는 투명한 에메랄드빛 색깔과 조화롭게 우거진 푸른 녹음 그리고 호수를 둘러싸고 있는 산의 모습까지 모두 비춰내어 참으로 아름답다.

3 노호해 老虎海 · 라오후하이

해발 2,298m에 자리한 노호해는 구채구의 깊은 산속에 살던 늙은 호랑이가 자주 이곳 호수로 내려와 물을 마셨는데 사람들이 그 모습을 보고 호랑이가 찾아오는 호수라 해서 붙여진 이름이라는 설과, 가을철이면 호수를 둘러싼 나무들이 알록달록 붉게 물들어 호수에 비추는데, 이것이 마치 호랑이 몸의 무늬와 같다고 해서 붙여진 이름이라는 설과, 가까운 거리에 있는 수정 폭포에서 들리는 우렁찬 물소리가 마치 호랑이가 포효하는 소리 같다해 붙여진 이름이라는 설 등이 전해진다.

4 수정군해 樹正群海 · 수정췬하이

"나무는 물속에서 자라고 물은 숲속을 흐른다"라는 뜻인 樹在水中生 · 水在林間流수재수중생 · 수재임간류라 일컫는 수정군해는 상하 고도차가 100m에 달하는 19개의 크고 작은 호수들이 계단밭모양으로 이어져있다. 계단밭 사이사이 호수에는 버드나무 · 소나무 · 사시나무 · 삼나무 등 수많은 교목과 잡목이 자라고 있다. 청비취색의 푸른 나무와 짙은 남색을 띤 호수 그리고 폭포와 물보라의 흰색이 어우러져 한 폭의 환상적인 경관을 연출하기 때문에 이곳을 구채구의 축소판이라 부른다.

수정군해

노호해

수정 폭포

5 수정 폭포 樹正瀑布 · 수정푸뿌

수정구내에는 40여개의 호수와 폭포가 있다. 해발 2,295m에 자리하며 높이 11m, 너비 62m인 수정폭포는 수십 개의 폭포와 층을 이루고 있어 여러 층으로 떨어지는 물줄기가 압권인 폭포 군이다. 둥글둥글한 바위와 물속의 나무들에 의해 수천의 물줄기로 나뉘어 떨어지는 수정 폭포는 폭포 아래 세차게 흐르는 물줄기 속에 단단히 뿌리박고 똑바로 서있는 나무들이 있기 때문에 '나무 樹', '바를 正' 자를 써서 수정이란 이름이 붙은 것이다.

6 화화해 火花海 · 훠화하이

아름다운 코발트색 호수인 화화해는 해발 2,187m에 위치하며 길이 205m, 평균넓이 177m, 평균수심 9m로 토사의 붕괴로 인해 형성되었다. 호수에 물이 많은 계절의 석양에는 햇빛의 반사에 의해 호수 면에 비친 노을이 마치 불꽃을 흩뿌려놓은 것처럼 보인다해 불꽃바다, 즉 화화해란 이름이 붙여졌다. 주변의 무성한 수풀들이 거울같이 맑은 호수에 비쳐 수면이 짙푸르러 마치 투명한 비취를 보는 듯하다. 갈수기에는 수위가 낮아져 황금빛깔의 원형칼슘광채의 언덕이 수면 위로 드러나서 바다의 군도와 닮았다 해 '천도호 千島湖 · 첸다오후' 라고도 부른다.

불꽃바다 화화해

반 늪지형 호수 노위해

7 노위해 蘆葦海 · 루웨이하이

해발 2,140m에 자리하며 길이가 2km에 달하는 노위해는 비취빛 투명한 물이 무성한 갈대숲 사이를 굽이돌아 흐르는 반 늪지형의 호수이다. 봄과 여름에는 갈대가 푸르른 바다를 이루고 가을과 겨울에는 황금빛으로 변한다. 그렇기 때문에 노위해를 '갈대바다' 라 부른다. 또한 갈대숲은 사시사철 가마우지와 야생오리들의 놀이터가 된다.

8 물레방앗간 磨房 · 마방과 마니차 轉經筒 · 전경통

수정구 내의 관망로를 따라 내려오다 보면(관광객 센터에서 올라가면 첫 볼거리) 마치 우리나라 강원도와 울릉도 산촌마을에서나 볼 수 있는 너와집 형태의 허름한 나무집이 보인다. 이 나무집은 마방이라는 티베트인들의 물레방앗간이다.

나무집 아래에는 물이 흐르면서 돌아가는 수평 물레바퀴가 있다. 필자는 이를 '수평수륜 水平水輪' 이라 칭했다. 얼마 전까지만 해도 이

지역에 살던 티베트인들이 이 물레방아를 이용해 돌절구에 곡식을 넣어 방아를 찧던 곳이다. 물레방앗간 앞에는 수력에 의해 돌아가는 물레바퀴가 있고 이 물레바퀴의 동력을 전달받아 돌아가는 대형 마니차가 있다. 마니차를 중국에서는 '전경통轉經筒·좐징퉁'이라 불리는데 불교의 경전을 넣어둔 원형의 통이다. 마니차는 주로 금속이나 목재 그리고 면직물로 제작한다. 이곳의 마니차는 수력을 이용하기 때문에 물에 견딜 수 있는 금속으로 만들었다. 이렇게 큰 마니차 속에는 많은 불경이 들어있어 수백 번 경전을 읽는 것과 같은 효과가 있고 많은 공덕을 쌓는다고 생각한단다. 이뿐만이 아니다. 어느 티베트사원에 가면 불경을 쌓아두고 그 밑을 기어서 가면 위에 있는 모든 불경을 읽는 것과 같다는 곳도 있다.

그럼 마니차는 어떤 이유로 생겨난 걸까. 티베트인들은 문맹이 많았다고 한다. 글을 모르기 때문에 불경을 읽고 싶어도 읽을 수 없는 사람들이 많았다. 이런 연유로 해서 불경을 넣은 마니통을 만들어

너와집 형태의 나무집

마니차(전경통)

돌림으로써 불경을 읽는 것과 같은 효과가 있다고 생각한 것이다. 티베트인들은 특별한 일이 없는 한 마니통을 손에서 놓지 않는다. 마니통을 돌리는 일은 이들의 불심을 표현하는 생활자체이다.

  티베트 사원에를 가면 커다란 통이 나란히 진열되어 있는 것을 볼 수 있다. 불경을 넣은 마니차이다. 손으로 마니차를 돌리는 것은 마니통을 돌리는 이유와 같다. 마니통은 개인소유의 불경이고 마니차는 사원 또는 대중적인 소유의 불경이라 할 수 있다. 각 사원마다 달리하는 풍습이 있지만 일반적으로 마니차는 시계방향으로 돌면서 돌리며 마니차를 돌리는 중에 뒤를 돌아보면 소원이 이루어지지 않는다는 말도 전해진다.

수평수륜

⑨ 타르초 經文旗 · 경문기와 룽다 風馬 · 풍마

티베트인들이 사는 마을 어디를 가나 불경이 빽빽하게 적혀 있는 오색 깃발의 타르초가 나부낀다. '불교의 경전이 적혀있는 기'란 뜻으로 경문기經文旗라고도 한다. 예로부터 티베트인들은 바람을 신성시했다. 사람이 죽으면 바람이 영혼을 하늘로 인도한다고 생각한다.

타르초와 룽다에 적혀있는 부처님 말씀인 불경의 진리가 바람에 나부낄 때마다 바람을 타고 세상 곳곳으로 퍼져 모든 중생들의 악업을 씻어준다고 굳게 믿고 있다. 이뿐만이 아니다. 타르초와 룽다를 건 사람의 소원도 들어준다고 믿는다.

타르초의 오색 깃발은 우주의 5원소인 '空·地·水·火·風'과 다섯 방향인 '동·서·남·북과 중앙'을 의미하는데, 흰색은 구름, 파란색은 하늘, 노란색은 태양, 초록색은 대지, 빨강색은 불을 의미한다. 타르초가 바람에 날릴 때 내는 소리를 티베트인들은 '바람이 불경을 읽고 가는 소리'라고 한다.

좀 더 아래로 내려가면 오른쪽 약간 높은 지역에 백탑인 '초르텐'과 긴 장대에 세로줄로 매단 깃발인 '룽다'가 있다. 초르텐은 티베트 불교의 독특한 불탑양식으로 보통 석회석과 진흙을 섞어 만들며, 룽다는 '바람을 타고 달리는 말'이란 뜻으로 풍마風馬라고도 하며 불경을 적은 천을 장대에 걸어 놓은 깃발이다.

룽다의 유래는 이렇다. 옛날에는 이민족과의 전쟁에서 공훈을 세

초르텐과 룽다

타르초

운 사람 집에 깃발을 꼽는 것이 시초였는데 문성공주가 시집와서 불교를 전파함으로써 깃발에 불경을 새기기 시작했다고 한다. 타르초와 룽다의 천에 적인 불경을 전에는 스님이 직접 썼는데 지금은 인쇄 작업으로 대량생산한다. 룽다 깃발에 가장 많이 적힌 법문은 '옴 마니 뺏메 훔'이다.

구채구 명물메뉴

1. 버섯샤부샤브菌類火鍋 · 쥔레이 훠궈 : 각종버섯+오리+자라+해산물+각종 야채
2. 충초압蟲草鴨 · 충차오야 : 오리+동충하초
3. 패모계貝母鷄 · 뻬이무지 : 닭+약초인 패모
4. 양우찰파洋芋糌粑 · 양위짠빠 : 감자산채

❶ 구채구는 해발고도 2,000~3,000m가 되는 고산지대이므로 머리가 아프거나 구토 등 고산반응이 있을 수 있으니 미리 대비해야 한다. 고산병 약보다는 천천히 걷고 심호흡을 하며 물을 자주 마시는 것이 도움이 된다.

❷ 구채구를 비롯한 모든 풍경구 내에서는 흡연금지이고, 물고기에게 먹이를 주어서도 안 되며, 쓰레기 투척도 금지되어 있으니 주의하기 바란다

❸ 고원지대는 산소만 부족한 게 아니다. 현지인들의 얼굴을 보면 광대뼈 부근이 벌겋다. 장족들은 이런 얼굴빛을 고원홍高原紅이라고 한다. 높은 지대에서 살다 보면 그렇게 변하는 것이니 혹시 아픈 사람 또는 술을 마신 사람으로 생각하지 않기 바란다.

중국의 으뜸 석회화 폭포인
모니구 풍경구
牟泥溝

　　　　　　　사천성 송반현에서 15km쯤 떨어져 있고, 황룡계곡에서 남동쪽으로 70km밖에 떨어져 있지 않은 곳에는 석회암 지역이 또 하나 있는데 모니구모니거우 풍경구이다. 가장 낮은 해발고도가 2,800m, 가장 높은 해발고도가 4,070m인 이곳에는 모니구란 산이 있고 모니를 기념하는 비석이 세워져있다. 모니牟尼는 '석가'를 높여 이르는 말로 석가모니가 이곳을 다녀갔다는 전설에서 유래된 지명이라고 한다.

　　모니구 풍경구에는 중국에서 제일 높은 석회암 폭포인 찰알扎嘎·자가 폭포 외에 신비한 호수가 1,400개나 있는데 풍경구의 길이가 5km에 달한다. 중국 최대의 석회화石灰華 폭포이자 모니구 풍경구를 대표하는 것은 찰알 폭포이다. 이 거대한 폭포는 높이가 93.2m, 너비가 35~40m에 이르며, 폭포수는 탄산칼슘을 다량 함유하고 있기 때문에 그냥은 마실 수 없는 물이다.

　　중국내의 아름다운 8대 폭포 중 하나인 찰알 폭포는 비단처럼 부드럽게 깔린 거대한 석회화 암석들 위로 초당 23,000ℓ의 물이 빠른 속도로 떨어진다. 그 기세가 땅을 울리며 녹음이 우거진 주변 숲속으로 교향곡이 되어 울려 퍼진다. 이뿐만이 아니다. 계단식 석회암 위로 흐르는 백색의 맑은 물은 마치 주렴珠簾·구슬발이 걸려있는 듯 비경을 이룬다. 이렇듯 풍부한 수량과 깎아지른 듯한 지형 그리고

모니구를 대표하는 찰알 폭포

나무와 꽃들이 어우러져 황룡계곡과는 다른 평화스러운 분위기의 풍경을 자아낸다.

 전설에 의하면, 먼 옛날 이곳 모니구에는 사람들이 마실만한 깨끗한 물이 없었다고 한다. 그로인해 모니구에는 온갖 질병이 나돌았고 많은 사람들이 생명을 잃어 모니구는 지옥 그 자체였다. 어느 날, 찰알이란 청년이 모니구에 사는 사람들에게 깨끗한 물을 마시게 하기 위해 나섰다. 찰알은 천신만고 끝에 정령의 부름을 받게 되고 정령이 시키는 대로 들고 있던 호미로 하늘을 찔렀다. 그러자 하늘이 뚫리면서 물줄기가 쏟아져 모니구의 더러운 물을 모두 쓸어버렸다. 이후 모니구의 사람들은 깨끗한 물을 마실 수 있었다고 한다. 하지만 하늘에 구멍을 내서 물을 쏟게 한 찰알은 하늘의 규칙을 어긴 죄로 하늘에서 보낸 사자使者에 의해 백석산白石山 밑에 감금당했다. 그럼에도 불구하고 찰알은 여전히 입을 벌려 물을 내뿜었는데 그 물이 흘러 오늘날의 찰알 폭포가 되었다고 한다.

우리에게 널리 알려진 찰알 폭포 외에, 모니구 풍경구 한 복판에 위치해 있으며 풍경구 내에서 가장 큰 호수인 이도해二道海 · 얼따오하이 풍경구, 자주호煮珠湖라고도 불리며 호수 밑에서 뿜어져 나오는 물이 마치 구슬 같다해 붙여진 이름으로 황룡진인黃龍眞人과 선녀 구천九天의 전설이 깃들어 있는 진주호珍珠湖 · 전주후, 석회화 둑 위에 한 쌍의 사발크기의 원형이 나있는 모습이 코뿔소의 코를 닮았다해 붙여진 이름인 서우비犀牛鼻 · 시니우비 그리고 중국의 샘 중 열손가락 안에 들 정도로 유명한 비취천翡翠泉 · 페이추이취엔이 있다. 특히 비취천은 에메랄드빛 호수로 유명하며 이곳사람들은 '성스러운 샘물'로 여긴다. 왜냐하면 병을 고치는 효험이 있기 때문이다. 위장병이나 관절염이 있는 사람이 비취천 샘물을 떠가서 마시거나 목욕을 하면 병이 낫는다고 한다.

비취천이 에메랄드빛을 띠는 이유는 물속에 구리성분이 들어있어서 구리입자에 햇빛이 반사되면 에메랄드빛이 나오기 때문이다. 이외에도 호수물이 투명해 수십 미터의 수심까지 보일정도로 깨끗한 백화호百花湖 · 바이화후에는 수많은 신비한 수초가 자라고 초여름에는 파란색 꽃으로 수놓고, 가을에는 황금빛 물결을 이룬다. 야생오리나 백조가 출몰한다고 해서 붙여진 이름인 천아호天鵝湖 · 티엔어후도 있다.

티베트 불교의 대표적 진언
옴 마니 뺏메 훔(Om Mani Padme Hum)

'옴 마니 뺏메 훔'은 티베트 불교의 대표적인 만트라眞言·진언으로서 티베트 사람들의 수호신격인 관세음보살을 부르는 주문이다. 옴 마니 뺏메 훔은 티베트 사람들에게 있어서 가장 큰 의미를 지니고 있기 때문에 티베트 지역 어디를 가나 없는 곳이 없다. 타르초, 룽다, 길가의 돌에 새겨놓은 글, 마니통을 돌리며 순례하는 순례자들의 입에서 쉬지 않고 나오는 것이 옴 마니 뺏메 훔이다. 우리나라 불교에서는 육자대명왕진언六字大明王眞言이라 불리며 많이 암송되고 있다. 필자가 어렸을 때 우리 할머니도 일상생활 중 특히 이른 새벽 우물에서 첫 물을 길러 부엌의 조왕신께 바치며 우리 손자 무병장생 기원 또 기원 수백 수천 번 손바닥 비벼대며 입이 닳을 정도로 '옴 마니 반메 훔'을 암송하는 기원의 할머니의 모습을 볼 수 있었다. 앞에서 '옴 마니 뺏메 훔'은 동국대학교 서장연구소의 티베트어 한글 표기 안에 따른 것이다.

옴 마니 뺏메 훔에서 '옴'은 3개의 자모인 A·U·M이 결합한 것으로 창조자의 입에서 나온 최초의 소리로 모든 소리의 근원이라고 한다. 신비스럽고 상징적인 옴AUM은 가장 강력한 힌두교의 진언으로 A는 세계의 질서를 유지하는 평화의 신인 '비슈누'를, U는 파괴의 신인 '시바'를, M은 창조의 신인 '브라흐마'를 상징하지만, 불교에서 이 낱낱의 글자는 수행하는 불자의 몸과 말과 마음의 정화를

옴 마니 뺏메 훔을 새긴 돌

돌에 새긴 옴 마니 뺏메 훔

상징한다. 그리고 '마니'는 보석을 뜻하며, '뺏메'는 연꽃을 뜻하면서 지혜를 상징한다. 끝음절인 '훔'은 나누려 해도 나눌 수 없는 성질, 즉 불가분성을 나타낸다. 쉽게 말해, 옴 마니 뺏메 훔을 암송함으로써 우리의 부정한 몸과 말과 마음을 붓다의 청정하고 거룩한 몸과 말과 마음으로 바꿀 수 있음을 나타낸다.

이뿐만이 아니다. 옴 마니 뺏메 훔을 암송하면 주문呪文의 효과가 있어 여러 재앙과 병환 그리고 도적 등의 재난에서 관세음보살이 지켜줄 뿐만이 아니라 성불을 하거나 큰 자비를 얻는다고 대승불교의 경전인 육자대명왕다라니경六字大明王陀羅尼經과 불설대승장엄보왕경佛說大乘莊嚴寶王經 등에 나와 있다.

티베트인의 장례문화
천장
天葬

티베트 지역에서 행해지는 장례의식에는 장작을 쌓은 다음 불로 시신을 태우는 '화장火葬'과 독수리에게 시신처리를 맡기는 '천장天葬' 그리고 흐르는 물에 띄워 보내서 물고기에게 보시하는 '수장水葬'과 지금은 거의 사라졌지만 시신을 동굴 안이나 숲, 들 등에 방치해 비, 바람을 맞게 해 자연히 없어지게 하든가 또는 짐승들의 먹이가 되게 하는 '풍장風葬'이 있다. 티베트 지역의 환경조건에 따라 장례의식도 달리했다. 이 중 가장 많이 선호하는 장례의식은 천장과 수장이다. 수장도 천장을 할 수 없는 경우에 하는데 강가나 개울가에 수장 터가 있다. 시신을 물고기에게 보시한다고 생각하기 때문에 티베트사람들은 물고기를 먹지 않는다. 티베트 지역을 여행하다보면 식당에서 물고기를 파는 경우를 볼 수 있는데 이는 자기네들은 먹지 않고 관광객들에게 팔기 위한 것이다.

천장 터

천장 흔적

 그럼 티베트인들이 가장 선호하는 천장은 언제부터 시작된 걸까?
 고대 티베트인들은 초원을 떠돌며 방목생활을 하던 전형적인 유목민이었기 때문에 고산지대의 척박한 환경으로 인해 자연에 순응하는 법부터 터득해야만 했을 것이다. 그중에 하나가 야크 등 동물 배설물의 활용이었다. 이 말린 배설물은 음식을 만들고 추위를 견딜 수 있게 해주는 유일한 땔거리였기 때문에 화장을 하는 데는 사용할 수 없었을 것이다. 생활환경이 척박하지 않고 땔거리가 충분했더라면 화장을 선호했겠지만 땔거리가 턱없이 부족했기 때문에 그 대안으로 풍장이 이들만의 장례의식이었다.
 이뿐만이 아니다. 티베트 땅은 매우 건조하기 때문에 시신이 쉽게 썩지 않는다. 그렇기 때문에 천장은 가장 빠르고 깨끗하게 마지막 생을 정리하는 방법이었다. 독수리에게 시신을 보시한다고 해서 일명 조장鳥葬이라고도 하는 천장의 기원은 이런 연유로 해서 여기서 시작되었다.
 티베트인들에게 있어서 천장은 망자의 마지막 공양의식으로 천장사와 독수리가 없으면 천장을 할 수 없다. 천장사는 독수리에게 먹이를 내주기 위해 해머, 도끼, 칼 그리고 갈고리로 시신을 해체해 망자의 하늘 길을 돕고, 독수리는 시신을 먹고 망자의 영혼을 하늘극락로 올려 보내는 역할을 한다고 믿는다. 다시 말해, 망자의 환생을 돕는 천장사에 의해 껍질에 불과한 육신을 천국의 사자인 독수리에게 보시하면 영혼은 다른 육신으로 환생해 더 나은 삶을 살 수 있다는 믿음을 갖고 있다. 여기에서 '더 나은 삶'이란 그냥 얻어지는 것이 아니라 현생에서 어떻게 살았는가에 따라 결정되기 때문에 살면서 공덕을 많이 쌓아야 한다고 믿는다.

천장에서 빼놓을 수 없는 것이 '포와 의식'이다. 이는 티베트 불교의 창시자인 파드마삼바바가 지은 삶과 죽음에 대한 경전인 '티베트 사자死者의 서'에 나오는 내용으로, 포와는 '영혼의 이동'을 의미하며 망자의 의식이 사후세계에서 환생할 수 있게 해주는 티베트 밀교의식이다. 즉 포와는 영적 스승, 즉 '영혼을 빼내는 사람'이란 뜻도 포함되지만 영혼을 분리하는 과정이라 말할 수 있다. 포와 의식을 행하기 위해서는 침묵이 절대로 필요하다. 그렇기 때문에 외

독수리 떼

부와 철저히 차단을 한 후에 라마승이 망자의 머리 위 정수리 부분에 바늘로 구멍을 냄으로써 의식은 끝난다. 망자의 정수리에 구멍을 내는 이유는 망자의 영혼을 육체로부터 가져가기 위해 아미타불이 들어오는 자리라고 생각하기 때문이다.

이렇게 집안에서 포와 의식이 끝나면 시신은 상여나 관도 없이 멜빵포대기에 싸서 사원으로 옮겨진다. 이때 시신은 태아처럼 웅크린 자세로 묶는데 이는 다음 생에 다시 태어나기를 염원하는 윤회와 환생의 의미가 담겨있다.

천장 터로 향하는 행렬은 무척이나 단출하다. 망자와 함께하는 이는 라마승과 천장사 그리고 먼 친척과 이웃 몇 명뿐이다. 요즘은 많이 달라져서 망자의 가족 중에 남자는 천장 터까지 따라가는 경우가 없잖아 있지만 전에는 망자의 가족들이 천장 터까지 함께 가는 것은 금기시 했다고 한다. 시신을 조장 터로 옮기는 방법도 요즘에는 수레나 경운기를 이용하는 경우를 종종 볼 수 있다.

천장을 하기 전 고승을 모시고 다시 한 번 더 포와 의식을 행한다. 그리고 49제를 위해 망자의 머리카락과 손톱을 잘라 유족에게 전해준다. 그리고 나서 천장사에 의해 천장이 시작되는데 영혼이 빠져나간 육신을 독수리 먹이로 바침으로써 이생에서의 생을 마감한다.

필자가 티베트를 여행하면서 티베트 자치구에서 두 번째로 큰 도시인 시가체 외곽 지대 해발 4,000m에 위치한 조장 터를 힘들게 올랐었는데 아쉽게도 막 장례의식이 끝난 후였다. 독수리는 이미 시신을 먹는 후 산등성이에 앉아 다음 시신이 오길 기다리고, 독수리가 먹고 남은 뼈는 해머로 분쇄해 보릿가루와 섞어 두었는데 작은 새들이 와서 먹고 있다. 그리고 일부는 태웠는데 아직도 연기가 모락모락 피어오른다. 천장사가 사용했던 연장들은 여기저기 널브러져 있다. 조장은 아침 일찍 이뤄지기 때문에 조장장면을 보기는 여간 힘들다고 한다.

CHAPTER 04

기산수수奇山秀水 · 다채귀주多彩貴州
조물주의 작품 신비한 수채화
귀주성
貴州省 /구이저우성

구이저우성
관광안내도

중국 지도에서의
구이저우성 위치

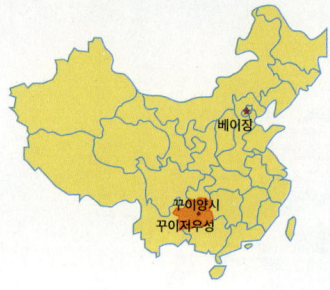

범 례

- 성급 행정중심
- 세계유산
- 국가 중점 풍경명승구
- 국가급 자연보호구
- 국가지질공원
- 국가삼림공원
- 관광지

귀주성 개요

중국 남서부에 위치하고 있는 귀주성은 '지구가 만들어 낸 신비의 땅' 이라 일컫는다. 총면적 17만 6천 ㎢로 우리나라의 두 배 크기이며, 인구 34,70여만 명(2010년도 기준), 평균 해발고도 1,000m이상으로 연평균 기온이 15.6℃이다. 그렇기 때문에 겨울에는 혹한이 없고 여름에도 혹서가 없어 사람이 사는데 아주 이상적인 천혜의 지역이다.

귀주성은 험준한 산악지대로 아름다운 고원경관과 태곳적 자연의 신비를 고스란히 간직하고 있어 '푸른 카르스트 왕국' 으로도 불린다. '카르스트karst' 란, 크로아티아 북서부의 이스트리아Istria 반도 북쪽에 있는 지방의 지형에서 유래한 이름으로 석회암의 주성분인 탄산칼슘이 물에 녹아들어 석회암 지대에 발달한 침식지형을 말

한다. 이렇듯 귀주성은 지질구조상 카르스트 지형이기 때문에 년 평균 강우량이 4,000㎜에 달하지만 늘 물이 부족하다. 빗물이 모두 땅속으로 스며들어 흘러가 버리기 때문이다.

귀주성에 살고 있는 민족분포도를 보면, 중국의 주요민족인 한족이 62%로 가장 많은 비율을 차지하며, 소수민족은 묘족苗族·먀오족이 12%로 가장 많고 요족瑤族·야오족·이족彝族·장족壯族·쫭족·포의족布依族·부이족·백족白族·바이족·토가족土家族·투자족·동족侗族·둥족 등 49개 소수민족이 살고 있는데, 이들이 차지하는 비율은 38%에 달한다. 그렇기 때문에 귀주성에서는 각 민족의 다양한 전통문화와 생활방식을 엿볼 수 있다.

이뿐만이 아니다. 귀주성은 중국근대사에서 매우 중요한 역사성을 간직하고 있는 곳이기도 하다. 그것은 다름 아닌 귀주성 북부에 있는 지급시인 준의遵義·쭌이에서 1935년 1월, 중국공산당 중앙정치국회의가 열렸으며, 이 회의에서 농민을 기반으로 한 유격전술을 주장하던 모택동毛澤東·마오쩌둥(이하 '마오쩌둥'이라 칭함)이 당권과 군사 지도권을 장악하고 대장정을 이끌어 결국 중국공산당

귀주성 성도인 귀양시 전경(중국국가여유국 제공)

의 지도자로 부각되고 훗날 중국공산정권을 수립하는 계기가 마련되었기 때문이다. 여기에서 대장정이란, 1934년 10월 15일 장개석 蔣介石·장제스(이하 '장제스'라 칭함)의 국민당군에 비해 압도적으로 열세였던 중국공산군인 홍군이 국민당군의 추격을 피해 서북지방의 섬서성陝西省·산시성에 도달했는데 그 길이가 무려 9,700㎞에 달하는 역사적 고난의 대행군을 말한다. 출발 당시 10만 명이 넘었던 마오쩌둥의 부대가 목적지인 섬서성에 도착했을 때는 불과 8,000명 정도만 생존해 있었다. 대장정을 통해 전투보다는 질병과 굶주림으로 수많은 홍군이 죽었으며, 사망자 중에는 마오쩌둥의 어린 두 아이와 그의 동생 모택담毛澤覃·마오쩌탄도 포함되어 있었다. 대장정을 끝낸 공산당은 연안延安·옌안을 근거지로 해 힘을 키운 결과 국공내전을 승리로 이끌었고 마침내 중국 전역을 장악하게 된다. 이렇듯, 대장정은 중국공산당사에 있어서 매우 주요한 사건이었다.

십 수 년 전만 해도 세상에 알려지지 않은 오지 중에 오지였던 귀주! 전체면적의 97%가 험준한 산과 구릉지이기 때문에 외부와 단절된 삶으로 인해 오랫동안 낙후되어 있었던 귀주지만 이젠 중국에서 가장 주목받는 관광지 중의 한곳으로 변모했다.

중국 속의 오지
다채귀주
多彩貴州

그동안 수많은 나라를 여행했지만 중국만큼 나를 매료시킨 나라는 없었다. 특히 중국 서남부는 더욱 그러한데 그 중에서도 가장 으뜸인 곳이 귀주성이다. 귀주성 내에는 자연, 문화, 역사 등 풍부한 관광자원이 산재해 있고 요리 또한 특별하고 다양하다. 이뿐만이 아니다. 소박하면서도 자신들만의 독특한 색채로 자연과 더불어 살아가는 사람들, 발 딛는 곳마다 때 묻지 않은 또 다른 비경이 펼쳐지고, 척박한 땅을 일구며 공생과 조화 속에 자신들만의 전통을 이어가며 살아가는 소수민족들의 삶은 세상에서 가장 아름다운, 신선 같은 삶을 살고 있는 사람들이라는 생각이 든다.

특히 이 지역을 여행하다보면 귀양貴陽·구이양–안순安順 간에 있는 만봉림萬峰林·완펑린 풍경구, 마령하馬靈河·마링허 대협곡, 용궁龍宮·롱꿍, 황과수黃果樹·황궈수 폭포 등 자연풍광과 함께 소수민족의 삶과 대자연 그리고 이곳만의 독특한 음식을 동시에 만끽할 수 있는, 말 그대로 다채로운 귀주 여행을 체험할 수 있다.

전통의상을 입고 환영 나온 소수민족 처녀

귀주성여유국 초청을 받아 함께한 일행

    혹자는 척박한 땅에서 만들어낸 신비로운 귀주성의 풍경을 5가지 색으로 구분지어 설명하기도 한다. 즉 Green綠의 '자연지매自然之魅', Black黑의 '풍후지매豊厚之魅', White白의 '상화지매祥和之魅', Blue藍의 '창조지매創造之魅' 그리고 Red紅의 '열정지매熱情之魅' 가 그것이다. 자연지매는 우거진 푸른 숲을, 풍후지매는 검은 집들을, 상화지매는 많은 폭포를, 창조지매와 열정지매는 여러 소수민족의 화려한 의상과 이들의 삶을 의미하는데 그래서 귀주성을 '다채귀주' 라 일컫는다.

    귀주성의 성도인 귀양을 가기위해서는 상해 포동浦東·푸둥 국제공항에서 내려 40km쯤 떨어져 있는 홍교虹橋·홍차오 국제공항으로 가서 국내선으로 갈아타야 한다. 홍교 국제공항까지 가는 도로는 심각한 교통체증으로 인해 많은 시간이 소요되기 때문에 상습교통체증구역으로 악명이 높은 길이다. 귀양 공항에서 내려 입국장으로 들어서면 귀양시 여유국장을 비롯한 관계자들과 전통의상을 화려하게 차려 입은 소수민족 처녀들이 꽃다발을 목에 걸어주며 뜨겁게 환영한다.

    10여년 전만해도 세상에 잘 알려지지 않았던 오지 중에 오지, 세상에서 가장 아름다운 곳 중에 한 곳인 귀주성으로 필자를 따라 여행을 떠나보자.

귀양의 상징적 건축물
갑수루
甲秀樓

갑수루쟈슈러우는 귀양시 성곽 남쪽의 남명하南明河 · 난밍허에 있는 높이 20m, 3층 목조 건축물로 하천에 있는 커다란 돌 위에 세웠다. 귀양시의 상징적 건축물인 갑수루는 명나라 때인 1598년 귀주의 지방대신인 강동지江東之 · 찌앙동지가 남명하 기슭에 누각을 짓고 이 지역 젊은이들이 과거에 장원급제하는 인재들이 많이 배출되기를 바라는 마음에서 갑수루라 이름 지었다고 한다. 그 뒤 귀주성 출신으로 세 사람이 과거 시험에서 장원급제했는데 그중 두 명이 이곳 갑수루가 있는 남명하 하류에 살던 사람이었다고 한다.

일찍이 무당파의 시조이자 도가선인인 장삼풍張三豊 · 장샨펑이 여행 차 이곳에 이르러 지형을 살펴본 후 앞으로 이곳에서 용이 날 곳이라고 감탄했다는 전설이 있을 정도로 풍수 지리적으로도 유명한 곳이다. 갑수루가 한때는 이름이 '내봉각來鳳閣 · 라이펑꺼'으로 바뀌기도 했으나 청나라 때 수차례의 복원작업을 거쳐 다시 원래 이름인 갑수루를 찾게 되었다. 현존하는 건축물은 선통宣統 원년인 1909년에 중건된 것이다. 선통은 청나라 마지막 황제인 부의溥儀 · 푸이의 연호로서 1909년부터 1911년까지 쓰였다.

각 층에 두른 세 겹의 처마가 인상적인 갑수루는 오른쪽 전방에 8개의 사자상이 있다. 이 사자상은 여느 사자상과는 다른 자세를 취하고 있는 것이 특징이다. 높은 곳에 앉아서 아래를 향해 금방이라도 뛰어내릴 것만 같은 역동적인 자세이다.

　남명하는 누각 앞머리에서 시작해 함벽담涵碧潭·한삐탄으로 굽이 돌아 흘러들어가며 위에는 고풍스런 함벽정涵碧亭·한삐팅이 있다. 누각 옆에는 돌로 된 9개의 아치가 있는 부옥교浮玉橋·푸위챠오가 있다. 이 부옥교는 남명하를 가로지르면서 이곳의 풍경을 대표하는 랜드 마크이자 북경北京·베이징(이하 '베이징'이라 칭함)에 있는 이화원의 옥대교玉帶橋·위따이챠오와 함께 중국에서도 아름답기로 유명한 다리이다. 옥대교는 서제육교西堤六橋·시디류챠오 중 유일하게 둥근 구멍이 있는 석교로서, 다리 난간은 최고급 장식 재료인 청백옥과 한백옥으로 제작한 조형물로 장식되어 있는데, 그 모습이 마치

갑수루

맑은 물위에 옥으로 만든 허리띠, 즉 옥대 玉帶 · 옥띠를 풀어놓은 것 같다해 붙여진 이름이다. 바람이 불지 않은 동이 틀 무렵이나 해질 무렵에 부옥교를 거닐면 마치 물속을 걷는 것처럼 선경에 빠져든다.

귀주성 요리(1)

 갑수루 안은 3층까지 모두 우아하게 꾸며져 있으며 석각, 고대 목기, 명인들의 서예작품들이 많이 소장되어 있다. 특히 청조 때 것으로 가장 긴 206자의 주련이 유명하다. 이 주련은 귀양의 역사와 지리를 비롯한 인문환경을 묘사하고 있다.

 갑수루의 아름다운 경관과 문학적 기풍을 보고 있노라면 교육을 장려해 인재를 많이 배출하려했던 강동지의 뜻이 고스란히 배어있는 듯하다. 지금도 중요한 시험을 앞 둔 사람들이 찾아와 기원하는 모습을 자주 볼 수 있다. 갑수루 뒤편에는 용문서원이 있는데, 용문이란 곧 등용의 뜻을 가지고 있으며, 남쪽의 관음사에는 높이 3m에 달하는 명조 때의 문화재인 천불동탑이 있다.

신선이 사는 마을
흥의
興義

 귀양은 말 그대로 햇볕이 귀하다. 정말이지 햇볕 보기가 힘들다. 그렇기 때문에 맑은 날보다는 흐린 날이 많은 기후 탓 때문에 붙여진 지명으로 잘못알고 있는 사람들이 많다. 귀양이란 이름의 정확한 유래는 이렇다. 귀양시 서북쪽에는 귀산貴山·구이산이 있다. 중국의 풍수 지리학적으로 산의 남쪽은 양이고 북쪽은 음을 의미한다. 그러니까 귀양이라는 도시가 맨 처음 만들어질 때 귀산의 남쪽에 위치해 있었기 때문에 귀산의 '貴'와 남쪽을 의미하는 '陽'의 첫 자를 합해 귀양이라 이름을 붙였다고 한다. 귀양은 '귀산 남쪽에 있는 마을'이란 뜻이다. 귀양으로 여행 온 우리나라 여행객들 사이에는, 귀양은 도로가 구불구불하고 이동거리가 길어 차를 오랫동안 타야하는 경우가 많아 힘들기 때문에 '귀양에 귀양(유배) 왔다.'는 우스갯말을 하기도 한다.

 필자가 귀양에 머물렀던 내내 해를 거의 볼 수 없었다. 세 번 모두이다. 밤에는 비가 오고 아침에는 갠 날씨의 연속이었다. 늘 안개가 자욱해 황사현상으로 오해했다. 그러나 이곳에는 황사가 없다고 한다. 안개가 가득 낀 산과 들은 늘 촉촉하게 물기를 머금고 있다. 척박한 땅을 일구며 사는 소수민족들의 근면성과 성심성의를 다해 손님을 접대하는 그들의 착한 심성에 '不接賓客去後悔손님이 왔을 때 잘 대접하지 않으면 떠나간 뒤에 후회한다'란 말이 생각나며 감

전통의상을 입고 환영 나온 소수민족 처녀들

전통악기를 연주하는 소수민족

다소곳이 백주를 권하는 묘족 처녀

복하지 않을 수가 없다.

　귀주성에는 다음과 같은 말이 전해진다. "天無三日請천무삼일청, 地無三里平지무삼리평, 人無三分銀인무삼분은"이다. 즉 "하늘에서는 연속 3일간 햇빛을 볼 수 없고, 땅에서는 연속 3리 이상 평편한 곳이 없으며, 사람들에게는 3푼어치의 돈도 없다"는 뜻이다. 그만큼 사람 살기에 적합하지 않고 가난하다는 말이다. 그렇지만 2004년도에는 귀주성의 성도인 귀양이 국가삼림도시로 지정되었을 뿐만이 아니라 중국 제1의 피서도시로 선정되었다.

중국내에 있는 수백 개의 지역과 치열한 경쟁을 벌린 결과 마지막으로 운남성의 성도 곤명과 경합을 벌렸는데 곤명은 햇볕이 강하고 자외선이 많다는 이유로 탈락하고 귀양이 '중국 제1의 피서도시'로 선정되어 지금까지 그 명성이 유지되고 있다고 한다. 그래서 이곳 사람들은 귀양을 일컬어 '森林地城 · 避署之都 삼림지성 · 피서지도'라고 한다.

귀양에서 비행기로 40여분의 거리에는 흥의싱이가 있다. 흥의는 아직까지 외국인에게는 잘 알려지지 않은 곳이지만 만봉림과 마령하 대협곡은 이곳의 대표적 여행지이다. 흥의는 해발 1,300m, 총면적의 90% 이상이 카르스트 지형으로 소수민족이 많이 사는 곳이다. 이들은 대대손손 이곳에 뿌리를 내리고 살아온 사람들이다.

차에서 내리자 흥의 여유국장인 조정추曹靜秋 · 차오징츄 씨를 비롯한 관계자들이 나와 일행을 맞이한다. 그리고 이 지역에 사는 소수민족들이 나와 전통악기를 연주하고 주민들과 학생들이 일렬로 서서 박수를 치며 뜨겁게 환영한다. 중국에서 가장 아름다운 만봉림을 찾아왔다는 환영인사와 함께 아름다운 원색의 전통의상과 은으로 만든 장식을 머리에 인 묘족 처녀들이 백주白酒 · 배갈이라고 하며 수수를 원료로 해 만든 중국 특산의 소주를 권하는 등 참으로 성대한 환영행사이다.

조물주가 선물한 산수화
만봉림
萬峰林

흥의 동쪽 약 40km 지점에는 만봉림이 있다. 만봉림 광장 중앙에는 600여 년 전 중국 명나라 때의 지리학자이자 유명한 여행가인 서하객徐霞客・쉬샤커의 동상이 우뚝 서있다. 1586년 지금의 강소성江蘇省・장쑤성에서 태어난 서하객의 이름은 굉조宏祖・홍주이며, 호가 하객霞客・샤커이다. 어머니의 권유로 22세 때부터 여행을 시작해 30여 년 간 하북성, 산서성, 운남성, 귀주성 등 모두 16개 성을 두루 여행한 서하객은 여행하면서 매일 매일의 기록을 일기형식으로 남겼다. 그가 55세 때 죽은 후 그의 제자 계회명季會明・찌훼이밍에 의해 여행기록문학의 고전으로 평가받고 있는 서하객유기徐霞客遊記 20권이 정리되고 발표됨으로써 유명인이 되었다.

그의 일기에 의하면, 서하객은 만봉림에 이르러 "천하에 산봉우리가 어이 적을 수 있겠는가 마는 이곳의 산봉만 수풀을 이루었노라"는 시를 남겼다. 산봉山峰은 산꼭대기의 뽀족하게 솟은 머리를 말하며, 이 시의 의미는 이 세상에 수려한 산봉이 아주 많지만 유독 이곳의 산봉이 가장 장관이라는 뜻이다.

최근에는 온가보溫家寶・원자바오(이하 '원자바오'라 칭함) 중국 전 총리가 "중국 산천과 동굴을 찾아다니며 지형과 지질을 과학적으로 기록한 「서하객유기」는 '상선약수'의 지혜가 담긴 책이다"라고까지 강조했다. 상선약수上善若水는 노자의 도덕경에 나오는 말로

"최상의 선은 물과 같다." 즉 "물은 이 세상에서 가장 중요한 것이다"라는 뜻이다. 물은 모든 것을 이롭게 하면서도 주위 환경에 따라서 항상 낮은 데로 유연하게 흘러가기도 하지만 때로는 엄청난 힘으로 장애를 돌파해 가기도 한다는 점에서 변화하는 환경에 맞서는 도전정신으로 미래를 개척해간다는 의미로도 쓰이는 사자성어이다. 서하객은 우리나라 조선 후기의 지리학자인 김정호와 풍자방랑시인인 김병연속칭 김삿갓과 비견되는 인물이라는 생각이 든다.

만봉림을 유람하기 위해서는 자연을 보호하기 위해 매연이 없는 12인승 노란색 친환경 전동차를 타야 한다. 만봉림은 만개의 봉우리들이 숲을 이루고 있다 해 붙여진 이름이다. 그러나 실제로는 2만 3천여 개에 달한다고 한다.

만봉림 풍경구역에는 보검봉림寶劍峰林·열진봉림列陳峰林·나한봉림羅漢峰林·군룡봉림群龍峰林·첩모봉림疊帽峰林 등 5개의 봉우리로 구성되어 있다. 그러나 일반적으로 크게 동봉림東峰林·둥펑린과 서봉림西峰林·시펑린으로 나뉜다. 동봉림은 호수를 감싸 안은 수많은 봉우리가 한데 어우러져 숲을 이루고, 서봉림은 마을과 강과 전답을 품에 안은 듯 감싸 안고 있다. 말 그대로 산속에 마을이 있고 마을 속에 산이 있는 풍광이다. 일반 관광객이 많이 찾는 곳은

만봉림 풍광

팔괘전과 만봉림 전경

서봉림이다.

유유자적하며 10여분을 달린 후 산허리를 굽이돌면 눈앞에 환상적인 풍광이 펼쳐진다. 비현실적으로 느껴질 만큼 아름다운 봉우리들이 우후죽순처럼 솟아있다. 안개 속 풍경이 더욱 신비감으로 다가온다. 이곳에는 모두 5군데의 관망대가 설치되어 있다. 전동차를 타고가다 내리기를 반복하면서 관망대에 올라서면 또 다른 새로운 풍광이 펼쳐진다.

혹자는 필자에게 '천하제일산수天下第一山水'란 수식어가 늘 따라붙는 계림桂林·구이린과 비교해 어느 곳이 더 아름답냐고 묻는다. 난 이런 질문을 받을 때 좀 유식한 척 이렇게 답변한다. "萬峰林勝槪甲西南만봉림승개갑서남·萬峰林山水甲天下만봉림산수갑천하"라. 즉 "만봉림의 풍경이 중국의 서남부에서는 최고일 뿐만이 아니라 만봉림의 산수가 천하에 가장 뛰어나다"는 뜻이다. 또한 "계림은 산과 강이 어우러진 한 폭의 수묵화라면, 만봉림은 어머니의 가슴을 닮은 수많은 봉우리와 전답이 한데 어우러진 수채화"라 말하기도 한다. 참으로 절경 중에 절경이다. 아마 모르긴 해도 만봉림이 오지 중에 오지가 아닌 곳에 있었더라면 그리고 시인묵객들이 계림보다 앞서 이곳을 찾았더라면 분명 만봉림을 '天下第一山水' 또는 '天下第一奇觀천하제일기관'이라 일컬었을 것이라는 생각이 든다.

천하기관인 만봉림의 생성과정은 이렇다. 이 지역은 아주 먼 옛날 바다였다. 그러니까 지금으로부터 약 7천만 년 전, 지각변동으로 인해 바다 속에 잠겨 있던 바위덩어리들이 원형 그대로 솟아오르면서 우리가 사는 지구별 위에 이렇게 아름답고 신기한 풍경을 그려놓았다. 지질학자들이 먼 옛날 바다가 융기되면서 생성되었다고 밝혀냈기 때문에 이론적으로는 알고 있지만, 수많은 봉우리들이 겹겹이 포개져 숲을 이루고 있는 대자연의 위대함에 감탄사와 함께 경외감마저 든다. 이렇게 아름다운 산수화를 우리 인간들에게 선물한 조물주에게 감사한 마음을 표하지 않을 수가 없다.

만봉림의 총면적은 2,000㎢로 이는 흥의시 총면적의 3분의2에 해당하며 우리나라 제주도보다 크고 넓다. 그렇기 때문에 만봉림 모두를 둘러보기는 쉽지 않다. 관망대가 몇 군데 설치되어 있기는 하지만 시간이 느긋한 배낭여행자라면 경사가 완만한 봉우리를 하나 골라서 오르면 만봉림 일대를 한눈에 조망할 수 있다.

귀주는 '地無三里平'이라 했듯이 농사지을 마땅한 평지가 없어 사람살이가 궁색할 수밖에 없는 환경이다. 그러

만봉림 안의 마을

나 서봉림 앞에는 너른 평지가 펼쳐져 있다. 이 또한 척박한 땅이 만들어낸 신비한 풍광명미이다. 특히 눈길을 끈 곳은 중국 도교사상의 상징인 팔괘모양의 전답이다. 이를 팔괘전八卦田이라한다. 이 팔괘전은 사람의 인위적인 작품이 아닌 자연의 조화로 만들어진 오묘한 지형이다.

　팔괘전을 좀 더 가까이 다가가서 보면 팔괘전의 움푹 파인 곳에는 물이 고여 있다. 이곳이 팔괘전의 중심부이고 그 아래로는 물이 흐른다. 물이 흐르기 때문에 점점 지반이 약해지면서 내려앉는데 이런 지형을 돌리네doline 또는 용식함지라고 한다. 돌리네는 지하의 석회암이 땅 밑으로 흐르는 지하수에 의해 점점 녹아내리면서 함몰되어 생기는 요지凹地를 말한다. 서봉림 주변에 사는 사람들은 돌리네 현상으로 생긴 중심부에 있는 물을 호수로 연결해 벼농사와 밭농사를 짓는데 사용하고 있다.

　2~3월의 만봉림은 늘 자욱한 안개가 끼어있지만 만봉림의 봄은 유채가 아름답다. 노란 유채꽃이 황금벌판을 만든다. 노란 유채꽃밭과 녹색의 밀밭이 어우러져 한 폭의 산수화가 화평선花平線을 이룬다. 참으로 아름답고, 평화롭고, 고즈넉해 신선들만이 사는 동네 같다. 화평선은 필자가 만들어 낸 신조어이다.

　이렇듯 만봉림은 산봉우리 위에 산봉우리가 겹겹이 쌓여있고, 지하에는 동굴이 있으며, 동굴 안에는 물이 흐른다. 이뿐만이 아니다. 산봉우리와 산봉우리 사이에는 마을을 이루고, 마을아래에도 산봉우리가 있으며, 산봉우리 사이에 벌판이 있는 수려한 경치이다. 산봉과 물·수림·밭·도로·마을이 하나로 어우러진 천하기관인 만봉림이다.

萬峰林

金鍾源

지구별 깊숙한 곳에 조물주가 숨겨 놓은
수많은 진주眞珠들
먼 옛날 태곳적 신비를 고스란히 간직한 곳,
이름 해 만봉림이라 하네.

용왕님이 사시는 바다 속은 솟아올라
만개의 숲을 만들고
출렁이던 바닷물은 노란 유채꽃 되어
화평선花平線을 이뤘네.

물고기와 춤추던 보드라운 산호초는
두꺼운 나무 옷으로 갈아입고
용궁에 살던 어른 물고기는
신선神仙되어 오순도순 에덴동산 이뤘네.

형형색색 어린 물고기들
소수민족 처녀로 부활해
온갖 치장으로 아름다움 뽐내네.

조물주는 바다 속 아름다움 그대로를
지구별 위에 그렸는데
아! 이게 진정 조물주의 선물이란 말인가.
보는 이 감탄사 연발하며 황홀경에 빠지네.

萬峰林을 次韻해 金鍾源 박사님께 答詩를 보내다

萬峰林

글/羅千洙

하느님이 天地創造할 때에
귀한 寶物 같은 것들 은근 슬쩍 왜 숨겨 놓았을까.
사랑 그것 하나 때문에 목숨을 거는데
마음 속 깊숙이 왜 숨겨 놓았을까.

이 땅의 仙境들이
원래 바다 속에 왜 깊숙이 숨겨졌다가
보물선 인양하듯 땅위로 출토될까.

보는 자마다 하느님의 萬景에
입 다물 줄 모르는 구나.

풍광의 극치를 萬景이라 하는데
하느님은 萬峰林 속에 萬景을 숨겨 놓았으니
마음의 눈을 떠야 볼 수 있다.

용왕님이 산신령 되기도 하고
수평선이 花平線 되기도 하고
산호초가 古木이 되기도 하고
형형색색 물고기들 소수민족 옷으로 부활케 하니

'나'는 곧 '너'요
'너'는 곧 '나'란 것을

요술 같은 萬景으로 說法하고 있는 것
사람들이여 보이는가.

하느님의 피조물 萬景에 놀라면서
이 땅이 에덴의 동산인줄
사람들이여 왜 모르는가.

▷ 마음의 눈으로 본 귀주성 만봉림 여행 낙수기 ◁

후진타오 주석이 체류한
만봉제일가와 장탁연
長卓宴

먼 옛날, 만봉림 산속에는 묘족과 동족이 살았고, 협곡을 흐르는 냇가에는 포의족이 살았다. 척박한 산속에서 살아가는 소수민족들은 곡식을 재배하는 벌판이 탐났다. 냇물을 사이에 두고 끊임없이 싸움은 이어졌고 깊은 원한과 상처만 남았다. 그러던 어느 날, 더 이상의 싸움이 무의미하다는 것을 알았고 화해했다. 공존의 의미를 깨닫고 오늘에 이르러 오순도순 살아가고 있는 사람들이 만봉림 속의 소수민족이다.

전동차를 타고 만봉림 속으로 들어가면 납회納灰·나후이 마을이 나온다. 20~30가구가 모여 사는 만봉림의 입구 마을이다. 마을 어귀에서 내려 고샅길을 접어들면 '萬峰第一家만봉제일가' 현판이 있는 가옥이 나온다. 만봉제일가란 '만봉림에서 제일가는 집'이란 뜻으로 후진타오 주석이 잠시 머물다간 집이기 때문에 붙여진 이름이다. 한

마을 어귀에서 만난 묘족 처녀

때 귀주성 성장省長이었던 후진타오 주석이 2005년 설을 맞아 옛 일을 잊지 않고 찾아주었다. 마을 입구 주차장에는 그 날을 기념해 커다란 사진을 광고판처럼 세워 놓았다.

　전통의상을 아름답게 차려입은 묘족과 포의족 처녀들이 반갑게 맞아 준다. 우리 일행을 구경하러 나온 동네사람들과 관람객들로 문전성시를 이루며 중국국가주석이 머물다간 곳이라며 자랑이 대단하다.

　만봉림 속 또 다른 포의족 마을에서는 흥의 주정부에서 마련한 연회가 열렸는데 장탁이 특이하다. 장탁이란 포의족이 명절 때 집집마다 마련한 음식을 긴 상이나 탁자에 차려 이웃친척과 함께 나눠먹는 풍습으로 짧게는 몇 미터에서 길 때는 무려 200m에 달한다고 한다.

환영 나온 묘족 처녀들

개고기 요리

장탁연

이를 장탁연長卓宴·창줘옌이라고 한다.

  여러 종류의 요리가 나왔지만 담백한 맛의 개고기요리가 특이하다. '포의족의 말소리가 들리면 개가 도망간다.'란 말이 있을 정도로 포의족은 개고기를 즐겨 먹는다. 대대로 만봉림 앞 협곡에 살고 있는 납회 마을의 포의족은 동짓날에는 온 가족이 모여 개고기를 먹었는데 그 전통이 오늘날까지 이어지고 있다. 지금도 납회 마을에서는 귀한 손님이 찾아오거나 동네잔치가 벌어지면 장탁을 마당에 펼쳐 놓고 정성껏 개고기를 대접하는 풍습이 있다.

  만주족인 누루하치奴爾哈齊·노이합제가 세운 청나라 건국신화와 관련해서 만주족은 개고기를 먹지 않지만 개고기를 즐겨 먹는 포의족은 우리 민족이 식생활과 많이 닮았다는 생각이 든다. 주정부에서 주최한 연회 때는 중국 3대 명주 중 첫 번째로 꼽히는 모태주茅台酒·마오타이주를 맛볼 수 있다. 모태주는 귀주성 모태진茅台鎭·마오타이쩐에서 청나라 때부터 본격적으로 빚어온 향토주로 귀빈이 중국을 방문할 때면 반드시 내놓은 술이다.

세계 3대 명주 중 하나인
모태주
茅台酒

흥의에서 200㎞, 차로 5시간 거리에는 '모태진茅台鎭·마오타이쩐'이 있다. 이곳은 중국의 국빈주라 불리는 모태주마오타이주(이하 '마오타이주'라 칭함)의 생산지로 마을 전체가 술의 고장으로 알려져 있다. 마오타이주란 수수로 빚은 증류주인 백주, 즉 배갈고량주로 장향醬香이라고 하는 독특한 향을 가지고 있다. 마오타이주는 외국의 귀빈이 중국을 방문했을 때 건배주로 반드시 내놓은 술이기 때문에 일명 국빈주라 불린다. 차의 역사보다 더 오래되었다는 마오타이주는 이곳 마을의 이름을 따서 지은 것이다.

2,300년 전 청동기 항아리

모태진으로 가는 길에는 재미있는 조형물과 마주친다. 야산에는 오른손에 마오타이주가 담긴 술잔을 들고 있는 조형물이 있고 조금 더 가면 커다란 마오타이주 술병 조형물이 놓여 있다. 모태진 마을 한가운데로는 적수하赤水河·츠쉐이허란 큰 강이 흐른다. 적수하는 '中國美酒河중국미주하' 즉 '중국의 좋은 술을 만드는 강'이란 별칭을 갖고 있는 강이다.

원래 모태진은 모태촌이었다. 그러나 마오타이주가 청나라 말기부터 유명세를 타기 시작하면서 모태촌에는 인구가 부쩍 늘어났고

모태진 입구에 세운 국주문

2,300년 전 청동기 항아리에서 나온 술

그로 인해 모태진으로 승격되었다. '鎭'은 규모가 '村'보다 크고 '市'보다는 작은 행정단위를 말한다.

 모태진에서 생산되는 술의 역사는 오래된 사서인 사기에 나온다. 사기에 따르면 한漢 무제武帝가 맛있는 술이라고 칭찬했다고 전해질 정도로 그 역사가 깊다. 이처럼 오랜 세월을 함께한 마오타이주는 2,000년이 넘는 역사를 지닌 주조기술과 독특한 주조방법으로 생산한다. 마오타이주 박물관에는 2,300년 전 청동기 항아리에서 나온 술이 전시되어 있다.

 마오타이주는 그 어떤 향료도 첨가하지 않고 오로지 3년 이상의 숙성만으로 향을 내고 술을 빚은 지 5년이 지난 술들만 세상에 내놓기 때문에 최고의 술로 손꼽힌다. 이 마을에는 술을 빚는 양조장만도 1,000여 곳이 넘기 때문에 1,000개 이상의 술상표가 있다. 한마

파나마만국박람회에 출품했던 마오타이주   중국 3대 명주 중 첫 번째로 꼽히는 마오타이주

디로 술 하나로 마을 전체가 먹고산다 해도 과언이 아니다.

  일반적으로 우리가 마오타이주를 국주國酒라 부르는 것은 잘못된 표현이다. 마오타이주 생산업체인 귀주마오타이주그룹은 지난 2001년부터 중국국가상표국에 '国酒茅台국주모태'란 상표등록을 위한 신청서를 제출해 1차 심사까지 통과해 놓은 상태이지만 타 주류업계의 반발로 인해 미뤄지고 있는 실정이라고 한다. 그러나 귀주마오타이주고빈유한공사에서 마오쩌둥 탄신 120주년을 기념해 출시한 53도 500㎖ 기념주를 국주라 칭한다.

  스카치위스키, 코냑과 함께 세계3대 명주에 속한 마오타이주가 세계적으로 알려지게 된 것은 1915년 샌프란시스코에서 열린 파나마만국박람회부터였다고 한다. 일설에 의하면, 마오타이주를 짙은 회색의 평범한 병에 담아 농업관에서 농산품과 함께 전시를 했는데 폐회식 때까지 세계 각국에서 온 주류 감정단 중 아무도 마오타이주를 거들떠보지도 않자 다급해진 중국 관계자는 준비해간 항아리 두 개 중 한 개를 실수로 가장해 바닥에 내동댕이쳤다고 한다. 이때 마오타이주의 강렬한 향기가 박람회장에 퍼졌고 향기에 매료된 주류 감정단이 술맛을 본 후 금상을 주었다고 전해진다.

마오타이주가 파나마만국박람회에서 금메달을 수상함으로써 세계적인 명성을 얻게 되었지만, 1972년 2월 핑퐁 외교의 결실로 리처드 닉슨 미국대통령이 중국을 방문했을 때 마오쩌둥이 이 술로 접대함으로써 다시 한 번 더 전 세계의 주목을 받았다. 이후 주은래周恩來·저우언라이(이하 '저우언라이'라 칭함)도 일본의 다나카 가쿠에이田中角榮 수상을 접대해 더욱더 세계적인 명성을 얻었을 뿐만이 아니라 저우언라이는 감기에 걸려도 약은 먹지 않고 마오타이주를 마시고 치료했다고 전해진다.

향이 부드러우면서도 맛이 오래가는 특징이 있다는 마오타이주와 관련해서 재미있는 일화가 전해진다. 그것은 다름 아닌 '조강지처糟糠之妻'란 사자성어이다.

후한서後漢書 송홍전宋弘傳에 "貧賤之交不可忘빈천지교불가망·糟糠之妻不下堂조강지처불하당"이란 말이 나온다. 즉 "가난하고 천하게 살 때 함께 나눴던 교분을 잊어서는 아니 되고, 술지게미술을 거르고 남은 찌꺼기와 쌀겨로 끼니를 함께 때운 아내를 버려서는 안 된다"는 뜻이다. 조강糟糠이란 술지게미를 말한다. 그러니까 예전에 곡식이 없어서 배불리 못 먹고 술지게미를 얻어 와서 이를 먹으며 함께 고생한 아내를 조강지처라 불렀다.

마오쩌둥 탄신 120주년을 기념해 출시한 마오타이주

귀주성 요리(3)

중국 후한시대 광무제光武帝 때의 이야기이다. 광무제는 남편을 잃고 홀로된 누이 호양湖陽공주의 재혼을 위해 의중을 떠보니 당시 감찰을 맡아보던 송홍宋弘을 좋아하는 눈치였다. 광무제는 송홍을 불러 말하기를, "사람들은 흔히들 고귀해지면 천할 때 사귀던 친구를 바꾸고 부유해지면 가난할 때 살던 아내를 버린다고 하던데 그것이 인지상정 아니던가?"라고 물었다. 이에 송홍이 "빈천지교불가망이요, 조강지처불하당"이라 답했다고 한다. 송홍의 마음을 안 광무제는 결국 단념했다고 한다.

마오타이주는 크게 '진년 마오타이주陳年茅台酒', '보통 마오타이주' 그리고 '기타 장향醬香계열'로 분류하는데, 대표적인 술인 진년 마오타이주에서 '陳年'은 여러 해 동안 묵힌 술로 한제 마오타이주 漢帝茅台酒, 80년 마오타이주, 50년 마오타이주, 30년 마오타이주, 15년 마오타이주, 진년 마오타이 기념주가 있다.

마오타이주는 4단계에 거쳐 한 잔의 술을 마신다. 눈으로는 색을 즐기고, 코로는 향을 맡으며, 혀끝으로는 조금씩 맛을 보며 마지막에는 빈 잔의 향기를 맡아보는 것이다.

그동안 마오타이주는 상납과 재테크의 수단으로 중국공산당과 정부 그리고 인민해방군이 제일 큰 고객이었는데, 습근평習近平·시진핑(이하 '시진핑'이라 칭함) 체제가 출범하면서 부패 혐의로 조사를 받던 중국군 고위 장성의 집에서 1만병이 넘는 마오타이주가 발견됨으로써 "전쟁 준비에 이런 물자가 필요한가?"라며 진노한 국가주석의 말 한마디에 마오타이주도 된서리를 맞았으며 가격도 반값으로 떨어졌다고 한다.

묘족 최대 집단거주지
서강천호묘채
西江千戶苗寨

귀주성에는 중국 전역에 분포해 사는 600여만 명의 묘족 중 약 400만 명이 살고 있다. 이중 가장 대표적인 마을이 검동남묘족동족자치주黔東南苗族侗族自治州 · 첸둥난먀오족둥족자치주에 속한 서강천호묘채로 세계최대의 묘 집단거주 마을이다. 서강시지앙은 묘족의 성산인 뇌공산雷公山 · 레이궁산 기슭에 아늑히 자리하고 있으며, 가옥 주변에는 푸른 소나무와 붉은 단풍이 어우러져 사시사철 아름다운 분위기를 자아낸다.

서강천호묘채는 묘족가옥이 1천개가 있다해 붙여진 이름이다. 그러나 실제로는 현재 1,200여 가구에 6,000여 명이 거주하고 있는데 전체 주민 중 묘족의 비율이 99.2%에 달한다. 그렇기 때문에 이 지역에서는 다음과 같은 말이 회자되고 있다.

> 云南有納西的麗江 운남유납서적여강
> 운남에 납서족나시족의 여강리장이 있다면
>
> 貴州有苗族的西江 귀주유묘족적서강
> 귀주엔 묘족먀오족의 서강시지앙이 있다.

중국 소수민족 중에서도 단결력이 가장 강하고 인구가 다섯 번째로 많다는 묘족의 역사는 중국 고대신화에 나오는 거인족의 우두머리 치우蚩尤로부터 시작된다. 묘족은 치우의 셋째 아들의 후예로 알려져 있다. 치우는 머리에 긴 소뿔이 있고 매우 모질고 사나웠으며, 전쟁에서는 패배를 몰랐다고 한다. 묘족은 전쟁의 신으로 일컫는 치우를 선조로 여긴다. 그렇기 때문에 묘족은 소뿔을 매우 신성시하며 숭배한다. 묘족마을 어디를 가나 지붕 중앙에는 소뿔모양의 조형물이 있고, 마을을 방문하는 모든 손님에게는 소뿔 잔에 술을 담아 권하는 풍습이 있다. 소뿔 잔에 술을 담아 권하는 것은 최상의 귀빈으로 모신다는 뜻이다. 이때 주의할 점은 소뿔 잔에 손을 대지 않고 마시는 게 예의이다. 소뿔을 만지면 소뿔에 담긴 술을 모두 마시겠다는 의미이기 때문에 애주가라면 소뿔에 손을 대고 모두 마셔도 좋다.

한족이 세운 중국이란 나라가 생기기 이전부터 양자강揚子江·양쯔강(이하 중국에서는 장강長江·창장이라 부르기 때문에 '장강'이라 칭함) 유역에 살고 있던 묘족은 치우가 전쟁에서 황제黃帝와 염제炎帝의 연합군에 의해 지고 살해당한 후 한족의 침략을 피해 귀주성·운남성·광동성 등 남쪽으로 이동했다. 그중 가장 많은 묘족이 정착한 곳이 이곳 서강이다.

마을 입구에는 고풍스런 건물 중앙에 '西江千戶苗寨' 현판이 걸려 있고, 온몸을 은으로 화려하게 장식한 묘족 처녀와 똬리를 튼 머리에 예쁘게 수놓은 우아한 전통의상을 입은 마을의 나이든 아낙네들이 마중을 나와 밝은 미소를 지으며 환영한다. 족히 70~80대로 보이는 노인도 보인다. 남자들은 온몸을 흔들며 노생蘆笙·루성·갈대로 만든 생황을 연주한다. 서강은 노생의 고장으로 불리기도 한다. 매년 음력 6월에는 흘신제吃新祭·츠신제가, 음력 10월에는 노생제蘆笙祭·루성제가 열린다. 이때는 노생의 본고장답게 광장 이름도 노생광장인 곳에서 마을 전체 구성원이 전통의상을 입고 혼연일체가 되어 노생을 연주하며 춤과 노래로 손님을 반긴다.

묘족은 인구가 많고 여러 지역에 분포해 살고 있기 때문에 같은 묘

서강천호묘채 입구

묘채에서 만난 할머니(1)

머리에 꽃을 장식한 아낙네

묘채에서 만난 할머니(2)

환영 나온 동네 아낙네들

족이라 할지라도 사는 지역에 따라 의상이 천차만별이다. 그렇기 때문에 의상으로 소수민족을 구별하는 것은 무리가 따른다.

동네 어귀에는 커다란 나무와 큰 돌이 있다. 묘족이 숭배하는 목신 木神과 석신石神이다. 묘족은 조상대대로 자연과 조상만을 숭배하며 살아오기 때문에 다른 종교는 없다. 묘족의 생활방식은 우리네와 많이 닮았다. 인류학자들의 연구에 의하면 지구상에 팽이를 돌리고 색동저고리를 입는 민족은 두 민족밖에 없다고 한다. 묘족과 한국인이다. 중국인들이 팽이를 잘 돌리는 것은 묘족한테 배운 것이라고 한다. 또한 술과 고기를 즐겨먹고, 춤과 노래를 즐기며, 주식이 쌀이고, 찹쌀을 찐 찰밥을 절구에 넣고 메로 쳐서 찰떡을 해먹는 민족이 묘족이다. 실제 마을을 돌아다니다보면 찹쌀을 쪄서 절구통에 넣고 떡메로 친후 떡판 위에서 인절미를 만드는 모습을 볼 수 있다. 찹쌀로 만든 떡, 즉 인절미를 이들은 자파瓷粑·쯔빠라 한다. 쫄깃한 떡맛은 우리네 떡 맛 그대로다. 특히 이곳 아낙네들은 머리에 부귀와 풍요의 상징인 모란꽃 조화로 장식하는 걸 좋아한다.

마을 중앙에는 개천이 있어 물이 흐른다. 개천 좌우 산비탈에는 계단식 집들이 있다. 집이 여느 소수민족 집과는 많이 다르다. 이곳 묘족 집들은 모두 3층 구조이다. 삼나무로 지은 이런 모양의 묘족 전통가옥을 적각루吊脚樓·따오쟈오러우 또는 조각루吊脚樓라고

적각루

귀주성 요리(4)

한다. 적각루는 주로 산지에서 나타나는 주택형식으로 몸체를 받친 나무기둥이 다리를 늘어뜨린 모양 같다해 붙여진 이름이다. 그러나 묘족은 기둥으로 받친 쪽에서 보면 한 층 더 높은 누樓로 보이기 때문에 반변루牛邊樓·빤삐엔러우라고도 부른다.

적각루는 못은 전혀 사용하지 않고 나무를 짜 맞춰서 지은 집이다. 문과 창문에 조각한 용과 봉황은 예술작품이다. 1층에는 닭이나 오리 그리고 돼지 같은 가축을 기르고, 2층은 가족들이 사는 공간이며, 3층은 간단한 농기구 등 온갖 잡동사니를 넣어두는 창고이다.

마을길을 따라가다 보면 길 양옆으로 관광객을 상대로 한 기념품 가게가 즐비하다. 가게 안은 주로 묘족의 은장식품인 팔찌, 목걸이, 반지와 세공한 모자 등이 진열되어 있다. 묘족의 은세공기술은 매우 섬세하고 화려하기로 정평이 나있다. 묘족의 은세공기술이 발달하게 된 동기는, 옛날 이민족 특히 한족의 침략에 대비해서 집에 재산을 모아두지 않고 온몸을 은으로 치장하고 다니다가 이민족의 침략이 있을 때 다른 장소로 피신하기에 편리했기 때문이라고 한다. 소수민족 가운데 옷차림이 가장 화려한 민족이 묘족 여자들이다.

마을광장에서는 묘족 전통의 춤 공연이 펼쳐진다. 관광객을 위해 하루에 한두 번 공연을 하는데 공연단원들은 대부분 평범한 동네 주민들이라고 한다. 평소에는 살림하고 농사를 짓다가 공연이 있는 날에는 나와서 함께 공연을 한다. 공연의 마지막에는 모든 출연진과 관중이 함께 손을 잡고 춤을 추며 광장을 돌면서 끝난다. 공연장 뒤에는 가옥이 밀집돼 있는 마을이 형성되어 있다. 석탄이 많이 나기 때문에 주 연료가 연탄인지 일산화탄소 냄새가 코를 자극한다. 일산

마을광장에서의 공연

화탄소 중독 사고는 없는지 걱정된다.

 마을 앞 도로변에는 길 양옆으로 늘어선 시장이 있는데, 전통의상을 대여해 주는 곳, 목각 공예품 상점, 튀김집, 구두 닦는 사람들, 신발 수선공, 각종 야채를 파는 상인, 심지어 '雷山苗藥診所'란 플래카드를 내걸고 뇌공산에서 채집한 수십 종의 약재를 파는 곳도 있다. 약재상의 설명에 의하면 30년 넘게 의약연구 및 임상실험을 거쳐 효과를 입증했다고 하는데 심장병, 간염, 폐결핵 등 10가지가 넘는 병을 치료할 수 있다고 한다. 벌집을 통째로 들고 나와 꿀벌이 날고 각자 재배한 담배 잎을 서로 물물교환 한다든가 판매하는 장면도 목격된다. 이곳 서강천호묘채 한 곳을 보기 위해 왕복 7시간의 버스를 타야만 했다.

 2014년 2월 표 동무와 함께 서강천호묘채를 다시 찾았다. 광장 맞은편 언덕 위 높은 곳에 자리한 게스트 하우스에서 하룻밤을 묵

뇌산에서 채집한 수십 종의 약재

었다. 언덕 위에서 내려다보는 조망이 좋아 산등성이에 지은 마을 전체가 한눈에 들어온다. 사진 촬영하기에도 최적의 장소이다. 야경도 대단히 아름답다. 그러나 묘족 전통가옥인 적각루라 층간소음이 무척 심하다. 한 발자국을

뗄 때마다 소음이 그대로 전달된다. 불편함은 이뿐만이 아니다. 마을광장에서 공연을 보고 게스트 하우스까지 올라오려면 여간 힘든 일이 아니다. 그렇지만 오랫동안 외부와의 단절 속에 살아왔기 때문에 옛 모습을 고스란히 간직한 묘족 마을이라 더욱 아름답다.

  묘족 사람들은 가파른 산비탈에 집을 짓고 살았기 때문에 수많은 돌계단을 만들어 서로 왕래해 왔다. 여느 묘족 마을이든 묘족 마을을 찾은 외지인들은 이 가파른 돌계단 때문에 다소간의 불편함은 감수해야 한다. 어깨에 오줌장군을 지고 밭으로 향하는 아낙네의 허벅지가 무척이나 튼실해 보인다.

서강천호묘채 야경

운무에 싸인 서강천호묘채

중국에서 가장 큰 동족마을
삼보동채
三寶侗寨

이른 아침 서강천호묘채에서 나와 삼보동채산바오둥자이로 향했다. 첩첩산중 위험한 산길을 따라 한참을 달리자 짙은 연무가 끼고 나무에는 눈꽃이 피었다. 우박도 쏟아졌다. 유채꽃이 만발한 오공동채烏公侗寨를 지나 '천하제일동채天下第一侗寨'라 일컫는 삼보동채에 안착했다. 검동남묘족동족자치주 용강현榕江縣·룽장현에 있는 삼보동채는, 삼보동채에 거주하는 부족이 사용하는 말이 동족의 표준음이 되었을 정도로 중국을 통틀어 가장 큰 동족마을이다.

그런데 왜 삼보동채라 했을까를 곰곰이 생각해 봤다. 불교에서 삼보란 불보, 법보, 승보의 세 가지를 이르는 말이지만, 이곳에서의 삼

오공동채

천하제일동채인 삼보동채

보는 고유명사로 삼보동채 안에 세 가지 보물이 있다는 뜻이 아닐까 생각된다. 즉 동족 마을에 있는 고루 중 층수가 가장 높고 조형미가 뛰어난 '삼보고루三寶鼓樓·산바오구러우'와 동족 사람들이 여신인 살마薩瑪·싸마에게 제사를 올리는 사당인 '살마사薩瑪祠·싸마쓰' 그리고 묘족과 동족 문화의 발상지인 '용강묘산동수榕江苗山侗水· 룽장마오산둥수' 풍경구를 일컫는다는 생각이 든다.

입구에는 매표소와 안내판이 있고 기와지붕 위에는 백룡 두 마리가 여의주를 가운데 두고 서로 마주보고 있다. 그 아래 나무로 만든 문에는 '天下第一侗寨'라 쓴 현판이 있다. 아무튼 중국인들은 어디를 가나 천하제일이란 말을 쓰기 좋아한다.

입구 양 기둥에는 주련이 걸려 있다. 우측 주련에는 三十里平川二萬畝良田物阜民康風情別致千家侗寨甲天下 삼십리평천이만무량전물부민강풍정별치천가동채갑천하/30리 평야에 2만 이랑의 좋은 밭에서 백성이 평안하고, 물산이 풍부하며, 풍치가 색다른 천 가옥의 동족 마을은 천하에 으뜸이다. 좌측 주련에는 氣勢空前三寶鼓樓冠古今千百

年遺迹卄一層宏构龍翔鳳翥기세공전삼보고루관고금천백년유적입일층굉구용상봉저/이전에도 비교할만한 기세가 없는 삼보고루의 볏은 고금 천 백년의 남긴 자취로 21층의 웅대한 건축은 용이 선회하고 봉황이 날아오르다가 새겨있다.

　가랑비를 맞으며 안으로 들어서자 동족마을 중 층수가 가장 많을 뿐만이 아니라 세계 최고의 층수를 자랑하는 '삼보고루'가 위용을 뽐내며 서있다. 고루는 큰북을 매단 누각으로, 지금은 없어졌지만 전에는 직경 3m 크기의 북이 있었다고 한다. 고루 처마의 부드러운 곡선은 동족 건축의 아름다움과 우아함이 그대로 드러나 보인다. 처마 끝에는 코끼리를 비롯한 여러 동물형상을 조각해 놓았다.

　마을에는 사당인 살마사가 있다. 동족 언어로 薩瑪살마에서 薩은 '조모', 瑪는 '크다'는 뜻이다. 그러니까 살마는 '대조모'를 일컫는 말로 다음과 같은 전설이 있다.

　모계씨족사회 때의 일이다. 이민족과의 전쟁에서 패배를 모르는 동족 여 수령이 있었다고 한다. 그녀는 이민족의 침략을 물리치는 싸움에서 탁월한 전술과 용맹으로 큰 공로를 세워 동족들로부터 숭배를 받았다. 그랬던 그녀가 매우 강한 어느 이민족과의 전쟁에서 벼랑 끝으로 몰리게 되자 스스로 목숨을 끊어버렸다. 백전백승하던 그녀가 단 한 번의 싸움에서 패한 것이다. 동족들은 그녀의 죽음을 안타깝게 여겼고 그녀의 재능과 절개를 경모해 동족의

조형미가 뛰어난 삼보고루

귀주성 요리(5)

평안과 행복을 가져다주는 신령으로 모셨다고 한다. 그리고 그녀를 존칭어인 대조모, 즉 '살마'라 불렀다. 이후 동족은 전쟁을 나갈 때나 사냥할 때 그리고 산을 개척해 밭을 만들 때 등등 어떤 일이 있을 때마다 살마사를 찾아 제사를 지내고 가호가 있기를 빌었다.

요즘도 동족 마을에서는 매년 봄갈이 전음력 정월 혹은 2월과 추수 후음력 9월 혹은 10월 농한기 때 길일을 택해 사당을 찾아 동족의 단결과 마을의 안녕 그리고 모두의 건강과 장수를 기원한다. 심지어 가정이 화목하지 않거나 이웃과 갈등이 있어도 사당을 찾는다. 살마사 주변에는 사철 내내 잎이 푸른 측백나무와 삼나무가 심어져있는데 이는 살마 혼령이 동족을 영원히 보호해 줌을 상징한다고 한다.

살마사 주련에는 "聖德綿長延萬世성덕면장연만세/성인의 덕은 오래도록 이어져 만대를 인도하지만, 母儀莊重祀千秋모의장중사천추/어머니의 거동은 장엄하고 정중해 천추에 제사 지낸다"는 글귀가 새겨있다.

용강묘산동수 풍경구 주변에는 모두 15개 소수민족이 살고 있는데 이 중 묘족 · 동족 · 수족水族 · 수이족 · 요족瑤族 · 야오족이 총인구의 84.4%를 차지한다. 이로 인해 용강현은 각 민족마다의 독특한 지역 문화 색채를 지니고 있을 뿐만이 아니라 이들은 장기간 외부와 차단되어 있었기 때문에 그들만의 다채로운 민족문화가 잘 보존 유지되고 있다. 이곳 강가에는 백년이 넘는 용수榕樹 수백주가 군락을 이루고 있는데 이를 고용군古榕群 · 구룽췬이라 한다. 용강榕江도 용수나무가 많다 해 붙여진 이름으로 용수란 벵골보리수를 말하며, 높이 20여m, 둘레는 3m 이상인 용수나무가 자라고 있다.

최후의 사수 마을
파사묘채
岜沙苗寨

다음날 묘족의 집단 거주 촌락인 파사묘채빠샤먀오자이로 갔다. 중국 전역에서도 이제 2,000여명만이 남아 있다는 전설의 부족이 사는 곳이다. 파사묘족은 오랫동안 외부와 단절된 채 첩첩산중에서 농경과 사냥으로 먹고살던 민족으로 알려져 있다. 동네 어귀에는 붉은색으로 '岜沙파사·빠샤'라 새긴 큰 돌이 있어 안내석 역할을 하기도 하지만 옆에 있는 커다란 나무와 함께 묘족이 숭배하는 석신과 목신이다. 그렇기 때문에 나무나 돌에 기대거나 앉으면 안 된다. 특히 파사묘족은 자연숭배 사상이 짙게 배어있어 사람이나 가축에게 좋지 않은 일이 생기거나 생활이 순조롭지 못할 때에는 큰 나무 주위를 돌며 기도를 할 정도로 나무에 의지하며 산다. 이뿐만이 아니다. 이들의 독특한 민간신앙 중에 하나가 아이가 태어날 때마다 한 그루의 나무

파사묘채 석신과 목신

를 심으며 이 나무로 훗날 관을 만드는 전통이 있다고 한다.

골목에서 만난 어린이

파사묘채에서 파사는 묘족어로 '초목이 번성하는 땅'이란 뜻이다. 그렇지만 초목보다는 돌산이 많은 지역이기 때문에 농경생활보다는 수렵활동이 주 생업이었다. 오늘날에는 자신들의 전통을 자원화해서 관광객들을 위해 공연을 하고 집에서는 가축을 기르며 밭농사를 일구며 살아간다. 가랑비를 맞으며 동네 고샅 이곳저곳을 눈여겨보았다. 고샅길은 돌이 깔려있다. 총을 든 노인 한분이 다가와 쏴보라고 한다. 물론 공짜는 아니다. 골목에서 만난 꼬마의 등에 멘 큰 인형이 웃음을 자아내게 한다. 나의 어렸을 때 모습도 저랬으리라. 밭에는 배추 등 푸성귀가 파릇하게 자라고 있다.

파사묘족가옥은 여느 묘족 가옥과 다를 바 없는 3층 구조이다. 각층마다 그 쓰임새가 각각 다르다. 비가 많이 오고 습기가 많은 탓에 1층은 주로 돼지나 오리 등 가축을 기르는 축사로 이용하고, 2층은 가족들이 함께 사는 공간으로 그리고 3층은 바람이 잘 통해서 옥수수 등 수확한 농작물을 말리거나 각종 생활도구를 보관하는 창고로 쓴다.

파사묘족은 5천여 년의 역사를 통해 중국 남방지역을 최초로 개척한 용감무쌍한 전투부족으로 치우의 후예라는 자부심이 유달리 강하다. 이들은 당초에 황하 중류에 살았었는데 전쟁을 피해 남하를 거듭한 끝에 지금에 이른 것이 약 1,000년 전이라고 한다.

파사묘족은 중국을 통틀어 공식적으로 총과 칼을 소지할 수 있는 유일한 부족이다. 이들은 지금도 허리춤엔 칼을, 어깨엔 총을 메고 다니기 때문에 매우 남성적이고 강인하며 거칠어 보인다. 총도 예전에는 직접 만들었지만 지금은 조상이 물려준 총을 가지고 있으며 대대손손 물려준다고 한다. 이들이 소지하고 있는 총은 노끈에 불을 붙여 타들어간 후 화약에 닿는 순간 발사하는 구식 소총인 화승총火繩銃과 비슷하다.

한때 용맹함의 상징이었던 총으로 이름을 떨쳤던 이들이 오늘날에는 총알은 없이 약실에 화약을 넣어 방아쇠를 당겨 공이로 치면 화약이 순간 폭발하면서 소리를 내는 구식 총이 되어버렸고, 관광객을 상대로 한 번 쏴보는데 10~30위안을 받는 돈벌이용으로 전락해 이들의 자긍심을 구기고 있다는 생각이 든다. 그렇지만 또 하나의 자부심이라는 호곤戶裩·후쿤은 아직까지 고수하고 있다. 호곤은 남자들의 헤어스타일을 말하는데 머리 밑은 완전히 깎고 윗부분은 평생 동안 자르지 않고 길러 상투 비슷한 모양으로 트는 변발을 말한다. 머리를 깎을 때 사용하는 도구는 낫이다.

파사묘족이 호곤을 고수하고 있는 이유는 호곤을 하지 않으면 조상들로부터 보호를 받지 못하고 큰 벌을 받게 된다는 믿음 때문이라고 한다. 여자들은 윤기가 난 검고 긴 머리까락을 곱게 빗어 틀어 올

변발하는 장면

총을 들고 있는 노인

리고 머리핀이나 머리띠 장식물로 고정시킨다.

이들의 특이한 전통은 이뿐만이 아니다. 전통방식으로 염색한 천을 직접 지은 의상 '타오부'를 입고 생활한다. 그러나 뭐니 뭐니 해도 이들의 가장 특색 있는 전통문화는 대자연 속에 귀의하는 자연숭배사상일 것이다. 파사묘족은 특히 단풍나무를 신성시하며 숭배한다. 이들은 사람이 죽으면 단풍나무 아래에 묻는다. 즉 수목장樹木葬을 한다. 단풍나무가 바로 생명의 근원이며 조상의 영혼이 머무는 곳이라 여기기 때문이다.

이들이 단풍나무를 신성시하는 유래는 이렇다. 치우蚩尤가 황제黃帝와의 싸움에서 패한 후 죽임을 당했는데 이때 치우를 묶었던 줄에 묻은 피에서 붉은 단풍나무가 자라났다고 한다. 그렇기 때문에 조상의 혼이 깃들어있다고 믿는 북이나 집을 지을 때 사용하는 가운데 기둥 그리고 죽은 사람을 위한 관목도 모두 단풍나무로 만든다. 이런 특색 있는 전통 때문에 파사묘채를 '묘족문화의 살아있는 화석박물관'이라 불린다.

가랑비를 맞으며 산길을 따라 올라가자 숲으로 둘러싸인 텅 빈 공터가 나온다. 공연장이다. 관광객이 모여들자 묘족 전통의상을 입은

공연장면

배우들이 총을 쏘고 노생을 불며 파사묘족의 공연이 시작된다. 남녀 배우들은 모두 파사묘채에 거주하는 부족들로 앳된 소녀부터 나이가 지긋한 노·장년까지 다양하다. 천상의 악기였다는 노생은 갈대로 제작한 생황인데 묘족·동족·요족·수족·이족 등이 사용하는 관악기의 하나로 이들의 공연에서 빠지지 않는 악기이다.

남자들은 가운데에서 온몸을 흔들며 노생을 연주하고 여자들은 남자들을 에워싸고 손수건을 흔들며 춤을 춘다. 춤동작은 아주 단순하다. 그리고는 묘족처녀와 관람객 중 한 명을 선택해 결혼식 퍼포먼스를 보여준다. 결혼식 후에는 대나무 잎에 싼 찰밥을 돌리고 관람객은 10위안정도의 축의금을 건넨다. 그리고 낫으로 머리를 깎는 퍼포먼스에 이어 노생의 흥겨운 연주에 맞춰 모두가 손에 손을 잡고 하나 되어 공연장을 서너 바퀴 도는 것으로 끝난다.

한족과의 전쟁에서 가장 선봉에 섰던 용감무쌍한 전투부족인 파사묘족은 조상에 대한 강한 자부심과 자긍심을 잊지 않고 용맹했던 전투부족의 영광을 되찾았으면 하는 마음을 뒤로 하고 발길을 돌렸다.

공연에 참여했던 묘족 아가씨

동족의 최대 집단촌
조흥동채
肇興侗寨

파사묘채에서 나와 '중국제일동채中國第一侗寨'라 일컫는 조흥동채자오싱둥자이로 갔다. 조흥동채를 찾아가는 길은 중국의 오지답게 멀고도 험했다. 안개를 헤치며 굽이도는 산길을 수없이 지나야만 했다. 그래도 일명 빵차包車·빠오처를 이용했기 때문에 쉽게 갈 수 있었다. 조흥동채까지 가는 동안 줄곧 비가 내렸다. 보슬비가 내리는 들은 한층 더 푸르고 아름답지만 지역에 따라 짙은 안개로 인해 아름다운 풍광을 카메라에 담을 수 없어 아쉬움이 컸다.

조흥동채는 중국에서 두 번째로 큰 동족侗族·둥족 마을로서 마을 가운데는 개천물이 흐르고 풍광이 아름다워 중국에서 가장 아름다운 마을 가운데 하나로 손꼽힌다.

조흥에 들어서면 가장 먼저 눈에 띠는 것이 고루鼓樓·구러우이다. 고루는 혈연과 지연을 중심으로 하는 동족문화의 상징이자 하나의 혈족으로 된 동네라는 의미이기도 하다. 그러니까 한개 고루가 한개 성씨를 대표한다. 조흥에는 모두 5개의 고루가 있으니 다섯 혈족이 한마을에 살고 있다. 그렇기 때문에 조흥을 고루지향鼓樓之鄉이라 부른다. 마을 사람들 대부분의 성은 육陸·루 씨이며, 인·의·예·지·신 5대 방족房族으로 나뉘는데 각기 다른 자체의 고루와 풍우교風雨橋·펑위챠오를 갖고 있다.

원래 동족은 이들이 주로 깊은 산속에 산다해 산 이름 동자를 써서 '峒族'이라 했으나 중화인민공화국 때부터 한족에 의해 '사람 人 +한 가지 同' 자를 써서 '侗族'으로 바뀌었다. 여기에서 '侗'은 키가 크다, 참되다는 뜻도 있지만, 한족이 말하는 '侗族'이란 무지하고, 미련하고, 어리석은 민족이란 뜻이다. 그래서 동족은 예전 이름인 '峒族'을 그대로 사용하기를 원한다고 한다.

중국 인구의 대다수를 차지하고 있는 한족은 예로부터 중국 본토에서 살아온 종족으로 중국의 중심이 되는 민족이다. 그래서인지 그들 스스로가 자기 나라를 세계의 중앙에 위치한 가장 문명국이란 뜻으로 중화中華라고 자처하면서 주변 이민족들을 야만족이라 멸시해서 동이東夷·서융西戎·남만南蠻·북적北狄이라고 불렀다. 아직도 우리민족을 동이족이라 부르는 사람들이 있다. 이들은 일본의 식민사관에서 벗어나지 못한 사람들 특히 친일 식민사관을 두둔하는 세력들이다. '동쪽에 사는 오랑캐'라고 우리 스스로가 폄하해서 말해야 되겠는가? 오랑캐란 옛날 두만강 일대에 살던 민족들을 미개한 종족이라는 뜻으로 멸시해 이르던 말이란 걸 알면 왜 동이족이라 부르면 안 되는지 알 것이다. '한반도韓半島'와 '이조李朝'도 마찬가지이다. 나주시 향토사학자인 나천수 선생(칠순에 가까운 나이임에도

신단고루

신단고루 야경

향학열에 불타 전남대 박사과정에 입학해 다니고 있음)의 글에서는 이렇게 설명하고 있다.

"한반도라는 말은 지리적으로 볼 때 압록강, 두만강을 국경으로 할 경우 그 남쪽은 반도의 지형으로서 영어로는 'peninsula'이지만 일제는 여기에서도 간교를 부렸다. 즉 그들은 섬놈이지만 내지인內地人으로 부르고 조선은 반은 섬놈이라는 뜻에서 반도인半島人으로 부른 것이다. 일제 강점기를 지내면서 한반도란 신조어가 한국을 지칭하는 대명사가 되어버린 것이다. 우리나라를 오직 한반도라고 말한다면 그것은 우리의 상고대上古代 역사를 부정하는 것이고, 우리의 뿌리를 부정하는 것이기 때문에 한반도란 말 대신에 '대한민국' 또는 '한국'이라고 해야 할 것이다. 방송 자막에서 '한반도의 몇 배 크기'가 아닌 '우리나라의 몇 배 크기'로 표기해야 맞다. 이뿐만이 아니다. 분명 국호인 조선朝鮮이 있음에도 불구하고 이 땅은 '李씨의 나라'라는 뜻의 '李朝'로 폄하, 왜곡시켰던 것이다."

얘기를 하다 보니 옆길로 빠졌다. 본론으로 들어가겠다.

동족은 언어는 있으나 문자가 없다. 그렇기 때문에 모든 신화와 역사 그리고 문화를 노래로 구전해오며 희로애락을 노래에 담긴 가사로 표현한다. 동족은 어려서부터 어른들이 부르는 노래를 따라 배우고, 노래를 통해 동족의 지혜와 역사와 문화를 배우며 정체성을 찾아가고 있다. 이런 연유로 인해 동족은 소수민족 중에서도 노래를 가장 잘하는 민족으로 알려져 있다. 정말이지 젊은이들의 반주가 없는 생음악을 듣고 있노라면 천상의 회음 같다는 생각이 든다. 동족 젊은 남녀들의 목소리가 하도 청량하고 높아 마치 하늘의 소리처럼 들린다 해 천뢰지음天籟之音·티엔라이지인이라고 한다. 여자들은 자기들의 신화와 역사를 자신들의 장신구에 새겨 넣는다. 대부분 은장신구이다. 그렇기 때문에 여자들의 의상은 예쁜 장식품을 많이 달아 화려하다.

마을 안에는 이런 안내문이 조흥묘채를 소개하고 있다.

"흐릿한 안개와 굴뚝 연기가 솟아 흐르는 저 초록색 산간 작은 분지의 수백 가구 마을은 마치 산수화 같다. 사방으로 개방된 5개 고루에는 마을 사람들과 지나가는 과객이 풍우교에 앉아 노생 반주에 맞춰 동족의 아름다운 화음을 즐긴다. 동족마을 이 아름다운 노래는 프랑스 파리에서 열린 제1차 국제합창대회에 출전해 세계적으로 유명해졌다. 지도상에서 찾기도 어려운 조흥 이 작은 마을은 동경 109도 10분, 북위 25도 50분에 위치하고 있다."

우리나라 시골마을마다에는 당산나무 아래에 정자가 있어 휴식을 취하며 담소를 나누는 사랑방 역할을 하듯이, 동족마을에는 마을 공동체를 이끌어가는 모임장소인 고루가 있다. 고루는 단순한 건축물이 아니라 화합의 장소이다. 마을사람들이 모여서 대소사를 논하거나 휴식을 취하면서 담소를 나누는 친교의 장이기도 하다. 그렇기 때문에 위치도 마을에서 가장 중심적인 곳에 있다. 조흥 안에는 모두 5개의 고루가 있다고 앞에서 얘기했다. 각각의 이름을 인단仁團·렌투안·의단義團·이투안·예단禮團·리투안·지단智團·찌투안·신단信團·씬투안 고루라 명명했다.

게스트 하우스에 여장을 풀고 들린 곳은 신단고루이다. 높이가 24.37m로 고루 중 가장 크며 11층 8각형 모양이다. 18세기에 신축했으나 1982년 중건했다는 설명이 석판에 새겨있다. 신단고루 현판 위에는 두 마리의 봉황이 그려져 있고, 아래에는 힘 있고 기운차게 뻗는 형세가 늘 있기를 바라는 마음에서 '氣勢常存기세상존' 이란 글이 쓰여있다. 각 층마다 그려진 그림과 부조와 조형물이 참으로 아름답다.

고루 안 육각형 바닥에서는 장작불이 활활 타고 30여명의 주민들이 모여 불을 쬐며 담소를 나누고 있다. 고루 안은 그을음으로 새까맣다. 고루를 만들 때도 못이나 나무로 만든 쐐기 하나 박지 않고 홈

연못에 반영된 지단고루

을 파서 끼워 맞추기로 지었다고 하니 매우 뛰어난 동족의 건축술이다. 이뿐만이 아니다. 고루 옆에는 큰 연못이 있다. 이 연못의 용도는 화재에 대비하려고 물을 담아 두는 화재예방용이기도 하지만 나무가 건조해져 고루의 비틀림 등의 변형이 생기는 것을 방지하기 위해서라고 한다.

고루 옆에는 풍우교가 있다. 동족들은 풍우교를 다리 안에 많은 그림을 그려 놓았기 때문에 화교花橋·화차오라고 부른다. 풍우교는 고루 건축기법과 마찬가지로 못은 사용하지 않고 홈을 파서 나무로만 결합했다. 풍우교 위에는 지붕이 씌워 있고 아래로는 개천이 있어 물이 흐른다. 교각 사이로는 시원한 바람이 지나가 여름에는 시원하다. 그렇기 때문에 여름에는 흐르는 땀을 식히고, 비가 올 때는 비를 피하면서 오가는 마을사람들과 정겨운 대화를 나누는 장소가 된다. 처마 끝과 난간과 벽에는 동족의 역사와 풍습과 생활상을 그린 채화가 있어 쉬는 동안 감상할 수 있다. '바람과 비의 다리'란 뜻의 '풍우교'보다는 '꽃의 다리'란 뜻의 '화교'가 더 잘 어울린다. 화교는 동족의 정취를 느낄 수 있는 다리라는 생각이 든다.

마을을 관통하는 개천 사이에는 삼나무로 지었다는 목조 주택이 줄지어 있고 사람들이 다닐 수 있는 협소한 길이 있다. 길에는 평편한 돌을 깔았는데 돌 위에 새긴 섬세한 문양이 참으로 아름답다. 그리고 곳곳에는 개천 위로 다리가 놓여있다. 이뿐만이 아니다. 개천에는 염색 통이 놓여 있고 염색한 직물을 말리는 모습도 볼 수 있다.

동족이 즐겨 입는 의상을 보면 겉이 매끄럽고 빛이 반사되는, 마치 비닐 옷 같은 느낌이 든다. '양포亮布 · 리양뿌'라 불리는 동족전통 의상이다. 양포는 손이 많이 가는 과정을 거쳐서 만들어진다. 인공염료 대신 '남전초藍靛草'란 풀잎을 따다가 밤샘 우려내면 쪽빛색깔의 침전물이 나온다. 이 침전물에 손수 만든 동포侗布 · 둥뿌란 옷감을 담갔다 말리기를 10회 정도 반복한다. 그리고 달걀의 노른자는 없애고 흰자만 옷감에 수차례 덧칠을 반복해 말린 후 평편한 다듬잇돌 위에 놓고 나무방망이로 두드려주면 뻣뻣하고 광택이 나는 옷감이 된다. 다듬이질은 아낙 한 명 또는 두 명이 박자를 맞춰가며 한다. 무려 석 달간에 걸쳐 동족여인들의

개천과 삼나무로 지은 가옥

다듬이질 하는 동족여인

손끝에서 결과물인 오묘한 천이 탄생하게 된다. 옷을 빳빳하게 광택을 내는데도 이유가 있는데, 주로 산중생활을 하는 동족이라 나뭇가지에 옷이 쉽게 찢겨져 다치지 않게 하기 위함은 물론 방수와 방풍효과가 뛰어나다고 한다.

동족은 여름에는 흰옷을, 축제기간에는 자주색 옷을 입지만 봄·가을·겨울에는 쪽빛이나 검정색 옷을 입는다. 이들은 쪽빛, 즉 남색이 강인함과 용맹함을 의미하면서 '달이 떴을 때 밤하늘의 빛깔'이라 해 가장 좋아한다. 그런데 묘족과 동족마을을 다녀보면 그들이 입고 있는 의상만 가지고는 구분하기가 여간 어려운 게 아니다. 동포란 옷감에 천연염색을 해서 달걀흰자를 덧칠해 말린 후 나무 방망이로 두들겨 반짝이게 하는 옷감은 전통적으로 동족의 옷이지만, 묘족들도 같은 옷감으로 지은 옷을 입고 있기 때문이다.

필자의 생각에는, 역사적으로 동족은 강을 따라 거슬러 올라왔기 때문에 주로 물가에서 살고, 묘족은 큰 강을 건너 산속으로 들어왔기 때문에 주로 경사가 심한 신지에 터를 잡고 살기 때문에 여러 가지로 대조적인 민족이다. 그러나 묘족 마을과 동족 마을 간의 거리가 그리 멀지 않을 뿐만이 아니라 서로 왕래할 수 있는 도로환경이 한결 좋아졌기 때문에 서로의 전통과 문화가 상호 동화되었지 않나 싶다.

지단고루 뒤편에 있는 마을의 고샅을 걷다가 막다르고 후미진 좁은 고샅에 이르자 공터에서 어린이들이 소꿉놀이 빠끔살이를 하고 있다. 참으로 오랜만에 아련한 흑백의 추억 한 페이지를 보는 듯하다. 다시 왼쪽으로 나와 다리를 건너자 예단고루에 연기가 피어오르고 있다. 무슨 일인가 싶어 가봤더니 잔치준비가 한창이다. 남자들은 돼지를 몇 마리나 잡았는지 많은 양이 바닥에 놓여있고 일정량의 돼지고기를 일일이 저울에 달아 비닐봉지에 나눠 넣고, 오리알을 삭힌 자주색 피단皮蛋은 껍질을 벗겨 예쁘게 잘라 접시에 담아 나무상위에 놓았다. 여자들은 커다란 가마솥에 옥수수를 넣고 끓인다. 무슨 잔치냐고 물어보니 아기 돌잔치라고 한다. 친족집단답게 모두가 나와 잔치를 준비하고 함께 먹고 나누며 협동심을 기르고 응집성이 강한 공동체를 형성하고 있는 동족이라는 생각이 든다.

　　동족마을을 詩之鄕·歌之海시지향·가지해라 일컫는다. 즉 '시의 마을이요, 노래의 바다'란 뜻이다. 동족의 전통문화 가운데 가장 대표적인 동족대가侗族大歌, 즉 동족대합창을 들어봐야 하는데 비가 계속 내리는 바람에 아쉽게도 공연이 취소되었다. 그렇지만 "조흥의 아름다움에 취하다"란 뜻인 '醉美肇興취미조흥'이란 붉은 글씨가 쓰여 있

풍우교가 있는 예단고루

조흥인의가무대의 남녀혼성합창단

삭힌 오리알인 피단

귀주성 요리(6)

는 무대 처마에서 비를 피해 조흥인의가무대肇興仁義歌舞隊의 남녀혼성합창으로 경주가敬酒歌를, 남자합창으로 접대란로가接待攔路歌 두 곡을 들려줌으로써 아쉬움을 달래주었다. 원래 동족마을에서는 외지인이 찾아오면 "멀리서 손님이 오셨는데 기쁜 마음에 저희의 술잔을 권합니다." 또는 "한 잔의 술, 우리가 손님을 위해 준비한 한 잔의 술을 드립니다"라는 내용의 경주가를 부르며 술을 권한다. 경주가는 우리네의 권주가로 악기 없이 하는 노래이다. 이때 술잔을 손으로 받으면 안 되고 반드시 입으로 받아 마셔야 한다. 밤에는 우산을 받쳐 들고 신단고루 야경을 촬영한 후 숙소로 돌아와 잠자리에 들었다.

묘족의 촌락
랑덕상채
郞德上寨

귀양에서 동쪽으로 3시간 30분 거리의 개리凱里·카이리시 인근 대당현大塘縣에는 파납강巴拉江·바라강이 있다. 물이 맑고 계곡이 아름다운 강이다. 이 강을 따라 7개의 묘채苗寨·묘족마을가 들어서 있는데 랑덕상채랑더샨짜이이다. 북경 올림픽 성화 봉송 출발지로도 유명한 랑덕상채는 나무로 집을 짓고 씨족사회를 이루고 사는데 주민 100%가 묘족이다. 이들은 천주교를 믿으며 마을 가운데에 성당이 있다.

마을에 들어서면 개울물이 흐르는 하천 위에 누각이 있다. 참으로 고풍스럽고 정감이 가는 건축물이다. 이곳에 사는 묘족들은 이 누각에서 휴식을 취하거나 놀이를 한다. 누각에 올라서면 논이 펼쳐지고 산비탈에는 밭이 보인다. 다랑이 논밭이다. 척박한 땅에 살면서 논 한 뙤기 밭 한 뙤기라도 벌기 위해 일궈 놨을 이들의 땀의 결정체를 보는 것 같다. 산비탈 길 약간 높은 지대에는 2~3층 높이의 묘족 목조가옥이 집성촌을 이루고 있다. 고즈넉한 시골풍경이다.

마을 어귀에는 가랑비가 내리는 가운데 온갖 은으로 장식한 모자와 화려한 장신구를 단 의상을 차려입은 묘족여인들이 춤을 추고 노래를 부르며 소뿔 잔牛角杯·우각배에 담긴 백주를 권한다. 묘족은 손님이 오면 소뿔 잔에 백주를 담아 대접하는 것이 전통이다. 그런데 이 술을 거절하면 큰일 난다고 한다. 한번 거절하면 두 잔을 주고

우중 환영행사(1)

우중 환영행사(2)

또 거절하면 얼굴을 할퀴어 버린다고 한다. 물론 오래전에 그랬었다는 얘기다. 술을 거절하는 방문객은 손님이 아니라고 생각하기 때문이다. 술을 마시면 발갛게 달아오른 필자지만 할 수없이 손님으로 대접받기 위해 받아마셨다. 지금은 손님을 맞이하는 방식이 많이 변했지만 옛날에는 손님이 오면 마을 어귀까지 마중을 나가 길가 양옆으로 서서 손님에게 술을 권하는데, 이를 "길을 막아 술을 권한다"는 의미가 담긴 란로주攔路酒라 하고, 마을로 들어서서 문턱을 넘어서면 폭죽을 터트린 후 다시 술을 권하는데 이를 "우리 마을에 들어온 것을 환영한다"는 뜻에서 진채주進寨酒라고 한다.

묘족남자들도 모두 나와 노생과 망통芒筒이란 취주악기를 불며 흥겹게 손님들을 맞는다. 랑덕상채에 사는 남녀노소 모두 나와 환영해 주는 참으로 성대한 환영행사다. 행사장에서 슬쩍 빠져나와 마을 답사에 나섰다. 경사진 돌계단을 올라가면 '郎德上寨' 현판이 걸려있다. 혼자서 돌이 깔려있는 경사진 고샅길을 걸었다. 집집마다에는 처마에 옥수수가 걸려있다. 쌀과 옥수수는 이곳에 사는 묘족의 주식이다. 은으로 치장한 모자와 옷 그리고 장신구를 단 코흘리개 소녀가 우산을 들고 물끄러미 이방인을 바라본다.

이 지역이 은 생산지가 아님에도 불구하고 어떻게 이렇게도 많은 은제품으로 장식할 수 있는 걸까? 과거 묘족은 한족과의 전쟁이 계속됐던 때 한곳에 정착하지 못하고 정해진 거처가 없이 이동하며 살았다고 한다. 이들은 재산을 집에 두지 않고 모두 은으로 만들어 치장을 하고 다녔다. 즉 사람이 이동할 때 가산 전체를 가져갈 수 있는 은을 몸에 지니고 다녔다. 또한 은은 사악함을 막아주고, 독을 제거하며, 역병이 도는 것을 예방해 준다는 믿음 때문이라는 설도 있다. 그랬던 은장신구가 오늘날에는 재산을 운반하는 용도가 아닌 부와 미를 상징하는 과시용으로 바뀐 것이다.

그런데 묘족들은 넓은 평지도 많은데 하필이면 왜 이런 산악지대

코흘리개 묘족 어린이

단군묘촌 아가씨들(중국국가여유국 서울지국 제공)

귀주성 요리(7)

에 촌락을 이루고 계단식 논이나 화전을 일구며 힘들게 살고 있는 것일까? 그것은 다름 아닌 한족한테 일궈났던 터전을 내주고 쫓기고 쫓겨 이런 산악지대까지 왔다고 한다. 묘족은 가난했기 때문에 한때 산적노릇까지 해가며 생활을 영유했다고 하니 얼마나 힘들고 비참한 삶이었는지 짐작하고도 남음이 있다.

묘족은 연애와 결혼풍습이 특이하다. 그 유래는 한족과의 전쟁을 피해 산속으로 깊숙이 들어오면서부터 시작되었다고 한다. 혼기가 찬 처녀와 총각들은 이쪽 산봉우리에서 건너편 산봉우리로 목청껏 노래를 불러 마음을 전했다고 한다. 결혼할 때는 신랑 집에서 잔치를 여는데 이때 하객으로 참석한 처녀가 마음에 든 총각이 있으면 밥을 주는데 밥을 남기게 되면 절대 안 된다고 한다. 밥을 남기게 되면 속된 표현으로 찍혀서 짝을 못 만날 수도 있다는 것이다. 한마디로 선택권은 여자한테만 있었다는 말이다.

랑덕묘족마을에서 13㎞쯤 떨어진 곳에는 매우 독특한 마을이 있다. 단군묘촌短裙苗村이다. 말 그대로 '짧은치마를 입는 묘족이 사는 마을'이란 뜻이다. 일명 '미니스커트 묘족'이라 불리기도 한 단군묘족은 중국에서도 미적 수준이 높기로 정평이 나있는 민족이다. 이 마을의 여인네들은 특이하게도 치마 앞자락의 길이가 15~25㎝로 짧다. 이렇게 짧은 미니스커트를 입게 된 새미난 전설이 있다. 전설에 따르면, 조상의 제사 날 상을 차리던 며느리의 발이 긴 치맛자락에 걸려 차려놓은 상 위로 넘어지면서 제사상을 망쳤는데 이후 이런 불상사를 미연에 방지하기 위해 치마의 앞부분을 짧게 자르게 되었다고 한다. 이후 전통으로 자리 잡게 되었다는 것이다.

600년 역사의 둔전마을
천룡둔보
天龍屯堡

안순시에서 차로 40분쯤 거리에는 평파현平壩縣·핑빠현이란 시골마을이 있다. 천태산天台山·티엔타이산이 있는 이곳에는 600여년의 역사를 간직하고 있는 천룡둔보티엔룽 툰바오가 있다. 이 마을의 역사는 14세기 명나라 때로 거슬러 올라간다.

중국 명나라의 초대황제인 주원장朱元璋·주위안장·재위 1368년~1398년이 원나라의 거점이었던 남경南京·난징을 점령 후 서남부 지방의 통치를 강화하기 위해 30만 명의 군사를 보내 이곳에 둔전을 마련하고 주둔시켰는데 평정 후 퇴군할 때 일부 군사들은 남경으로 돌아가지 않고 이곳에 정착해 마을을 형성했다.

우리나라도 400여 년 전 전라좌수영이 있었던 여수시 돌산읍 둔전리에는 둔전이란 마을 이름에서도 알 수 있듯이 군대가 주둔했다는 둔전마을이 있다. 이곳에서는 당시에 사철沙鐵을 용해해서 철을 생산할 때 나오는 쇠똥인 슬래그slag·광재가 다량 매장되어 있다. 군대가 주둔하면서 병기뿐만이 아니라 거북선 상갑판에 꽂은 도추刀

돌담

錐·송곳칼도 제작했다는 증거이다.

명나라 군사들의 후손인 이곳 천룡둔보 주민들을 '둔보인屯堡人·툰바오인'이라 부른다. 이들은 모두 한족으로 첩첩산중에서 외부인과의 접촉 없이 600여 년간 그들의 언어·의상·건축·신앙·생활풍속이 변하지 않고 전통문화를 이어가며 살아오고 있다. 중국 전체 인구의 90% 이상을 차지하는 한족이지만 이곳 천룡둔보에 사는 사람들은 여느 한족이나 소수민족 문화와는 다르기 때문에 우스갯소리로 '57번째 민족'이라 불리기도 한다. 중국은 한족을 포함해 모두 56개 민족으로 구성되어 있다. 그러니까 대다수를 차지하는 한족을 제외한 55개 민족이 소수민족이다.

랴오냥냥 부인들과

툰바오마을 부녀자들

'天龍屯堡' 현판이 있는 입구에서는 한족 전통의상을 입은 마을주민들이 나와 사자춤을 추어보이며 뜨겁게 환영한다. 집들은 모두 돌로만 지은 독특한 가옥이다. 담장은 물론 지붕까지 모두 평편한 돌이다. 마을주민들의 의상이나 건축물에는 수백 년 세월이 고스란히 묻어있다. 마치 타임머신을 타고 명시대로 돌아간 것 같다.

천룡둔보에서는 여자들을 부를 때 기혼인 여성은 '랴오냥냥', 미혼인 여성은 '샤오냥냥'이라고 부른다. 랴오냥냥은 길고 넓은 소매인 상의와 검정색과 흰색의 두건을 쓰고, 샤오냥냥은 짧은 치마에

제를 지내는 모습

넓은 소매인 푸른색 옷을 입고 있다. 무엇보다 특이한 것은 결혼한 여인들 특히 할머니들의 유난히 넓은 이마와 이마에 두른 두건이다. 신혼 첫날밤에 보살을 모셔와 이마에서 3㎝ 정도 올라간 부분의 앞머리를 제거 후 두건을 쓴다고 한다. 그 이유는 결혼으로 인해 부모님과 헤어져야 하기 때문에 부모와의 헤어짐이 고통스럽고, 그동안 살아온 과거가 힘들었기 때문에 앞머리를 뽑음으로 인해서 뽑을 때의 아픈 고통과 함께 고통스러웠던 과거는 모두 잊고 앞날의 행복을 비는 거라고 한다. 다시 말해 '고통 끝 행복 시작'이라는 의미이다. 또 다른 이유로는 앞머리를 뽑으면 얼굴이 못나 보여 바람나는 것을 방지하기 위해서라고 한다. 예나 지금이나 여자가 예쁘면 바람 잘 날이 없고 눈독을 들이는 사내가 많기 때문일까.

마을 안 天龍屯堡石博館 천룡둔보 수석박물관에는 많은 기암괴석이 전시되어 있다. 그리고 고즈넉한 마을 이곳저곳을 기웃거리다 보면 순수하고 밝은 미소를 만나게 된다. 할머니들이 양지바른 곳에 앉아 담소를 나누며 뜨개질로 신발을 짜는 장면과 깊은 우물에서 물을 퍼 올리는 물레방아 퍼포먼스는 가장 인상적이다.

천룡둔보에서의 또 다른 볼거리로는 천룡지희 天龍地戲가 있다. 가

샤오냥냥 처녀들

뜨개질하는 노인들

면극인 천룡지희를 보기 위해서는 '万象更新만상갱신' 현판이 있는 건물 앞에서 제사장을 비롯한 마을 유지들이 돼지머리를 놓고 향을 피워 간단한 제를 지낸 후 붉은색 종이에 세로로 '開門大吉개문대길'이라 써서 봉한 대문을 열고 들어가야 한다. 만상갱신은 "모든 것이 새로워진다"라는 뜻이고, 개문대길은 "문을 열고 들어가면 만사형통한다"는 뜻이다.

'중국 연극의 살아있는 화석' 또는 '연극역사박물관'이라 일컫는 천룡지희의 유래는 군사들의 사기 충전과 여흥을 위해 시작되었다고 한다. 그러니까 명 홍무14년, 명나라 황제 주원장의 양자 목영沐英·무이응이 서남부 지방의 소수민족을 정복한 후 귀순시킨 토사土司·소수민족의 회유수단으로 임명한 족장들이 권토중래하는 것을 막기 위해 전우덕傅友德·촨여오더을 파견해 귀주성의 중심지인 평파平壩·핑빠, 안순安順·전령鎭寧·전닝·보정普定·푸딩 등에 군대를 주둔시키고 군사들로 하여금 농사를 짓도록 했다. 그러면서 전쟁이 없을 때는 군사들의 무료함을 달래고 무예를 계속 연마할 수 있도록 삼국지의 주인공들이 등장하는 극을 만들어 공연을 통해 무술동작을 익힘으로써 갑자기 전쟁이 났을 때 즉시 전장에 나가 싸울 수 있도록 평소에 실력을 연마하는 장이 바로 천룡지희이다.

천룡지희 공연장면

천룡지희에 사용되는 가면

천룡지희에 출연하는 배우들은 모두 마을의 젊은이들로 600여 년 전의 전통을 이어오고 있다. 천룡지희단이 공연하는 두개의 전형적인 극 중 '육문용陸文龍·루원룽이 쌍창으로 다섯 장군과 싸우다' 편의 이야기 개요는 다음과 같다.

남송시대 로안주潞安州·루안주의 총사령관 육등陸登·루덩은 금나라 군대가 쳐들어올 때 목매여 자결하고, 잔인하고 교활한 김올술金兀術·진우수은 한살도 안 된 육등의 아들 육문용을 빼앗아서 키운다. 육문용이 자라 16살이 되었을 때 그는 이미 혼자의 힘으로 절묘한 창법을 익혔다. 김올술의 병사들이 주선진朱仙鎭·주샌전에서 악비岳飛·웨페이 군에게 대패해 속수무책일 때 육문용은 자신이 중원의 혈통인 줄도 모른 채 송나라 군대와 싸워 격파한다. 남송의 명장 악비는 악운岳云·웨윈, 장헌張憲·장시엔, 련성방連成方·랜창방, 하원경何元慶·허웬칭, 여화룡余化龍·위화룽 등 5명의 장군을 출전시켜 차륜전술車輪戰術로도 이기지 못하자 결국 왕좌王佐·왕줘아가 스스로 한쪽 팔을 자른 후 금나라 진영으로 가서 김올술에게 거짓 투항한다. 이른바 스스로 자해해 적으로 하여금 믿게 만드는 고육계苦肉計를 쓴 것이다. 왕좌는 시간이 흘러 활동이 자유로워지자 육문용의 유모를 찾아 육문용에게 출생의 비밀을 말해달라고 부탁한다. 유모를 통해 자신의 내력을 알게 된 육문용은 즉시 부모의 원수를 갚으려고 했으나 왕좌의 설득으로 남송을 위한 간첩활동을 하다가 금나라와 자신을 길러준 김올술를 떠나 악비장군에게로 돌아온다는 내용이다.

지구의 아름다운 상처
마령하 대협곡
馬靈河

　　　　　　　　귀주성 서남부 흥의 시내 동쪽 교외에 위치하고 있는 마령하마링허 대협곡으로 갔다. 마령하는 이곳에 마별대채馬別大寨·마볘다자이와 마령채馬嶺寨·마링자이 마을이 있어 두 마을의 이름을 합쳐서 마령하라 했다. 발원지는 오몽산맥烏蒙山脈·우명산마이의 백과령白果嶺·바이궈링에서 시작된다. 이곳에서는 발원지에서 흐르는 물을 청수하淸水河·칭수이허라고 부른다.

　마령하 대협곡은 흥의를 대표하는 여행지로 길이 75㎞, 너비 50~150m, 절벽의 높이가 150~200m에 이른다. 깎아지른 협곡 양쪽 절벽은 물에 잘 녹은 석회암지대로서, 중국에서 가장 많은 폭포를 가진 협곡으로 크고 작은 폭포가 100여개에 이른다. 특히 2㎞ 안에 폭포가 30개정도 모여 있는데 매우 웅장하면서도 아기자기하고 아름답다. 이런 풍광에 반한 오지여행가인 랜스마크 이창운 님은 "마치 폭포 그림을 모아놓은 자연화랑 같다"고 표현했다. 건기에는 물줄기가 가늘어 실 폭포지만 강수량이 많은 우기에는 수십 개의 폭포물이 한꺼번에 쏟아져 대 장관을 연출한다.

　중국 사람들은 마령하 대협곡을 '지구상에서 가장 아름다운 흉터상처'로 부른다. 그 이유는 2,000여만 년 전 석회암지대가 물에 의해 침식되어 무너져 내림으로써 지금과 같은 세계에서도 보기 드문 협곡을 만들었기 때문이다. 협곡이 어찌나 깊고 길던지 우주에서도 협

마령하 대협곡

절벽에 생긴 나뭇잎 모양의 석회화

곡의 골이 모두 보인다고 한다.

 협곡을 깊게 파이게 만드는 것은 물이다. 계속해서 물이 석회암을 녹이고 있어 이곳에서의 물은 살아있는 생물처럼 끊임없이 모양을 변화시키고 있다. 협곡의 침식은 아직도 현재 진행 중이며 앞으로도 계속될 것이다. 먼 훗날, 우리 후손들은 물의 침식작용에 의해 어떤 모양으로 변한 마령하 대협곡을 볼 수 있을시 매우 궁금하다.

 마령하 대협곡은 중국에서는 최초로 래프팅이 개발된 곳이며, 약 2㎞를 걸어서 대자연의 경관을 감상할 수 있도록 산책로가 나있다. 하늘높이 솟아오른 절벽 사이 아득히 높은 허공에 협곡과 협곡을 연결해 주는 출렁다리가 걸려있다. 걸으면 좌우로 출렁이기 때문에 붙

갈수기의 천리마폭포

여진 이름이다. 이 출렁다리를 건너면 협곡 절벽을 파서 만든 꼬불꼬불한 길이 나온다. 아찔한 절벽 길이다. 기묘하고 험준한 절벽 길을 따라 걸으면 폭포 밑을 통과하고 동굴을 지나는 등 스릴만점이다. 순간 방심으로 머리를 바위에 부딪치는 불상사가 발생할 수 있으니 조심해야 한다. 동굴을 지날 때는 물이 떨어지기 때문에 옷을 적시지 않기 위해서 우산이나 비옷을 준비하는 것이 좋다.

협곡의 벼랑에는 커다란 나뭇잎 모양의 식물이 매달려 있다. 사실 이것은 식물이 아니라 이곳 사람들이 '칼슘바위'라 부르는 석회석이다. 억겁의 세월동안 석회성분을 함유한 물이 조금씩 흐르면서 자라고생성 풍화작용에 의해 자연적으로 모양을 갖춘, 자연의 예술작품인 칼슘이 만든 꽃, 즉 '석회화石灰花'이다. 석회화란 필자가 새롭게 명명한 신조어이다.

절벽 벽에 귀를 기울여 보면 바위 안 공간으로 물이 흐르는 소리를 들을 수 있다. 이곳이 석회암지대이기 때문에 나타나는 독특한 현상이다. 반대편 절벽에는 가장 큰 폭포가 있다. 원래 이름은 '천리마폭포'인데 이곳 사람들은 '은빛무지개폭포'라 부른다. 우기에는 엄청나게 많은 수량으로 장관을 이룬다. 이전에는 협곡 구경을 마친 후 500여개의 계단을 걸어 힘들게 올라가야 했는데 지금은 74m 높이의 엘리베이터가 설치되어 있어 편히 올라갈 수가 있다.

전통을 지켜가는
포의족 마을

원시의 자연이 빚어낸 걸작 품인 마령하 대협곡을 뒤로 하고 포의족 마을로 갔다. 포의족은 주로 귀주성·사천성·운남성에 분포하는 소수민족이다. 2~3월에 포의족 마을로 들어가는 길은 마치 노란 물감을 뿌려놓은 듯 유채꽃 향연이 펼쳐진다. 마을 입구에서는 포의족 전통의상을 입은 아낙네들이 길 양옆에 앉아 물레를 돌리는 퍼포먼스를 보여준다. 참으로 이채로운 광경이다. 마을회관에서는 전통악기의 연주 속에 수많은 하객이 참석한 가운데 전통결혼식을 볼 수 있었다. 연출이 아닌 실제 결혼식이라 한다. 동네 나이든 할머니들은 의자에 앉아 결혼식을 지켜보고 있다. 포의족의 의상은 퍽이나 이채롭다.

포의족의 결혼 적령기는 14~15세 정도라고 한다. 그런데 결혼 후 바로 합궁을 하는 게 아니라 결혼 3년 후 매년 9월에 한 번씩 신부에게 모자를 씌워줘야만 합궁을 할 수 있다고 한다. 그러나 9월이 되면

전통의상을 갖춘 포의족 처녀

포의족 노인들

물레를 돌리는 아낙네

보편적으로 신부가 예민해져 모자를 쓰지 않으려고 하는 경향이 많아 열(?)이 오른 신랑들의 마음을 애타게 한단다. 한 집안의 결혼은 온 동네의 잔치로 떡하고 돼지 잡고 하는 모습이 우리의 옛 시골 모습과 많이 닮았다.

  이곳 포의족 마을도 주변은 온통 자갈과 암석투성이인 석회암지대다. 대대손손 터전을 이루고 살았던 비옥한 땅은 한족에게 빼앗기고 도망쳐와 이런 척박한 땅을 개간하고 일궈 논과 밭을 만들어 농사를 지으며 힘들게 살고 있는 포의족, 수대에 걸친 노동력의 대가로 일궈낸 포의족의 도전정신과 끈질긴 생명력에 박수를 보낸다.

대지의 어머니라 일컫는
쌍유봉
双乳峰

　　　　　　포의족 마을 사람들의 따스한 마음을 간직한 채 버스에 올랐다. 정풍貞豊·전평 지역에서 잠시 내려 천하제일기봉인 쌍유봉슈왕루펑을 카메라에 담았다. 카르스트 지형이 만들어낸 또 하나의 작품인 쌍유봉은 그 면적이 40만 ㎡에 최고봉의 해발높이가 1265.8m로 여인의 가슴을 닮았다 해서 붙여진 이름이다. 이 지역에 사는 포의족들은 쌍유봉을 성모봉이라고도 부르며 '세상에서 가장 아름다운 유방' 이라 하여 '대지모친大地母親' 또는 '생명지원生命之源' 이라 일컫는다.

　쌍유봉은 보는 위치와 거리에 따라서 다르게 보이는데, 도로변에 만들어 놓은 관봉정에서 보면 20대 여인의 유방 같이 단단해 보이고, 300m 거리에서 보면 30~40대 유부녀의 성숙한 유방처럼 보이며, 500m 거리에서 보면 60대 할머니의 유방처럼 보인다. 이곳에서는 쌍유봉을 기념하기 위해 매년 9월 '가슴 왕 선발대회' 가 열리는데 가슴 왕에 선발되면 홍보대사로 활동한다고 한다.

쌍유봉 일몰(사진작가 李貴云 제공)

칼슘 제방에 형성된
두파당 폭포
陡坡塘

입장료가 성수기와 비수기에 따라 다르지만 60세 이상은 반 표이다. 표를 구입하면 황과수 대폭포를 비롯해 두파당 풍경구, 천성교 풍경구 그리고 기석관奇石館 등을 둘러볼 수 있다. 황과수 풍경구를 트레킹하면서 처음 만나게 되는 폭포는 18개의 폭포군 중 한 곳인 두파당도우포탕 폭포이다. 두파당 풍경구는 국가 AAAAA급 풍경구로 서하객의 여행기에도 두파당 폭포의 거세찬 물결과 엄청난 비경에 대해 자세히 묘사되어 있다. 정문을 들어서면 자그마한 공원이 조성되어 있는데 이곳에는 백마를 탄 삼장법사 현장스님과 손오공, 저팔계, 사오정의 조형물이 있다. 이곳에서 서유기 영화를 촬영했기 때문에 상징물로 남겨놓았다. 특히 서유기의 마지막 장면에서 나오는 폭포가 바로 두파당 폭포이다. 여기에서 삼장법사三藏法師란 경經·율律·논論의 삼장三藏에 통달한 고승을 말하지만, 중국 당나라 현장玄奘 스님을 일상적으로 이르는 말이다.

서유기에 등장하는 인물들

두파당 폭포는 황과수 폭포 상류 1km 지점에 위치해 있으며 칼슘화된 제방에 형성된 너비 105m, 높이 21m로 황과수 폭포군 중에서 폭포의 폭이 가장 넓은 폭포이다. 두파당이란 '가파르고 비탈진 언덕'이란 뜻으로 폭포 위에는 길고 구불구불하게 이어져 굳어진 여울과 둑이 100여m나 형성되어있다. 또한 두파당 폭포로 흐르는 물은 폭포 위에 있는 백수하白水河에서 흐르는 물이 두파당 폭포에서 떨어져 황과수 폭포로 가는 물길이 된다.

　백수하에서 흐르는 물의 양이 평소에도 풍부하지 않지만 매우 맑고 깨끗하다. 폭포 물의 물결은 부드럽게 형성되어 균일하게 폭포 아래로 쏟아져 내린다. 햇빛이 비칠 때는 햇빛에 반사된 물방울이 서로 경쟁을 하듯 춤을 추는데 수정처럼 눈부시게 아름답다. 혹자는 이때의 모습을, 폭포물이 흰 비단부채 같기도 하고 은백색으로 빛난다 해 '신부의 면사포'라고 말하기도 한다. 그렇지만 풍수기 때의 백수하 물은 상류의 대지에 있는 황토 즉 붉은 토사가 섞인 황톳물이 아래로 세차게 흘러 두파당 폭포가 평소에 보여주던 청순한 모습은 자취를 감추고 마치 고삐 풀린 야생마와 같이 맹렬하면서도 우렁찬 기세로 바뀐다. 이때는 마치 맹수가 울부짖는 모습과 같다 해 '후폭吼瀑·허우푸' 즉 '울부짖는 폭포'라고도 불리는데 부서지는 물보라와 햇살이 만들어낸 아름다운 무지개를 볼 수 있다.

두파당 폭포

365개 돌다리 수생보
천성동 · 은련추담 폭포
數生步 · 天星洞 · 銀練墜潭

　　　　　　두파당 폭포를 지나 아기자기한 산책코스를 걷다보면 천연석을 평편하게 가공한 돌다리인 수생보슈셩부가 나온다. 수생보란 '살아온 발자국을 센다.' 는 뜻으로 여러 모양의 돌다리가 모두 365개 놓여있다. 1년을 상징하는 365개의 돌다리 하나하나에는 숫자가 새겨있고, 돌다리 사이로는 고요히 물이 흐른다. 첫발을 내딛는 돌이 1월 1일석, 그다음엔 1월 2일석…맨 끝이 12월 31일석이다. 중국인들은 이곳에 오면 수생보를 빼먹지 않고 걷는다고 한다. 자기 생일이 새겨진 돌을 찾아 소원을 빌면 이루어진다고 믿기 때문이다. 발 도장을 찍은 것도 모자라 셀카봉에 스마트폰을 달아 셀프사진까지 찍는다.

　돌다리를 유심히 살펴보면 아래에 또 다른 글이 새겨있다. 각 날짜마다에는 그 날짜에 태어난 역사적 인물들을 함께 새겨놨다. 예로 1월 1일석에는 '古柏汀고백정 1863', 2월 26일석에는 '雨果우과 1802~1865' 라 새겨 있다. 우과는 프랑스 소설가 빅토르 위고를 말하는데 사망년도인 1885년을 1865년으로 잘못 새겨있다. 그리고 11월 12일석에는 '郭沫若곽말약 1892~1978' 이, 같은 11월 12일석에는 중국 공화제 창시자이자 중국 혁명의 아버지라 일컫는 '孫中山손중산 · 쑨원 선생' 이 새겨있다. 곳곳에는 소수민족 할머니들이 찐 달걀을 판다. 찐 달걀로 출출한 배를 채우고 계속 걸었다.

옹사파관

'상록의 나무들이 우거진 긴 골짜기'란 뜻의 장청협 長靑峽·창칭샤에 들어서면 구룡반벽 九龍盤壁·지우룽판삐이 나온다. 암벽에 붙어 있는 나무뿌리가 마치 아홉 마리의 용이 얽히고설켜 꿈틀거리는 것과 같다해 붙여진 이름이다. 구룡반벽 맞은편에는 바위의 생김새가 길목을 지키고 있는 수사자 같다해 이름 붙은 웅사파관 雄獅把關·씨옹쉬빠관이 있다. 계속 걷다보면 측신암 側身岩·처셴얀이 나온다. 측신암은 말 그대로 암벽 사이에 생긴 굴이 매우 비좁아 몸을 옆으로 해야만 통과할 수 있는 곳이다. 측신암 표지석의 문구에는 '想從此岩過進敢不側身 상종차암과진감불측신'이라 새겨있다. 즉 '이 바위를 통과하려면 어느 누가 감히 몸을 옆으로 돌리지 않겠는가.'라는 뜻이다. 배가 많이 나온 사람은 옆 자세를 취해도 쉽게 통과할 수 없다. 그래서 비만 측정용 굴이라고도 불린다. 필자는 카메라 가방을 어깨에 메고도 쉽게 통과할 수 있었다.

측신암을 지나 조금 더 걷다보면 한 줌의 흙도 없는 바위틈에 뿌리를 내리고 살아가는, 나무의 강한 생명력을 보여주는 심근암 尋根岩·쉰껀얀이 있고, 높이가 8m, 폭 9m의 암벽에 붙어있는 뿌리가 마치 신화 속에 나오는 구천신녀 九天神女를 보는 듯 여인의 신비로운

수생보

미녀용

모습을 하고 있다해 붙여진 이름인 미녀용 美女榕·메이뉘롱도 있다. 미녀용은 벵골보리수이다. 그리고 조금 더 가면 천성호天星湖·티엔씽후가 나온다. 이곳에는 아담한 전각이 있고 화장실이 있어서 잠시 쉬어가는 곳이다. 더 이상 걸을 수 없는 사람은 호수 둘레길을 돌아 오른쪽으로 나가면 상점들이 있고 도로가 나온다. 중간 반환점이다. 이곳에서 전동차를 타고 다시 매표소 쪽으로 나갈 수 있다. 그렇지만 이곳에서 나가면 참으로 아름다운 경관을 놓치게 되는 결과를 초래하게 된다.

계속 걷다보면 자연이란 기술자가 만든 아치형 다리인 '橋上橋上橋교상교상교·챠오샹챠오샹챠오'란 다리를 만나게 된다. '다리 위에 다리 그 위에 다리'란 뜻이다. 많은 사람들은 이 다리를 '하늘에 떠있는 돌다리가 별처럼 아름답다.'는 뜻으로 천성교天星橋·티엔싱차오라 부르지만, 포의족은 하늘에서 천 개의 별이 떨어져 생성되었다는 전설이 있다. 교상교상교는 석회암 동굴이 무너지고 남은 동굴의 일부분으로 형성된 천연다리이다. 정말이지 바위산 사이에 걸쳐있는 이 아치형 다리는 인간의 손으로 그 어떤 가공도 하지 않은 자연 그 자체인 예술작품으로 감탄사가 절로 나온다.

카르스트 지형으로 생성된 자연풍광으로 산과 물 그리고 동굴이 어우러진 천성교 풍경구를 걷다보면 억겁의 세월동안 태고의 신비를 간직하고 있는 또 하나의 숨겨진 보물창고인 천성동天星洞·톈싱둥이 나온다. 지하에 이렇게도 아름다운 또 다른 세계가 있다니 참으로 놀랍다. 어딘가에 용왕님이 계시는 용궁 같다.

그럼 이렇게 신비하고 기이한 동굴은 어떻게 생성된 것일까?
　천연동굴은 화산동굴火山洞窟과 석회동굴石灰洞窟로 나뉜다. 화산동굴은 용암동굴溶岩洞窟이라고도 하는데, 화산이 폭발할 때 용암 속에 발생한 기포가 터지지 않은 채 용암이 그대로 굳어지면서 생성된 동굴을 말한다. 우리나라 제주도에 있는 만장굴이 그 대표적인 예이다. 그리고 석회동굴은 석회암 지형에 탄산을 함유한 지하수가 흘러들어가 흐르면서 녹고 재결정되는 과정을 반복하며 생성된 것을 말한다. 우리나라 단양에 있는 고수동굴과 삼척에 있는 환선동굴 등이 그 대표적인 것들이다. 특히 석회동굴의 경우 돌고드름이라 불리는 종유석鐘乳石과 대나무의 싹 모양처럼 생겼다해 이름 붙은 석순石筍·물에 녹은 석회암이 천장에서 떨어지면서 바닥에 오랫동안 굳어서 된 돌순은 1년에 0.1mm 그러니까 100년이라야 겨우 1cm밖에 자라지 않는다고 하니 억겁의 세월이 빚어낸 자연의 신비가 아닐 수 없다.
　굴곡이 많은 동굴 안에는 석순들이 기묘하게 서서 자라고 대형 돌고드름이 거꾸로 매달려 절묘한 장관을 이룬다. 이뿐만이 아니다. 천장을 수놓고 있는 석화石花는 마치 바다 속의 화려한 산호초를 보는 듯하며, 또 어떤 것들은 설화雪花가 햇볕에 반사되어 반짝반짝 순백의 다이아몬드 가루를 뿌려놓은 듯하다.
　동굴 안의 물도 말 그대로 명경지수이다. 회색빛 석회암이 응고되어 여러 자연의 형상들을 만들었는데 사람들이 천연의 작품 하나하

천성교

나에 이름을 붙여 놨다. 물의 침식작용에 의해 생성된 각종 진귀한 모습의 종유석과 석순을 하나하나 감상하면서 밖으로 나왔다. 밖의 온도와 동굴 안의 온도차가 심해 카메라 렌즈에 김이 짙게 서려 도저히 사진을 찍을 수 없는 아쉬움이 있었다.

물의 침식작용으로 인해 뾰족한 석회암들이 숲을 이루 듯 펼쳐져 있어 아기자기하면서도 괴이한 풍경을 갖고 있는 비밀의 정원 같은 수상석림水上石林·수이상스린을 지나면 장관이 수려한 은련추담銀璉墜潭·인롄쭈이탄 폭포를 만나게 된다. 폭포군 가운데 가장 아름다운 폭포로 평가되는 은련추담 폭포는 수량이 적당할 때 바위 가장자리로 흐르는 물줄기가 마치 은으로 줄줄이 엮은 다발이 흩어지는 것 같다해 일명 은목걸이 폭포라고도 불린다.

폭포 끝에서 만나게 되는 마지막 비경인 은련추담 폭포는 계절과 수량에 따라 다양한 모습을 연출하기 때문에 가장 우아하고 아름다운 폭포지만 풍수기 때는 은목걸이 모양을 볼 수 없다. 크고 작은 여러 개의 모든 폭포수는 대지의 여신 자궁 안으로 떨어진다. 그리고 흐르고 흘러 황과수 폭포의 대미를 장식한다.

"有水皆成瀑·是石總盤根유수개성폭·시석총반근" 즉 "물은 모두 폭포로 이루어져 있고, 돌은 전부 뿌리가 뒤엉켜있다"는 천성교 풍경구는 말 그대로 바람과 물의 작품임과 동시에 세월의 작품이다. 이 모든 경관 하나하나가 인간의 손길이 아닌 자연의 조화로 만들어 낸 또 하나의 신기한 자연현상이다.

은련추담 폭포

세계 4대 폭포
황과수 폭포
黃果樹

서하객 입상

귀주를 대표하는 첫 번째 풍경인 황과수황귀수 폭포는 귀주성 중서부에 있는 현급 시인 안순시 서남쪽 45㎞에 위치해 있다. '중화 제1폭포'라 불리는 황과수 폭포는 중국 명나라 때의 지리학자이자 유명한 여행가였던 서하객이 황과수 폭포 밑에 서서 "흰 물은 스스로 하얀 꽃으로 변하고, 아름다운 무지개도 직포기織布機 없이 수놓아지네."라며 감탄했다고 한다. 분재와 황과수가 있는 정원에는 서하객이 다녀간 것을 기념하기 위해 지팡이를 왼쪽 팔에 끼고 양손에는 뭔가를 펼쳐들고 황과수 폭포 쪽을 응시하고 있는 서하객의 입상이 있다. 1997년 5월 28일에 세운 것이라고 한다. 아래에도 돌 위에 앉아 황과수 폭포를 바라보고 있는 서하객의 석상이 있다. 광대뼈가 튀어나올 정도로 말랐다.

황과수 폭포가 세상에 알려진 것은 불과 30여 년 전인 1980년이다. 폭포가 첩첩산중에 있어서 아무도 폭포의 존재를 몰랐기 때문이다. 황과수 폭포군에는 주변에 다양한 크기의 총18개의 폭포가 널려있어 방대한 폭포가족을 이룬다. 각기 모양에 따라 '천생교天生橋·톈성챠오'·'두파당

풍수기 때의 황과수 폭포(귀주성 사진작가 歐陽昌佩 제공)

陡坡塘·도우포탕'·'라사탄螺絲灘·뤄스탄'·'은련추담銀練墜潭·인랸주이탄'·'성협비폭星峽飛瀑·싱샤페이푸' 등 이름 뒤에 橋·塘·灘·潭·瀑 등을 붙여 이름만 들어도 어떤 비경인지를 알 수 있게 했다.

이 지역에서 폭포가 발견된 후 폭포의 이름을 무엇으로 정할지 많은 논란이 있었다고 한다. 결국 황과수 폭포라 이름을 정했는데, 황과수란 독특한 이름은 이 일대에 군락을 이뤄 자생하고 있는 노란색 과일인 황과黃果·황궈에서 딴 것이다. 이뿐만이 아니다. 포의족의 전설에 의하면, 아주 먼 옛날 어떤 나무에 노란색의 열매가 두 개 달려 있었다고 한다. 이 나무는 황궈수였다. 마침 이곳을 지나가던 청년이 그 열매를 따서 먹으려고 했다. 옆에 있던 노인이 청년이 열매 따는 것을 말리던 중 노란 열매 한 개가 폭포로 떨어졌는데 그 뒤로 황과수 폭포라 불리게 되었다는 것이다. 황과는 레몬에 가까운 과일이다.

이곳 사람들은 황과 잎이 방수효과가 있고 서늘하기 때문에 여름에는 황과 잎을 따서 밀짚모자처럼 만들어 쓰기도 한다.

황과수 폭포는 높이 77.8m, 너비 101m로 카르스트 지역에서는 보기 드문 초대형 폭포로 6방위에서 폭포를 감상할 수 있다. AAAAA급, 즉 5성급 풍경구인 황과수 폭포는 아시아에서는 가장 크고 남미의 이구아수 폭포, 아프리카의 빅토리아 폭포, 북아메리카의 나이아가라 폭포와 함께 세계4대 폭포에 속할 뿐만이 아니라 세계에서 가장 큰 폭포 군으로 선정되어 기네스북에도 수록되었다. 그렇지만 유네스코 세계자연유산에는 등재되지 못했다. 그 이유는 황과수 폭포 맞은편 절벽위에 있는 소수민족이 사는 오래된 가옥들이 경관을 해치기 때문이라고 한다. 그렇지만 귀주성 인민정부에서는 머지않아 이곳에 있는 가옥을 모두 철거 후 다시 유네스코 세계자연유산의 지정을 신청할 계획이라고 한다.

  매표소에서 폭포가 있는 곳까지는 산책로를 따라 약 1㎞를 걸어가야 한다. 가까이 다가가면 물보라가 온몸을 적신다. 폭포의 측면과 정면에서 황과수 폭포의 대위용을 감상한 후 황과수 폭포의 또 다른 모습을 보기 위해서는 폭포 정면 절벽에 나있는 비탈길을 따라 한참을 올라가야 한다. 굽이돌면 폭포 뒤편으로 이어지는 길이 나있고 폭포수 뒤에는 비밀의 동굴이 숨겨져 있다. 길이 100m에 달하는 절벽 동굴인 수렴동 水簾洞 · 수이롄동이다. 수렴동의 수렴 水簾은 '물로 친 발' 즉 주렴 珠簾이란 뜻이다. 동굴 안에서 바라보면 서우담 犀牛潭으로 떨어지는 폭포수가 마치 발처럼 드리워져 있다해 붙여진 이름이다. 은백색의 얇은 커튼을 쳐놓은 것 같다.

  수렴동 안에는 1개의 폭포와 5군데의 광장 그리고 3곳의 연못이 있

갈수기 때의 황과수 폭포

수렴동

귀주성 요리(8)

다. 수렴동의 일부 구간은 천장에서 물이 떨어져 흠뻑 젖기 때문에 비옷이나 우산을 준비해야한다. 그러나 폭포수로 샤워한 기분을 느껴보는 것도 좋다.

수렴동을 지나 한참을 가면 산 정상으로 이어지는 에스컬레이터가 나온다. 길이가 380여 m로 타는 시간은 5분정도 걸린다. 에스컬레이터를 타고 올라가는 동안 양쪽 벽에는 귀주를 상징하는 사진들을 전시해 놓았다. 에스컬레이터를 타고 오르내리며 지루하지 않도록 배려한 것인데, 여러 각도에서 촬영한 황과수 폭포 사진이 압도적으로 많다. 다 오르면 이 지역 소수민족의 전통의상을 대여해 주는 곳이 있어 황과수 폭포를 배경으로 기념사진을 찍기도 한다.

매년 8월 중순경에는 '황과수절黃果樹節'이라 해 황과수 폭포 인근에 살고 있는 소수민족들이 전통의상을 차려입고 모여 관광객들과 함께 가무행사인 잔치를 벌인다. 이때는 이곳이 워낙 오지이기 때문에 소수민족이 유난히 많아 다채로운 귀주의 속살을 속속들이 들여다볼 수 있다.

TIP

❶ 황과수 폭포의 웅장한 기세를 보기 위해서는 수량이 가장 풍부한 7~8월이다. 갈수기에는 이런 감동을 느낄 수 없다.

❷ 안순은 귀주와 운남을 잇는 교통의 중심지이다. 안순의 먹자골목에서 안순의 대표적 길거리 음식인 과권裹卷 · 궈주엔을 맛보도록 하자. 과권은 어성초 · 숙주 · 절인 무 · 콩 · 다시마 · 차가운 면에 닭고기와 고추양념인 소스를 넣고 면피로 싸서 먹는다.

서유기의 전설이 깃든
용궁
龍宮

중국에서 가장 길고 아름다운 수용동水溶洞이 있는 용궁으로 갔다. 용궁은 안순시 남부 교외지역으로 약 32㎞쯤 떨어진 지점이다. 우리나라에서는 용궁이 '용왕의 궁전'으로, 용왕의 병을 고치기 위해 별주부가 토끼 간을 찾으러 토끼의 화상을 들고 육지로 나가 토끼를 유인해 용궁으로 데려온다는 해학적인 이야기가 서려있다. 하지만 이곳에서는 당나라 현장 스님이 불경을 구하러 손오공, 저팔계, 사오정을 데리고 지금의 인도인 천축국 天竺國으로 가는 도중 수없는 고난을 당하면서도 마침내 목적지에 도달해 그 공적으로 부처가 된다는, 풍자와 해학과 재치로 가득한 동양소설의 걸작 서유기의 전설이 깃들어 있다.

'중국 제일의 종유석 동굴'이란 별칭을 갖고 있는 용궁은 국가중점풍경구로 AAAAA급 관광지이다. 호텔로 치면 5성급에 해당한다. 석회암동굴인 용궁의 전체 길이는 중국에서 가장 긴 15㎞이나 현재 탐사가 가능한 길이는 5㎞이며, 총 면적은 물경 60㎢에 달한다.

용신제를 올리는 들판(1)

용신제를 올리는 들판(2)

   용궁은 불가사의한 카르스트 지형으로 경관도 독특하지만, 산과 숲 그리고 물과 동굴이 한데 어우러져 환상적인 조화를 이루고 있어 '대자연의 기적'이라 불리는 곳이다. 용궁의 입구인 용문 오른쪽으로는 높이 45m의 폭포가 있고 배를 타고 들어가야만 직접 동굴 안을 탐사할 수 있다. 천태만상의 종유석이 티 없이 맑은 푸른 물에 거꾸로 비쳐 천궁天宮·하늘궁전처럼 느껴진다. 이런 신비스런 분위기 때문에 '용왕의 거실'이라 불리기도 한다.

   용궁은 사시사철 모두 아름다운 풍광을 자랑하지만 유채꽃이 만발하는 봄이 가장 눈부시게 아름답다. 특히 매년 음력 2월 초이튿날 포의족布依族·부이족은 '용이 고개를 드는 날'이라 해 용신제를 올리는데 이때 방문하면 가장 좋다.

TIP

   용궁 입장권에는 용궁 풍경구, 유람선 표, 선당漩塘·쉬엔탕 풍경구를 모두 포함하고 있다. 학생증을 제시하면 반값 할인이 된다. 용궁 풍경구 안은 매우 넓고 크기 때문에 유람선을 타야한다. 그리고 간혹 천장에서 종류석이 떨어지는 경우가 있으므로 한곳에 오랫동안 지체하지 말고 바로 이동하는 것이 안전하다.

귀주 4대 전통마을 중 하나
청암고진
靑岩古鎭

　　　　　　동굴에서 나와 안순시 인민정부가 주최한 환영연회에 참석한 후 청암고진칭옌구쩐으로 이동했다. 여기에서 청암은 푸른 돌을 사용해 지었다 해서 붙여진 이름이며, 고진은 '옛 마을'을 일컫는 말이다. 귀주 4대 전통마을 중 하나인 청암고진은 귀양에서 남쪽으로 29km쯤 떨어진 곳에 위치하며 1378년 명나라 초, 운남성으로 가는 길목에 건설된 군사요지로 주둔군의 보급창이자 상업중심지로 이용되었던 곳이다.

　600여 년의 역사를 자랑하는 청암고진은 도교사원·불교사찰·천주교회·개신교회 등 여러 종교와 문화가 공존하면서 전쟁 한번 치르지 않아 옛 건축물이 그대로 남아 있다. 천주교가 전해지면서 수사修士 장문란張文瀾·장웬란을 포함한 4명이 극비리에 처형되는 '청암교안靑岩敎案·칭옌쟈오안' 과 같은 아픈 사연을 안고는 있지만 '사교합일四敎合一' 의 다종교 마을로 진화한 곳이 바로 청암고진이다.

　청암고진의 으뜸은 '조장원가趙狀元街' 이다. 청나라 11대 황제인 광서제 때의 일이다. 이 조용한 마을에 중국 역사상 유일무이하게 홍정장원紅頂狀元이 탄생했다. 이곳 청암 출신 조 씨 집안의 둘째아들인

귀주성 요리(9)

조이형이 즐겨먹고 장원급제했다는 돼지족발

조이형趙以炯·자오이싱과 넷째아들인 조이규趙以奎·자오이구이 형제가 나란히 과거시험에 합격했다. 형은 장원급제하고 동생은 진사가 되는 경사가 생긴 것이다. 조이형은 중국 명나라 때부터 시행해온 과거시험에 중국 서남출신으로는 유일하게 장원급제한 사람이다.

장원급제한 사람은 흰색구슬이 달린 관모를 쓰는 것이 관례였다. 그러나 조이형이 장원급제했을 때는 마침 황후의 책봉식이 있었고 장원급제한 사람이 황후 책봉서를 읽었다고 한다. 그런데 책봉서를 읽을 조이형의 관모에 달린 구슬이 흰색이라서 잘 보이지 않고 어울리지도 않았다. 그래서 그해만은 황후의 책봉을 기념하기 위해 특별히 붉은 구슬을 달았다고 한다. 이런 연유로 인해 중국 역사상 유일한 홍정장원이 탄생한 것이다. 이후 조 씨 가문은 명문가로 발돋움하게 된다. '조이형장원고거'는 1997년 9월 12일 귀양시 문물 보호단위로 공포했다. 입구에는 '文魁문괴'라는 편액이 걸려있다. '글에 있어서는 우두머리'란 뜻이다.

성곽은 차곡차곡 돌을 쌓아 올렸으며 한 폭의 수묵화처럼 푸르고 경사진 돌길을 밟고 오르면 돌담길 양 옆은 모두 상가다. 길목 주점인 노주방老酒坊에는 술항아리가 진열되어 있는데 배갈고량주냄새가 진동한다. 상가에는 인형, 탈, 전통 옷감을 비롯한 각종 기념품과, 찻집, 식당 등이 즐비하다. 특히 눈에 많이 띄는 것은 먹음직스런 돼지족발이다. 이곳에서는 돼지족발을 많이 먹는다고 한다. 그 이유는 장원급제한 조이형과 관련된 이야기가 전해져온다. 조이형이 어릴 적 돼지족발을 즐겨먹었고 이로 인해 두뇌가 총명해져 장원급제를 할 수 있었다는 소문으로 인해서이다.

청암고진은 1992년 역사문화마을로 지정되었다. 이곳 전통 천을 파는 가게에서 초를 이용해 밑 문양을 그리고 녹인 후 염색한 아주 독특한 천을 구입했다.

안순 유채꽃 축제

3월의 귀주는 어디를 가나 유채꽃 향연이 펼쳐진다. 특히 안순은 온 대지에 노란 물감을 뿌려 놓은 듯하다. 안순시에서 약 32km쯤 떨어져 있는 용궁 주변에서는 매년 3월 중순을 즈음해 '귀주·안순(용궁) 유채꽃 축제'가 열린다. 수많은 사람들이 자기네들만의 소수민족 고유 의상을 화려하게 차려입고 전통악기를 연주하면서 흥겹게 춤을 추며 행사장으로 모여든다. 이 지역은 물론 주변에 사는 민족 모두가 나온 것 같아 마치 소수민족 전시장 같다.

가장 많이 선보인 것은 갈대생황 춤이다. 생황은 갈대와 대나무로 제작한 노생을 말하는데, 중국의 소수민족인 묘족, 동족, 요족, 수족, 이족 등이 사용하는 취주악기이다. 안순지역에 분포해 있는 소수민족 중 가장 특이하면서 우리나라 한 씨韓氏와 밀접한 관계가 있는 민족이 수족水族·수이족이다. 수족은 만물에 영혼이 깃들어 있다고 믿으며 자연을 숭상한다. 집을 지을 때는 배산임수背山臨水·산을 뒤에 두고 물을 앞에 대하고 있는 땅의 형세를 중요하게 여긴다. 그렇기 때문에 마을은 대개 산을 등지고 물가와 인접해 있어 전망이 아름답다.

'안순유채꽃축제 개막' 축하 행사 장면(1)

안순유채꽃축제 개막 축하 행사 장면(2)

안순유채꽃축제 개막 축하 행사 장면(3)

안순유채꽃축제 개막 축하 행사 장면(4)

이뿐만이 아니다. 수족을 대표하는 성씨가 '韋위·웨이' 씨다. 삼한시대에 중국으로 건너왔다는 '韓한' 씨와는 같은 집안이라고 생각한다. '韓'에서 왼쪽 변을 뺀 글자가 '韋'라는 사실이 두 집안 간의 관계를 말해주며 한 씨와 위 씨가 한 핏줄이란 사실은 수족 사람이면 누구나 다 알고 있는 역사라고 말한다. 실제 수족 중 위 씨는 한 씨와 서로 결혼하지 않는다고 한다.

수족은 음식문화에 있어서도 우리와 많이 닮았다. 고추를 즐겨먹고, 매운 음식을 좋아하며, 개고기를 즐길 뿐만이 아니라 물김치는 맛과 색깔 그리고 모양에서까지 수족의 물김치와 정확히 일치한다. 물론 몽골반점도 있다.

유채꽃 축제는 매년 열리는 행사지만 이번에는 우리 일행을 위해 더욱 성대히 열리는 행사라 한다. 인산인해란 말이 여기에서 나오지 않았나 싶을 정도로 많은 인파들이 운집했다. 행사장에서 빠져나와 유채꽃이 만개해 있는 곳으로 갔다. 우후죽순처럼 솟아있는 봉우리와 봉우리 사이의 너른 평지밭에는 유채꽃이 만발했다. 노란 물감을 뿌려놓은 듯하다. 참으로 환상적인 노란 유채꽃 향연이 펼쳐져 있다. 감탄사가 절로 나온다.

대형민족가무극
다채 귀주풍
多彩貴州風

　　　　　　　귀주성에는 총 55개의 소수민족 중 현재 49개의 소수민족이 살고 있다. 예로부터 살아온 소수민족만 해도 17개나 된다. 귀주성 전체 인구의 약 38%를 차지하는 숫자다. 귀주성에서 가장 많은 소수민족은 묘족이며, 포의족, 토가족이 그 뒤를 잇는다. 중국 소수민족 가운데 가장 화려한 의상을 입는 민족인 묘족은 섬세한 자수와 은장식을 자랑한다. 그렇기 때문에 눈에 가장 많이 띈다. 손님이 오면 문 앞까지 나와 술을 대접하며, 노래를 부르거나 춤을 추며 환대하는 전통을 지니고 있는 묘족은 인구의 절반 이상이 귀주성에 거주하고 있다. 이들은 입는 옷 색깔에 따라 홍묘紅苗 · 홍먀오 · 흑묘黑苗 · 헤이먀오 · 백묘白苗 · 바이먀오 · 청묘靑苗 · 칭먀오 · 화묘花苗 · 화먀오 등 그 갈래도 많다.

　중국의 소수민족들은 "말을 할 줄 알면 노래를 부르고, 걸을 줄 알면 춤을 춘다"는 말이 있을 정도로 춤과 노래를 즐긴다. 음주가무를 즐기는 17개 소수민족의 춤과 노래를 한곳에 모은 것이 귀주성 대형민족가무시단大型民族歌舞詩團이 공연하는 '다채 귀주풍'이다. 여러 소수민족의 다양한 춤과 노래와 의상과 각 민족만의 고유한 전설을 엿볼 수 있는, 예술성이 뛰어난 공연이다.

　다채 귀주풍은 모두 7막으로 이루어져있다. 제1막은 열정적이며 손님접대를 잘하는 묘족이 귀빈을 맞는 활기찬 모습의 민족댄스로 연다.

다음 글은 이날 '다채 귀주풍'을 함께 관람한 교통정보신문의 남기수 상임고문이 쓴 전반적인 분위기의 공연내용이다.

"샛노란 유채꽃으로 메운 들판에 풀피리 소리가 여리게 들린다. 진분홍 복숭아꽃이 도타운 봄 햇살에 활짝 웃는다. 촉새 몇 마리가 꽃나무 가지에 앉아 쭈뼛쭈뼛 꽁지를 흔들어 대며 지저귄다. 사람의 영혼을 흡입시킬 듯한 푸른 하늘, 흰 구름 한 점이 한가롭게 걸려 있다. 수백 척 높이의 황과수폭포가 허연 힘줄을 드러내고, 푸른 물소리가 간지럽게 흐르는 따스한 봄 날. 열다섯의 소녀 하나가 산으로 둘러싸인 평화롭고 아름다운 고향을 찾아온다. 소녀가 부르는 전통 노래 '高原我的家 저 산 위의 나의 집'의 높은 음률이 산골짝을 따라 길게 메아리 된지 얼마 후 그를 기다리는 아빠, 엄마, 친구 그리고 고향마을 사람들이 손을 흔들며 맞는다. 나무 북 Wooden Drum 리듬과 대나무 피리 멜로디에 맞춰 원색의 옷과 장식품으로 치장한 젊은 남녀가 흥겹게 춤을 춘다. 하늘과 땅과 물이 어울린 그들의 삶을 표출하는 것이다. 서양악기와는 또 다른 자연의 소리, 태초부터 들어왔던 그들만의 음색, 마치 산울림 속으로 흘러가는 안개 같은 음감에 때로는 발과 손을 들며 몸을 돌리고, 남녀 간의 사랑의 표시를 하며 두부를 흔드는 파랑새의 몸짓이 빠르게 이어진다. 소년들 사이로 소녀가 스며들다가 다시 소녀사이로 소년이 스며든다. 마치 그들이 수공하는 원색의 천이 한 올 두 올 만들어 지는 것 같다. 소녀들은 섹시하고 소년들

다채 귀주풍 공연

대형민족가무시단 단원들

은 역동적이다. 멀리서 온 딸에게 어머니는 붉고 푸른 원색 옷과 용이 승천하는 모양을 한 은장식품 모자를 입히고 씌어 준다. 장식품의 편린들이 마치 잘 다듬어진 금강석처럼 영롱하다. 어머니는 딸을 성인으로 인정한다. 소년 하나가 붉고 큰 꽃 한 송이를 소녀의 머리에 꽂는다. 그때 새벽 닭이 운다. 갑자기 무서워진다. 이민족의 침략이다. 침략자는 무서운 얼굴로 사냥용

귀주성 요리(10)

총과 칼을 뻗쩍이며 원주민만의 평화로운 삶을 깨트리고 만다. 마을 사람들은 이에 대항한다. 그러나 힘의 논리에 따라 강強은 살고 약弱은 스러진다. 이후로 무대에는 묘족, 동족, 토가족 등 소수민족의 전통 춤과 노래가 이어진다. 어쩜 저 무대의 춤은 스러진 약자들이 지난 날 평화를 기대하는 춤일지도 모른다. 이 지구상에서 가장 단순소박한 사람들이 자연과 함께 자연에 의해 사는 과정은 그들만의 삶의 역사요. 영원히 죽지 않는 혼이요, 문화이기에 말이다."

　당대의 시성 두보의 시 중에서 '國破山河在국파산하재' 란 시구가 있다. 나라는 망하고 국민은 모두 흩어졌지만 산과 강은 그대로 있다는 뜻이다. 물론 이 시는 '안사의 난安史之亂 · 중국 당나라 현종 말기인 755년에 안녹산과 사사명이 주동이 되어 일으킨 반란' 을 몸소 체험한 두보가 안사의 난으로 강토가 피폐해지고 백성들의 삶이 비참하게 찢겨지는 목불인견의 참화를 겪은 후 썼지만, 마치 이들 소수민족도 비록 나라가 없어지고 지도자가 달라져 중국이라는 거대한 국가에 귀속되어 한족과 더불어 살아가지만 이들 소수민족의 혼과 문화는 사라지지 않고 영원히 남아 있는 것을 두고 하는 말 같다. 참으로 끈질기게 계승발전해온 소수민족의 문화이며 정신이라는 생각이 든다.

세계 최대 크기
정양 영제교
程陽 永濟橋

귀주성의 경계를 넘어 광서성廣西省·광시성으로 갔다. 귀주성에 속해있지는 않지만 꼭 보여주고 싶은 두 군데가 있어 첨언하기로 한다. 광서성 정양程陽·창양에는 2007년 세계에서 가장 아름다운 목조다리 베스트 10에 뽑힌 유명한 풍우교가 있다. 여기까지 오는 데는 진눈깨비가 내리고 비가 계속해서 내렸다. 게스트 하우스에 여장을 푼 후 우산을 받쳐 들고 풍우교로 갔다. 안내판에는 '程陽 永濟橋 정양 영제교·창양 용지치아오'라 쓰여 있지만 '정양 풍우교'(이하 '정양 풍우교'라 칭함)로 더 널리 알려졌다. 안내판 옆에는 곽말약의 초서체로 쓴 시가 석판에 새겨 있다. 내용은 '程陽橋 雪景정양교 설경'으로 정양교에 눈이 내릴 때의 아름다운 경치를 보고 읊은 시이다.

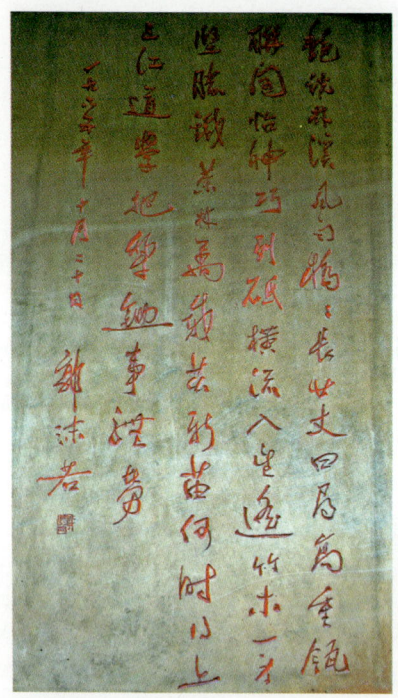

곽말약 시가 적인 석판

程陽橋 雪景

郭沫若 詩 · 번역 羅千洙

艷說林溪風雨橋 염설림계풍우교
임계林溪 · 정양에 있는 강이름에 있는
풍우교를 아름답게 말하려니

橋長卄丈四尋高 교장입장사심고
다리의 길이는 이십 장에 사방이 높고

重瓴聯閣怡神巧 중령련각이신교
무거운 기와로 연이은 집은
온화하면서도 신비롭도록 교묘하고

列砥橫流入望遙 열지횡류입망요
결이 고운 숫돌처럼 흘러 넘쳐 들어오는
물을 멀리서 바라보네.

竹木一身堅胜鐵 죽목일신견성철
대와 나무가 한 몸으로 견고함이 철보다 뛰어나고

茶林萬載茁新苗 다림만재줄신묘
차나무 숲은 만년토록 새로운 모송을 싹틔웠네.

何時得上三江道 하시득상삼강도
어느 때에 삼강도신선의 세계에 올라갈 수 있으며

学把犁鋤事體勞 학파리서사체로
쟁기와 호미 잡은 법을 배우면 몸소 애써 일하겠네.

멀리에서 바라본 정양 풍우교

정양 풍우교

개울물에 반사된 마안채

다리橋 · 주랑廊 · 정자亭가 한 몸체로 이뤄져 있어서 조형미가 아름다운 정양 풍우교는 1912년 건설되었지만, 1937년과 1983년 홍수로 훼손되었다가 다시 반복해서 재건한 풍우교이다. 길이 77.76m, 넓이 3.75m, 높이 11.52m로 장랑식長廊式 · 긴 복도식 목조다리인 정양 풍우교는 돌을 벽돌모양으로 만들어 강 위에 쌓아 5개의 다리기둥을 만들었는데, 물길의 흐름을 원활하게 하고 저항을 최소화하기 위해 앞쪽부분에는 각을 만들었다. 본체에는 비바람을 피할 수 있게 지붕이 있고, 주랑 복도 좌우에는 앉아 쉴 수 있는 난간이 있으며, 일정한 간격으로 탑 모양의 누각이 세워져 있다.

정양 풍우교를 건너 다리 아래로 난 농로를 걸었다. 개울가에는 수차가 줄지어 있다. 논에 물을 끌어 올리는데 쓰이는 수차이다. 공터에는 짚을 이용해 소, 탈곡기 등 조형물을 만들어 놨다. 개울 왼쪽에는 전답이 있고 그 위에 첫 번째 마을인 마안채馬安寨 · 마안자이가 있다. 마안채의 지형은 앞에는 냇물이 흐르고 뒤에는 산을 등지고 있는 배산임수背山臨水이다. 예로부터 풍수에서 배산임수의 땅은 가장 이상적인 취락형태로 경치도 좋고 살기에도 편리한 곳이라고 일컬어져 왔다. 삼나무로 지은 고풍스런 가옥들이 개울물에 반사되어 고요한 전원풍경과 함께 수묵화를 보는 듯하다.

개울가를 조금 더 걷다보면 왼쪽에 말 동상이 있고 다리 건너 오른쪽에는 정수井水 · 징쉐이, 즉 우물이 있다. 관광객들과 주민들에게 알리는 알림판이 있다. 이 우물에서 얼굴과 손과 발을 씻는다거나, 과일이나 의복을 씻다 걸리면 1차 적발 시 벌금 500위안을 물린다는 내용이다. 동족의 선조들은 강을 따라 거슬러 올라왔기 때

짚으로 만든 소

문에 주로 물가에서 살며 우물물을 가장 신성시하는 민족이다.

포장된 길을 따라 한참을 올라가면 동채 주방술집이 나오는데 술독이 어마어마하게 크다. 35계단을 오르면 마을광장이 나온다. 광장 중앙에는 직사각형 판석이 깔려 반질반질하고 맞은편에 7층 고루가 우뚝 서있다. 광장에서는 매일 오전 10시 30분과 오후 3시 30분에 2차례 공연이 있는데 오늘은 계속 내린 비 때문에 취소되었다.

정양에는 정양팔채程陽八寨·창양바자이라 해 모두 8군데의 마을이 있는데, 마안채馬安寨·마안자이·평채平寨·핑자이·암채岩寨·옌자이·동채東寨·둥자이·대채大寨·다자이·평탄채平坦寨·핑탄자이·평포채平舗寨·핑푸자이·길창채吉昌寨·지창자이이다. 모두 인접해 있다. 우산을 받쳐 들고 골짜기를 흘러내리는 빗물에 신발을 젖으며 이웃마을인 암채로 갔다. 암채는 바위가 많아 붙여진 이름으로 정양에서 핵심 풍경구 중 한곳이다. 이곳에는 陳진·楊양·吳오·張장씨가 223가옥에 1,030여 명이 살고 있다.

평채를 지나 암채로 가는 소로에는 평석이 깔려있고 주변에는 온통 바위들이다. 오른쪽에는 당나라 때의 교량양식인 합룡교合龍橋·허룽치아오가 있다. 기와를 얹은 낡은 지붕 위에는 여의주를 가운데 두고 용 두 마리가 입을 벌리고 있다. 왜 풍우교의 이름을 합룡교라 지었을까 궁금했다. 지붕 위에 용 두 마리가 있어서일까?

중국에서는 터진 제방을 수리 복구하는 것을 합룡이라 하고, 다리를 만들 때 좌우 양끝부터 시공해 마지막으로 중간에서 접합하는 것도 합룡이라고 한다. 후자에 속한 공법으로 완공했기에 합룡교란 이름을 붙였지 않았나하고 필요 이상의 생각을 해봤다. 아무튼 관리소홀로 인해 언제 무너질지 모를 정도로 매우 낡았다. 돌로 쌓은 축대도 많이 무너져 내렸다. 계속해서 보수를 하고는 있다지만 근본적으로 하루빨리 개수공사를 통해 완전히 무너지는 것을 방지해

합룡교

마안채 광장과 고루

동채 술집

암채와 고루

야할 것 같다는 생각이 든다.

집집마다에는 남전초 풀잎을 따다 물들인 동포라는 옷감이 널려 있다. 암채고루 안에는 10여명의 노인들이 장작불을 피워놓고 손을 쬐며 담소를 나누고 있다. 대나무로 곰방대를 만들어 뻐끔 뻐끔 담배를 피우는 사람도 있다.

이뿐만이 아니다. 암채주변에는 삼나무, 산잣나무, 자연산 차나무 등이 있으며, 2개의 고루와 4개의 풍우교 그리고 한군데의 공연장이 있어 동족의 다채로운 문화와 풍물을 접할 수 있다. 특히 암채에는 비물질 문화전승인으로 중국공예미술의 대가인 양사옥楊似玉·양쉬위이 '工匠世家공장세가', 즉 공예장인명문가라 명명한 집에 살고 있다. 비는 계속해서 내렸다.

장족이 일군 피·땀의 결정체
평안장족제전
平安壯族梯田

　　　　　　　용승현에는 평안촌에 살고 있는 장족이 일군 평안장족제전平安壯族梯田·핑안좡주티티엔과 대채촌에 살고 있는 요족이 일군 대채요족제전大寨瑤族梯田·다자이야오주티티엔이 있다. 이를 합쳐 용척제전龍脊梯田·롱지티티엔이라고 한다. 용척은 '용의 척추'를 일컫는 말로 용척제전의 역사는 진나라 때까지 거슬러 올라간다. 진시황의 남방정벌에 쫓겨 산간벽지로 숨어든 장족과 요족의 선조들이 수백 년에 걸쳐 죽느냐 사느냐 하는 절체절명의 상황에서 산 전체를 깎고 개간해서 일군 농경지이자 생존의 터전이 용척제전이다. 필자가 찾은 곳은 평안촌에 있는 평안장족제전으로 계단식 논이 용의 등처럼 형성되어 있어 장관을 이룬다.

　　오지 중에 오지에 속한 평안장족마을에는 150여 가구에 800여 명이 살고 있다. 장족이 수백 년 동안 대대손손 살아온 이 땅에는 조상

평안촌 입구

긴 머리로 유명한 요족 여인들의 머리손질

들이 피땀 흘려 일궈놓은 계단식 논으로 인해 오늘날에는 가난에서 벗어나 좀 더 윤택한 삶을 살 수 있는 생활의 터전을 후손들에게 마련해준 셈이 되었다. 평안장족제전의 장관을 보기 위해 사시사철 많은 관광객들이 찾기 때문에 여행객들을 위한 게스트 하우스와 식당들이 들어서고 길가 곳곳에는 이 지역에서 채취한 온갖 산나물과 버섯 그리고 약제 등을 판매한다.

 버스에서 내려 표를 구입한 후 입구를 들어서면 평편한 돌이 깔린 경사진 도로가 나온다. 마을까지는 걸어서 한참을 올라가야 한다. 다리가 부실한 사람은 가마꾼이 대기하고 있기 때문에 편하게 올라갈 수 있다. 숙소는 마을 가장 위에 있는 전망 좋은 곳으로 정했기 때문에 이리저리 나있는 좁은 고샅길을 따라 한참을 올라 간 후에야 뻐근해진 다리를 쉴 수 있었다.

 평안장족제전은 최저해발높이 380m에서 최고해발높이 880m 사이에 있으며, 최대 경사가 50°에 달하는 대규모 계단식 논이다. 깎아지른 듯한 산기슭에서부터 산 정상까지 가지런하면서도 층층이 조성한 수천 개의 계단들이 산을 뒤덮고 있는 모습은 참으로 장관을 이뤄 탄성을 자아내게 한다. 한때 잡풀로 무성했을 척박한 산비탈이 이제는 지형을 따라 부드럽게 곡선을 그리며 논으로 바뀌었다. 정말이지 인간이 자연에 맞서 피와 땀과 온갖 정성으로 쌓아올린 인간승리의 한 발자취를 보는 듯하다. "龍脊梯田·天下一絕용척제전·천하일절", 즉 "용척에 있는 계단식 전답이 천하제일이다"라는 말을 실감할 수 있다.

평안장족제전을 제대로 구경하려면 마을 꼭대기까지 올라가서 겨우 한사람이 지나갈 수 있는 좁은 길이 나있는 굽이굽이 휘어진 능선을 따라 한참을 걸어야 한다. 비수기라 사람이 없어 표 동무와 함께 느긋한 마음으로 걸을 수 있어 좋았다. 이곳 사람들은 1호 관경점, 2호 관경점이라 이름 붙여 놨다. 1호 관경점(전망대)은 아홉 마리 용과 다섯 마리 호랑이란 뜻으로 '九龍五虎구룡오호'라 하고, 2호 관경점(전망대)은 달과 짝을 이루는 일곱 개의 별이란 뜻으로 '七星伴月칠성반월'이란다. 이름도 멋지게 지었다.

다음날, 이른 아침 대원들은 평안촌에서 대채촌까지 10여 ㎞에 달하는 다랑이 논 트래킹에 나섰지만 필자는 함께 하지 못했다. 표 동

칠성반월 관망대에서 바라본 풍광

무가 힘들다며 모두가 만류했기 때문이다. 개인적인 시간을 보내다가 오후에 버스승강장에서 합류하기로 했다.

오늘은 좀 더 느긋한 마음으로 어제 걸었던 길을 다시 걷기로 했다. 칠성반월이라 이름 붙은 다랑논에는 어제 밤 꽤 추웠는지 서리가 내려앉았고 저 멀리에는 구름이 눈 아래로 내려앉았다. 이런 장관을 감상하고 있자니 과연 명불허전名不虛傳이란 생각이 들었다.

장족 전통의상을 빌려 입고 기념사진도 찍었다. 긴 머리로 유명한 요족 여인들이 이곳까지 찾아들어 바닥에 자리를 펴고 물건을 판다. 계속 걸어 구룡오호 전망대까지 갔다. 다랑논 사이 계곡에 평안촌 마을이 아늑히 자리하고 있다.

이곳에는 다랑논을 빗대어 이런 우스갯소리가 전해진다.

> 靑蛙一跳三塊田 청와일도삼괴전
> 청개구리 한 번 폴짝 뛰면 세 논을 뛰어넘고
>
> 一床簑衣蓋過田 일상사의개과전
> 한 채의 도롱이로 밭을 덮는다.

산비탈의 경사가 심해 논배미 간격이 어찌나 좁던지 청개구리가 한 번 폴짝 잘못 뛰었다가는 황천길이라는 생각이 든다.

표 동무가 힘들어 하기에 가마를 태워 평안촌을 내려왔다. 사진에서 보는바와 같이 두 가마꾼이 환상의 콤비를 이루고 있다는 생각이 들었다. 올라갈 때는 키 작은 사람이 앞에 키 큰 사람이 뒤에, 그리고 내려올 때는 반대로 키 작은 사람이 뒤에 키 큰 사람이 앞으로 위치를 바꾸면 수평이 유지되기 때문이다. 평안촌을 내려와서 한참을 기다린 후 버스를 타고 천하제일의 산수도시라는 계림으로 갔다.

'하늘에는 천국, 땅에는 귀주'란 말답게 내 자신이 마치 여의봉을

구룡오호 관망대에서 바라본 풍광

장족전통의상을 입은 필자 부부

환상적 콤비인 가마꾼과 가마를 탄 표 동무

든 손오공과 함께 구름을 타고 신선들만이 살고 있는 동네를 다녀온 느낌이다. 참으로 꿈만 같은 황홀한 여행이었다. 비록 귀주성이 지형적으로 산악지대가 많아 접근성이 떨어져 관광인프라는 열악하지만 태곳적 자연의 신비를 고스란히 간직하고 있고, 소수민족문화의 다채로운 멋과 아름다움 그리고 웅장한 자연풍광이 가득한 귀주성의 다양한 매력에 빠져보았다. 일반인은 물론 화가나 사진작가들에게 귀주성을 여행하라고 강력 추천하고 싶다.

중국정부가 의욕적으로 추진하고 있는 서부대개발사업 대상지역으로 선정되어 경제의 활성화는 물론 귀주성 정부가 관광자원 개발 및 홍보에 적극 임하고 있어 앞으로 관광지로서 많은 발전이 기대되는 곳이다.

마지막으로 우리가 이동할 때마다 교통경찰이 나와 간선도로의 교통을 통제함으로써 많은 불편을 겪으신 운전자 여러분들에게 죄송하다는 말씀을 드리고, 성심성의를 다해 환대해주신 여러 소수민족과 귀주성 전영춘傅迎春 · 촨잉춘 여유국장과 홍의 여유국장인 조정추曹靜秋 · 차오징츄 씨를 비롯한 당국자 모든 분들께도 깊은 감사를 드린다.

여행후기

■ 친지들은 나에게 "중국의 무엇이 좋아서, 어떤 볼 것이 그렇게도 많아서 시간만 나면 한 두 번도 아니고 수십 번 중국을 가느냐?"고 묻는다. 이에 대한 나의 대답은 한결 같다. "지남철처럼 끌어당기는 뭔가가 있는데 나도 모르겠다. 그냥 가고 싶어서 가는 것이다. 그리고 기회가 되면 또 갈 것이다"라고.

중국을 여행할 때는 광대한 영토로 인해 무척 힘들다. 특히 오지여행은 더욱 힘들다. 어떤 때는 이런 힘한 곳을 다시는 찾지 않겠다고 굳은 다짐을 하지만 귀국하고 나서 며칠이 지나다 보면 언제 그랬느냐는 마음으로 변한 자신을 발견하게 된다. '극단적인 고통이 가장 아름답다.'고 한다. 정말 그렇다. 배낭을 둘러메고 중국의 오지에 속한 지역을 돌아다니다 보면 위험한 고비를 수 없이 넘기는 등 극단적인 고통이 뒤따른다. 나는 이 고통을 즐긴다.

많은 사람들은 심신이 고달프고 마음이 괴로울 때 조용한 산사(山寺)를 찾는다지만 난 그렇지 않다. 난 배낭을 꾸려서 여행을 떠난다. 여행을 하다보면 춘하추동이 있고 내가 일하고 편히 쉴 수 있는 곳이 있는 대한민국 땅에 태어난 것만으로도 감사한 마음을 가지며 내 자신이 얼마나 행복한 삶을 살고 있는지를 깨닫게 된다.

수지청즉무어(水至淸則無魚・맑은 물에는 고기가 살지 않는다)란 말이 있듯이 난 너무 깔끔하게 정돈된 집안분위기를 좋아하지 않는다. 너무 획일적이면 사람 사는 냄새가 나지 않기 때문이다.

난 대충 어질어진 집안을 선호한다. 간소 복에 슬리퍼를 끌고 언제든지 찾아와 원두커피나 실론티 또는 보이차를 마시며 어떠한 대화를 나눠도 부담이 느껴지지 않는 분위기, 여기에는 사람 사는 향긋한 냄새가 물씬 풍기기 때문이다.

내가 중국을 찾고 또 찾는 이유는 우리나라와 인접해 있기 때문에 경제적, 정신적 부담 없이 언제든지 찾아갈 수 있을 뿐만 아니라 각각의 문화를 달리하는 55개 소수민족으로 인해 여러 문화적 체험을 할 수 있기 때문이기도 하다.

중국을 여행하다 보면 타임머신을 타고 수백 년 또는 수천 년의 세월을 훌쩍 뛰어 넘는 과거 시간으로의 여행을 하고 있는 자신을 발견하게 된다. 이 기쁨은 무엇과도 비교할 수 없는 나만의 아니 우리 부부만의 행복이다. 사람이 살면서 꼭 해야 할 일이 무엇이냐고 묻는다면 난 중국의 여러 지역 특히 산속 깊숙이 자리하고 있는 오지를 여행하라 권하고 싶다. 거기에는 물질문명이 발달된 나라에서는 맡을 수 없는 사람 사는 냄새가 물씬 풍기고, 색다른 세계가 무한하게 펼쳐져 있으며, 인간이 만든 기적을 수 없이 만날 수 있는, 살아 숨 쉬는 역사가 있기 때문이다.

요즘 우리나라의 수많은 사람들이 중국을 찾는다. 비행기를 타는 순간부터 모두 한국인의 얼굴이라 생각하고, 눈으로만 볼 것이 아니라 예의를 갖추고 겸손한 마음과 심안으로 그들의 문화를 대하며 봐야 한다는 것을 당부하고 싶다. 피상적으로 관찰하고 이해해서는 안 되는 나라가 중국이다. 우리네 잣대로 판단해서는 안 된다. 그들만의 문화와 생활습관을 존중해줘야 한다.

옛날의 중국이 아니다. 중국은 그야말로 무섭게 차고 올라오는 나라이면서도 매력이 넘치는 나라다. 어찌 보면 무질서하면서도 획일적 사회처럼 보이지만 나름대로 질서가 있고 대국적 자존심이 매우 강한 민족이다.

　가는 곳마다 볼 것이 무진장하게 산재해 있고 수백, 수천 년이나 된 문화재가 풍부해 꿈과 추억으로 간직되는 나라 중국, 이 지구상에 수천가지의 요리를 가지고 있는 유일한 나라 중국, 오랜 역사와 전통을 계승 발전해 가며 과거와 현재가 공존하며 살아가는 중국, 여행지가 많아 보아도보아도 끝이 없어 발걸음과 시간을 멈추게 하는 중국, 그들의 전통문화에 대한 자긍심과 애정 그리고 중국인들의 생명과도 같은 중화사상으로 뭉쳐있는 중국, 우리는 관광(觀光)이라고 하지만 느긋한 마음으로 즐긴다는 뜻인 여유(旅遊)라 말하는 중국, 대국적이면서도 느긋한 기질을 엿볼 수 있는 중국, 중국대륙 어느 곳을 가나 아름다운 사랑의 전설이 깃들어 있고 전 국토가 박물관인 중국, 관광 사업에 쏟는 열정과 친절과 저력이 느껴지는 중국, 가면 갈수록 빠져드는 여행자들의 블랙홀이 바로 중국이다.

　1978년 덩샤오핑이 실용주의 노선에 입각해 과감한 개혁개방정책을 단행한 후 서서히 꿈틀거리기 시작한 용이 이젠 점점 더 세차게 움직이는 거대한 용으로 변했다. 움직임에 가속도가 붙어 불을 뿜기 시작했다. 비약적인 발전에 발전을 거듭해 나아가고 있는 거대한 중국이다. 현대화의 물결 속에, 경제논리로 차츰 사라져가는 옛 모습을 가슴에 담기 위해서는 하루라도 빨리 중국으로 향하는 발길을 서둘러야겠다.

　끝으로 『중국 서남부 자연·문화유적답사기』 책이 출간되기까지 옆에서 격려해 주고 물심양면으로 많은 도움을 주신 호남대학교 관광경영학부 안종수 교수님, 여행마인드(주) 대표 신수근 님 그리고 중국어 번역에 심혈을 기울여 주신 호남대학교 중국어과 寧秀艶녕수염 교수님과 서울대학교 비교문학전공 박사과정에 계시는 宋香慶송향경 님께 깊은 감사를 드린다.

旅行后记

■　　　好友经常问我,中国有什么好的,有什么好看的,你只要一有时间就去中国,而且不是一次两次,而是数十次。我的回答也总是一样,就像被吸引的指南针一样,其原因其实我也不知道。只是因为想去就去而已。如果有机会,我还会去。由于中国的领土广阔,每次旅行都非常辛苦,在内地旅行更加辛苦。有时会下定决心再也不去那样险峻的地方旅游,但是回国后用不了几天,就会发现自己的心境已经悄然改变。都说:"只有经历过各种极端的考验,才能享受最美的风景",看来果真如此。每次在中国内地旅行,我们总是要克服接踵而至的各种困难,但我很享受这样的考验。

很多人身心疲倦、痛苦难耐的时候,就会去悠远的寺庙寻找内心的平静,但我不会那样。我反而会想到韩国,这个四季分明,生我养我的国家。能够出生在这样一个国家,我心存感激,也会清醒的意识到自己是多么的幸福。

就像"水至清则无鱼一样",我也不喜欢被打扫得一尘不染的家。这样的家就像整齐划一的部队,但缺少了些许的人情味。我喜欢略为凌乱的家。简谱的衣饰、舒服的拖鞋,无论是谁、在何时来访,我都会为他冲一杯咖啡或锡兰红茶,在这样的气氛下,无论谈什么都不会让人觉得有负担。家是如此的平静、舒适、温暖。我一次又一次地去中国,不仅仅是因为中韩两国毗邻,在经济上、心理上没有任何顾虑,可以随时前往,同时还因为那里生活着五十五个少数民族,在那里,我可以感受到各种多彩的文化。

去中国旅行,就像乘坐时光机器一样,可以一下子穿梭回数百年、甚至数千年前的时光,旅行回来后,又会对自身有新的发现。这样的喜悦是任何事情都无法比拟的,是专属于我的幸福。如果说人生在世一定要做一些事情,我建议大家去中国旅行,特别是去那些坐落于山林深处的地方。在那里你可以感受到在物质文明发达的先进国家永远都无法感受到的气息,那里为你展现的是一个完全不同的世界。在那里你可以看到无数人类创造的奇迹,体验那依然鲜活的历史。

最近很多韩国人都去中国旅行。我奉劝大家从坐上飞机的那一刻起,就想一想韩国人的脸面,不仅仅是用眼睛看,而是以着一颗礼貌和谦逊的心去感受中国人的文化。中国绝不是一个只做表面观察就可以理解的国家。不能以我们的标准去判断,要尊重他们的文化和生活习惯。

现在的中国不是以前的中国。这个国家在以惊人的速度飞速成长的同时,更拥有着无限的魅力。看似无序和混乱,但其实他有着自己的秩序和极强的民族自尊心。

中国拥有历史悠久的文化遗产,任何一个地方都有着无穷无尽的可看之处。中国是这个世界上唯一一个拥有数千种料理的国家,一个历史与文化得到良好的传承、传统与现代和谐共存的国家,一个有着无数美景、可以让人停留驻足、凝住时间的国家,一个对自己的传统文化有着无尚自豪感的国家,一个把"旅游"解释为以悠然的心情进行享受的国家,一个拥有脱然气质的国家,一个去任何地方都流传着很多关于爱的传说、整个国土就像一座博物馆的国家、一个对观光产业投入无限热忱并拥有巨大潜力的国家,去的越多便越无法自拔的国家。

1978年,邓小平立足于实用主义路线,果断的实行改革开放以来,中国这条蠢蠢欲动的龙变成了一条狂舞的东方巨龙。中国正在以惊人的速度飞速地发展着。在经济化的浪潮中,过去的踪影正在慢慢地消失。为了在心中留住那些美好的印记,应该尽快的踏上前往中国的旅程。

最后,感谢为《中国西南部自然文化遗址考察记》出版,在物质与精神上给予支持的韩国湖南大学校观光经营专业安鍾洙教授、旅行MIND(株)公司辛洙根代表,同时感谢为此书的中文翻译提供协助的韩国湖南大学校中文专业宁秀艳教授和首尔大学校比较文学专业宋香庆同学。

차마고도 · 운남성 · 사천성 · 귀주성 대탐사
茶馬古道 · 云南省 · 四川省 · 貴州省

중국 서남부
자연 · 문화 유적답사기
中国西南部自然文化遗址考察记

초판 1쇄 인쇄　2015년 04월 17일
초판 1쇄 발행　2015년 04월 21일
2쇄 인쇄 · 발행　2016년 03월 10일
3쇄 인쇄 · 발행　2018년 01월 05일

지 은 이　| 김종원
발행 · 편집인　| 신수근
디 자 인　| 권현정

등록번호　| 제300-1997-103호
주　　소　| 서울 관악구 관악로 105 동산빌딩 403호
전　　화　| 02-877-5688(대)
팩　　스　| 02-6008-3744
이 메 일　| samuelkshin@naver.com

ISBN 978-89-88125-35-9 부가기호 03910
정가 21,800원